JN295301

法的対話論

大澤恒夫 著

法的対話論

―― 「法と対話の専門家」をめざして ――

信山社

はじめに

　「対話」は一般社会においても法律家の実務の世界においても重要なものと考えられており，そのこと自体を否定する者はいないであろう。また，これから法廷外の世界に向かって裾野の拡大する弁護士業務において，「対話」の占める比重がますます大きくなっていくことも間違いない。「対話」の重要性や比重の高まりはこのように明白であるとしても，「なぜ人々は対話をしなければならないのか」（対話の内在的価値），また，「どのように対話を遂行すべきか」（対話の技法）は必ずしも自明ではないし，「そもそも対話とはどのようなことであるか」（対話の意義）も，実は明確ではない。本書は，このような素朴ながらも根本的な問題意識を出発点とし，できるだけ多角的な観点から理論的な掘り下げを行うとともに，その成果を具体的な実践の世界へ橋渡しすることを目指して，検討を行ったものである。

　本書ではまず，現代の成熟社会において「対話」への希求が人々の間に広がりを見せているということを踏まえ，法の内と外の世界を見渡すとともに，法哲学，憲法学，法社会学，法システム論といった法の基礎的学問のほか，臨床哲学，ナラティヴ・アプローチ，カウンセリング，ケースワーク，医療におけるインフォームド・コンセントなどの臨床の諸分野における実践的な諸理論，さらにゲーム理論，交渉理論といった相互に依存する人間の行動をめぐるダイナミックなモデル理論を含めた観点から，「対話」の意義やその内在的価値について検討し，法律家の実務においても基本に据えるべき「対話」の理念と在り方を探求する。

　次いで，上記の理念のもとで，弁護士が関与する法律相談（予防・戦略法務，紛争解決法務），交渉（取引締結交渉，紛争解決交渉），調停（同席調停，別席交互方式，Mediation），中立的調整活動，仲裁（特に最終提案仲裁），訴訟（対話型審理），法教育（究極の予防法務活動）といった実践の諸場面で，具体的にどのように対話を遂行すべきかを，種々の事件例や具体例を交えつつ，検討する。

　このような検討を通じて，「正義の総合システム」としての法システム全体における弁護士業務の位置付けを再確認するとともに，今後のあるべき弁護士の姿として，「対話」を通じて主役である当事者が求める「自律的な生」を支援し，法の正当性の不断のチェックと刷新を支える「法と対話の専門家」像を模索する。

従来の法学教育では法廷での活動に焦点が当てられることが多く，法廷外の生身の人間同士の話し合いを考察の対象とすることは少なかった。法廷外のプラクティスはきわめて個別的で秘密裏に行われていることが多く，外部から見えにくい上に，非常に個人芸的かつ流動的で客観的に固い知識として伝えにくい面があるからであろう。

　わたくしは本書で，自分のこれまでの経験を踏まえつつ，「対話」という普遍的なアプローチをもって，裁判外及び裁判内にわたる弁護士業務の全般を横断的に見渡し，一定の基本的な方向を探ろうと試みた。しかし「対話」というものは，日常的感覚としては理解しているつもりになっていても，なぜ「対話」をしなくてはならないか，どのように行うべきかという問題に正面から取り組もうとすると，思いのほか問題の奥行きは深く，非常に難しいことに気が付かざるをえない。その検討には法哲学等の基礎的な考究が必要であるし，「対話」と「法」との関わりをめぐる非常に根源的な問題への取り組みも求められる。また，今後あるべきプラクティスを生み出し普及してゆくためには，前記のような臨床の諸分野における諸理論，さらにゲーム理論，交渉理論などの研究を深めてゆくと同時に，現場における実践からのフィードバックを積み重ねて洗練し，さらに，これらをどのように実践の現場で展開できるかを考えてゆく必要がある。いうまでもなく本書は，これらの研究のほんの一部に手をつけただけのものに過ぎない。

　わたくしはこのような問題関心を踏まえて，「法と対話の専門家」という弁護士像を提示したいと思う。今後法科大学院を通じて多数の弁護士が輩出されるが，それらの弁護士は単にリーガリズムに凝り固まった法律万能主義者ではなく，ヒューマンな法律家でなくてはならない。「法と対話の専門家」像は具体的なプラクティスのレベルにまで落とし込みをすることを前提として，「ヒューマンな法律家」の在り方の一端を具体的にイメージしようとするものである。

　もとよりわたくしは一介の実務家であり，研究者のような学問的素養はない。そのためもあって本書は，歯が立ちそうにもない難解な学問分野の議論を無謀にも噛み砕こうとしたり，雑多な素材をぶつ切りにしひとつの鍋でごった煮にして，ろくな味付けもせずに供する闇鍋のようになってしまっているであろう。本書は，修業の足りない実務家が無謀にも「理論と実践の架橋」を試みようとした，未熟な一例である。しかし，法科大学院教育が始まった新しい時代にあって，これからの実務家は実務のありように自ら内省の光を当て，「理論と実践の架橋」にチ

ャレンジしなくてはならないであろう。もっとも，このようなチャレンジにおいて実務家であることには利点もあると思われる。それは恐れを知らないことである。研究者なら理論的な不整合などを恐れて言えないようなことでも，実務家としての感覚で「こんなふうにできたら素晴らしいのではないか」と提言できるような事柄があるかもしれない。それは一つの目で見れば誤りと映るかもしれないが，別の目で見ると意外と新しい切り口を示すものになっているということもあるかもしれない。科学実験の過程で起こった失敗が，新たな発明をもたらす例は多い。新しい発明とは言わないまでも，失敗を恐れずに，しかし可謬性の自覚を持って内省しつつ，実務家としてのチャレンジをすすめることで，何か新しい第一歩が踏み出せるかも知れないのである。わたくしはこのようなチャレンジをしつつ，人々との「対話」を通じて，改めるべきは率直に改め，よりよいものを目指してゆくという姿勢で取り組んでゆきたいと思う。

本書は，わたくしが中央大学に提出した学位論文「弁護士業務における『対話』の理念と技法──『法と対話の専門家』をめざして」に加筆・訂正をし，表題を『法的対話論』と改めたものである。わたくしは，学生時代からの恩師である小島武司先生（中央大学大学院教授）のもとでこの研究をさせて頂くことができた幸運を，いましみじみと噛み締めている。小島先生は，未熟なわたくしが実務家として直面した「対話」をめぐる疑問を率直に受け留めてくださり，これを出発点とするわたくしの研究をつねにあたたかく見守り，励まして下さった。このテーマについて，わたくしなりに一応のこたえをまとめることができたのも，小島先生のご指導の賜物であり，ここに心より感謝申し上げたい。おもえば小島先生には，わたくしが大学在学中から今日まで30年近くにもわたってご指導をいただき，「正義の総合システム」の観点から，会社法務部での活動や独立後の予防法務・戦略法務，あるいは諸種の交渉など企業法務を中心とした実践と研究に導いてくださるなど，公私にわたって大変なお世話を頂いた。自称「不肖の弟子」であるわたくしとしては，せめて小島先生に本書を捧げることにより，ほんの少しでも恩返しができればと願っているが，心もとない限りである。

本書の出版に当たっては，信山社の渡辺左近社長及び柴田尚到氏に大変お世話になった。ここに厚く御礼申し上げる。

2004年7月7日　七夕祭りの夜を迎えて

大 澤 恒 夫

目　次

はじめに
序　論　問題の所在 ……………………………………………………… *1*

第 1 部　　総　論

第 1 章　法システムにおける「対話」と弁護士業務……………………… *7*
    第 1 節　成熟社会における「対話」による社会運営の重要性 (*7*)
        1　成熟社会における個人の尊重と透明な社会運営の要請 (*7*)
        2　個人の尊重と「対話」を通じた自律的な社会プロセス (*9*)
    第 2 節　対話を重視した社会的実践 (*11*)
        1　社会における「対話」の問題関心と実践 (*11*)
        2　法律分野における対話の実践 (*15*)
    第 3 節　「正義の総合システム」における弁護士業務と「対話」(*20*)
    第 4 節　「個人の尊重」と「対話」による社会運営の理念 (*24*)
        1　「対話」とその憲法上の位置付け (*25*)
            (1)　個人の自己決定の相互尊重と憲法 13 条 (*25*)
            (2)　「私的自治」と憲法 13 条 (*26*)
            (3)　「対話」の憲法上の位置付け (*27*)
        2　私的自治と「法の支配」(*30*)
        3　「個人の尊重」における「個人」をどのように考えるか (*32*)
            (1)　近代合理主義と個人の尊重 (*32*)
            (2)　対象化と個人 (*32*)
            (3)　個人の「心」の尊重 (*33*)
            (4)　相互的尊重と相手方 (*34*)
            (5)　個人の内心の自由との関係 (*34*)
        4　個人の「自律性」の意味 (*36*)
    第 5 節　当事者の自律性と弁護士の倫理 (*37*)
    第 6 節　正義＝法の正当性と「対話」(*39*)
        1　「対話的合理性」の考え方 (*40*)
        2　私　見 (*45*)
            (1)　自律性・正当性に支えられ納得ゆく解決を目指す「対話」(*45*)

　　　　(2)　「対話」による絶え間ない吟味による「法」の生成・刷新（46）
　　　　(3)　正当性の暫定性（49）
　　　　(4)　「対話」と法的な議論（49）
　　　　(5)　法システムの周縁における「対話」と法（53）
　第7節　法システムの運営に携わる弁護士の業務と「対話」（54）
　第8節　法的情報などの伝え方と「対話」の促進（56）
　第9節　「対話」の主役としての当事者と援助者としての弁護士（59）
　第10節　法的裁断・裁定プロセスと「対話」（62）
　第11節　本章の総括――「対話」を核とした弁護士業務（63）

第2章　「対話」の意義……………………………………………65
　第1節　「会話」と「コミュニケイション」（65）
　第2節　「対話的合理性」と「議論」（69）
　第3節　臨床哲学などで語られる「対話」（73）
　第4節　「対話」と弁護士業務（79）

第3章　「対話」を巡る臨床の諸分野からの示唆……………82
　第1節　「対話」と「物語」（82）
　　　1　社会構成主義とナラティブ・アプローチ（82）
　　　2　弁護士業務と当事者の「物語」（85）
　第2節　カウンセリング，ケースワークと「対話」（86）
　　　1　カウンセリング――「クライアント中心療法」（86）
　　　　(1)　カウンセリングの意義と援助的コミュニケーション（87）
　　　　(2)　無条件の積極的関心に基づく積極的傾聴（88）
　　　　(3)　内的照合枠の中での理解（88）
　　　　(4)　カウンセリングの技法と関係形成の実践（89）
　　　　(5)　カウンセリングの体験学習・実習（90）
　　　　(6)　「内省的実践者」としてのカウンセラー（90）
　　　2　ケースワーク（91）
　　　　(1)　「ケースワークの原則」（91）
　　　　(2)　家庭裁判所におけるケースワークと合同面接・同席調停の実践（92）
　　　3　弁護士業務とカウンセリング，ケースワーク（94）
　第3節　インフォームド・コンセントと「対話」（94）

　　　　1　ICの目的（*95*）
　　　　2　ICにおける専門性とパターナリズム（*95*）
　　　　3　後ろ向きのIC（*96*）
　　　　4　ICにおける選択権の保障（*97*）
　　　　5　医療における危険や限界の理解（*98*）
　　　　6　患者の自由な選択の保障とプロセス・モデルにおける具体的な方策（*98*）
　　　　7　継続的なコミュニケーション（*101*）
　　　　8　患者の自己決定の支援（*102*）
　　　　9　セカンド・オピニオン（SO）の具体的な在り方（*102*）
　　　　10　弁護士業務とインフォームド・コンセント（*104*）
　　第4節　「対話」とゲーム理論（*105*）
　　　　1　「ミニ・マックス戦略」（*106*）
　　　　2　「しっぺ返し戦略」（*109*）
　　　　3　ゲーム理論と紛争解決等に関する方法（*113*）
　　　　　(1)　最終提案仲裁（Final-Offer-Arbitration）（*113*）
　　　　　(2)　Payment-into-court（*114*）
　　　　　(3)　ライセンス契約におけるAudit費用の負担条項など（*115*）
　　　　　(4)　資産処分時の封印入札の条件設定（*117*）
　　　　4　弁護士業務とゲーム理論（*118*）
　　第5節　交渉理論と「対話」（*118*）
　　　　1　「原則立脚型交渉」（*119*）
　　　　2　「構造的思考」によるチュービンゲン流の交渉概念（*121*）
　　　　3　「対話による交渉」と弁護士業務（*123*）

第4章　「法と対話の専門家」としての弁護士 …………………*125*
　　　　1　「対話」の意義と理念のまとめ（*125*）
　　　　2　「対話」の実践と「法」の専門家としての弁護士──「法と対話の専門家」（*126*）
　　　　　(1)　専門家の意味（*127*）
　　　　　(2)　「対話」の目指すもの（*127*）
　　　　　(3)　「物語」としての紛争（*127*）
　　　　　(4)　「対話」を支援する基本的態度（*128*）

　　　　(5) 不確実性への対処 (*131*)
　　　　(6) 「対話」の訓練・遂行と内省的実践家 (*131*)
　　3 弁護士と「対話」の諸場面 (*133*)

第2部　各　論

第5章　「対話」による相談 ……………………………………*137*
第1節　相談の実践と面接の基本的な在り方 (*139*)
　　1 「人と直接会って，話をすること」の重要性 (*140*)
　　2 「対等な出会い」の自覚 (*141*)
　　3 来談時不安への対応 (*143*)
　　4 相談と「不在の他者」(*144*)
　　5 聴　く (*146*)
　　　　(1) 聴くことの意義 (*146*)
　　　　(2) 傾聴の技法 (*147*)
　　　　　　① 非言語的な技法 (*147*)　② 繰り返しによる明確化 (*148*)
　　　　　　③ オープンエンド・クエスチョンとクローズドエンド・クエスチョン (*150*)　④ 要約すること (*152*)　⑤ 言い換えすること (*153*)　⑥ 沈黙への対応 (*154*)
　　6 専門性 (*155*)
　　7 相談が目指すもの (*158*)
第2節　予防法務・戦略法務における相談と「対話」(*160*)
　　1 予防法務の理念 (*160*)
　　2 戦略法務の理念 (*161*)
　　3 予防法務・戦略法務に求められる「対話」(*165*)
第3節　紛争ケースでの相談 (*166*)
　　1 紛争に関する「相談」と当事者の自律の支援 (*166*)
　　2 紛争解決のための手続の選択と「相談」(*167*)
　　　　(1) 調停の選択と「相談」(*167*)
　　　　(2) 訴訟の選択と「相談」──隣人訴訟 (*168*)

第6章　「対話」による交渉 ……………………………………*173*
第1節　「対話」による交渉とその援助 (*173*)
　　1 交渉に必要とされる援助 (*173*)

   2　「対話による交渉」と交渉者の資質（*174*）
   3　組織と対話による交渉（*176*）
   4　依頼者との対話（*176*）
   5　「ビジネス交渉」と「紛争解決交渉」（*177*）
   6　成立した合意の文章化と爾後の紛争解決プロセスとしての「対話」
    （*177*）
  第 2 節　ビジネス交渉と「対話」（*178*）
   1　取引締結交渉への弁護士関与の条件（*178*）
    (1)　弁護士がビジネス交渉に関与してこなかった原因（*178*）
    (2)　ビジネス交渉に求められる弁護士の条件と交渉への関与（*180*）
    (3)　ビジネス交渉における「対話」の援助（*182*）
   2　ビジネス交渉を支える対話の教訓——取引締結交渉の失敗事例の検討から（*184*）
    ①　ビジネス交渉における重要事実の秘匿（*185*）　②　不動産売買交渉と裏切り（*186*）　③　交渉権限と契約プロセスの誤信（*187*）　④　無権限者による交渉の独断専行（*190*）　⑤　契約交渉時の不十分または不正確な情報提供（*191*）
  第 3 節　紛争解決交渉と「対話」（*192*）
   1　紛争の初期における交渉の在り方（*192*）
   2　「対話」の場の構築と弁護士（*193*）
   3　解決交渉のプロセスで留意すべきこと——ある幼稚園事故の検討を通じて（*195*）
    (1)　事案と提訴までの経過の概要（*196*）
     ①　事故当日から葬儀前後ころまで（*196*）　②　両親から依頼を受けたＡ弁護士の活動と幼稚園側Ｂ弁護士の対応など（*197*）
    (2)　死亡した園児の両親の主張（*199*）
     ①　幼稚園側は，犯人を隠していたとの主張（*199*）　②　幼稚園側は，両親の意思に反して自宅を訪問したとの主張（*200*）　③　幼稚園側は，金で済まそうとしたとの主張（*200*）
    (3)　両親の慰謝料請求は権利濫用だとする幼稚園側の主張（*200*）
    (4)　裁判所の認定事実に見られる本件における対話の在り方について（*200*）
     ①　幼稚園側の園児宅訪問の相当性（*201*）　②　両親の事案

　　　　解明要求の相当性と幼稚園側の対応の不十分性（202）　③
　　　　犯人隠し，意に反する訪問，金で済まそうとしたとの点について
　　　　（203）　④　両親側の請求に関する権利濫用論について（204）

第7章　ADR，中立的調整活動と「対話」……………………205
　第1節　調停と「対話」（206）
　　1　裁判所での調停の現状と「対話」（206）
　　2　「同席調停」を巡る議論と示唆（209）
　　　(1)　同席と別席，裁断・説得と対話促進（209）
　　　　①　裁断説得型と交渉（対話）促進型（209）　②　同席・別席の考え方と「対話」の捉え方（211）
　　　(2)　「対話」の目的——問題解決と対話の回復と変容（213）
　　3　同席調停の具体的な運営（215）
　　　(1)　井垣康弘判事の同席調停（215）
　　　(2)　石山勝巳教授の合同面接（218）
　　　(3)　レビン小林久子助教授のMediation（223）
　　4　Mediationと中立性・公正性（231）
　　5　同席調停を前提とした弁護士プラクティスの在り方（235）
　　　(1)　調停申立書の書き方と利用ならびに依頼者との「対話」（235）
　　　(2)　当事者の出席のうながし（238）
　　　(3)　調停期日での当事者を尊重した対応（239）
　第2節　これからの民間Mediationと「対話」の促進への期待（240）
　　1　新しい対話促進型の民間ADRとMediatorとしての弁護士（241）
　　2　新しい民間ADRにおける「対話」の場の構築（243）
　　　(1)　相手方当事者への対話の呼びかけ（244）
　　　　①　当事者主導方式（245）　②　「ラブレター作戦」（245）
　　　(2)　相談からMediationへの移行（247）
　第3節　弁護士による中立的調整活動による「対話」の可能性（248）
　　1　「中立契約交渉弁護士」と取引締結交渉の「対話」（248）
　　2　対立する両当事者から依頼を受ける中立的対話促進による紛争解決（251）
　　　①　紛争事案の中立的調停受任（251）　②　アドホック・モデル（251）　③　専業・常設の和解仲裁事務所モデル（252）
　　　④　紛争事案の中立Mediationと「対話」の場の構築（253）

　　　　3　事実上の「同席対話」による紛争解決と弁護士（253）
　　　　　　① ストーカー事件（255）　② 土地再開発・地権者用代替地事件（257）　③ 離婚話合い事件（258）　④ 入会権紛争事件（258）
　　第4節　仲裁と「対話」による自律的解決（259）
　　　　1　「仲裁」と自律的紛争解決（259）
　　　　2　調停とその工夫──「付帯条件つき最終提案調停」（263）
　　　　3　Med-Arb と自律的解決（267）
　　　　4　最終提案仲裁とその工夫──「付帯条件つき最終提案仲裁」（267）
　　　　5　和解的仲裁判断（269）
　　　　6　中立的評価（270）

第8章　訴訟における弁護士業務と「対話」……273

　　第1節　「対話型審理」と弁護士の活動（273）
　　　　1　「Nコート」における「対話型審理」の実践（275）
　　　　　(1) 訴訟への当事者の参加とコミュニケーション（277）
　　　　　　① 感情的になっている当事者と「線から面へ」の手法（277）　② 当事者の主体性と弁護士の役割（277）
　　　　　(2) 豊富なメニューと当事者による選択を踏まえた柔軟な審理（278）
　　　　　(3) 口頭・公開・直接・継続審理の復活とフェアな訴訟運営（278）
　　　　　(4) 専門性を嚙み砕き素人に分りやすい裁判を目指す工夫（279）
　　第2節　裁判上の和解と弁護士（279）
　　第3節　裁判所の定める和解条項等の制度と弁護士（281）

第9章　法教育と「対話」……283

　　第1節　法教育と「対話」のアプローチ（283）
　　　　1　究極の予防法務・戦略法務としての法教育（283）
　　　　2　「対話」による法教育のいくつかの手法（284）
　　　　　① 講義方式（284）　② 設問解答方式を織り交ぜた講義方式（284）　③ プレゼンテーション方式（284）　④ グループワーク・振り返り方式（285）　⑤ ロールプレイ・振り返り方式（286）　⑥ ケース（ソクラテス）方式（288）　⑦ OJT方式（288）
　　第2節　弁護士と法教育（289）

　　　　　① 顧問先の企業などにおける法教育（*289*）　② 地域の経済・社会で一般市民を対象とした啓蒙プログラム（*289*）　③ 学校における教育（*290*）　④ 法科大学院での実務家教員として，実務と理論の架け橋をおこなう教育（*290*）

第3節　法科大学院教育と「対話」（*290*）

　　1　「対話」アプローチによる面接・交渉を中心としたロイヤリング教育（*291*）

　　2　「対話」アプローチによる相談の実践を中心としたリーガル・クリニック（*292*）

　　3　ソクラテス・メソッドによる授業（*293*）

結　語……………………………………………………………………*299*

あとがき

事項索引

序　論

問題の所在

　弁護士業務は，紛争をめぐる法システムのコアに位置する訴訟の場だけでなく，仲裁，調停，相対交渉（紛争解決交渉，契約締結交渉），法律相談（紛争解決のための相談，予防的・戦略的相談），法教育（企業内のコンプライアンス教育や地域等での法律啓蒙教育，あるいは学校での教育等）など，非常に広大な分野に及んでおり，今後弁護士の数の増加とともに，その裾野はますます広がるであろう。[1]弁護士はこのような広がりを有する日常の活動において，関係者との話し合い＝「対話」を通じて，相互理解をうながし，合意形成を図る活動を行っており，これが弁護士業務の相当大きな部分を占めている。わたくし自身1981年4月に弁護士登録をし，企業内弁護士を経て，一般の独立した実務家として活動してきたが，その間行ってきた弁護士業務（予防法務・戦略法務活動，取引締結交渉・紛争解決交渉，企業再建活動，一般の民商事・家事・刑事事件等の訴訟活動など）を振り返ると，種々の場面で関係者と話し合いを行い，合意形成をはかる活動を中心として実践を行ってきたことが思い起こされる。法律相談業務や裁判外での紛争解決交渉などの活動は「対話」による弁護士活動の典型であろうが，振り返って考えてみるとじつは訴訟など裁判上の活動も，争点整理，人証調べ，和解などのあらゆる場面で，当事者や裁判官を含めた「対話」のプロセスが大きな比重を占めていることに気がつ

（1）　小島武司『弁護士──その新たな可能性』学陽書房，1981年（新装補訂版，1994年），同『展望　法学教育と法律家』弘文堂，1993年，74頁以下，棚瀬孝雄『現代社会と弁護士』日本評論社，1987年，加藤新太郎『弁護士役割論』弘文堂，1992年（同・新版，2000年），宮川光治・那須弘平・小山稔・久保利英明編『変革の中の弁護士（上）』同『変革の中の弁護士（下）』有斐閣，1992〜1993年，日本弁護士連合会編集委員会編『新しい世紀への弁護士像』有斐閣，1997年，日本弁護士連合会編『21世紀弁護士論』有斐閣，2000年所収の諸論文，那須弘平『民事訴訟と弁護士』信山社，2001年，須網隆夫『グローバル社会の法律家論』現代人文社，2002年など。

く。

　弁護士は，紛争をめぐる法システムの中心を占める訴訟からその最も外周で法の外の世界に接している相談等に至るまで，紛争の予防と解決のあらゆる段階において，「対話」のプロセスに関与しながら，いわば法の外と内の世界の相互交流を媒介しているのである。

　弁護士は，このように多階層にわたる「対話」のプロセスに，どのような理念と技法をもって臨むべきであろうか。また，そもそも「対話」とはどのようなものなのであろうか。わたくし自身，企業内弁護士を経て一般の弁護士として二十数年にわたり予防・戦略法務や企業再建，紛争解決活動などに取り組んできたが，その間「対話」の在り方について十分な自覚や知見もないまま合意形成を行ってきたというのが偽らざるところである。弁護士業務における「対話」の理念と技法を自覚的に検討することは，わたくし自身にとって，今後の弁護士業務におけるプラクティスの在るべき姿を考える上で，非常に重要で根源的なテーマである。

　本書の課題を検討する際，わたくし自身，常に考えなくてはならないと思っているのは，なぜわたくしたちは「対話」をしなくてはならないのか，という点である。弁護士は紛争解決において合意形成を図る仕事が相当部分を占めるので，「仕事上の必要性から対話をしなければならない」[2]ことは理解できるにしても，

（2）「法律の力で相手方を撃退してほしい」と願っている依頼者に対して，弁護士が話し合いによる和解を勧める場合，「弁護士ははやく仕事を処理したいから和解しろと言うのではないか」という疑念を持たれるケースが相当数あるのではないかと思われる。「対話の独自で内在的な価値」を踏まえなければ，そのような疑念に対して真に理解を得られる的確な対応はできないであろう。

（3）　この点は，弁護士だけでなく，主役としての当事者についても問題となる。なぜ「対話」をしなくてはならないのかは，社会生活を営むすべての人々が心から理解できなければ，「対話」の重要性をいくら叫んでみても，むなしい響きで終わってしまうであろう。人々の社会的な共生には，対話（暴力ではなく）と包摂（排除ではなく）が必要である。「権利」というものは「誰をも排除せず，話し続けていくように仕向ける」ものとして機能する側面があるものの，「権利の言葉」には「日常的なコミュニケーションを根こぎにした『ライトトーク』（"rights talk"）が一人歩きしていくことにもなる」という面がある（棚瀬孝雄「権利と共同体」同『権利の言説――共同体に生きる自由の法』勁草書房，2002年，45頁）。前注の点とともに，「対話」の実践をしていくに当たり，なぜ「対話」をしなければならないのかを理解することは，法律家にとっても当事者にとっても重要な課題である。

「対話」そのものにそれを遂行する独自の内在的な意義があるという「理念としての対話の価値」が理解されているとは必ずしも言えないように思われる。仕事上のニーズに駆られて話し合いをするという対応の場合，そこに何らかの技法が提供されたとしても，一本筋の通った基本的な精神のようなものがなく，行き当たりばったりにマニュアルに書かれた技法を行使するだけの活動になってしまうであろう。

また，仮に「理念としての対話の価値」が理解されたとしても，いま目の前で激しい対立を生じている現実的な問題について，生身の人間の間で，「対話」をどのように実際に遂行するか（遂行できるか），という点はまた別の問題である。頭で理念を理解できるとしても，わたくし自身，現実の深刻な問題に直面して，自分の口からどのような言葉が飛び出し，どのような態度・行動をとるかは，まったく自信が持てないという場面が多々あるのが偽らざるところである。このように，「理念を理解すること」と「その理念に適合的な行動を遂行できること」とは，まったく別の問題であり，理念の遂行に現実的な力を与えてくれる方法・手段とその習得が是非とも必要である。この点で，理念に適合的な具体的な技法の開発とその実践のための訓練が，非常に重要な意味を有することになる。

要するに「技法なき理念」は厳しい現実に対して無力であるし，「理念なき技法」は心の通わないマニュアルに過ぎない。

そこで本書では，このような問題関心を踏まえながら，「第1部総論」においては，理念として「対話」はどのような価値を有するのか，また，「対話」は紛争をめぐる法システム全体の中でどのような位置づけを有すべきものか，さらに，

（4）　特に感情的対立が激しく現れる対話の現場，例えば同席調停の場などでは，生身の人間同士が調停者による操作の埒外にあり，時々刻々となされるべき調停者の適切な対応の在り方が真剣に問われ，調停者は緊張の重圧にさらされることとなる。「合同面接や同席調停には，シナリオのない舞台に上がるような緊張感がいつもある」（豊田洋子「合同面接・同席調停の技法について──家裁調査官の経験から」井上治典・佐藤彰一共編『現代調停の技法──未来の司法』判例タイムズ社，1999年）131頁）。胸に秘めた理念を現実の深刻な場面で身体を張って実践してゆくことは，並々ならぬ努力を要することである。

対話が実践されている他の臨床の諸分野での考え方も参照しながら，そもそも「対話」とはどのようなものと考えられるべきなのかを検討する。これらの検討を通じて，「法と対話の専門家」としての弁護士像を考えたい。[5]

次に「第2部各論」において，第1部の検討を前提に，紛争をめぐるシステムの裾野で遂行される相談や交渉から法システムのコアとなる訴訟に至るまでの弁護士業務の具体的な各ステージで，「対話」をどのようなものとして理解し，どのような技法で実践すべきか，また，そのような技法の訓練はどのように行われ得るのか，といった問題を検討する。それと併せて，「対話」による自律的な社会の構築と運営を目指す究極の活動として，法教育の課題への弁護士の貢献についても検討したい。[6]

---

(5) 目指されるべき弁護士像の根本は「ヒューマンな法曹」である（小島武司「正義へのアクセスと弁護士の使命」（ジュリスト611号36頁以下，同『訴訟制度改革の理論』弘文堂，1977年，19頁以下所収），同『展望　法学教育と法律家』前掲74頁以下）。司法制度改革審議会意見書（2001年6月）でも「かけがえのない人生を生きる人々の喜びや悲しみに対して深く共感しうる豊かな人間性」を備えた法曹像の実現がうたわれ（同書63頁），司法制度改革推進本部・顧問会議が2002年7月5日に発表した「国民一人ひとりが輝く透明で開かれた社会を目指して」においても，「人間味にあふれた信頼できる法曹」の創出を「21世紀の日本を支える司法の姿」の第一の課題として，取り上げているところである。とはいえ「弁護士の近未来像」について「高い確率で予測されることは，仕事がよりやりにくく，より難しくなっていくことである」が，「この暗い状況を打ち破る」には，閉塞状態にある「政治・経済・社会の影響を受身でとらえるのではなく，そのごく一部でもよいからそこに参加し，自ら積極的に関与することが必要ではないだろうか」（廣田尚久「弁護士の近未来像」日本弁護士連合会編集委員会編『新しい世紀への弁護士像』前掲168頁）。本書は，このような弁護士の理想像と問題関心とに基づいて，わたくしなりの切り口で弁護士業務の在り方の一端について，検討を試みようとするものである。

(6) 弁護士業務としては刑事事件や少年事件も重要な柱であり，そこにおいても被疑者・被告人や被害者などとの「対話」が不可欠のテーマとなる（例えば，接見を通じたカウンセリング，被害者や親族等との対話など）。しかし，本書では刑事弁護における「対話」については検討する余裕がなく，他日を期したい。このテーマについて，波多野二三彦『リーガルカウンセリング——面接・交渉・見立ての臨床』信山社，2004年は，少年事件付添人，刑事弁護人あるいは検察官としての立場から，長年にわたってカウンセリングや内観法の理念と技法を生かして行ってきた貴重な実践を活写しており，大いに参考となる。

第1部　総　論

　第1部総論においては，理念としての「対話」の有する独自の内在的な価値や，法システム全体における「対話」の位置付けを探究するとともに，そもそも「対話」とはどのようなことをいうのかという，対話の意義について検討する。

　そして，そのような「対話」を踏まえたうえで，「正義の総合システム」における「法と対話の専門家」としての弁護士像を提示する。

第 1 章

法システムにおける「対話」と弁護士業務

第 1 節　成熟社会における「対話」による社会運営の重要性

1　成熟社会における個人の尊重と透明な社会運営の要請

　社会は今，混沌を極めている。溢れ返るほどの物質的な豊かさの半面，重大犯罪の多発と低年齢化，大企業の不祥事や崩壊，長期間にわたる深刻な不況，大量の失業者の発生，政治や官僚機構の腐敗などを目の当たりにして，旧来の安定していたかに見える社会の体制が音を立てて瓦解するのが，実感される。人々が共

（7）　混乱を極める国際社会においても，「対話」の果たすべき役割は大きく，種々の研究が行われており（例えば，御手洗昭治『新国際人論――トランス・カルチュラル・ミディエーター時代への挑戦』総合法令，1994 年，古田暁・石井敏・岡部朗一・平井一弘・久米昭元『異文化コミュニケーション・キーワード（新版）』有斐閣，2001 年及び同書に示される文献など），弁護士業務の点でも国際的な視野に立った「対話」の在り方の研究が是非とも必要であるが，現在のわたくしになしうるところではなく，本書では当面の課題として，日本の社会における弁護士業務の在り方という観点に焦点を当てて検討することとしたい。

（8）　現代においては，個々人が「自分の幸せを自分で決めなければならないことに対する不安」を抱えて（平田オリザ『対話のレッスン』小学館，2001 年，163 頁），「終わりなき日常」を生きる以外にない社会（宮台真司・尾木直樹『学校を救済せよ――自己決定能力養成プログラム』学陽書房，1998 年，まえがき 3 頁）になってきているのである。なお，私たちの社会は「『過渡的近代』を通過して『成熟した近代』あるいは『成熟社会』を迎えた」のであり，そこにおいては「個人が個人として，他人を承認し承認される文化」が必要であり，「他人との社会的交流のなかで承認されることによって，自尊心や尊厳をつくりあげ，維持するような人間」を育てなくてはならず，そのためには「人が『人として』承認を授受しあえるようなコミュニケーション」を重視した教育が必要となるであろう（宮台・尾木，前掲書まえがき 7 頁）。

通の夢や価値観を自明の前提として共有することによって，集団として所与の枠の中にあれば共に幸福に生きてゆくことができると感じていた時代は，過ぎ去ろうとしている。人々はその「個」を生きる以外にない，成熟した社会の時代を迎えているのである。

他方，外国との交流は益々容易になり，街には外国人が溢れ，相互の政治・経済・文化が互いの社会にストレートに多大の影響を及ぼすことが肌で感じられるほど国際化が進展しており，諸種の施策を議論する際には，国際社会に受け容れられるか，国際的に通用している標準に適合するものかどうかといった視点に立つことが求められる。また，インターネットとパーソナルな電子情報ツールの爆発的な普及は，情報の収集と発信の両面にわたって，個人の情報パワーを質的にも量的にも著しく高めている。個人は従来になく豊富で有用な情報を瞬時に手に入れて活用することができるし，個人がネット上で行う発言や告発が社会的に多大の影響を与える例は枚挙に暇がないほどである。また，電子メール，掲示板，メーリングリストなどを通じた個々人の間の濃密なコミュニケーションが大規模に行われることを通じて，新しい社会的連携が生まれつつある。国際化や情報化の進展は，個々人の価値観の多様化や利害の複雑高度化・先鋭化に拍車をかけて

---

(9) 旧来の社会体制が崩壊し，人々が自分自身の「個」を生きることを求められる成熟社会の在り方について参考になるものとして，長坂寿久『オランダモデル――制度疲労なき成熟社会』日本経済新聞社，2000年。同書は，オランダの社会経済システムが「よいコンセンサス社会」であり，関係者の「協議」を尽くした「合意」による「統合」を実現してきた姿を描いている。

(10) インターネット上の企業告発について，ネットワーク・セキュリティ研究会『ネット告発――5人の弁護士によるケーススタディ』毎日コミュニケーションズ，2003年。「情報の利用が進む中で，市民は情報の持つ力を理解し，これを積極的に，意図的に利用する術を身に付けてゆく。市民らが情報の送り手となり，情報の主役になり始めるのである」(同書8頁)。

(11) 社会の成熟に伴い，人々は「多面的成員」となり (升味準之助『政治学講義 (上)』岩波書店，1974年，407頁)，相互に新たな社会的紐帯を作り出す (卑近な例でいえば，会社に勤務しつつ，地域社会のボランティア活動をし，個人的な趣味のグループにも属する，など)。そのような中で，人々は色々な世界に触れ，相互に価値観の多様性に気づいて，多面的な共生の途を考えるようになる。インターネットの普及はこのような社会的紐帯の生成を更に推し進め，国内だけでなく，国際社会においても大きな連帯を作り出しつつある (例えば，オープンソース運動。エリック・スティーブン・レイモンド (山形浩生訳・解説)『伽藍とバザール』光芒社，1999年，川崎和哉『オープンソース・ワールド』翔泳社，1999年など参照)。

いる。

　このような時代背景にあって，数え切れないほどの社会的問題が摘出され，その解決に向けた諸活動がなされるなかで，問題の隠蔽やルールのない無定見な処理，あるいは十分な納得の行く理由の示されない処理の押し付けは許されないという社会的なコンセンサスが確立されつつある。「社会の透明化」の要請であり，またそれに相応する新たな社会システムが構築されつつある。旧来の不透明な社会体制とその運営は個々人をないがしろにするものではなかったかという率直な反省を踏まえて，新たなシステムの構築とその運営が探求されてきた。透明な社会の要請に基づく新たなシステムにおいては，言葉の真の意味において「個人の尊重」が究極の目標とされる。あらゆる社会的なプロセスにおいて個々人の自主性・自律性が尊重されなければならないということが広く人々の間で了解されるようになり，「個人の尊重」が形式的な名目ではなく，現実の社会的なプロセスのなかで実効性があるものとして実質的に実現されることが，強く求められる時代になっている。2001年6月の司法制度改革審議会の意見書もまさに，このような社会的要請を司法制度の側面からとらえたものと考えられよう。[12]

2　個人の尊重と「対話」を通じた自律的な社会プロセス

　このようにして日本社会が透明性を増し，個人の尊重を中心に据えた社会を目指していよいよ成熟してくるこの時代にあって，「対話」による社会運営はきわめて重要な意義を有するものとなる。なぜなら，すべての人が個人として尊重される社会においては，その運営は個人の意に反する一方的な強制ではなく，任意の自律的な合意によることが基本でなければならず，かりに合意によらない処理

---

(12)　政治改革・行政改革等と共に司法改革が目指すものは，「……国民の一人ひとりが，統治客体意識から脱却し，自立的でかつ社会的責任を負った統治主体として，互いに協力しながら自由で公正な社会の構築に参画し，この国に豊かな創造性とエネルギーを取り戻」すことであると表明されている（司法制度改革審議会意見書――21世紀の日本を支える司法制度――2001年6月，3頁）。司法制度改革推進本部・顧問会議も2002年7月5日，「国民一人ひとりが輝く透明で開かれた社会を目指して」を公表している。ただ，司法制度改革推進本部における各種検討会での議論が，審議会意見書等に示されたこのような基本的な理念を踏まえたものになっているか，検討を要するところである（四宮啓「司法改革・折り返し点に立って」自由と正義54巻8号，2003年，14頁以下）。

がなされる場合においても，任意の履行がなされる了解が得られるベースを有するものでなければならないのであり，「対話」はそのような任意の自律的な合意や了解を目指すための基本的で第一義的に重要なプロセスになるからである。

このような合意や了解は，「納得」のゆくものでなければならない。その「納得」を人々にもたらす源泉が「対話」のプロセスである。すなわち，「対話」なくして押し付けられた「自律性」のない合意や了解は，強制された不承不承のものであり，たとえその内容が正当なものであったとしても，社会における永続的な支持は得られないであろう。「自分で決めた」と思えることは，「納得」をもたらす重要な要素である。また「対話」は相互の考えのすり合わせを通じ内容の「正当性」を探求するプロセスでもある。解決内容が「正しい」と思えることは，納得を紡ぎ出すもう一つの重要な要素であり，当該の事案において相手方との関係の中で何が正しいのかを，相手方との「対話」を通じて探求するのである。「対話」は，「自律性」と「正当性」とが交錯する「納得」の世界を広げるのである。このようにして「対話」は，個人の尊重に立脚した自律的社会を支えるインフラともいえるような重要性を持つのである。

そして実際にも，社会的なプロセスの至る所で「対話の実践」が行われており，その輪は次第に着実に大きく広がってきている。対話を通じた社会運営の重要性が広く認識され，それが種々の実務現場で実践されているのである。これらを見ると，社会プロセスを支える共通の大きな柱として「対話」が位置づけられてきていることを感じる。

そこで以下ではまず，一般社会における「対話」への関心と実践を概観し，次に法律分野ないし紛争解決分野での「対話」の実践を見ることとしたい。

---

(13)「だいたい，同じ類の紛争は，誰が調停しても同じ様な合意で終わるものである。だが，合意の内容が同じなのに，当事者が満足している場合と失望している場合がある。時には怒っていることさえある。その理由は，当事者の満足とは，合意した内容ではなく，合意に至る話し合いのプロセスから引き出されるからで」ある（レビン小林久子訳・編，モートン・ドイッチ，ピーター・T・コールマン編『紛争管理論』日本加除出版，2003年，はじめに2頁）。

第2節　対話を重視した社会的実践

1　社会における「対話」の問題関心と実践

　人々がその個を生きる以外にない成熟社会の時代を迎え，個人の尊重を機軸とした社会システムとその運営が重視されるようになり，このような趨勢に呼応して「対話」に関する一般的な関心が高まっている(14)ばかりではなく，現実の具体的な社会運営においても「対話」の重要性が各方面で認識され，実践されている。最近の主要なものに限って概観してみると，次のような社会的実践がある。

　①　学校教育の分野では，ディベート教育という側面からのアプローチがあるが，その中でも「ことばをとおして人格と人格がかかわりあう『場』」としての「対話」という観点から，「言語活動の『場』を知り」「ことばを自覚し使いこなす資質の育成」を重要な教育テーマとして提唱するもの(15)が注目される。また，荒れた教室（学級崩壊）や教師と保護者の困難な関係などの教育現場における深刻な問題を，生徒間の対話，生徒・親と教師あるいは教師間の対話というアプロー(16)

---

(14)　近時，一般社会においても対話に対する関心が深まってきており，中島義道『対話のない社会』PHP新書，1997年，平田オリザ『対話のレッスン』前掲など，優れた一般向け書籍が出版されている。なお，「対話」を書名として取り上げている専門書としては佐藤慶幸『生活世界と対話の理論』文眞堂，1991年，島崎隆『増補新版　対話の哲学――議論・レトリック・弁証法』こうち書房，1993年などがある。

(15)　藤森裕治『対話的コミュニケーションの指導――「話し合い」における「感性のレトリック」』明治図書，1995年，国語教育探求の会・中国支部編『＜対話＞をキーワードにした国語化授業の改革』全国国語教育実践研究会，2003年，並びに同書268頁以下に所掲の文献。なお，日本法社会学会の2003年5月学術大会におけるミニシンポジウム「プロフェッショナルのための交渉技術の普及戦略」で，わたくしを含めシンポジストは異口同音に，小学校を含めた普通教育において，対話ないし交渉の基本的な教育がなされるべきであることを強く主張している（NBL 771号，商事法務，2003年，10頁以下）。教育界とのコラボレーションにより，是非とも実現されることを期待したい。

(16)　石山勝巳「私の『いじめ』対策と，その実践例」『教育と医学』49巻1号，慶応大学出版会，2001年，74頁以下は，教師として生徒同士が正面から向き合って「対話」を行うことを通じて，「いじめっ子に立ち向かうのを援助する役割」を助言し，「対話」によるいじめ対策を実践した例を報告している。石山教授の対話論や実践は後に触れる。

チで克服することが提唱されている(17)。

② 地域社会の分野では，住民が主導して自らの地域を見つめ，自ら課題を探求し解決しながら変革してゆくプロセスが全国で進んでおり(18)，これも「対話」を通じた自律的な社会運営の有力な実践例であろう。

③ 医療分野では従前から，患者の自己決定を助けるインフォームド・コンセントの問題が取り上げられ，実践されてきているが(19)，これは医療現場で患者と医師との間で行われる「対話」の重要な局面である。また医療を特定の疾患の治療という観点だけに限定せず，患者や家族の生活全体の中に位置づけて，患者や家族との「対話」を通じてトータルなケアという観点から支援をするというアプローチが実践されている(20)。そして，これらを支える日常の実践における医療面接の具体的な在り方や技法も(21)，提示されてきている。さらに，患者と医療者の対話を通じて，患者の主体的な医療への参加を支援する市民グループの活動も活発に行われているし(22)，医療行政においても医療における安全や信頼の確立のために，患者

---

(17) 若菜秀彦『対話型教師のすすめ』明石書店，1998年，法則化中学中央企画室編『「対話」を核に荒れた教室を再生させる』明治図書，2001年など。若菜・前掲はユルゲン・ハーバーマスの「コミュニケーション的行為」の理論を参考にして，これからの教師像として「コミュニケーション的専門職」というアプローチを提唱しており（同書158頁以下），示唆に富む。わたくしも「対話の専門家」としての弁護士という像を考えており，後に検討する。なお，社会哲学者であるハーバーマスのコミュニケーション行為の考え方は，人間には対話によって相互的理解に達するコミュニケーション的理性が備わっており，そのような人間のコミュニケーションに信頼して，相互の平等な対話によって支えられた合理性の実現をつうじた秩序を目指そうとするものである。ハーバーマスについては，中岡成文『ハーバーマス──コミュニケーション行為』講談社，1996年が適切なオーバーヴューを与えてくれる。

(18) 例えば，杉万俊夫編著『よみがえるコミュニティ』ミネルヴァ書房，2000年参照。また，多摩ニュータウンにおけるNPO・FUSION長池（ぽんぽこWeb http://www.pompoco.or.jp/）は，インターネットを用いた住民間の多面的なコミュニケーションを活用した住民主体の地域づくりの実践を生き生きと伝えている。里地ネットワークの活動も，地域の自律的な力を支援することにより，里地・里山の保全を図りつつ，自律的な循環型社会を目指すものであり，注目される（http://www.mizumidori.jp/satochi/index.html）。

(19) 例えば宮本恒彦編著『実践インフォームド・コンセント──患者にとってよりよい医療提供のために』永井書店，2003年など。

(20) 例えば，伴信太郎『21世紀プライマリ・ケア序説』プリメド社，2001年，山本和利・宮田靖志・川畑秀伸・木村真司『脱専門家医療』診断と治療社，2001年など。

(21) 福井次矢監修『メディカル・インタビュー・マニュアル──医師の本領を生かす

と医療との円滑な対話を図っていこうとする動きもある。[23]

④　介護等の社会福祉の分野で「アドボカシー」というアプローチが提唱されているが[24]，これも対話を通じてクライエントの自己決定を援助するためのものであり，面接技法や交渉などのプロセスが重要なテーマとなる。[25]

⑤　カウンセリング，ケースワーク，セラピー，精神療法[26][27][28]なども，いうまでもなく「対話」を通じてクライエントを支援する活動の一つであり，個人を中心に据えた臨床面接の在り方などについて，豊富な研究成果と実践例が報告されている。近時提唱されているコーチングやヘルピングといったアプローチも，「対話」[29]

コミュニケーション技法（第3版）』インターメディカ，2002年，前注の文献など。
(22)　NPO法人ささえあい医療人権センターCOML（Consumer Organization for Medicine & Law）は，医療を消費者の目でとらえ，「いのちの主人公」「からだの責任者」である「患者の主体的な医療への参加」を呼びかけ，「患者と医療者が，対話と交流のなかから，互いに気づき合い，歩み寄ることのできる関係づくり」を目指している（http://www.coml.gr.jp/）。
(23)　「医療に係る事故事例情報の取扱いに関する検討部会」報告書（平成15年4月15日）http://www.mhlw.go.jp/shingi/2003/04/s0415-3a.html。
(24)　西尾祐吾・清水隆則編著『社会福祉実践とアドボカシー――利用者の権利擁護のために』中央法規，2000年。
(25)　「福祉サービスはニーズに即したサービスであるべきであり，かつニーズの判定は専門職員による一方的な『発見』ではなく，利用者と専門職員によるネゴシエーションの過程であるべき」であって，このようなプロセスを通じて利用者が適切な情報や説明を受け自分のニーズや意見を伝えることができるようにするためには，「福祉権ワーカー（welfare rights workers）のようなパラ・リーガルによる権利擁護（アドボカシー）」が重要である（河野正輝「福祉における自己決定権と救済システム」（井上正三・高橋宏志・井上治典『対話型審理――人間の顔の見える民事裁判』信山社，1996年）360頁以下）。
(26)　カウンセリング，ケースワークなどについては，本書第3章第2節で検討する。
(27)　ナラティヴ・セラピーのアプローチは，社会構成主義を前提として「物語としてのケア」という観点から，クライエントとの対話を通じて問題解決の支援をするものである（野口裕二『物語としてのケア――ナラティヴ・アプローチの世界へ』医学書院，2002年）。本書の問題関心からも興味深いものであり，後に検討する。また，ナラティブ・アプローチは，医療分野でも重要なものと位置づけられてきている（トリシャ・グリーンハル，ブライアン・ハーウィッツ（斉藤清二・山本和利・岸本寛史監訳）『ナラティブ・ベイスト・メディスン――臨床における物語りと対話』金剛出版，2001年）。
(28)　精神療法については，神田橋條治『精神療法面接のコツ』岩崎学術出版社，1990年。
(29)　市毛恵子『カウンセラーのコーチング術』PHP，2002年，ジョン・ウィットモア（清川訳）『はじめてのコーチング』ソフトバンク・パブリッシング，2003年など。

を通じた円滑な対人関係を支援しようとするものであり，カウンセリングなどと共通の基盤を持っている。

⑥　なお家庭の問題についてつとに，ケースワークの立場から「対話による紛争の克服」というアプローチが提唱され，当事者同士が同席の対話を通じて自律的に解決を掴み取ってゆくプロセスを支援する実践が家庭裁判所調査官により行われてきたことも，ここで紹介しておくべきであろう[30]。またいわゆるドメスティック・バイオレンス（DV）の問題についても，単に加害者である夫の行為の禁止，被害者となる妻の隔離的保護や損害賠償だけでは問題は解決せず，加害者となる夫の「生きなおし」を「対話」を通じて図ることが必要であるとの観点から，加害者の立ち直りを支援するプログラムも実施されるようになってきていること[31]も，注目に値する。

⑦　企業活動やその他の社会的な課題に取り組むプロセスとして，「交渉」は日常的に行われているところであり，これに関する研究も盛んになっている[32]。この交渉も「対話」のプロセスという切り口で眺めることができる。

⑧　環境・原子力・化学物質・食品・生化学などにかかわる行政や産業のあり方について，「リスク・コミュニケーション」という考え方が提唱され，実践されている。これは，「リスクに関する正確な情報を市民，産業，行政等のすべての者が共有しつつ，相互に意思疎通を図ること」とされ，これを実現するためには専門家と市民との円滑な「対話」が不可欠であり，そのための対話のあり方，対話を媒介する人材の育成，対話の場の提供などを含め，研究と実践が行われて

---

(30)　石山勝巳『対話による家庭紛争の克服――家裁でのケースワーク実践』近代文藝社，1994年。当事者同席での対話による家庭紛争の克服について，理論と実践の両面から取り組んだものであり，後述するように同席調停の先駆的な業績であって，非常に示唆に富む。

(31)　DVにおける加害者の「脱暴力」「生きなおし」とそれを支援する市民グループ「メンズサポート」が実践している「男の非暴力グループワーク」について，中村正夫『男たちの脱暴力――DV克服プログラムの現場から』朝日新聞社，2003年。そこには自律的な選択と自己変容がどのようなものなのかが生き生きと描かれていて，生身の人間の抱えている問題の克服の在り方を考えるうえで，大いに参考になる。

(32)　ロジャー・フィッシャー，ウイリアム・ユーリー（金山宣夫・浅井和子訳）『ハーバード流交渉術』TBSブリタニカ，1982年，印南一路『ビジネス交渉と意思決定』日本経済新聞社，2001年，藤田忠監修・日本交渉学会編『交渉ハンドブック』東洋経済新報社，2003年など。

いる。高度な科学技術をもってしても人類の将来に与える影響がどのようなものになるのか必ずしもはっきりしない問題が人々に大きな不安を与えている。このような問題への対応について，専門家の専門的判断に委ねるべきであるという考え方は，それだけでは人々の納得を得ることはできない。そこにおいては，専門家の専門的研究と知見は必要不可欠であるにしても，それらの内容について一般の人々の理解と納得をえられなければならないであろう。そこで，専門家と一般の人々との「対話」が重要になる。しかも，両者の間の「対話」においては，一般の人々の抱いている疑問の専門家への伝達と理解，それに対する専門家のメッセージの一般の人々への伝達と理解が，相互に十分になされなければならないが，専門家と一般の人々との二者だけでは，相互の伝達不全，誤解や理解不十分などによるギャップが生じることが多く，そこに第三者（ファシリテーター，メディエーター，リスク・コミュニケーターなど種々の呼び名がある）が介在して，両者の相互の意思疎通が円滑かつ十分に行われるように支援する必要性が生じてくるのである。このようにリスク・コミュニケーションは，「対話」の実践そのものであり，これを媒介するファシリテーター等の姿は紛争の解決における中立的第三者の在り方の問題を考える上でも，大きな示唆を与えるものであると考えられる。

2 法律分野における対話の実践

社会において「対話」の実践がなされている例を概観してきたが，法律分野ないし紛争解決の分野でも「対話」への問題関心が高まっている。ここでは最近の

---

(33) 例えば化学物質に関する環境省の取り組みについて，http://www.env.go.jp/chemi/communication/。環境アセスメントにおけるコミュニケーションについて，原科幸彦編著『改訂版環境アセスメント』放送大学教材，2000年3月。また，「欧米では科学技術政策の意思決定に市民が参加する『参加型テクノロジーアセスメント』」に「ソクラティック・ダイアローグ（SD）」という対話方法論が用いられており，日本でも公共的コンセンサスを目指す方法としてSDが研究され，実践され始めている（中岡成文「ソクラティック・ダイアローグ（SD）という対話実践」21世紀COEプログラム「インターフェイスの人文学」プロジェクト（大阪大学）「臨床と対話」研究グループ『第1回 対話シンポジウム 対話を促進する方策と，場の構築のための連携 報告書』（文部科学省科学技術振興調整費 科学技術政策提言）2003年，18頁）。また，欧米における道路作りにおける公衆の参加について，合意形成手法に関する研究会編『欧米の道づくりとパブリック・インボルブメント――海外事例に学ぶ道づくりの合意形成』ぎょうせい，2001年。

10年前後における主要な実践を概観することとする。

①　法律分野でも「交渉」に対する関心が高まっており，裁判外での紛争解決交渉や取引締結交渉の研究のほか，訴訟過程を裁判内での交渉プロセスという側面からとらえるアプローチなど，各種の研究やシンポジウムなども開催されている。

②　また，法律家の活動もクライエントの問題解決を支援するものであるという観点からカウンセリング等と共通するものであり，臨床面接の技法などを取り入れた法律相談の在り方などが研究され，実践されるようになってきた。

③　1990年に第二東京弁護士会仲裁センターが設立されたのを皮切りに全国に広がった「弁護士会仲裁センター」，その中でも特に第二東京弁護士会仲裁センターや岡山仲裁センターなどで行われている当事者同席での和解あっせん・仲裁の実践は，当事者の自律的紛争解決能力を尊重し，当事者間の対話の回復をめざすものとして，大きな特色を有する。

---

(34)　法的交渉については，太田勝造『民事紛争解決手続論』信山社，1990年，小島武司編『法交渉学入門』商事法務，1991年，和田仁孝『民事紛争交渉過程論』信山社，1991年，小島武司・加藤新太郎編『民事実務読本Ⅳ（和解・法的交渉）』東京布井出版，1993年，廣田尚久『紛争解決学』信山社，1993年（同・新版，2002年）。

(35)　交渉と法研究会編『裁判内交渉の論理――和解兼弁論を考える』商事法務研究会，1993年。

(36)　法律家が長年カウンセリングと正面から取り組んできた先駆的な姿を描くものとして，波多野二三彦『カウンセリング読本』信山社，2003年。また，波多野弁護士のカウンセリングの背景にあると考えられる「内観法」については，波多野二三彦『内観法はなぜ効くか――自己洞察の科学（第3版）』信山社，2000年参照。

(37)　最近ではカウンセリング等の手法を法律相談に応用する「リーガル・カウンセリング」の考え方が提唱されており（例えば，波多野二三彦「弁護士面接相談の改革――リーガル・カウンセリングのすすめ」判タ1102号，2002年25頁以下，同『リーガルカウンセリング――面接・交渉・見立ての臨床』信山社，2004年，菅原郁夫・下山晴彦編『21世紀の法律相談――リーガル・カウンセリングの試み』現代のエスプリ415号，2002年所収の諸論稿，加藤新太郎編，羽田野宣彦・伊藤博著『リーガル・コミュニケーション』弘文堂，2002年，柏木昇「弁護士の面接技術に関する研究」（日弁連法務研究財団編『法と実務3』商事法務，2003年，1頁以下など），本書でも後に検討する。

(38)　第二東京弁護士会編『弁護士会仲裁の現状と展望』判例タイムズ社，1997年。

(39)　第二東京弁護士会仲裁センター運営委員会『二弁仲裁センター10年のあゆみ』2001年。

(40)　鷹取司「岡山仲裁センターについて」（第二東京弁護士会編『弁護士会仲裁の現状と展望』前掲344頁）。

④　訴訟手続の運営についても,「対話」を重視したプラクティスが報告されている。その中でもいわゆる「Nコート」の実践は「対話型審理」として著名であり,これをめぐって1995年にシンポジウムが行われ,多数の研究者と実務家から貴重な実践と研究が発表されている。対話型審理は当事者を主体とした対話を中心に据えて審理を進め,そのプロセスの中で紛争の全体性に配慮し,当事者自身の自己治癒力を取り戻すことを目指すというものであり,まさに対話による法律実務に正面から取り組む実践である。

⑤　主として家事調停のプラクティスの改革として提唱され実践されている「同席調停」も,両当事者同席の対話を通じて当事者自身による自律的解決を目指すものである。これを主題としたシンポジウムが1997年に行われ,その技法の意義や可能性,関係者の役割などが検討され,多数の研究者と実務家による貴重な実践と研究が発表されている。

以上のような紛争解決分野での対話の実践や研究は,ほとんど時期を同じくして行われているものであり,相互に理念や技法を共通にするものがあると考えられる。

⑥　このような流れと併行して,米国の民間で実践されている「Mediation」がその理念や技法の解説のみならず,実技指導とともに日本に紹介され,米国で

---

(41) 井上正三・高橋宏志・井上治典編『対話型審理――「人間の顔」の見える民事裁判』信山社,1996年。
(42) 井垣康弘「同席調停」(村重慶一編『現代裁判法大系10 親族』新日本法規,1998年) 77頁以下,同「同席調停の狙いと成功の条件」『現代調停の技法――司法の未来』後掲172頁以下など。
(43) 井上治典・佐藤彰一共編『現代調停の技法――司法の未来』判例タイムズ社,1999年。
(44) レビン小林久子『調停者ハンドブック』信山社,1998年。なお,同『調停ガイドブック――アメリカのADR事情』信山社,1999年,同『ブルックリンの調停者(改装版)』信山社,2002年,同「愛から愛へ:米国現代調停理念の誕生と発展」同訳・編・モートン・ドイッチ,ピーター・T・コールマン編『紛争管理論』日本加除出版,2003年,251頁以下。わたくしは従前,調停や和解は別席交互方式で行うのが当たり前だと思っていたが,1997年に相次いで井垣康弘判事の「同席調停」とレビン小林久子助教授のMediationに初めて接し,当事者を真の意味で主体とし,同席コミュニケーションの実現により,当事者自身がつむぎだす納得のゆく解決を目指す公正で透明な方法があることを知り,大変な衝撃を受けた(大澤恒夫「衝撃の同席調停」(レビン小林久子『調停者ハンドブック』栞) 5頁)。これが「対話」の問題を正面から検討する大きなきっかけを,わたくしに与えた。

当事者の自律性を尊重し対話促進を通じた問題解決支援を図る民間プログラムが広く行われていることやそのトレーニングの実際の一端が，一般にも知られるようになった。そして Mediation が家庭・近隣・職場・学校・企業などで生じるあらゆる揉め事・紛争について，対話促進による問題解決の支援という汎用的な意義を有することが理解されるに従い，日本でも各地で民間 Mediation を立ち上げようとする動きが広がり⁽⁴⁵⁾，またその実践を準備するものとしてトレーニングが行われるようになった。また，犯罪被害者救済という困難な課題に対する対応の一つの在り方として，諸外国で行われている「被害者・加害者調停」(Victims/Offenders Mediation, VOM)⁽⁴⁷⁾ を日本でも立ち上げようという動きも民間で生じている⁽⁴⁸⁾。

⑦　司法制度改革審議会は 2001 年 3 月の意見書において，ADR の拡充・活性化を重要課題として打ち出し，これに応じて司法制度改革推進本部は ADR 検討会を設置して，総合的な ADR の制度基盤のありかたについて検討を進めてきている⁽⁵⁰⁾。その中で，当事者の自律性を尊重した多様な ADR の育成が一つの眼目として取り上げられている。

---

(45)　例えば NPO 法人・シビルプロネット関西 (http://civilpro.ath.cx/)，NPO 法人・日本メディエーション・センター (http://www.npo-jmc.jp/index.html)，愛媛和解支援センター，赤ひげネット，中四国ミディエイション・センターなど。

(46)　例えば NPO 法人・日本メディエーション・センターでも初級，中級及び上級の各トレーニングを実施している (http://www.npo-jmc.jp/training.html)。

(47)　被害者・加害者調停 (VOM) については，ジム・コンセディーン，ヘレン・ボーエン (前野育三・高橋貞彦訳)『修復的司法――現代的課題と実践』関西学院大学出版会，2001 年，ハワード・ゼア (西村春夫・高橋則夫・細井洋子訳)『修復的司法とは何か――応報から関係修復へ』新泉社，2003 年，高橋則夫『修復的司法の探求』成文堂，2003 年など。

(48)　VOM の在り方について，2003 年 2 月に公開ロールプレイと公開討論を行ったものとして，修復的司法を実施する NPO の設立を考える関西の会「被害者・加害者調停 Role Play」並びにこれに関する解説，シナリオ，及び意見交換について，『第 1 回対話シンポジウム　対話を促進する方策と，場の構築のための連携　報告書』前掲 26 頁以下。また，最近，VOM を実践し研究する「被害者加害者対話支援センター」が設立された (http://www.vom.jp/)。

(49)　司法制度改革審議会意見書 2001 年 6 月，35 頁以下。

(50)　司法制度改革推進本部「総合的な ADR の制度基礎の整備について」2003 年 7 月。これに対して各界から寄せられた意見は，Web 上にも掲載されている (http://www.kantei.go.jp/jp/singi/sihou/kentoukai/adr/dai21/21siryou__list.html)。なお，わたくしも意見書を提出した (http://www33.ocn.ne.jp/~osawalaw/adr-pub-comme.htm)。

第1章　法システムにおける「対話」と弁護士業務　　　19

　以上の概観を通じて，法律分野ないし紛争解決といった分野においても「対話」が重要なものとして認識され，種々のステージや切り口で実践と研究が重ねられてきていることや，当事者による自律的な紛争解決を支援する多様なムーブメントが大きなうねりのように生じていることが分かる。

　このように，法律や紛争にかかわるか否かを問わず，社会的なプロセスの至る所で「対話」が問題解決を「支援」するための重要な方法として実践されており，いわば「対話のムーブメント」ともいうべき大きな動きが日本の社会を覆うように広がっていることが感じられる。あらゆる社会的プロセスを支える共通の大きな柱として，「対話」を位置づける社会的なコンセンサスが次第にできつつあるものと考えられる。

---

(51)　なお，立法の分野においても，立法によって影響を受ける当事者間での対話により問題解決の方向を見出してゆくアプローチが打ち出されている。例えば，著作権法の改正問題について，2003年1月の文化審議会著作権分科会報告書では「私的録音録画補償金制度の見直しについては，関係者の間に大きな対立があり，具体的な対応策等を結論づけるには至っていないが，……権利者，製造業者等の関係当事者が受け入れられる解決策を目指し，具体的な合意の形成を促進するため，当事者間の協議の場を設ける必要がある。」とされており，今後，立法作業に関係当事者の対話プロセスが織り込まれることが増えてくるのではないかと考えられる。また，立法に向けた作業の中間報告を公表して広く国民の意見を募集する「パブリック・コメント」の制度も，対話的なアプローチの一環と考えられる。また，行政過程においても様々なレベルでコミュニケーションを重要なものとして位置付け，「対話」をキーワードとして検討するものに，大橋洋一『対話型行政法学の創造』弘文堂，1999年がある。

(52)　もっともカウンセリングや精神療法などの分野と異なり，法律分野での対話の在り方に関する臨床研究はまだ層が厚くない。中村芳彦「声を聴く法専門家」（井上治典・佐藤彰一共編『現代調停の技法——司法の未来』判例タイムズ社，1999年），464頁。

(53)　被支援者をケアしエンパワーする「支援」の活動が実践系の新たな「公共性」を開くのであり，そこから「公共空間が形成されるには，それが日常的な営みとして社会全体に浸透していく必要がある」のであって，日常の身近なところで「支援」の実践が行われることが重要である（今田高俊「社会学の観点から見た公私問題——支援と公共性」（佐々木毅・金泰昌編『公共哲学2——公と私の社会科学』東京大学出版会，2001年）52頁以下，同『意味の文明学序説——その先の近代』東京大学出版会，2001年）。これはボランティアやNPOの活動だけでなく，弁護士や医師などを含めた専門家の在り方としても当てはまることであり，主役である当事者に対する「支援」という理念に基づく，個々の専門家の実践が浸透することが，新たな公共性の形成のためにも重要であろう。

第3節 「正義の総合システム」における弁護士業務と「対話」

　弁護士は，あらゆる社会的な場面で生起する種々の紛争の解決や予防に関与するものである。紛争は生身の人間同士の葛藤が渦巻く場であり，人間としての問題解決が求められる。弁護士はこのような紛争プロセスの渦中に身を置いて，その解決を目指した活動を行い，あるいは紛争を予防するための活動を行うものである。

　前節までの検討において個人を尊重する自律的な社会の運営において「対話」が有する重要性や実践例を見てきたが，弁護士も自律的な社会のプロセスの一端を担ってゆくものである以上，その業務において「対話」を通じた問題解決やその支援がきわめて重要なものとなることは当然であり，「対話」のアプローチはいわば弁護士業務の縦糸ともいうべき指針になるべきものと考えられる。

　他方，弁護士は紛争をめぐる法システムの中で稼動するものである。弁護士が「対話」の視座をもって活動するに当たり，活動の場である法システムの全体像を認識し，そのなかにおける役割や位置付けを常に意識し反省することは，よりよい弁護士プラクティスを実践する上で，きわめて重要な課題となる。このような観点から考えるとき，小島武司教授の提唱される「正義の総合システム」[54]の構想は，トータルな視点から弁護士を含む法律家が法的空間における自らの位置付けや役割・機能を知り，業務実践に当たって自省の羅針盤となる，非常に重要な座標軸を提供するものである。わたくしは，この「正義の総合システム」を弁護士業務のいわば横糸をなす視座になるべきものと考え，そして前述のように「対話」アプローチを全てのプロセスを貫く縦糸として，これからの弁護士業務の在

---

(54)　小島教授の「正義の総合システム」については，小島武司「正義の総合システムを考える」民商法雑誌78巻臨時増刊3（末川博博士追悼論集），1978年，1頁以下，「正義の総合システムの中の調停・苦情処理」法社会学会年報33巻1頁以下（有斐閣，1981年），「当事者主導型の調停——調停モデル多様化の提唱」（正義の総合システムの諸相12）判タ430号40頁以下（1981年），『仲裁・苦情処理の比較法的研究』（中央大学出版部，1985年），「紛争処理制度の全体構造」新堂幸司ほか編『講座民事訴訟①』355頁（弘文堂，1984年），「調停適合事件の選別基準」『紛争処理と正義』（竜嵜喜助先生還暦記念）385頁（有斐閣，1988年），「代替的紛争解決と法的基準」『民事訴訟法の現代的構築』（染野義信博士古希記念）173頁（勁草書房，1989年），『裁判外紛争処理と法の支配』（有斐閣，2000年）など参照。

り方を検討したい。つまり，弁護士を「正義の総合システム」にあって，その中心部分である訴訟の場だけでなく，周縁の相談や予防法務なども含めて多様な方策の創造者，運営者として自覚的に位置付けることとし，その位置付けのもとでトータルな法システムの各ステージにおいて，法と法外の世界を「対話」をベースとして媒介し，紛争解決の支援や紛争予防の活動を行う専門家であるものとして捉えることとする。そして，弁護士活動の具体的なステージごとに，それに適した「対話」や法の媒介（規範の交流）の在り方を自覚的に検討し，人々の役に立つ業務の在り方を考えることとしたい。

　「正義の総合システム」は，憲法理念としての「正義への普遍的アクセス」を現実のものとするための理論である。それは，正義への多元的ルートの創造・刷新，及び，不断に変容し成長する，より適切な正義の具現化を目標とする。そして，「対話」のアプローチも憲法の保障する個人の尊重に基礎を置くものであり，「正義の総合システム」と「対話」の両者が相俟って，憲法の理念の実現に奉仕する弁護士業務の在り方を基礎付けるものと考える。

　そこで，「正義の総合システム」について，わたくしなりの理解を踏まえて，主要な点だけをここで確認しておきたい。すなわち，紛争の解決は最終的且つ中核的には訴訟＝判決という法に準拠した裁断[55]によって担われるが，その周辺には裁判上の和解[56]のほか，当事者の自律的解決を支援する各種機関における仲裁[57]，調停[58]，和解あっせん，苦情処理，相談などが存在し，また当事者間の任意の話し合い（相対による紛争解決交渉）が日常的に行われている。紛争全体の数からすれ

---

(55) 例えば会社更生事件や民事再生事件においては，関係人集会等で可決された更生計画・再生計画に対し，裁判所の認可決定（会社更生法199条，民事再生法174条）を受けることが必要とされている。これは，債務者と債権者等の関係者間で自律的に形成されるべき再建計画について，法律が公正・衡平・遂行可能性などの抽象的な規準だけを定め，具体的に出来上がった再建計画について裁判所が抽象的な規準に照らしてその適切性を判断するという制度である。このように法律上抽象的な基準だけを定めておいて，当事者が自律的に適切な解決策を関係者との対話により形成することをうながし，最終的な適切性は第三者が承認するという仕組みが適するような社会関係の形成や運営も，ありうるであろう。

(56) 裁判所等が定める和解条項の裁定の制度（民訴法265条）は裁判所による裁断と当事者の自律的な合意による解決との中間的なものである。そのほか，本書第2部において仲裁や調停の説明でも触れるように，個々の制度にはそれぞれの中間的なバリエーションも定められており，それらの特質も十分に踏まえる必要がある。

ば，これら裁判外の紛争解決活動の方が圧倒的な量を有しているであろう。また，契約締結交渉や予防法務活動もこの全体システムの幅広い裾野を構成している。これらは紛争をめぐる法システム全体のなかで，訴訟＝判決を中心とする同心円の外周輪のように取り巻き，相互に「波及と汲上げ」の作用を及ぼし合いながら正義＝法の内実を刷新し，その全体が有機的・総合的に「法の支配」⁽⁵⁹⁾を実現する

(57) 新しい仲裁法においては，「和解における合意を内容とする決定」（仲裁法38条1項）の制度が設けられ，この決定は仲裁判断としての効力を有するものとされている（同条2項）。これは，いわゆる和解的仲裁判断（小島武司『仲裁法』青林書院・現代法律学全集59巻，2000年，257頁）について立法化したものである。また，新仲裁法においては，「当事者双方の承諾がある場合には」仲裁手続き中に和解の試みを行うことができることを明示した（同条4項）。仲裁と調停の連結について，小島『仲裁法』前掲20頁以下。

(58) 民事調停も当事者の自律的な合意による解決を目指す制度の一つであるが，当事者間に合意が成立しても「成立した合意が相当でないと認める場合において，裁判所が第十七条の決定をしないときは，調停が成立しないものとして，事件を終了させることができる。」（民事調停法14条）と規定されており，裁判所による後見的配慮をすることが法律上の前提とされているという特殊性を持った制度と考えられる。また，地代借賃増減調停事件における調停委員会が定める調停条項（民事調停法24条の3），調停に代わる決定（民事調停法17条），家事事件における調停に代わる審判（家事審判法24条）など，第三者による裁断と当事者の自律的合意による解決との中間的な制度も定められている。

(59) 「法は正義への企て」であり，「正義を法の絶えざる批判的自己修正の規制理念として位置づける」べきである（井上達夫『法という企て』東京大学出版会，2003年）。井上教授は「正義の法に対する超越性が永続的に解消不可能であること」から，「法的執行に頼らない自発的協力実践によって人々が正義を追求する可能性と必要性」を認め，「法のこの企ては法の外部で人々が自発的に遂行する正義への企ての営為と競争的補完関係・相互啓発関係に立つ」とし，「正義への企ての真摯な追求を法が放棄するなら，人々は法に絶望して，その外部にのみ正義を求めて法を放棄し，法は自己の正当性と権威を失うことになるだろう。」とする（井上・前掲書「序　法概念論は何のためにあるのか」xi以下）。弁護士は正義の総合システムにおいて法の内と外の世界を媒介し，「法の絶えざる批判的自己修正」の役割を担ってゆかなければならない。

(60) 「法の支配は，私人間で契約が守られるようにすることにより，また，国家の権力を制約下におくことにより行われる法的コントロールの一種であって，あらゆる種類の私人の創造力を花開かせる基盤であり温床なのである。」（小島武司「司法制度改革とADR」『裁判外紛争処理と法の支配』前掲313頁）。そして，「再定義された法の支配」のもとで「ADRの花が咲き誇る社会では，法的プロセスにおいて人間の主体性が回復され，『法律家は悪しき隣人』という言葉は死語となるに相違ない」（小島・同上）。

ための「正義の総合システム」(Universal System of Access to Justice) として稼動している。
(61)

「正義の総合システム」は「紛争解決方法の多様化・合理化（公正の確保）及び衡平による法の持続的刷新によって普遍的な正義の実現という理想を達成するシステムを築くことに眼目がある。換言すれば，多様な紛争解決の手法を開発してダイナミックな交流を通じて正義の最大化をはかる」ことを目標にしている。したがって，「正義の総合システム」の一翼を担う弁護士は，常にトータルな視点から，紛争をめぐるシステム全体の中において自分がどのような位置にあるのかを省みながら，紛争解決・予防方法の多様化・合理化と法の持続的刷新に努めなくてはならないのである。
(62)

弁護士業務をこのような視座に立って考えると，その裾野は驚くほど広く，かつその奥行きも深いことが分かる。訴訟の場だけでなく，裁判外のフォーマルあるいはインフォーマルな解決活動，更には予防的・戦略的な法務活動も重要な活動の場になる。しかも，関与の態様も単純ではなく，単発的あるいは継続的な相談を受けて助言や指導をする場合，依頼者から委任を受けた代理人として裁判外または裁判上の活動をする場合，あっせんや調停などでの中立的第三者として調

---

(61) 廣田尚久教授は，「『正義』ということば」に関して，「和解すべき事案について裁判をすることは，正義に反することであり，それがやがて人々の正義感を麻痺させ，社会全体を無気力にさせてしまう」，「判決は，ときとして，一部の権利で全部を奪ってしまう」ものであり，このような事態が「法の適用という最後のギリギリのところでおこることは，実はおそろしいことなのである。このようなことが頻繁に行われると，やがて人々の正義感は麻痺し，人々の心は蝕まれ，社会全体は無気力になる」と警告される（廣田尚久『和解と正義』前掲176頁，208頁以下）。
(62) 小島武司『裁判外紛争処理と法の支配』前掲，18頁。
(63) 山田文「弁護士調停（Lawyer-Mediator）の可能性」第二東京弁護士会編『弁護士会仲裁の現状と展望』前掲24頁以下。「……弁護士がADRを主宰する場合には，生活世界と法的世界の緊張関係に真正面から向き合い，規範形成のレヴェルで当事者と協働して両者の調整を試みるという手続主宰者の役割」を期待でき，そこにおいては「当事者に開かれた議論のプロセスの中で主宰者が当事者とともに試行錯誤を繰り返し，個別的に主宰者・両当事者の合意を積み重ねていくことを通じて規範が探索される」のであり，そのような手続主宰者として弁護士は，自身の名を名乗り顔の見える「パーソナルな紛争解決の協働者であることの自覚」と，「専門家としての無謬性から脱却すること」が重要であって，このような「ADRモデルにおいては，手続主宰者は間違わない（無謬性）し法専門家として決定的な発言力を持つ（専門性）という仮定は神話に過ぎないことになる」（山田・前掲論文39頁以下）。

整的な活動をする場合(63)，仲裁人や鑑定評価者等として判断・評価を行う場合など，種々の形態が考えられ，複数の役どころを演じなければならない。それらの各ステージにおいて，来談者との対話，依頼者との対話，相手方やその代理人との対話，裁判官や仲裁人，調停者といった中立的第三者との対話，両当事者やそれらの代理人との対話など，さまざまな人々との対話の場が展開する。

それぞれのステージと関与の態様，対話の相手方によって，「対話」の在り方も異なってこよう。例えば，法的な色彩の最も強い訴訟の場では，実体法に基づく権利義務の存否が争われ，それらを基礎付ける要件事実の解釈，それに該当する具体的事実の主張と立証といった法律家のプロトコルによる法的な議論が，代理人や裁判官の間でなされるであろう。他方，もめごとに直面した一般市民が最初に弁護士に出会う「相談」の場面で，訴訟の場と同様の法的な議論を突き付けられるのでは，相談者は困惑するであろうし，そのニーズを全く満たすことができない(64)。訴訟における法的な「対話」や相談における来談者との「対話」は，どのようにあるべきであろうか。また，これらの多様な対話の場をどのように構築し，どのようにその場に臨むことが法の活性化を促進することになるのであろうか。更に従来からの紛争解決プロセスが「対話」の場として機能するために改善すべき点はないであろうか（例えば，相談におけるカウンセリング的な要素の考慮など）。また，新たな「対話」の場を創造する必要があるのではないか（例えば，従来の調停と異なるMediationなども，新たな対話の場に当たろう。）。こういった問題意識や視点を常に持ちながら，日常の弁護士業務に取り組むことが求められる（具体的には第2部各論で検討する。）。

第4節 「個人の尊重」と「対話」による社会運営の理念

わたくしは前節において，「正義の総合システム」を羅針盤としながら「対話」

---

(64) 「依頼者とその相手方との関係づけを，今法を持ち出すことによってどのように変えようとしているのか……こうした法をこの具体的な関係づけの中で持ち出すことの適切性を問いつつ行われる規範的な対話こそが，依頼者が法の援用を自分のものと感じられるようになるための条件」であり，これを避ける場には「合法性の次元のみに相手方との規範的な『対話』が限定され，結局，依頼者はそこで為される解決から疎外されざるをえない」(棚瀬孝雄「語りとしての法援用――法の物語と弁護士倫理」(棚瀬孝雄『権利の言説――共同体に生きる自由の法』勁草書房，2002年，140頁)。

という航法により弁護士業務を推進するスキームについて，基本的な考え方を検討してきた。ここでは次に，「対話」による社会運営が何ゆえに求められるのかについて，更に考えてみたい。

1 「対話」とその憲法上の位置付け

「対話」は「個人の尊重」[65]に立脚した社会運営にとって不可欠のプロセスである。「個人の尊重」は人権保障の出発点であり，憲法上，重要な意義を有する要請である。そこで「個人の尊重」について，憲法の側面からもうすこし掘り下げて検討したい。

(1) 個人の自己決定の相互尊重と憲法 13 条

改めて言うまでもなく，憲法 13 条は「すべて国民は，個人として尊重される。」と規定しており，個人の尊重は憲法上の要請である。佐藤幸治教授は憲法 13 条と「自己決定権」について，以下のように述べる[66]。「日本国憲法の解釈の基点」を「具体的な人間の生の在り方に求める必要があ」り，「まず何よりも『人間個人として自らの運命の決定者』であるということを重視すべき」であるという立場から，「人権とは，人間の人格的自律（personal autonomy）に基礎をおき，そうした自律を全うせしめるためのものである，という素朴な前提から出発」される。そして，「人間をもって，①それぞれいかに生くべきかについて聡明に判断し行為できる存在と捉えつつ，他方で，②苦しみや挫折感をもつ弱き存在として捉え」，そうした人間理解を前提に「憲法 13 条が人間の人格そのものの権利性を包括的

---

(65) わたくしは，本書で「個人」に焦点を当てている。この点に関して，「個人」に当てはまることでも「企業」やその他の組織については当てはまらないこともあるのではないか，という疑問が生じるかもしれない。しかし，企業やその他の組織も結局は「個人」の集合体である。価値の出発点は全て個人であると言うべきであるし，組織も個人が動かしているのであって，例えば巨大な現代的施設で事業を営む企業との交渉の問題を考える場合にも，交渉に当たるのは個人であり，ただその個人に働くさまざまなファクターが純粋にプライベートな問題の場合と異なることに留意すべきであるとはいえ，「対話」そのものの捉え方を全く異質なものとする必要はないものと考える。

(66) 佐藤幸治「憲法学において『自己決定権』をいうことの意味」『現代における＜個人―共同体―国家＞法哲学年報 1989』有斐閣，1990 年，76 頁以下（佐藤幸治『日本国憲法と「法の支配」』有斐閣，2002 年所収）。

に想定したもの」と理解する。「人格」は「本来的に自立した主体性に関係」しているとともに「他者関係的契機を秘めて」いる。「自律」とは人は「自己の生の作者である」ということであり，「自律的生の条件」は，「理性的な思考と行為をなすことができる」こと，及び，「人生の色々な段階で十分な選択肢をもつことができること」が必要である。そして，このような自律，すなわち「人が"自己の生の作者である"こと」は，それ自体が「本質的価値」であると考える。憲法典は国民「各人の自律的生を可能ならしめる"物語"（Narrative）[67]」を「成文の形で表現したもの」であり，「相互に自律的生を大事にしようとする最も深い自律的意思」を表現したものであるとされる。憲法の下で個人の人格的自律の尊重はこのように理解され，「人権と人間の"生"（したがってまた"死"）とのかかわりあいを明確にして，"生"のそれぞれの局面ないし段階のもつ意味を真剣に問うこと」が要請される。わたくしも「個人の尊重」というのはこのような自己決定の相互的尊重という意味において理解されるべきであると考える。

(2) 「私的自治」と憲法13条

「個人の尊重」は個人の自己決定の相互的な尊重を要請するものであり，そのような相互尊重が多数個人の共生の基礎となる。このように考えると，相互的な個人の尊重に基づき形成される合意も，憲法13条に裏打ちされたものと考えることができる。民法学上講じられる「私的自治の原則」は，「人の自由な意思があるからこそ権利義務の変動がなされる[68]」という考え方であるとされるが，それを上記のように社会関係の在り方の根本を人の自律的な意思に求める考え方と捉えれば，憲法13条に宣明されている個人の尊重に基づく基本原則としての価値

---

(67) 佐藤幸治『憲法とその"物語"性』有斐閣，2003年，特に61頁以下。「物語」論については，後に検討する。

(68) 民法学における一般的な理解については，星野英一「現代における契約」『民法論集第三巻』有斐閣，1972年，6頁以下，同『民法概論Ⅰ（序論・総則）』良書普及会，1971年，170頁，など。

(69) 憲法13条をリベラリズム思想に基づく自己決定権の憲法上の保障ととらえ，「私的自治」もこの延長線上に理解するものとして，山本敬三「現代社会におけるリベラリズムと私的自治」（1）（2・完）法学論叢133巻4号，5号，1993年，同「憲法と民法の関係──ドイツ法の視点」法学教室171号，1994年，同「取引関係における公法的規制と私法の役割──取締法規論の再検討（1）（2・完）」ジュリスト1087号，1088号，1996年。

を有するものとして位置付けることができるであろう[69]。この点について，山本敬三教授は「私的自治」の概念を「自分の生活空間を自分の意思で規律して行くという性格を持つ」ものと理解し，「市民の生活空間に関して禁止や命令が行われないという包括的自由」としての「私的自治」の考え方を提唱する。この「私的自治を補強する権利」は「自己決定権しかありえない」のであり，「この私的自治と自己決定権の基礎にあるのは，個人個人が自己のアイデンティティーを求めつつ，自ら『善い』と信じる生き方を等しく追求できることがまず何よりも保障されなければならないという考え方，つまりリベラリズムの思想」であって，「憲法13条」は「まさにこの私的自治と自己決定権の基礎にあるリベラリズムの思想を採用した」ものであるとされる[70]。リベラリズムは，「他者をその他者性において尊重するとともに，他者と融合することなく他者を自己変容の触媒として受容する節度と度量を兼ね備えた自由，この意味で他者に開かれた自由」，すなわち「『他者への自由』」を核とするものであり，「リベラリズムは正義の基底性という公共性の規律により，自己中心的な自由を『他者への自由』へと陶冶する」のである[71]。他人を排除したり，自己に同化させようとするのではなく，個人個人が相互に自由な存在としてお互いに認め合い，各自の決定を尊重し合うことが，憲法13条の要請するところなのである。

(3) 「対話」の憲法上の位置付け

このような自己決定の相互尊重の理念に立脚した社会的関係の在り方としてもっとも好ましいのは，他者は自分とは異なる，しかし同じ人間である個人として相互に尊重し合うべき存在であるということが広く了解され（相互的尊重），人々がそれを前提に他者とのかかわりを自由に選択し，みずからの意思により他者と

---

(70) 山本敬三「現代社会におけるリベラリズムと私的自治」（2・完）前掲，法学論叢133巻5号5頁。更に山本教授は，憲法は国家だけでなく，市民も拘束するものであり，「他人の自己決定権を侵害するようなかたちで他人の基本権を侵害してはならない」という憲法上の禁止規範が，すべての市民に課せられていると考えるべきであるとされる（同「現代社会におけるリベラリズムと私的自治」（2・完）法学論叢133巻5号28頁）。人々が互いに個人として尊重しあうことは，憲法上の要請であるといえよう。
(71) 井上達夫『他者への自由——公共性の哲学としてのリベラリズム』創文社，1999年，iv。

合意を形成して，自律的に生活を営むというものであろう。そこにおいては，「対話による合意形成」が，自律的な生活の核になる。

　「対話」が合意に到達しなくても，「対話」のプロセスによる相互の思いのすり合わせを通じて，平和的な共生の道を探り了解しあうことができるし，最終的に訴訟等において第三者の裁断を求める段階に至っても，そこにおいても「対話」のプロセスを重視した運用がなされれば，なお和解の余地も生まれるだろう。そして裁断自体も，そこに至るまでになされた「対話」の成果をベースとするものであれば，「個人の尊重」に立脚し自律性の契機を背景とした納得の行くものに近づくことができるであろう。

　このようにして，「対話」は憲法の要請する「個人の尊重」に基づく自己決定の相互的な尊重に立脚した社会運営にとって不可欠のプロセスであり，そうであ

---

(72)　棚瀬孝雄「自律型調停への期待（上）（下）——法化社会の調停モデル」（同『紛争と裁判の法社会学』法律文化社，1992年，所収）295頁以下は，「自律的な秩序」は「個人の主体性，その私的な支配領域の社会的な承認と，他方で，他者との関係付けが円滑に行われるための一定の共同性の維持という相異なる二つの顔を持っている」ものであり，そこに「法的秩序と共感の秩序との止揚の可能性」があるとされ，「第三者からの押し付けを拒否し，あくまでも自らの意思にもとづいて好きな解決を選び取っていくという面」と「逆に，法的な解決が必然的に持つ離反化の傾向を嫌い，共通利益ないし人間的共感を手がかりに，双方ともに満足のいく解決を求めていくという面」という二つの面が接合されることによって，『自律型調停』と呼ぶにふさわしい調停のモデルをわれわれは手に入れることになる」とされる。わたくしは，「対話」のアプローチにより，この二つの面の充足とともに，個人の尊重の相互性を契機としてより普遍的なものの当事者自身による自律的な追求が可能になると考える。

(73)　佐藤岩夫「裁判・討議・公共圏」棚瀬孝雄編著『紛争処理と合意』前掲147頁，154頁は「裁判を，裁判官のモノローギッシュな法適用とみる見方」においては裁判の中に当事者の自律性の契機を見出すことは困難であるが，裁判を通じた法の定立・創造という側面を見据えると「当事者がなにが法であるかの確認に積極的にかかわっていく規範的討議の場としての裁判という視角」を生み出し，裁判における当事者の自律という観点からの検討が必要になるのであり，そのような観点からすると裁判は，法律専門家が「当事者とともに，その規範的主張の妥当性を検証し，あるべき規範を確認してゆく営み」とみることができ，「そこでは，当事者の自律性・自主性は，それぞれの日常感覚を基盤にあるべき『法』の確認に積極的に関わっていくというしかたで重要な役割をはたす」とされる。わたくしは，「法の確認」というよりは端的に「法の創出」を正面から認めてよいのではないかと思うが，その点は別としても裁判における当事者の自律性の契機を重視することは，自律的な社会運営の中核を担う裁判制度として，今後ますます重要になるであろう。

る以上,「対話」自体も憲法上の基礎付けを有するものと考えるべきではないかと思われる。そして,このような考え方は,契約関係だけでなく,法をめぐるさまざまな場面で,憲法13条に基礎を有する「私的自治の原則」に立脚した「対話」のアプローチに,基本的な視座を提供するであろう。

　また,告知聴聞の機会の保障を要請する憲法31条の適正手続き（Due Process of Law）の規定は,人が公権力により不利益な拘束を課されようとする場合には,その個人との「対話」のプロセスが必ず行われなければならないことを要請するものであるが,その精神は公権力の場面だけでなく,あらゆる社会的なプロセスに生かされるべきであろう。

---

(74) 私法の分野で提唱されている「関係的契約」（内田貴『契約の再生』弘文堂,1990年,同『契約の時代——日本社会と契約法』岩波書店,2000年,棚瀬孝雄「関係的契約論と法秩序観」（棚瀬孝雄編『契約法理と契約慣行』弘文堂,1999年など）や「再交渉義務」「情報提供義務」など（山本顯治「契約交渉関係の法的構造についての一考察（1）〜（3・完）」（民商法雑誌100巻2号,3号,5号,1989年,同「契約と交渉」（田中成明編『現代理論法学入門』法律文化社,1993年),同「再交渉義務について（1）」法学研究63巻1号,1996年など）も,法主体間の自律的な対話プロセスを重視する点で問題関心を共通にしており,非常に興味深い。

(75) 廣田尚久『民事調停制度改革論』信山社,2001年,87頁以下は,人々の「自我が確立し,個として尊重されなければならなくなった」現代において,「『私的自治』が……現代的装いを新たにして……蘇ってきた」のであり,「その私的自治を支える重要な基礎としてADRが存在する」とし,そして「ADRは,その社会の構成員が紛争に陥ったとしても,紛争解決のプロセスを通じて蘇った構成員として復活させ,そうした健全な構成員によって社会を組み立てることを目指す仕組み」であり,その意味で「ADRは循環型社会を志向している」と指摘される。非常に意義深い指摘である。

(76) 山田文「調停における私的自治の理念と調停者の役割」民事訴訟雑誌47巻,2001年,228頁以下は,「調停を,調停者の援助を受けて当事者が交渉を行い,私的自治の再生を図る制度として再構成したうえで,調停者の手続き上の裁量権を合理的に規律する」理論の構築を目指される。

(77) 伊藤正己『憲法（第三版）』弘文堂,1995年,334頁以下,芦部信喜・高橋和之補訂『憲法（第三版）』岩波書店,2002年,223頁以下。佐藤幸治教授は,告知聴聞を受ける権利の根拠を憲法31条ではなく,13条に求める（佐藤幸治『憲法（第三版）』青林書院,1995年,462頁以下）。

(78) 例えば,労働者の懲戒や解雇に当たっても,告知聴聞の機会の保障が重要なものとされている（菅野和夫『労働法（第5版補正2版）』弘文堂,2001年,401頁,451頁など）のも,このような観点で理解すべきものと考える。

2 私的自治と「法の支配」

　個人の尊重を宣明する憲法 13 条は，これまで見てきたように，自己決定権の保障を通じて，「私的自治」に憲法上の基礎を提供するものと考えるべきである。このように「私的自治」は憲法上の基礎を有するものであるが，もうひとつの憲法上の重要な要請である「法の支配」とはどのような関係に立つのであろうか。私的自治は当事者の自律的な意思を重要視するものであるのに対して，「法の支配」は当事者の意思を超越した「法」が人々を支配するという観念であるかのように考えると，両者は矛盾するようにも見えるかもしれない。

　しかし，法は人々の自律的な意思に超越してアプリオリに存在するというものではなく，法の正当性自体や法の適用は人々の自律的な「対話」を通じたチェックにより支えられるものである（この点については，後に検討する）し，「法の支配は，私人間で契約が守られるようにすることにより，また，国家の権力を制約下

---

(79)　小島武司「司法制度改革と ADR」前掲『裁判外紛争処理と法の支配』313 頁。
(80)　佐藤幸治『日本国憲法と「法の支配」』有斐閣，2002 年，25 頁。司法制度改革審議会意見書（2001 年 6 月）も，「法の支配の理念は……ただ一人の声であっても，真摯に語られる正義の言葉には，真剣に耳が傾けられなければならず，そのことは，我々国民一人ひとりにとって，かけがえのない人生を懸命に生きる一個の人間としての尊厳と誇りに関わる問題であるという，憲法の最も基礎的原理である個人の尊重原理に直接つらなるものである」としている（同書 5 頁）。また，内藤頼博判事（当時，広島高裁長官）は「広島家裁」誌二十周年記念号（1969 年）に「"法の支配"とケースワーク」という論文を寄せて，以下のように述べている（石山勝巳『対話による家庭紛争の克服—家裁でのケースワーク実践』近代文藝社，1994 年，14 頁以下からの引用による。）。「……人類は，自分自身の判断で解決するという賢明を得た。自分の表現や行動の限界を互いに自分自身で決めて，他を侵すことがないようにする。その限界が法である。そして，"法の支配"が生まれた。……その限界を超えない限り，一人一人の人間が，何人にも制ちゅうされることなく，思うままに，好きなように感じ，考え，表現し，行動することができる。そこに人間の無限の可能性があり，人類文化の無限の発展の源泉がある。"法の支配"はまさにそのためのものである。」そして，ソーシャル・ワークの原則である「"個人の尊厳"，"自分で決める権利の尊重"，"あるがままに受け容れること"」は「結局，一人一人の人間が自分の好きなように考えて，自分のことを自分で決める，それをそのままに受け容れる，ということになろう。"法の支配"と共通するものである」。「"法の支配"とケースワークは，人類文化の無限の発展を約束する。」また，内藤判事は当時から「ケースワーカーとしての調査官に基本として必要なものは憲法学ではないか」と考え，家裁調査官の教育に宮澤俊義教授，佐藤功教授を講師に招いていたという（石山・前掲書 16 頁）。

におくことにより行われる法的コントロールの一種であって，あらゆる種類の私人の創造力を花開かせる基盤であり温床なのである」。そして，「『法の支配』は，何のためかといえば，……何よりも『個人の尊重』を実現するため」であり，「自律的人間の活動の"場"の維持と創造」のためである。したがって，「法の支配」は個人の自律的な生を尊重するための「私的自治」を保障する原理であり，私的自治をベースとして生み出される自律的な合意は，それ自体が「法」となりうる本源的な価値を有すべきものであるといえよう。もちろん，そのようにして創造された合意が国家や他者に作用を及ぼすためには，一定のプロセスが必要であり，そのプロセスにおいて更に「対話」を通じてその正当性について絶え間ないチェックが行われ，「法」としての姿を現すのである。この問題は合意と法を

---

(81) 廣田尚久『和解と正義——民事紛争解決の道しるべ』自由国民社，1990年，38頁は，「『法の支配』に『私的自治』を包摂すると考えるならば，人々が法規範を使って合意を取りつけること，裁判の論理装置を使わずに紛争を解決することなども，法の適用と考えてよい筈である。そして，人々がこのような形で法を適用していくと，それだけ法規範は，人々にゆきわたるようになる」とされる。法の支配が私的自治を保障するための要請であるという側面からすると，「対話」を通じた合意は法の創造としての本源的価値を有することになると思われる。なお，廣田教授は『紛争解決学（新版）』において，私的自治の観点に大きなウエイトを置き，同書旧版での「紛争解決学」の定義に「合意の解明」という要素を明示的に加えられた（旧版でも内容としては合意の解明が行われていたことは勿論である）（廣田尚久『紛争解決学（新版）』信山社，2002年，14頁以下，45頁以下）。

(82) 棚瀬孝雄教授は，「『近代の知』の反省」のなかで，「近代の知」，すなわち「近代の法を自由の法として現出せしめたより根源的な社会意識」の特徴として「自己と他者がそれぞれ独立の人格として相対峙しているとして我々の社会を観念する」特有の見方として「分離」を挙げ，合意の問題に関連して，①主体の抽象性，②他者の内的過程のブラックボックス性，③言葉の道具性，の3つの要素を指摘される。そして棚瀬教授は，これらが「紛争のディスコースを貧困化させる」のであり，対案として，「自己と他者が……同じ共有された社会空間の中に，それぞれ具体的な地位を占めて関係しあっている」という「『結合』を人間観の基礎に持ってくる」ことによる「解釈実践の知」を提唱され，上記の①ないし③に対置して，a）具体的人間，b）他者の痛みを理解する内面への参入，c）遂行的な発話と文脈理解，の3点を指摘され，「人間と人間が具体的な問題を解決していくディスコース」を豊かなものにすべきことを提唱される（棚瀬孝雄「合意と不合意の間」同編著『紛争処理と合意』前掲134頁以下）。まさに棚瀬教授の指摘されるとおりであると考える。わたくしは，個人を独立の人格と認め，その自律性を相互的に尊重するアプローチにおいても，そこに具体的な人間像を据え，人の内面への配慮を行い，また言葉のみではなくその具体的な文脈を理解することは可能であり，またそのような実践を行うべきであると思う。

めぐる永遠のテーマであり、更に検討したい。

3　「個人の尊重」における「個人」をどのように考えるか

さて、ここで「個人の尊重」における「個人」の意味を考えておきたい。

(1)　近代合理主義と個人の尊重

近代合理主義の考え方(82)には、世の中のあらゆる事象を原因と結果という因果関係として説明できるものとして捉え、因果関係は科学的に検証することができ、原因が解明されれば結果を支配しコントロールすることができるという科学主義的なものの見方が、その基底にある。すべてのものごとは人間を含めて対象化され、事象に伏在する因果の流れが客観的に認識されるべきであり、その認識された因果関係の利用を通じた制御が期待されてきた。また、そこでは効率性と進歩が追求され、高効率なものが良いものとされる。このような考え方は世の中から迷信や不合理な旧習を排除し、科学的な思考により合理的な世界を築こうとする考え方であり、個人も旧来の世界に比して格段に尊重されることとなり、その出発点は間違っていなかった。しかし、近代合理主義・科学主義に基づく効率性と進歩の追求は、他方で地球規模での環境破壊など多大な弊害をもたらした。そこで現代においては、新たな地平に立って問題を考えることが世界的に求められている。

(2)　対象化と個人

人間やその生活に関する問題、特に紛争について考える場合も、人を対象化して紛争の原因を探求し、それに法を適用することによりコントロールすることができる（あるいはコントロールするべきである）という考え方が、しばしば見受けられる。このような考え方が当てはまる場合もあるであろう。しかし、このような考え方も行き過ぎると、あらゆる場面で人というものを外側から制御すべき物(83)（あたかもビリヤードの玉）のように考え、法をそのような人を突き動かす道具（あ

---

(83)　例えば、刑罰法規における一般予防や特別予防は、その典型であろうし、競争法や企業再建の諸法においても、法主体の行動とその結果という観点から究明すべき課題が大きいことは間違いないであろう。しかし、そのような領域においても、科学的な分析に基づくコントロールだけで社会的な関係の構築ができるものではない。

たかもビリヤードのキュー）として利用するものと捉える考え方に通じ，紛争をあたかもキューで玉を突付きあう闘いのように考えてしまう危険がある。これは近代合理主義の行きすぎた側面と同じ問題を含むものであろう。

　「人」というものをどう捉えるかは，日常の弁護士業務のプラクティスの在り方の根本にかかわる重要な問題である。法律業務というものの一般的なイメージは，アプリオリに決定されている「法律」的な判断基準があり，それに第三者である法律家の目で切り取った当該事案の事実を当てはめて法的な判断を下し，その判断に基づく措置を相手の意向を押し切って講じるというものであろう。そのような期待をもって弁護士に依頼に来る人も多いのではないかと思われる。このようなイメージの背後には，上述の考え方が潜在しているであろう。法律家の方も，（無意識に，あるいは意識的に），「法律」というブラックボックスの武器で相手をやっつけ，依頼者を保護してやるという気分であり，その際，当事者（依頼者）を「主役」としてではなく，事件を処理する「対象」だと思ったりする。このイメージの中では，当事者からの「事情聴取」とか相手方に対する「警告」や「通告」はあっても，「対話」は存在せず，その向こうは「勝ち敗け」の闘争の世界になる。

(3) 個人の「心」の尊重

　「人」というものは，外側から制御すべき対象のように捉えるべきものであろうか。自分のこととして考えた場合，どうであろうか。自分が，その意思にかかわらず外側から制御されるものであってよいのであろうか。人はみな，心を持ち，それぞれの人生の歴史を背負い，さまざまな現実的な状況の中で呻吟しながらも，その人なりの生の意味や物語を紡いで生きている（「物語」論については後に検討する。）。紛争はそのような個々人の生の意味や物語に障害や屈折をもたらす。人々は紛争に直面した場合，その紛争そのものやそれに巻き込まれた背景・理由について，その人としての意味付けや理解があり，感じている問題やこれからどうしたいのかについても，それぞれの心の中で（顕在的または潜在的に）思っていることがある。

　また，人は紛争などの困難に直面した場合，紆余曲折しながらも，自分自身で問題を解決・克服する潜在的な能力を有している。[84]

　「個人の尊重」という場合，このような物語を生き，心や解決能力を持った具

体的な人間としての個人を尊重する,ということを意味すべきであろう。それは,個人の心を尊重することと言ってもよい。

(4) 相互的尊重と相手方

前に検討したように「個人の尊重」は,個人の「相互的な尊重」を必然的に要請するものであり,弁護士は目の前の自分の依頼者だけでなく,紛争の相手方も同じ人間である個人として尊重されるべき存在であることを,自覚的に認識して業務を行わなくてはならない。弁護士は自分の依頼者からは相当の時間をかけて話を聴き,依頼者の気持ちや感情を理解することが多いであろう。これに対して相手方に関する理解については,依頼者からもたらされる話の中では相手方の人物像が非常に歪められて伝えられることもままあるし,「話をしようと散々努力したが,まったく通じない」という,対話を拒む相手方像が繰り返し伝えられ,弁護士に対する刷り込みも行われる。そして,実際に弁護士が相手方と接触したときに,相手方が敵意を丸出しにして立ち向かってくるような場面に立ち会うと,弁護士も相手方を対象化し,相手方への理解は脇へ置いて,法律論で捻じ伏せて処理したいという衝動に駆られることがある。しかしそのような場合にあってもなお,弁護士は,相手方も同じ人間である個人として尊重されるべき存在であることを,自覚的に認識して業務を行うべきであろうし,また依頼者自身にもそのようなことを理解してもらえるように折に触れて説明をするべきであろう(「言うは易く,行なうは難し」であり,自戒の念を込めたわたくし自身の反省である。)。

なお,このことは,弁護士の依頼者との信頼関係そのものとは層を異にする問題である。個人の相互的尊重は憲法のもとで社会的共生を遂行する根本的原理であり,弁護士の活動もその根本原理に則って行われなければならず,その前提で依頼者との信頼関係を樹立しなければならないのである。

(5) 個人の内心の自由との関係

近代法のもとで個人が解放されたとき,その個人は内心の自由が保障され,心の中で何を考えても自由であり,内心のゆえに処罰されたり不利益を受けないも

---

(84) 人の自律的な問題解決能力に対する信頼は,カウンセリングなどにおける基本的な出発点とされている(河合隼雄『カウンセリングを考える(上)』創元社,1995年,227頁以下,同『カウンセリング入門』創元社,1998年,51頁以下など)。

のとされた。また，内心の有り様を強制されることもあってはならない。これも憲法上の重要な要請である。法律業務を行う上で，本書のような「対話」のアプローチにより個人の心に焦点を当てるのは，このような個人の内心の自由との関係で問題がないであろうか。個人は，その意に反して内心を知られたり，その内心のゆえに不利益を被らされてはならない。しかし，「対話」は個々人の相互的尊重のための「任意」のプロセスであり，意に反した内心の探知は行われない。あくまでも任意で自律的な「対話」を通じた問題の解決や予防を目指すものである。もっとも，訴訟などは被告側からすれば強制された手続きという側面を持つが，そこで「対話」をするか，また，どのような「対話」をするかはあくまでも当事者本人の任意に委ねられている。「対話」のプロセスに関与する弁護士は，当事者に対して一個の恣意的な価値観や道徳観を押し付けることなく，当事者の自律性が最大限発揮できるよう留意する必要がある。

　以上のように，「対話」は憲法上の要請である個人の尊重を実現するための必須のプロセスであり，そこにおいては個人は処理の対象ではなく，関係する個々

---

(85)　この点で，時に法律上一定の行為を命じることが内心の自由を侵害するものではないかという議論が起こる場合がある。最（大）判昭和31年7月4日民集10巻7号785頁は謝罪広告と内心の自由について，「右放送及び記事は真相に相違しており，貴下の名誉を傷つけ御迷惑をおかけしました。ここに陳謝の意を表します」という内容の謝罪広告について，これは「結局上告人をして右公表事実が虚偽且つ不当であったことを広報機関を通じて発表すべきことを求めるに帰する。……原判決は，上告人に屈辱的若しくは苦役的労苦を科し，又は上告人の有する倫理的な意思，良心の自由を侵害することを要求するものとは解せられない」とし，謝罪広告を命ずる判決は憲法19条に違反しないと判示した。最判平成2年3月6日判タ734号103頁では，不当労働行為にかかるいわゆるポストノーティス命令についても同趣旨が示されている。

(86)　「近代の自由の法」においては「私と公との峻別」がなされ，その「人間観によれば，そもそも人が何に価値を置き，いかなる目的を設定するかは本質的にその個人かぎりの恣意的なもの」であることが尊重され，「弁護士が，……依頼者に向かって，何を追求するに値する価値であると考えているか尋ねるということ自体，一個の自律した個人である依頼者の内面に対する不当な干渉として意識されやすい」とされる（棚瀬孝雄『権利の言説』前掲139頁）。この問題は後述する当事者の自律性の尊重と弁護士倫理の問題にも関係するが，わたくしは本文でも述べるように，尊重されるべき自律性とは「他者から孤立した依頼者」でなく「人々との間で相互に尊重されるべき関係の中にある依頼者の自律性」であると考え，その相互尊重の中心的なプロセスとして任意に行われる「対話」を据え，そのような「対話」のプロセスを支援する弁護士の役割を考えたいのである。

人それぞれの心が相互的に尊重される存在として位置づけられるべきものである。

4 個人の「自律性」の意味

これまで個人の自律性の尊重が憲法上の基礎を有する重要な要請あることを見てきたが、では人が自律的であるというのはどのようなことをいうのであろうか。[88] 自律とは、自らの意思で決定することである。[89] 人が物事を自らの意思で決定したといえるためには、多様で現実的な選択肢が存在し、それらを自分の意思で十分に吟味して選択できることが必要である。そして、自分の意思による選択といえるためには、その人が各選択肢の内容を理解すること、自分や他者に及ぼす利害得失、影響等を知ること、それらを比較検討できること、そしてそれらを踏まえ

---

(87) いわゆる隣人訴訟事件に関連して、法律学の世界でも大きな議論がなされた。そのなかで法律家ではない人々から、幼児を失った両親から相手方に対して「心の痛みを感じてほしいとか、責任があったことをちゃんと自覚してほしい」ということを求めることはできないか、という素朴な疑問が提出され（星野英一編『隣人訴訟と法の役割』有斐閣、1984年、33頁（木村治美発言）など。このような疑問はいろいろなところで出されている。）、これに対して法律学の世界からは、「それは法律ではできないのです。」という答えがなされている（星野編・同書33頁（森島昭夫発言））。「法律ではできない」という趣旨は、「訴訟で強制することはできない」という意味であろうが、しかし、訴訟で強制することはできないにしても、幼児を失った両親が訴訟以外の場で相手方に対して、「心の痛みを感じてほしいとか、責任があったことをちゃんと自覚してほしい」と任意の同意を求めることは「私的自治を保障する法の支配の下でできる」のであり、「法律ではできない」というのはミスリーディングではなかろうか。当事者の自律性を尊重するという場合、このような点にも留意する必要があるのではなかろうか。

(88) 山田八千子「市場における自律性——契約理論の再構成」（井上達夫・嶋津格・松浦好治編『法の臨界［Ⅲ］法実践への提言』東京大学出版会、1999年、23頁以下は、契約の交渉から締結に至るまで当事者が自律的であったかどうかという観点からの契約問題を再検討する必要があるとし、契約当事者の利用できる選択肢と自意識の観点から、その自律性について検討している。なお、法と経済学の観点からの自律性の検討について、Eric A. Posner, "Law and Social Norms", 2000, Harvard University Press（邦訳、エリック・ポズナー（太田勝造監訳）『法と社会規範——制度と文化の経済分析』木鐸社、2002年）、289頁以下。

(89) 廣田教授は、「紛争解決の対象」は「当事者」であり、かつまた、「紛争解決の主体」も「当事者」であるとされ、「自分が自分を解決する」のが紛争解決であり、「紛争解決の主体である当事者が、自らの力で紛争を解決したという実感をつかまなければ、真の意味の解決にはならない」とされる（廣田尚久『紛争解決学（新版）』前掲100頁）。まさにそのとおりであろう。

て，自分の価値観にしたがって選択できることが必要である。また，他人からの強制や迎合による選択では自律的とはいえない。

個人の自律性を尊重する弁護士業務の在り方としては，①現実的で多様な選択肢の探求・創造を当事者と一緒になって行うこと，②それらの選択肢の内容，当事者にとっての利害得失と影響を当事者が知ることができるよう分りやすく説明し，当事者が理解できたかどうかを確認すること，③そして，①②を踏まえて当事者が自分の意思にしたがって選択ができるよう，一緒になって考え助言しながら，自律的な意思決定を支援すること，④もし自律的な意思決定に障害をもたらす外部からの強制等がある場合には，可能なかぎり自律的な環境に回復できるような対応を当事者と一緒に考え，実行するということが必要であろう。

そして，このようにいわば自律の環境ともいうべき前提が保障された個々人が相互的な尊重に立脚して共生するために，「対話」のプロセスを遂行するのであり，その「対話」を支援することも弁護士の重要な業務であるということになる。

第5節　当事者の自律性と弁護士の倫理

当事者の自律性の尊重を中心に据える考え方のもとでは，弁護士は依頼者に忠誠を尽くし，雇い主である依頼者の「hired gun」という道具として，相手方と闘う「党派的弁護」を遂行すべきではないか，という点が問題となる。[90] アメリカでは「弁護士の没倫理的な態度は，……自己の道徳的な関心を押し付けることへの禁欲であり，自ら依頼者の道具に徹することによってその自律性を尊重すること」であり，「この意味で依頼者への党派的な忠誠は，自ら依頼者の道具に徹することによってその自律性を尊重することである」という考え方が根強く存する。この考え方は「合法性の問いを絶対化し，法の援用であってもなお道徳的に許されないものがあるのではないかという適切性の問いを差し挟むこと自体を拒否する」。

棚瀬孝雄教授はこの問題について，「依頼者自身，適切性の問いが法から排除される中でその自律性そのものを失うという，より根源的なパラドックス」が「近代の法の観念」には存在し，そこにおいては「依頼者が，その弁護士が代わ

---

(90) 棚瀬孝雄『権利の言説』前掲127頁以下参照。弁護士倫理と当事者の自律性の問題に関する以下の引用は，この棚瀬論文からのものである。

って行う法援用をもはや自分のものとは感じられないという意味で，その有意味なコントロールを失うという事態」に直面するとされる。「党派的弁護が……依頼者の自律を損なう」場合があるのである。「その病理の根幹に，近代の主体／客体の二分図式」がある。人の行為には，その目先に近視眼的な「目的」があるだけでなく，それがその人の人生や人間関係などにおいて有する「意味」があり，その意味には意識的・無意識的に広大な広がりや重層的な深さがある。弁護士は，依頼者が「法を援用するというその行為に付着してさまざまな意味が込められている」ことを知らなくてはならず，依頼者の「法援用によって作り替えられようとしている相手方との関係づけの，自己の世界理解の中での適合性という無意識的なもの」にも配慮をしなくてはならない。これを可能にするのが「物語論」[91]である。

　人は「物語」として語られる意味の世界を生きている。人は「意味のある世界に住みたい」という本源的な欲求を有するものであり，紛争に直面したときに行われる当事者の語りの中で「具体的な事件の解決を通してもう一度自分の持っている世界を確認し，あるいは作り直してゆくプロセス」が行われるのである。そして，人は「関係的な主体」であり，「物語」において「自己と他者との関係づけ」が重要なテーマとなる。紛争解決のプロセスにおいても，この「他者の可視化」による関係づけの確認や更新がテーマとなる。弁護士は，「依頼者が事件の内容として語る，またそこに法が援用されることによって事件がどのように好ましい形に変容していくのかについて希望的観測として語るその物語を，依頼者が自ら住まう世界のその理解を更新していく過程として捉え」，この過程をうながす役割を果たすべきである。紛争においては「一つの出来事に異なった意味づけを与える二つの世界があり」，「法を超えてお互いの意味づけをすり合わせていく過程」で相互の関係づけの確認や更新が行われ，「相互の世界が変容していく可能性もまた生まれる」。そこにおいては「依頼者が，この自分と相手方との間にある紛争という事実に正面から向き合って，そこから妥当する意味づけを得るまでくり返し語り直していく過程」が重要である。このようなプロセスをうながすためには，弁護士は，当事者の「住んでいる世界に寄り添う形で」，また「意識的に依頼者に現実に直面させながら」，依頼者の語る物語を聞き取る努力をしな

---

(91)　「物語論」については，本書第3章，第1節で検討する。

ければならない。このようにして，弁護士は「依頼者の世界への内属」を通じて，「依頼者が関係的主体として，紛争を通して相手方と間主観的世界を再構築しようとしているその依頼者の試みを支える」べきである（これを「内属性の倫理」という。）。

　このような考え方は，真の意味で当事者の自律性を尊重しようとするものであり，わたくしも基本的に賛成である。すなわち，当事者が真の意味で自律的な判断を行うことができるためには，自分自身が置かれている問題状況の客観的意味やそこにおいてある法的アクションを採用する場合にもたらされるべき諸種の影響などを含め，的確な判断をなしうるだけの適切な情報の提供がなされなければならない。ただ単に＜当事者が「訴訟を！」と求めれば，弁護士は訴訟を提起すべし＞というのでは，その当事者の自律を支援したことにはならないのである。弁護士は，法を道具として人を目的や手段として処理の対象にするというのではなく，当事者に共感をもって寄り添い内属しながら，相互の関係性の中で，当事者自身が語り，語り直す物語を聴き，その更新のプロセスを支援すべきである。このような役割は，個人の自律性の相互的尊重に立脚した「対話」のプロセスによってこそ果たすことができるであろう。弁護士はこのような役割を遂行することによって，依頼者と相手方をそれぞれ一個の人格を有する自律的な個人として尊重する理想に近づけるものと考える。

第6節　正義＝法の正当性と「対話」

　これまで検討してきたように，わたくしは「対話」を核として，「正義の総合システム」の理念のもとで法システムの運用に携わる弁護士像を考えている。「対話」は，一般的には「合意」をめざすものであり，「対話」のもっとも好まし

---

(92)　ただし，合意が最も良い結末というのはごく大雑把な一般論である。「対話」のアプローチにおいては，例えば対話のプロセスを通じて対立当事者が相互の考えの違いを心から知り，相手方に対する見方や自分の人生の枠組みに変容が生じ，そのような変容を通じて紛争を克服する，ということもある（後に紹介する Transformative な Mediation の考え方などはまさにこのような変容を重要視する。）。「合意」を至上価値にすることは，無理な合意の追求（強引な説得や誘導など）に導くことにもなりかねないので，留意が必要である。やはり「合意」という結果ではなく，「対話」というプロセスを大事にすることが重要である。

い結末としては「合意」に結実することであろう[92]。ところで、一般に「法」というものは「合意」に先立って存在するものと観念されていると思われるが、(合意を目指す)「対話」と「法」とは、どのような関係に立つのであろうか[93]。

「法と合意」あるいは「法と対話」の問題は、法哲学や法社会学などにおけるいわば永遠のテーマともいうべきものであり[94]、わたくしなどがその根本に触れる検討をする能力を有しないことは明らかである。しかし、弁護士業務における「対話」の重要性を唱える以上、この問題について何らかの基本的な視点を持っておく必要がある。また、「法と合意」「法と対話」は哲学的な深淵に至る側面を有すると同時に、交渉や調停などの対話プロセスにおいて、法的基準の波及と汲上をどのように実践するかという問題にも影響を及ぼすものである。

この問題をめぐっては田中成明教授の「対話的合理性」の考え方が非常に参考になると思われるので、まずそのごく概略を紹介・検討し、次いでわたくしのこの問題についての基本的な考え方をまとめておきたい。

1 「対話的合理性」の考え方

田中成明教授は、「法システムを、それぞれ善き生き方を追求する人々が共通の公的理由と公正な手続きに準拠した自主的交渉と理性的議論によって行動を調整し合うフォーラムとしてとらえ」、このような法システムを「合意・議論・手

---

(93) 調停進行のモデルとして「当事者から事情を聴取し、それに基づいて事実を認定し、調停委員会が評議して調停案を作り、それを当事者に説得（斡旋）する」という「司法モデル」では、「合意は調停委員会の法的、科学的判断に基づいて行われるため、調停が成立すると当然に『合意内容と法的正義との統一』が語られることになる」が、しかし、このような合意は「調停委員会に対して解決案を受諾したことの結果」であって、「『偽りの合意』……に終わってしまう恐れも大きい」し、「少なくとも合意の価値を下げてしまう」(上原裕之「司法モデルの家事調停への疑問」(井上治典・佐藤彰一『現代調停の技法――司法の未来』判例タイムズ社、1999年) 199頁注2) という指摘は重要である。法律家はしばしば、当事者間の「合意」を「法」(とその法律家が思っている枠) の中に押し込めようとするが、真の法は当事者間の真の対話から生まれてくるものであることを常に留意すべきであろう。

(94) 法と合意あるいは対話をめぐる研究として、田中成明『法的空間――強制と合意の狭間で』東京大学出版会、1993年、同『法理学講義』有斐閣、1994年、合意形成研究会『カオスの時代の合意学』創文社、1994年、棚瀬孝雄編著『紛争処理と合意――法と正義の新たなパラダイムを求めて』ミネルヴァ書房、1996年など。

続の三幅対からなる『対話的合理性』基準の法的『制度化』と位置付け」る。そして「対話的合理性」とは「実践的問題をめぐる規範的言明の正当化に関する基準であり，その基本的な特徴は，基礎的な背景的合意に依拠しつつ公正な手続に従った討議・対話などの議論を通じて形成された理性的な合意を合理性・正当性識別の核心的基準とする」実践哲学上の主張である。

　田中教授の「対話的合理性」の考え方は，これまで検討してきた「対話」を通じた自律的な社会を目指すムーブメントを支える，重要な基礎を提供する側面を有するといってよいであろう。また，「正義の総合システム」の考え方とも基本的には整合的であると思われる。このような考え方に対して，「基礎的な背景的合意」が現代の混沌とした世の中で存在するのかとか，「理性的合意」というものが果たして形成されうるのか，といった疑問が提出されるかもしれない。基礎的な背景的合意の問題は，「対話」の参加者間に話し合いが成立する条件の一部をなすものであり，「対話」を実践する上で参加者間に話し合いが成立するための条件は何か，また成立するようにどのように働きかけるべきかといった実践上の課題の一部として前向きに捉えてゆくべきであろう。また，「理性的合意」については，確かに相対交渉，とくに当事者間でなされる交渉では感情的な対立などが前面に出て，「理性的」でなくなる場合もあろう。しかし，そのような場合であっても，「対話」により目指すべき理念的な価値として「理性的合意」の観念は重要である。ただ，「理性的合意」を目指すといっても，感情の表出などが「対話」のプロセスで排除されるべきかというと，そうではないと考える。人間である以上，感情等の問題を避けることはできず，「対話」のプロセスでもこれを避けるのではなく，正面から取り組みつつ，なおできるだけ理性的な合意を目指すにはどのような実践上の配慮をすべきかという観点が求められると考えるべ

---

(95)　田中成明『法理学講義』前掲42頁以下，213頁以下。田中教授の「対話的合理性基準」の考え方は，ペレルマンの新レトリック論，トゥールミンの理由探求的アプローチ，ハーバーマスの討議倫理学，ロールズの正義論における正当化手続などの「見解にほぼ共通して見られる特徴を析出し，私なりに統合的な考え方として再構成しようと試みたものである。」ということである（田中・前掲書213頁）。
(96)　「実践哲学の場合，その対象である善き行為は多くの差異と浮動性を含んでいるから，厳密な論証を求めるのは誤りであり，大体において真理であるような前提から出発して，それよりも善いものがない結論に到達すれば，それでよしとしなければならない」（田中成明『法理学講義』前掲215‐216頁）。

きであろう。そして，わたくしとしては，「自律的な合意」という側面も「理性的」という性質と並ぶ重要な価値と考え，自律性を目指す場合の実践上の課題を併せて検討すべきだと考える。

「対話的合理性」の基準が「妥当する前提条件としては，議論参加者が各々独自の人生目標・利害関心を持ち自律的決定能力・責任能力のある人格として相互に承認し合うこと，より適切な論拠への強制以外の一切の強制の排除された状況で互換的・対称的関係に立って自由平等に議論に参加する機会が各議論主体に与えられていること，各議論領域の共通観点に即して適切な理由の範囲やその優劣・強弱についての基本的な相互了解があり，議論の共通の前提となる対象・主題が画定されていることが特に重要である。」とされる。また，合理的な討議・対話が可能になるためには，対話に参加する人々が「相互作用的コミュニケーションを可能とする共通の規準・手続」を受容・承認し，このような共通の観点を「相互に誠実に受け容れて内的視点に」立っていなければならないとされる[97]。自律的人格の相互承認は前記のように，「対話」の出発点である「個人の尊重」そのものであり，重要な点である。「より適切な論拠への強制以外の一切の強制の排除」という点については，前記の「理性的合意」と同様に理念としての重要な価値を認めるべきである。ただ，人々が「対話」のプロセスにおいて紛争を克服して行く実際の有り様は複雑なファクターに影響をされるものであり，わたくしとしては前記のように「自律的合意」という価値も併せて重要なものと考え，それを目指す場合の課題と並行的に検討してゆくべきものと考える。「基本的な相互了解」の点も，対話を成り立たせる条件の一部と考えられ，対話を実践する上での課題の一つとして検討すべきであろう。

さらに「理性的合意」は「原理整合性と普遍化可能性」を有しなければならず，「全ての人々が共通観点に照らして適切な理由として承認することを要請しうるという意味で，基礎付けられた理性的な合意」でなければならないとされる。そのような合意形成を目指す議論においては「各議論主体は，自由に意見を形成し表現する能力をもち，相互作用的な説得によって納得がゆけば自分の意見を変更・修正する用意がなければならない」[98]。「原理整合性と普遍化可能性」は「理性

---

(97) 田中成明『法理学講義』前掲 214 頁。
(98) 田中成明『法理学講義』前掲 218 頁。

的合意」にとって理念上基本的な条件とされる。訴訟において行われる「対話」やその結果としての判決においては，この条件への適合が強く求められるであろう。もっとも，システムの周縁での「対話」による解決においては，当該事案における当該当事者の個別的な納得が重視され，原理整合性や普遍化可能性に優先的な地位が与えられるとは限らない。それでも「原理整合性と普遍化可能性」への道が開かれていることは個別的な納得の正当性を背後から支える重要なファクターと考えられる。わたくしはそのような前提に立った上で，「自律的合意」の価値も同様に重要なものと考え，理性的合意の条件と共に，実践上の課題を検討することとしたい。また田中教授が指摘されるように，「対話」のプロセスを経た結果として，自己が変容する可能性に開かれていることは，「対話」のアプローチにおいて本質的な重要性を有するであろう。

　対話における「説得は，相手方を手段的に操作しようとして議論の副次的な影響力に頼ったりすることなく，議論に内在的な説得力によるものでなければならない」[99]。この点もあるべき「対話」の理想的な姿として，非常に重要な事柄である。わたくしはこのような理想とともに，自律的合意という観点からも現実的なファクターを検討することとしたい。

　ある一定時点の合意は「決して最終的なものではありえず，ロールズのいう『反省的均衡状態』にあると理解すべき」であり，「新たなコンテクストのもとで整合化と普遍化を目指す議論によって修正可能なものとして，可謬主義的に捉えられなければならない」[100]。ただし，「手続保障を自己目的化して，内容の正当性の問題を全面的に手続充足の問題に転換してしまうのは行き過ぎ」[101]とされる。ルーマンなどは「合理的な実践的議論の可能性を基礎付ける知的前提自体が，今日ではもはや破綻してしまっているとみて，伝統的な正義・真理・正当性などの概念を放棄することによってはじめて，法的決定の妥当性やその受容の問題を適切に捉えることができる」とするが，そのような考え方は採用せず，「対話的合理性基準の立場は，決定の内容的正当性について合理的な議論が可能だとする実践哲学的地平」[102]に立つ。

---

(99)　田中成明『法理学講義』前掲 218 頁。
(100)　田中成明『法理学講義』前掲 217 頁。
(101)　田中成明『法理学講義』前掲 334 頁。
(102)　田中成明『法理学講義』前掲 335 頁。

わたくしも基本的には正義や正当性といった概念を放棄せず（その意味では普遍主義的な立場に立ちつつ），ただ，混沌とした現代社会にあって，何がより正当で普遍的なのかを考える上で常に謙虚な姿勢を持たなければならないことを自覚し，個人の自律性の相互尊重の理念に基づき可謬主義的に捉えられる「対話」の考え方に立脚して，実践上の課題を探求して行きたいと考える。[103]

なお，田中教授は「合意」には「厳格な理由づけ型合意」だけでなく「妥協形成型合意」もあるとされ，これらを法的空間における正当な活動として位置付けている。[104] 弁護士業務として今後，交渉が非常に重要な課題となってくることを踏まえるとき，適切な位置付けであると考える。もっとも妥協形成型という点については，当事者間の「対話」を通じて多角的な視点から将来の関係形成を前向きに紡ぎ出す作業を行う場合，「妥協」というよりは「双方にとってプラスの関係」（いわゆる Win＝Win）の形成が可能になり，しかもそこに法的な要素の巧みな配合が寄与することもありうるのであって，そのような積極的な側面も考慮すべきものと考える。

以上のようにごく簡単に田中教授の「対話的合理性」の考え方を概観し，若干

---

(103) わたくしは，日頃法律実務を行う過程の中で，普遍的な正当性や公共的なものへの義務感とともに，個別的・私的なものへの人間的共感という，相異なる二つのベクトルの中に身を置いていることを感じる。この二つのものはリベラリズムやポストモダンといった色付けをして眺めると，原理主義的には水と油のようなものかもしれないが，人間であれば誰しも心の中に持っている感覚であり，意識的にしろ無意識的にしろ，どこかでバランスを取りたいと考えているのではなかろうか。「対話」の考え方はそのバランスを追い求めるプロセスとしても意味があると思う。井上達夫教授は，「文脈感応的・文脈内発的な普遍主義」を「内発的普遍主義」とされ，そこにおいては「普遍への志向が文脈的意味の内在的理解や文脈的差異の尊重と両立する」どころか，「普遍志向性の排除こそが……文脈内的・文脈間的な差異と多様性の隠蔽抑圧に通じ」るのであり，文脈的差異への十全な感受性・開放性は普遍志向性なしには不可能である」とされている。そして，「基礎付け主義的な」正当化ではなく「我々人間の身の丈にあった別の正当化理論」として，「対話法的正当化理論」を提唱され，具体的な「他者の異論への応答」としての「対話」を通じて，各自の「背景的信念」も「議論の文脈に相関的」であり，したがって「正当化も議論相関的」であって，「規制理念としての普遍妥当性」に照らして，常に「批判的な論議開放性を保持し続け」るという形での「普遍の追求」を提唱される（井上達夫『普遍の再生』岩波書店，2003年，249頁以下）。「正義の総合システム」における「対話」のアプローチも，このような内発的普遍主義に近い考え方である。

(104) 田中成明『法理学講義』前掲45頁，46頁。

の検討をしてきたが,「対話的合理性」の考え方は「対話」と法の問題を考える上で重要な基本的視点を提示するものであり, 実践上の種々の問題を考えるに当たっても常に立ち返って参考とすべきものであると考える。

次にこのような検討も踏まえて,「法」と「対話」に関するわたくしの基本的な考え方を検討したい。

2 私 見

わたくしの基本的な考え方は, 以下のとおりである。

(1) 自律性・正当性に支えられ納得ゆく解決を目指す「対話」

紛争をめぐる法システムにおいて「対話」のプロセスを大切にするアプローチは, 前に述べたとおり個人の相互的尊重の理念に基づき, 当事者間の「対話」を通じた自律的な社会運営を目指す実践上の指針である。そこにおいては当事者の「自律性」の契機を, 解決内容の「正当性」と共に重視するものである。実際にも紛争の解決が当事者にとって納得の行くものであるかどうかは, 内容の正当性と共に, それが自律的な解決であるかどうかにかかる場合が多い。当事者にとって解決内容が「正しいと思える」ことだけでなく, その解決を「自分で決めたと思える」ことが, その当事者の「納得」を支えるのである。いわば「納得」は「自律性」と「正当性」の関数である (「納得」＝ f (「自律性」＋「正当性」) ともいえよう。同じ解決であっても, 自分で自発的に取り決めた場合と他人から説得されたり強制されたりした場合とでは, 納得の度合いが相当に異なるものであり, 自分で決める場合は解決がついても, 他人から言われた場合には納得がゆかず和解不成立になるということもありうる。
[105]

また, ごく一般的に言えば, このうち法システムの周縁に近づくにつれて「自律性」の契機は大きくなり, 中心の訴訟に近づくにつれて「正当性」の契機に重点が移ると考えられる。しかし, 例えば周縁の相対交渉においても, 重要な法律上の問題点を含んだ事案で弁護士が関与することにより「正当性」の議論に重点が置かれることもあるであろうし, 訴訟の場においても当事者の自律性をできる

---

(105) もちろん現実の納得は解決内容の「正当性」およびプロセスの「自律性」のほかに, 解決に要する費用, 時間, 労力といった重要な要素もあることは忘れてはならない。

だけ尊重した運営により，対話を通じて自律的な和解が成立することもある。

このように「自律性」と「正当性」はどのステージにおいても課題となるものであるが，重要なことは，「正当性」の問題も，それをどのような時点で，どのように取り上げるかを含め，紛争の主体である当事者自身の自律的な意思が尊重されるべきであるという点である。(106) 当事者の意向を十分に聴かずに（あるいは無視して）法律論議に焦点を当てることは，当事者の自律的な解決を害することにつながるし，正当性の問題を内的視点に立って議論しあう信頼関係を構築する前に，感情論でつまずいてしまい，正当性の議論そのものができないことにもなりかねないからである。

正義の総合システムの運営に当たっては，このように自律性の尊重に立脚した上で正当性の問題を考えることが必要であると考える。

(2) 「対話」による絶え間ない吟味による「法」の生成・刷新

納得のゆく解決を支える契機のうち，「正当性」の問題に焦点を当てて考えると以下のとおりである。「正義」＝「法」は，アプリオリに人々に与えられて存在するものではない。(107) 法は「決められているから正しい」のではない。「法」の正当性の根源は，「正義の総合システム」の周縁に位置する相対交渉から中心にある訴訟に至るまで，それぞれの場において語られる「法」が「対話」による絶え間ないチェックを受け，常にその内容の正当性について吟味を受け，更新されながら運営されることに求められるべきものである。つまり，「対話による交渉」，「対話による苦情処理」，「対話による調停」，「対話による仲裁」，「対話による訴訟」というように，紛争をめぐる法システムのあらゆるところで「対話」が作動し，そこで「法」と主張されているものが当該の事案において本当に正当性を有するのか，当事者が納得できるのかということがチェックされ，そのような不断のチェックを受ける中で承認されることにより，「法」は生成し，正当なものと認められ，また活性化されていくべきものである。あたかも血液が心臓から送り

---

(106) 棚瀬孝雄・前掲「語りとしての法援用――法の物語と弁護士倫理」（棚瀬孝雄『権利の言説――共同体に生きる自由の法』140頁。

(107) 法のアプリオリ性については，仲正昌樹『〈法〉と〈法外なもの〉――ベンヤミン，アーレント，デリダをつなぐポストモダンの正義論へ』御茶の水書房，2001年，6頁以下。

出され，肺や腸，肝臓により酸素や栄養を受け取り解毒され再び循環しながら，生命を支え活性化するように，「法」はシステム全体の中核から波及しまた周縁部から汲み上げを行うすべてのプロセスで，「対話」による絶え間ないチェックを受けて，その内容と正当性を活性化して更新すると同時に，豊穣なものとなってゆくであろう。弁護士はこの「対話」のプロセスをサポートするものである。

　もちろん法システムの中で長い間にわたって営まれてきた法律実務や研究によって，これまで社会において承認されてきた法的規範に関する諸種の資料（法令・判例・学説・ガイドラインなどの法情報）が存在することは間違いなく，またそれらは一般的に妥当と思われている社会関係や資源配分に関する，ある一定の準則を示していて，それが妥当である理由についてもその時点での社会的な背景等も踏まえた検討がなされているであろう。また，それらは他者とのかかわりに関する準則である以上，他者側から見た利害や構図に対して示されるべき理解も示唆されている。ごく大まかに言えば，それらの内容の正当性は一般的に承認されてきた歴史的な価値があるものといえよう。そのため，法をめぐる「対話」を白紙の状態から行うよりも，一定の到達点から行うことができるという意味で，「対話」の効率性も図ることができよう。法律家同士の「対話」であれば，共通に用いる言葉（専門用語）について一定の了解が成立しているため，なおさらである。[108]

　しかし，これらの法的な資料は，「法」そのものではない。当事者が互いに「対話」をするための共通の「プラットフォーム」ともいうべきものである。具体的な事案において当事者がそのような共通のプラットフォームに立って「対話」をすることを通じて，その事案において相互に承認できる具体的な「法」の姿がその当事者の間に現れてくるものである。当事者はそのような法的準則について弁護士の適切な分析と分かり易い説明及びそれらに基づいた助言を受けつつ，現に直面している紛争事案について，自分がどのような問題に直面しているのかを

---

(108)　しかし，このような専門家の用いる専門用語の効率性や利便性の陰に隠れて，法をいわば偶像化し，「法」というものを専門用語で固めたブラックボックスとしてはならないことに留意する必要がある。後述のように現代において専門家の役割をどう考えるかは，弁護士だけの問題ではなく，あらゆる分野で問われなければならないが，対象が複雑高度になり，かつ，それが人々の日常生活に多大な影響を及ぼすようになればなるほど，その複雑・高度な内容の実質を人々が理解し，自律的に判断できるよう，分かりやすく説明し，人々の間で「対話」が成立するように支援する役割が，「専門家」にとって非常に重要なものとなろう。

知り，どのような正当な理由で何を求めるのかを考え，「対話」を通じて相手方との間で擦り合わせを行う。そのようなプロセスの中から当該事案で当事者相互に承認されるべき「法」が生成するものである。[109]

　前述のとおり，憲法上の要請である「個人の尊重」に立脚した自律的社会の実現を目指す以上は，自律的な「対話」によりあらゆる社会的関係が樹立・維持されることを，社会運営の基本的な理念に据えるべきである。法システムはそのような社会運営を支える柱であるが，その中心を占めるのが「正義」＝「法」である。「正義」＝「法」の正当性の根源も，システム全体が自律的な「対話」による社会運営の理念の可及的な実現を目指して運営されることに求められると考えるべきであろう。これは，説明のためのフィクション[110]ではなく，われわれは社会のあらゆるプロセスで「対話」というものに十分留意しながら，現実の社会の制度造りや運営を目指すべきだという，実践上の主張である。また，紛争をめぐる法システムにおけるプラクティスが，少しでも真の「対話」をベースとしたプロセスにより遂行され，それを通じて得られる解決が当事者間で納得され正当なものとして承認されることを目指そうとするものである。

　これらを逆にいえば，社会のあらゆる場面において「対話」のプロセスが現実に閉塞してくると，その社会における「法」が全体として正当性の基盤を失うこ

---

(109) 「権利や法（その紛争に妥当すべき具体的な規範）は，両当事者の主体的な相互作用的な弁論を通じて次第に形成されていくものであって，決して初めから所与のものとして静止的に存在するものではないのである」（井上治典『民事手続論』有斐閣，1993年，12頁）。ただ，井上治典教授は「当事者の『納得』という目的または価値を前面に押し出して，この理念に沿った弁論の在り方や手続構造を探求していこうとする動き」に対しては，「当事者の納得をいかに強調してみても，それはしょせん『裁判官の判断を受容させるための納得』」でしかありえないとされ，「『手続じたいによる正統化』の論理」を採用すべきであるとされる。しかし，手続的正義だけの強調に対しては，結果の内容的正当性について合理的な議論が可能であり，また議論すべきであり，井上教授等の「『第三の波』理論の最近の展開……にみられるように，手続保障を自己目的化して，内容の正当性の問題を全面的に手続充足の問題に転換してしまうのは行き過ぎであろう」という批判がなされている（田中成明『法理学講義』前掲187頁，334頁以下）。わたくしも，「対話」のアプローチにおいて正当性と自律性の交錯する世界が開かれることで，真に当事者の納得する解決を目指すことが可能になると考える。

(110) フィクションについては，来栖三郎『法とフィクション』東京大学出版会，1999年。

とになるであろうし，紛争をめぐる法システムも個々の解決内容に関する納得が得られなくなり，機能不全に陥るであろう。その意味で，弁護士は常に「対話」のプロセスが現実に稼動するよう留意する必要がある。

(3) 正当性の暫定性

わたくしはこのように，「法」の正当性の根源は，「法」をめぐる「対話」プロセスが社会全体を覆っていて，そのようなプロセスを通じて「法」が絶え間なく刷新されることに存するものと考える。ここで「法の正当性」といったが，「対話」プロセスを通じた絶え間ない刷新が求められる以上，「正当性」もそれが問われる時点時点における暫定的なものとならざるをえない。[111] 暫定的な正当性であって，永続的・絶対的なものではない。つねに「ある時点」における正当性に過ぎず，後の時点での「対話」プロセスで吟味されなければならない。「対話」に臨む者は，常に謙虚にこの暫定性を自覚する必要があると考える。この暫定性の自覚は，「対話」に臨む個々人が，可謬性の自覚をもち相手との対話を通じて自分自身が変容することに開かれた姿勢を持つこととも底通している。

(4) 「対話」と法的な議論[112]

「法」の正当性が「対話」により支えられるということを，別の面から見ると，「法」が「対話」を通じて紡ぎ出されるものであるということを意味する。

法律家は一般的に「法の適用」という考え方（これは前述の「法が事前に存在している」という感覚がその根源にあると思われるが）に基づいて，「権利義務の有無」を論争する。法は「要件事実」に分けられ，その要件事実の内包や外延を解釈し，これに該当すると考えられる事実をナマの現実の中から切り取る。「要件事実」

---

(111) ここで暫定性といっても，例えば確定判決の既判力を否定する趣旨ではない。現実の社会関係において一定の制約のもとで一定の結論を出しつつ社会運営を行わなければならないのも事実であり，そのためには正当な法の手続によりもたらされた結論に一定の遮断的効果を与える必要性があることは間違いない。ただ，その場合でも確定するまでは不服申立により「対話」を通じた修正の可能性があるし，確定判決でも再審が認められるなどの更なる「対話」によるチェックの可能性も法制度そのものが認めている。また，将来の判例変更や立法的に解決が図られてゆく原動力として「対話」が力を発揮する余地もある。暫定性というのは，このような大きな意味においてである。

そのものが何なのか自体が「解釈」の対象であり，要件事実の解釈や事実の切り取り方，当てはめ方如何により，法的効果の発生の有無が決定される，という構造の議論の仕方をする。このような議論は法律家の領域に属するものと考えられている。

しかし，このようなアプローチは2つの面で注意が必要である。

① 第1に，「権利・義務」は第三者の裁断による解決以外に道がなくなった段階で無くてはならない概念であるが，元来「権利・義務」の内容は例えば「損害賠償」といった既存の枠組みに基づいた特定の内容のものに限られると考えられており，現実に紛争が生じた場合に当事者が欲するニーズに必ずしも適合するものとは限らない。例えば，同じマンション内で住人同士が悪口を言い合って，深刻なトラブルに発展した事案を考えた場合，当事者のニーズは誤解の解消や謝罪であったり，関係の修復であったりするかもしれない。ところが「権利・義務」的な発想に囚われていると，慰謝料を請求できるかとか，せいぜい悪口を禁止する仮処分命令が得られるかといったところに検討が限定されてしまう。現に近時散見される法律相談をテーマにしたテレビのバラエティ番組などでは，そのような発想で「慰謝料はいくら請求できるか」といったアプローチでの問題設定やコメントがなされているのをよく見かける。しかし，これでは現にそのトラブルに

（112）「法的議論」は「一般的実践的議論の『制度化』された一特殊事例」であり，「実定法をその権威の前提とし，裁判手続に従って最終的に裁判官の権威的判決によって決着を付けるという形態で構造化され」（合法性原理）るものであるが，これは法的議論が「強制・権力や恣意的専断によって左右され一方的な結論を押し付けられること」のないよう，「公正な状況を確保する」とともに，「一定期間内に何らかの決定が社会的に必要な問題について」「一定の具体的な結論が確実に導き出される」ように社会的に求められる「確実性」を確保するため（不確実性への対処），「道徳的・政治的などの議論から自立した議論領域として制度化され」たものとされる（田中成明『法理学講義』前掲43頁，377頁以下）。もっとも，これらの自立性や不確実性への対処などは相対的なものであるし，「法的議論と一般的実践的議論とは，…全体として相補的な統合ないし共生関係に立つ」ものであり（同378頁），現実的には，法的思考における個々の議論や決定の正当性や合理性を，合法性原理や対話的合理性の基準への適合性だけでとらえ尽くすことはできなくなっている，とされる（同384頁）。要は中心に据えるべき原理原則を常に意識しながら，個別的に適切な対応を行うバランスをどうとるか，ということが重要であろう。「法的議論」の考え方に示される上記のような種々の保障的な機能を，当事者間の「対話」を通じた自律的な解決に現実にどのように，またどの程度生かしてゆくべきかが課題である。

直面している当事者の必要性は満たすことができない。当事者が心から求めているものが何なのか，当事者の話に虚心に耳を傾け，それが誤解の解消や関係修復であれば，相手方との「対話」の回復を図り，その事態に正面から向き合って相互に「対話」を行うようエンパワーするというアプローチが求められる。

　確かに「権利・義務」の内容が特定的なものに限られるのは，憲法上の人権保障の上からも重要なことであるし，近代的な「権利義務」論がいわゆる前近代的，あるいは封建的な無定量あるいは不合理な負担から人々を解放する役割を担ってきたことも間違いないであろう。しかし，「対話」を通じた自律的な合意による解決を目指す場合に，初めから「権利義務」論に焦点を当てることは，解決に向けた「対話」のプロセスや解決の内容を初めから限定し，硬直化することにつながってしまうであろう。

　もちろん，対話の過程で紛争当事者に不合理な処理への圧力が働くこともありうる。その場合，その当事者が不合理な圧力を撥ね退けて，必要とあれば次の法的な救済ステップを利用し，「権利・義務」論による救済を現実的に求めることができるようにしなければならず，そのような側面で当事者を支援することも弁護士の重要な役割である。しかし，「権利・義務」論だけにとらわれては当事者の真のニーズに対応することはできない。当事者の真のニーズを虚心に知り，それが旧来の法律論で認知されていない「権利義務」の枠外のところに存する場合，それを尊重して「対話」の俎上に載せ，相手方との擦り合わせを行い，できうれば相互の承認により当該事案に適するような柔軟な解決を工夫するよう努力することは，弁護士の日常の業務におけるきわめて重要な役割であり，正義の総合システムにおける法の豊饒化のためにも，欠かすことのできないものである。

　また，「権利義務」については，基本的に「あるか，ないか」という All or Nothing の判断がなされるものである。しかし，現実の紛争においては，100対ゼロで当事者のどちらかが勝ったり負けたりすることが常識的な感覚に合わない事案が多い。紛争事案では両方の当事者のそれぞれにそれなりの正義があり，何

---

(113)　だからこそ「正義の総合システム」においては，多元的で現実的な救済の道を実現するための多角的な検討を重視し，システムの中心においては正義⇒法が厳然と存在することとそれを活性化すべきことを強調する。

(114)　廣田尚久『紛争解決学（旧版）』信山社，1993年，128頁，同『紛争解決学（新版）』信山社，2002年，255頁以下。

らかの適切な対応が必要と考えられるにもかかわらず、それが従来からの法律論の枠内に入らないとか、事実の証明度が足りないなどとして、ゼロの判定を受けるというのでは、世の中の正義感覚に反する結果になってしまうことも考えられる。「対話」による自律的な合意を目指す場合には、100対ゼロという考えを脇において、両当事者が相互の「対話」を通じてそれぞれの正義の在り方を知り、それに応じ当該の事案に適する柔軟な解決を、自律的に紡ぎ出すこともできるし、そのような自律的な解決を支援することが弁護士の重要な役割になるのである。

② 第2に、法律上の議論においては、その議論に適するように「事実」が人工的に切り取られる点である。もちろん前記のように、最終的に解決を第三者の裁断に委ねなければならない段階に立ち至った場合には、法律上の手続きに則った事実認定という事実の切り取りが行われることになる。しかし、「対話」をつうじた自律的な解決を目指す段階では、以下のような点を十分に踏まえておく必要があろう。

すなわち、人は、無限のニュアンスを有する現実の中で、その人なりの意味付けを模索しつつ、ある物語を生きている。その物語を否定されることは、その人の生を否定することにも繋がりかねないほど、それは重みを持っている。紛争は、人の生を支えている物語に多大の影響を及ぼすものである。紛争の解決に関与するに当たっては、まずこのことに留意する必要がある。法律上の議論においては前記のように、要件事実に該当する事実は何かが重要なものと考えられ、それに該当しない事実は雑音として聴き取られないことが往々にしてある。しかし、そこにこそその人の紛争の解決にとってもっとも重要な問題が潜んでいるかもしれないのである。人々は紛争に直面したとき、自分の物語を踏まえて自分なりの要求とその根拠を心の中に（それを明確に言葉にできない場合もあるが）持っている。「対話」のアプローチは、このような個々人が心に有する要求と根拠の擦り合わせを、当事者同士で行うことを重視する。原初的な段階においては、当事者のナマの要求やそれを支える根拠は、その有している物語や生きている無限の現実に照応して、無限のニュアンスを有するであろう。それが「対話」を通じて相手側の要求や根拠との擦り合わせが行われることにより、次第に形をなし明確になってきて、自分の要求や根拠、それらに存する問題点を自覚するようになり、相互

---

(115) 棚瀬孝雄『権利の言説』前掲167頁以下。

に自発的に解決策を模索する段階になる。このようなプロセスを大事にするのが「対話」のアプローチであり，またこのようなプロセスにおいて当事者を支援することが弁護士の重要な役割となる。[116]

(5) 法システムの周縁における「対話」と法

「正義の総合システム」は周縁から中心に近づくにつれて，次第にフォーマルになり法律家の関与の度合いも深まって，「法」の言葉が用いられることが多くなるであろう。また，システムの中心部においては，法令や学説，判例といった「法」の資料を駆使した「法的な対話」が行われるであろう。しかし，法の正当性の根源は，弁護士などの法律家が関与する中心的なプロセスだけではなく，たとえば法律家を交えない当事者間同士の相対交渉の場面における「対話」にも求められるべきである。[117]その「対話」プロセスの中で「法」の言葉が用いられるか否かではなく，当事者が個人の相互的尊重の理念に立脚し，自らの考えを自由に語り合い，相互に耳を傾けてすり合わせを行うプロセスが重要であり，そのようなプロセスが尊重されてこそ，当該の事案に適したユニークで豊かな内容の解決が図られるのである。その前提として，必要であればいつでも容易に法的情報や弁護士にアクセスし，それらを実際に活用できる社会的な基盤が存在することも，もちろん重要である。それらの条件が満たされれば，法律家が関与しない場面であっても，真の「対話」のプロセスを通じて得られた合意は，それ自体が「法」

---

(116) 従来の弁護士業務においてはこのような点についての配慮が足りず，「紛争主体であり，問題像構成主体であるべき自分という原初的主体意識への強い侵害感」を当事者が感じることが多かったのではないかと考えられ，これからの弁護士のイメージとしては「『専門情報依存性』のニーズのみに偏った弁護士サーヴィス・イメージ（法の専門家としての弁護士）から，『共感依存性』ニーズの充足による主体的問題構成力回復を尊重した弁護士サーヴィス・イメージ（より広義の交渉促進者としての弁護士）への重心移動」が必要であると考えられる（和田仁孝『民事紛争交渉過程論』信山社，1991年，102頁）。

(117) 田中成明教授も「……法的議論が『帝国主義的リーガリズム』に陥らないためには，一般の人々の裁判外での日常的な法実践をも法的議論共同体の中に正しく位置付け，裁判での専門技術的な法的議論とのフィード・バックの回路を確立することが肝要である。」とされ，「法的議論が一般の人々の正義・衡平感覚や科学的・哲学的探求による問い直しに対しても開かれた構造を持っていることが正しく理解されなければならない。」とされる（田中『法理学講義』前掲46頁）。

正義の総合システムと弁護士の役割＝対話を通じた予防と解決の支援

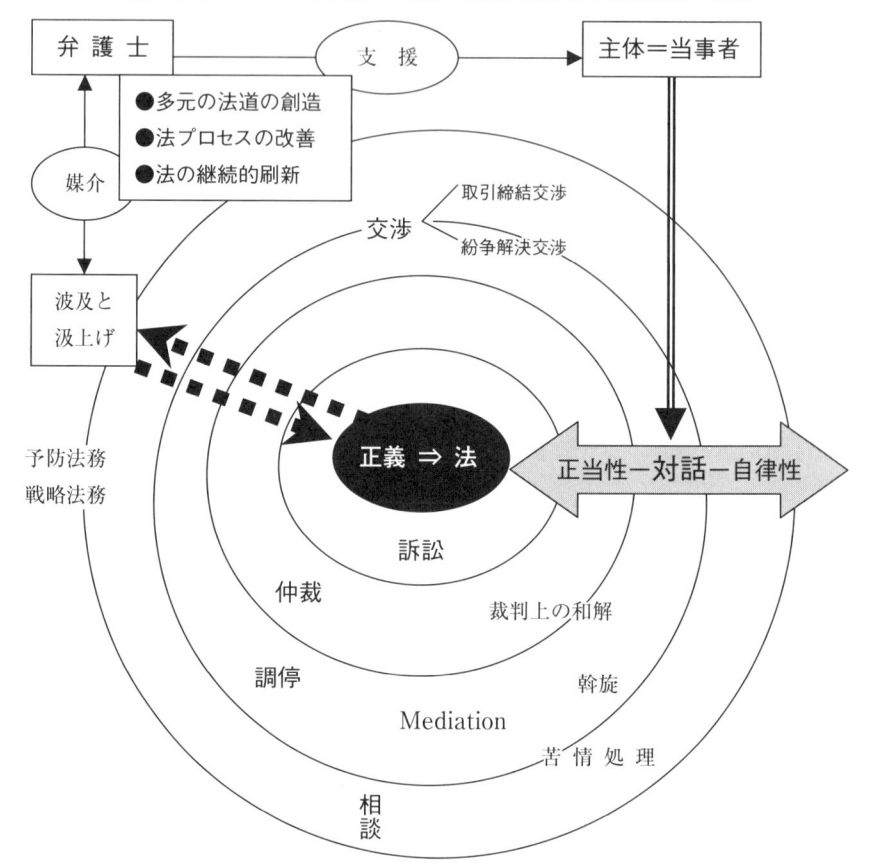

[図：同心円状に中心から「正義⇒法」、訴訟、仲裁、裁判上の和解、調停、Mediation、斡旋、苦情処理、相談、交渉（取引締結交渉・紛争解決交渉）が配置され、左側に「弁護士」「支援」「主体＝当事者」「媒介」「波及と汲上げ」「多元の法道の創造／法プロセスの改善／法の継続的刷新」「予防法務／戦略法務」、右側に「正当性－対話－自律性」の矢印が示されている]

として尊重されるべき価値を有するものになるであろう。このように法システムの周縁においても，「対話」のプロセスが「法」の正当性を支えるものであり，弁護士は周縁部においても真の「対話」の実現と，いざというときの法的資源の現実的提供の両面にわたって，当事者を支援すべきものである。

第7節　法システムの運営に携わる弁護士の業務と「対話」

　弁護士は，紛争をめぐる法システムの周縁部である相談や相対交渉からコアを形成する訴訟までのあらゆるステージで，自身の「対話」を通じて，このような

紛争や案件を取り巻く関係者と接触し、また、それら関係者間での「対話」の場を構築してそれらにおける「対話」を促進し、相互の認識や考え方の十分なすり合わせを実現すべく、サポートする。生の紛争や案件は法の外の世界にあってむき出しの利害と感情にさらされ、また、無限のファクターを有している。弁護士は、このようなむき出しの状態の紛争に頭を突っ込む。そこでは嵐のような感情や罵声が渦巻いているかもしれない。少なくとも潜在的には大きな怒りが潜んでいる。それらの顕在的あるいは潜在的なエネルギーが弁護士に対して向けられる場合、しばしば弁護士自身が冷静さを失ったり、頭の中が真っ白になってしまうこともあるであろう。そのような嵐の中で事態を冷静に受け止めて「対話」を目指してゆく弁護士の仕事は、容易ではない。

「対話」を進める上で重要なことは、当事者の自律性を尊重しながら、正当性の問題にも心を配ることである。弁護士は法的な正当性の問題、つまり法律論について専門的な知識と訓練を受けているため、「対話」といってもすぐに法的な論議に焦点を当てやすい。しかし、その前に個人の相互尊重に立脚して当事者自身の話をよく聴き、当事者が何を欲しているのかを虚心に受け止めることが重要であるし、弁護士の助言などの発言が当事者の遂行する「対話」プロセスに及ぼす現実的な影響についても、常に配慮しながら業務を遂行しなければならない。[118]

例えば法律相談の来談者と「対話」をする場合を考えてみると、その「対話」における弁護士の役割と「対話」の方法はどのようなものであるべきであろうか。来談者は常に大きな不安を抱えて相談に来る。紛争自体の不安も当然であるが、相談する弁護士が本当に話を聴いてくれるか、馬鹿にされないか等々の不安である。このような状況で本当に「対話」を実現するには、弁護士が来談者の不安を和らげるために相当の配慮をしなければならないであろう。また、来談者が紛争そのものに不安を抱き、問題と正面から取り組むことを避け他人に依存しようと

---

(118) 中村芳彦「声を聴く法専門家」(井上治典・佐藤彰一共編『調停の技法』前掲) 461頁以下は「紛争当事者達それぞれの『わからなさ』を尊重し、『わからなさ』にこそ丁寧に付き合うという、目的志向的ではない静かなコミットメント」が法専門家に求められるとし、「法専門家の新しい役割」として当事者の「声を聴く」ということを取り上げ、「紛争当事者が自分自身の問題に向き合い声を出す場を先ず作り出すこと、そして声を出しやすいような条件を整備すること、そして出された声が様々な専門家との意見交換によって、関係の修復や形成が実践されていくこと」が要請されるとする。

する気持ちが嵩じてしまうことも，多かれ少なかれある。しかし，自律的な解決を目指す場合，当事者自身の解決能力が発揮されるようエンパワーすることが重要な課題となり，これを「対話」のなかで実現してゆかなければならない。さらに，来談者は相談の場面から自身の生活場面に戻れば，来談者自身で行動しなければならない。当事者自身による相対交渉での解決を目指すケースでは，来談者自身の行動の中で，相手方と「対話」を通じて自律的な解決を図ってゆくことになる。そうすると，弁護士が相談で行うアドバイスは，来談者が相手方と「対話」を実現できることを目指したアドバイスであるべきであろう。

「対話」を踏まえた弁護士業務においては，第一義的には，当事者（適切な場合にはその他の関係者を含め）間での十分な「対話」を通じて，自律的な合意による解決を目指すべきであろう。その場合，弁護士は相談を通じて当事者の背後で寄り添い，当事者自身の「対話」による自律的な解決を支援するという場合もあろうし，弁護士が相対交渉案件を受任して「対話」の場に臨む場合もあろう。その場合でも，弁護士が臨席するものの当事者自身を主体にした「対話」を中心としたプロセスを採用し，弁護士は必要に応じて当事者をサポートするという方式が適切な事案もあろう。

いずれにしても，十分な「対話」のプロセスを通じて得られた自律的解決は，その紛争におけるその当事者間に適用される（具体的な）「法」そのものとしての価値を有する。対話による自律的な法の生成は，法の内容を豊かにする。このことは，現実の経済社会の先端を支えているのが民法典の典型契約ではなく，関係者間の交渉で成立する複雑高度な契約であることを考えてみても，明白である。もっとも，そのような自律的解決も常に「対話」によるチェックを受けて，更新されるべきものであることは，既に見たとおりである。

第8節　法的情報などの伝え方と「対話」の促進

弁護士は，専門知として様々な法令やその解釈，先例，判例などの「法的情報」を有し，また有しなければならない。法的な「対話」が必要な状況においては，それら「法的情報」は，当事者が互いに「対話」をするための共通の「プラットフォーム」ともいうべき機能を担うものである。弁護士の提供する法的情報自体が当該の紛争を解決するものではなく，あくまでもそれをプラットフォームとし

て行われる当事者間の「対話」を通じて,当該案件に妥当する具体的な「法」の姿がその当事者の間に形成されてくるべきものである。したがって弁護士は,当事者が直面している具体的な案件で「対話」が促進されるように,適切な形で分かりやすく法的情報を提供しなければならない。前述のように法の正当性は,対話による絶え間ないチェックを受け更新されるべきものであり,暫定的なものであることも踏まえて説明をしなくてはならない。弁護士の提供する法的情報が,紛争当事者間に敵対関係を亢進させるのではなく,相手方に対する話し掛けを生み,そこにおいて話し合いが噛み合って,相互に相手方の話を聴いて自分の思いを投げ返す「対話」のプロセスにつながるのに役立つような配慮が必要である。

では,「対話」の促進につながる「法的情報」の提供の仕方というのは,どのようなものであろうか。これは,逆に対話の促進につながらない法的情報の提供を考えてみれば分かり易いかもしれない。一番典型的なのは,当事者の話に基づいて一定の権利義務の存否に関する弁護士の断定的な判断結論だけを伝えるやり方であろう。当事者は弁護士から示された権利の有無の判断(その前提として,自分が説明した事実関係の真正性)を金科玉条にしてただ声高に言い合うだけで,「対話」にならないどころか,喧嘩になってしまうかもしれない。また,一般に理解するのが難しく,日常生活で用いられないような専門的な法律用語などで説明しても,結局,当事者がそれを理解できなければ,相手方との話し合いで全く説明できないことになって,やはり対話は成立しないであろう。当事者が他人に対して自分の言葉で説明できるくらいに分かりやすく説明することを心掛けるべきである。このようなことも踏まえて,法的情報の提供の在り方を考えると,以下のようなことが言えるであろう。

弁護士は当事者に,事実関係の認識も人それぞれ異なりうること,法律やその解釈,先例などは一般的に妥当と思われている社会関係や資源配分に関する,ある一定の準則を示しているが,それは一般的抽象的なものであり,そこに書かれていること自体では具体的な事案での適切な基準は判然としないこと,一般的・抽象的な法的基準の背後には「なぜ,そうあるべきか」についての実質的な理由があるが,その理解の仕方についても人それぞれ意見があり,裁判所の判断や研究者の解釈も大きく分かれる場合があるし,時間の経過や状況の変化によって解釈が変動することもあること,法的な規準は他者とのかかわりに関する準則である以上,他者側から見た利害や構図に対して示されるべき理解も示されており,

これを理解することが求められること，これらの事柄を踏まえて，当該事案において当事者の説明する事実を前提とした場合の，あり得る法的な判断の内容とその理由（立法理由や判決理由などを含め）を判りやすく説明することが必要である。その際，判断や理由に複数のものがあり得る場合には，そのうちの主要な複数のものについて説明をすべきであろう。また，当事者の説明する事実関係についても，他の資料等に照らして別の見方があり得る場合には，そのことも併せて説明するのが適切な場合もあろう(119)。総じていえば，弁護士が提供する法的情報は，分かりやすさ，内容の実質性，相対性，客観性に配慮したものであるべきである。

このようにして，事実認識，法的判断やその理由が絶対のものではなく，相対的なものであることを十分説明し，当方の考え方を相手方にぶつけた上で，「対話」を通じて相手方の考え方にも耳を傾け，当方の事実認識や法的判断・その理由について擦り合わせを行い，相手の言っていることも尤もだと思える点があれば，それを受容することも重要であることにも理解を得るよう，十分説明すべきであろう。そして，本来そのような当事者間の「対話」を通じて自律的に合意を

---

(119) この点で弁護士が果たす役割について，「agent of reality」という言葉が参考になる。棚瀬教授によれば，これは「自己の置かれた厳しい現実に目を向けようとしない者に，弁護士が現実を突きつけ」「意識的に依頼者に現実に直面させながら物語を語らせてゆく」というものであり，「そうした現実にぶつかり，依頼者がこれまで自分の見てきた，あるいは見ようとしてきた世界のその自明性に疑いを持ち始めたとき，依頼者がこれまでの出来事を違った目で眺め，別の物語を語り出すのである。この新たな物語が開く世界が相手方の同様の世界と出会ったところで間主観的世界が結実してゆくのである。紛争の解決は，結局，この依頼者が異質なものと触れ合ったときに新たな物語を語り出す，その『語り直し』の過程に他ならない」のであり，「依頼者が，この自分と相手方との間にある紛争という事実に正面から向き合って，そこから妥当する意味づけを得るまでくり返し語り直していく過程が，法の援用においても本質的なものとしてある」（棚瀬孝雄『権利の言説』前掲185頁以下）。もっとも，異質な世界との出会いや自己変容は，相手方当事者との直接の「対話」を通じて生まれるチャンスが大きいし，またその過程で生じてこそ意味があるともいえよう。弁護士のagent of realityとしての役割は，間接的なものであるし，依頼者との信頼関係を保持する観点からは比較的穏やかな形でのものになるのではなかろうか。

(120) ただし，当事者が権利義務の有無を判決で明らかにすること自体に意義があるテスト訴訟などもあり，弁護士が柔軟な解決を押し付けてはならないことも改めて留意しなくてはならない。しかし逆に，柔軟な解決の途を説明しなかったために，判決にまで突き進み，期待しなかった結果が当事者を襲うということもありうるのであり，紛争解決の選択肢の説明は十分に行うべきものである。

形成して解決するのがもっとも望ましいことも，併せて説明すべきである。さらにいえば，法律上の権利義務論に固執するのではなく，自律的な合意による場合には，種々の柔軟な工夫もありうること，それにより「勝った，負けた」ではなく，両当事者が満足のゆく解決を掴み取ることができる場合もあることを，できればその具体的な例なども交えて，説明するのが望ましいであろう。弁護士は紛争の予防や解決の経験を踏まえ，できるだけ客観性に心を配りながら事案を分析し，当事者が採りうるオルタナティブとそれらのメリット・デメリットやリスク評価を十分に示し，当事者による自律的な決定が適切になされるよう支援しなくてはならない。

　当事者はこのような配慮に基づいて提供される法的情報を咀嚼して，相手方との「対話」に臨むであろう。そして，その「対話」を通じて相手方の世界とも触れ合い，みずからの置かれている客観的状況を知り，法的な準則の意味するところに関する弁護士の適切な分析・解説・助言を参考にして，当該の具体的な状況のもとで相手方との係わり方をどのように形成したいかを考え，それについても「対話」を通じて相手とすり合わせをすることが期待される。

第9節　「対話」の主役としての当事者と援助者としての弁護士

　「対話」のアプローチはこれまで見てきたように，「個人の尊重」という憲法上の要請に立脚し，当事者間の対話を通じた自律的な関係形成を重視するものである。対話による自律的な生活における主役は，あくまでも当事者本人である。人はみな，自分自身のために自分の人生を生きているのであり，主役は当事者自身である。これは紛争においても同じであり，紛争の中心にあって尊重されるべきは当事者本人であり，弁護士は，主役である当事者が自律的な解決を掴み取るための援助を行う者である。

　紛争は，その当事者みずからが主役となってその紛争と向き合い，みずからの意思で克服の道筋を見出さなければ，当事者自身の納得による真の解決は得られない。紛争はできれば避けて通りたい，忘れてしまいたい悩み事であるし，自身で解決できなければ誰か身近な第三者に話を聴いてもらい，共感的な理解を得て激励してもらいたい気持ちに駆られるであろう。そして簡単に解決の付かない問題であれば，共感や激励を受けるだけでなく，専門家の助力を得たいと思うであ

ろう。このようにして紛争に巻き込まれた当事者は第三者，特に専門家である弁護士に助けてもらいたいという依存的な気持ちを持つようになる。このような当事者の依存的な気持ちに応じて，弁護士として「助けてやる」という感覚で対応するのも一つの在り方であるが，そのような感覚では当事者の自律性に対する配慮が十分にできず，弁護士が自分の専門性に依拠した法律的な判断に基づいて一

(121) 棚瀬孝雄教授は，当事者を主役とする基本的な考え方を「依頼者主権」と命名され，市民が主権者として法の支配者になることを支援する弁護士の像を提唱された（棚瀬孝雄『現代社会と弁護士』前掲256頁など）。また，和田仁孝教授は後述のように「関係志向弁護士役割モデル」を提唱した（和田仁孝『民事紛争処理論』信山社，1994年，227頁以下）。これらに対して，田中成明教授は，「法内在的価値へのコミットメント」が重要とされ，法の運用者としての弁護士の役割をより強調する（田中成明「岐路に立つ弁護士」日弁連編集委員会編『新しい世紀への弁護士像』前掲275頁。また濱野亮「法化社会における弁護士役割論」同書前掲1頁以下，同「弁護士像はどう変わってきたか」和田仁孝・太田勝造・阿部昌樹『交渉と紛争処理』日本評論社，2002年，248頁以下）。棚瀬教授が「依頼者主権」を提唱されたとき，「ラディカルな視点」として「弁護は本質的に一定の利益を実現するための道具であり，その弁護によって目指される利益が何かは，この道具を必要な対価を払って使おうとするものが決める，とする見方」を取り上げられたが，それは「法をはっきりと他の秩序付け原理から区別し，それを自覚的に正義実現の手段として使ってゆこうとする法の自立性の秩序観」に基づき，そのような法の自立性を実現するためには「個の自律性」が重要であり，「法も，その機能化のために，自立した個人を必要とする。その意味で，この法の自立性及び個の自律性は相互依存的である」という基本的な視点を踏まえてのものであった（棚瀬孝雄『現代社会と弁護士』前掲254頁以下）。その意味で，依頼者主権の考え方は，法の支配の実現過程における前提条件を示す考え方といってよいのではないかと思われる。わたくしも，個人の相互的尊重という憲法上の理念に立脚し，紛争当事者（依頼者だけでなく相手方を含めた個人）を主役とする視点を中心に据えて，正義の総合システムにおいて法の世界の内と外を媒介することを通じて，法の支配の実現の一翼を担う弁護士の像を考えたい。

(122) 主役であるクライエントの問題解決を「援助」する専門家という基本的な考え方は，もともとカール・ロジャーズの提唱にかかる「クライエント中心療法（client-centered therapy）」において示され，実践されてきたものである（佐治守夫・岡村達也・保坂亨『カウンセリングを学ぶ——理論・体験・実習』東京大学出版会，1996年，23頁以下など）。法律相談にもこのような考え方を参考にして「来談者中心のリーガル・カウンセリング」を提唱するものとして，伊藤博「リーガル・カウンセリングの基礎」加藤新太郎編，羽田野宣彦・伊藤博著『リーガル・コミュニケーション』117頁以下などがあり，日本でもこのような観点から法律相談の在り方が検討されている。そして更に，相談だけでなく紛争解決における対立当事者間における「対話」の在り方についても，このような考え方を参考にした実践や研究がなされ始めているのである（本書でも後に検討する。）。

方的な説得で解決を図ろうとし，結局，当事者の納得は得られないことになる。弁護士は，当事者の抱えている不安や怒り悲しみに共感しつつも，あくまでも当事者自身が紛争に向き合い，自分自身で納得のゆく解決を模索しなければ解決には到達できないことを，当事者に十分説明し，理解を得るよう努力すべきであろう。

　また人間は，紛争に巻き込まれた場合にも，その解決をつかみ取る自律的な能力を持っている。カウンセリングにおいても，クライエントが自分自身が問題を克服する自律的な力を有していることに対する信念が説かれている。[123]人は紛争の事態においても，自分の力で解決したいと願う根強い気持ちとその能力があるのであり，そのような当事者の人間としての気持ちや能力を尊重しない対応をしている弁護士に対しては，大きな不満が抱かれることになる。弁護士は，当事者の有する自律的な紛争解決の意欲や能力を尊重し，それらが十分に発揮できるよう当事者に寄り添い励ますのが，その重要な役どころである。

　このことは弁護士が助言者である場合ばかりではなく，代理人として相手方等の関係者との対話や訴訟遂行などを行う場合，あるいは更に中立的第三者として調整活動を行う場合も，基本的には同様である。このような弁護士の具体的な活動領域ごとに法的情報の提供や弁護士自身による対話の遂行といったバラエティはあるものの，当事者自身に対する関係では「援助者」という位置付けを基本に据えるべきであろう。[124]

　このように，当事者は紛争処理の対象ではなく「主役」であり，弁護士はあく

---

(123)　カウンセリングにおける自律的な問題解決能力への信頼について，「カウンセラーの基本的態度」の「中核は，クライエントがみずからの内的な資質ないし内的な可能性をみずからの力で展開することへの信頼」であり，このような「信頼がカウンセラーの中に揺るがず存在する時，一方的に片方（治療者）が相手（病者）を治療する……という上下関係は消失する」とされる（佐治守夫・岡村達也・保坂亨『カウンセリングを学ぶ――理論・体験・実習』前掲11頁）。

(124)　和田仁孝『民事紛争処理論』信山社，1994年，227頁以下は「関係志向弁護士役割モデル」を提唱し，「弁護士の役割とは……依頼者自身が自分の問題認識と法的観点を主体的に織り合わせ，周囲との関係を整序していけるよう援助すること」であり，「紛争の主体は依頼人自身であり，彼の理解と認識への助力こそ専門家の役割」であって，「法的および非法的な多様な援助を通じて当事者自身が水平的関係の中で問題処理していけるような『当事者援助』としてのサーヴィス」が求められるとされ，わたくしも同感である。今後はこのような基本的な視座を実務の中に定着させ，具体的なプラクティスの在り方を明らかにしてゆくことが課題になるであろう。

までもその「援助者」である。当たり前のことであるが，この見方の転換は，実際はなかなか容易ではない。

第10節　法的裁断・裁定プロセスと「対話」

　当事者間の自律的な合意による解決ができない場合には，中立的第三者の裁断や裁定による解決を図ることになる。このような裁断の典型的なものは，紛争をめぐる法システムの中核を占める訴訟における判決である。仲裁判断は中立的第三者による裁断であるが，Med-Arb（調停〔Mediation〕を経て，仲裁〔Arbitration〕を行う方式）などは当事者の自律的合意と仲裁判断との中間的なものである。

　また中立的第三者による裁定には，訴訟プロセスにおける裁判所等による和解条項の裁定（民訴法265条），地代借賃増減調停事件における調停委員会が定める調停条項（民事調停法24条の3）などがあるが，調停に代わる決定（民事調停法17条），家事事件における調停に代わる審判（家事審判法24条）なども裁断と裁定の中間的な性質を有するものであろう。

　いずれにしても，これらの裁断・裁定において当事者が行う争点の提示やすり合わせ等も「対話」のプロセスであり，当事者にとって納得の行く裁断や裁定が行われるためには，そのような「対話」が十分に行われ，また当該の裁断や裁定に「対話」の成果が盛り込まれる必要がある。

　例えば，訴訟では，争点整理手続において当事者双方の言い分が整理され，争点整理案という形でまとめられる。この争点整理プロセスにおいて，当事者の主張が相互に噛み合う形で提示され，擦り合わされる必要があるし，当事者双方が「対話」を通じて，十分に争点内容のチェックや補充を相互に行うことができるようにしなければならない。最終的には，そこに書かれた内容を争点とすることに当事者が合意し納得できるようなものであるべきである。次に，このようにして整理・納得された争点について，どのような証拠で立証するのかが検討され，人証の取調べもそのようにして当事者が納得して争点とした事項について行われることになる。人証の取調べも，「対話」のプロセスの重要な一部であり，当事者が証人の証言に納得がゆかなければ，直接質問をして真偽を確かめたり，記憶を喚起したりしながら，納得のゆく証拠調べを遂行することができるべきである。もちろん，各当事者の法的な解釈の主張については，それを十分に尽くす機会が

与えられる。判決は，このようにして当事者が納得して整理した争点について，納得のゆく人証調べを中心とした証拠に基づいて事実認定が為され，また当事者の法的主張に対する裁判所の応答を詳しい理由を付して説明する形で，最終的な判断が示されるべきである。

　このような「対話」のプロセスを経た手続では，当事者は自分が個人として尊重されながら手続が行われたことを実感できるであろう。そして，当事者間はもちろん，当事者と裁判官との十分な対話を通じてなされた裁断や裁定は，その内容が当該当事者にとって不利益な内容になっても，当事者の納得を得られるものになることが期待できる。そして，そのような期待に違わない裁断や裁定は，当該紛争の，そのステージにおける「法」を形成するものと考えられる。

　また，紛争が裁断や裁定のステージに入ったとしても，このような「対話」のプロセスが大切にされ，当事者間に相互の見解の擦り合わせが十分に行われるのであれば，そこに再度，自律的な合意による解決の可能性も検討されるチャンスが生まれるであろう。

　このように法的裁断や裁定を前にした紛争解決プロセスにおいても，「対話」は重要であり，当事者が解決内容に納得できるためには，当事者及び裁判所との関係で十分な「対話」が行われ，それを尊重する取り扱いが為されるべきであろう。訴訟は「正義の総合システム」の中核を担うものであり，周縁における相談や相対交渉などよりも法的な「正当性」をめぐる議論の色彩が強いものとなるであろうが，それでもなお当事者自身が納得できる「自律性」の発揮が極めて重要であり，そのことを常に留意しておく必要がある。

　このように，裁断・裁定手続においても弁護士は，「対話」の重要性に十分留意した対応を行うべきである。例えば，相手方との接し方や訴状・準備書面といった相手方と交換し合う文書の書き方などにおいても，喧嘩腰のものではなく，「対話」が成り立つように配慮したものが必要であろう。

第11節　本章の総括──「対話」を核とした弁護士業務

　本章においては，「対話」をめぐる社会的なムーブメントを踏まえ，憲法上の「個人の尊重」の要請に立脚し，「対話」を核として法の世界の内と外を媒介する弁護士業務の基本的な理念や在り方を検討してきた。弁護士は個人の相互的尊重

の理念のもとに，個人の人間としての心を大切にし，「正義の総合システム」の各ステージにおいて，弁護士自身が実践する「対話」を通じて，当事者の自律的な解決能力を発揮できるように支援し，当事者間の「対話」の場を構築し，またその当事者間の対話の運営が円滑に行われ，これらの「対話」プロセスによって自律的な解決が図られることを目指して，その業務を行うべきものである。そして，適切な「対話」プロセスは，広大な裾野を持つ「正義の総合システム」にあって，法の世界と法外の世界との相互の波及と汲上を実現し，当事者間の自律的な合意に結実した場合も，あるいは法的裁断等に至った場合も，当事者の納得に支えられた「法の支配」と法の豊饒化を実現するであろう。わたくしは，そのような「対話」を希求する専門家としての弁護士像を考えたい。

　これまでの検討においては，「対話」がどのようなものであるかについて漠然としたイメージを前提にしてきたが，次章においては，「対話」とは一体どのようなことを指すのかを，法律関係以外の分野の研究も踏まえながら検討することとする。

第 2 章

「対話」の意義

　弁護士がその実践的な活動において対話を行う場合，まず「対話」とはどのようなことをいうのかを理解しなくてはならない。しかし「対話」はその重要性にもかかわらず，それが具体的にどのようなことを意味するのかは必ずしも明らかではない。そこで，本章では，「対話」の意義について法哲学や臨床哲学などの諸研究を参照しながら検討し，さらに次章において臨床の諸分野での実践や研究から，対話の在り方について示唆を得たい。

　なお，「対話」の在り方そのものについても，法の正当性が暫定的であり更新が必要であるのと同様に，常に「対話」を通じて継続的に吟味し，更新してゆく必要があるであろうし，「対話」が生身の人間の間で日々行われる実践である以上，現に遂行しつつある「対話」の実践についても日々内省を行い，明日行うべき「対話」のプラクティスも改善してゆかなければならない。

第 1 節 「会話」と「コミューニケイション」

　「対話」は基本的に言語による行為[125]といえようが，同じ言語による行為でも「演説」から「独り言」[126]に至るまで色々なパターンがありうる。「対話」と「演説」との違いは比較的明らかなように思えるが，「対話」と「会話」との違いとなると，はっきりしなくなってくる。ごく一般的な感覚からすると，「会話」は親しい知人同士などで一定の共通の了解の下で日常的に交わされる，それ自体にはあまり意味のない言葉のやり取りであるのに対して，「対話」というのは一定のテーマについて他人との間で行われる意識的な情報交換といった感じではないかと思われる[127]。

　しかし，井上達夫教授[128]は，「会話」について法哲学上の考察に立脚して，人々

(125) 「対話」における言語以外の要素，例えばうなずく，見つめる，沈黙，笑う，怒りを表す，などの Non-verbal な行為や状態，あるいは，対話者間で見ている画像や立体物などのヴィジュアルな要素や音楽，雑音などの音も，「対話」のもたらす効果に大きな影響を及ぼすであろう。「対話精神療法」の研究者であり実践者である神田橋條治医師は，人間の五感に思考を加えた6つの要素，つまり「触覚」，「味覚」，「嗅覚」，「聴覚」，「視覚」，及び「思考」を横軸にして，人間の活動や在り方をマッピングすると，触覚に近いところに身体看護，ダンス，運動などがあり，以下，味覚近くに料理，香道，聴覚近くに音楽，対話，視覚近くに絵画，詩歌，思考近くに文学，哲学，概念，数式などが位置するとし，これを「対話精神療法」の実践においてアイディアを引き出すひとつの「物差し」として提示する（神田橋條治『精神療法面接のコツ』岩崎学術出版社，1990年，48頁以下）。なお，「対話精神療法」の「治療手段」の中心は「コトバ」であるが，療法の核心は「雰囲気」であり，「対話精神療法の現場では，種々の現象によって媒介される雰囲気に注意を凝らし，雰囲気を捉え，雰囲気を改変し，雰囲気を送り込むこと」が重要であるとされる（神田橋・前掲52頁）。また，「コトバ」は「時と空間を超えること」ができ，「異時間・異空間のイメージを描き出すこと」ができるし，「存在するイメージに改変を加えることもできる」のであって，「いわば仮象界のタイムマシーンであり，仮象界の魔法の杖である」。そして，「コトバの魔力は，『て，に，を，は，が，も』などの助詞の周辺にある」のであり，それらの「聞き取りと使用との能力を練磨するよう努めるのが対話精神療法上達のコツである」とされる（神田橋・前掲58頁）。「対話」の問題を考える上で，このような視点での検討も必要であろう。

(126) 平田オリザ『対話のレッスン』前掲9頁は，「話し言葉の地図」を提示し，「演説（Address）」（発話者＝政治家），「談話（Speech）」（発話者＝文化人），「説得・対論（Debate）」（発話者＝弁護士），「教授・指導（Teaching）」（発話者＝教師），「対話（Dialogue）」（発話者＝不定），「挨拶（Greeting）」（発話者＝不定），「会話（Conversation）」（発話者＝家族），「反応・叫び（Reflection）」（発話者＝不定），「独り言（Monologue）」（発話者＝不定）という分類を示し，発話者や相手方の数，知己性の有無（対話は他人に対するもの），聞く意志の程度，行われる場所（広場，講演，会議室，自室など。対話はロビーで行われるイメージという），発話における最初の言葉（対話では「私は」），話の長さ（対話は中程度），結果（対話の結果のイメージは共感とされる。）といった要素を横軸とするマトリックスで検討している。

(127) 中島義道『＜対話＞のない社会——思いやりと優しさが圧殺するもの』PHP新書，1997年，100頁以下は，「対話」とは「個人と個人が正面から向き合い真実を求めて執念深く互いの差異を確認しながら展開してゆく」ものである（「哲学的対話」）のに対して，「会話」は「表出された言葉の内実より言葉を投げ合う全体の雰囲気の中で，漠然とかつ微妙に互いの『人間性』を理解しあう」ものであるとされる。また，平田オリザ『対話のレッスン』前掲9頁は「『対話』（Dialogue）とは，他人と交わす新たな情報交換や交流のことである」のに対して，「『会話』（Conversation）とは，既に知り合った者同士の楽しいお喋りのことである。」としている。

が寛容な徳をもって話し合いを営み続けることを通じて，社会的な共生を図ることを目指すものとして，「会話としての正義」を提唱される。この「会話」の理念は「対話」の問題を考える上でも非常に重要な問いかけを我々にするものだと思われる。井上教授は，「会話」を「コミューニケイション」という行為と対比して，以下のように説かれる。すなわち，「コミューニケイション」は「共通の目的のための共通の行動計画の共同遂行」であり，「一つの目的に人間行動を収斂させるという『暴力性』」を有している。これに対して，「会話とは異質な諸個人が異質性を保持しながら結合する基本的な形式」であり，「利害・関心・趣味・愛着・感性・信念・信仰・人生観・世界観等々を共有することなく我々は他者と会話でき」，「相手の存在理由を根本的に否定するほど鋭い対立緊張関係にある主体の間でも会話は可能であり」，「会話的営為そのものによって対立する主体の共生が実現され」うる。

そのような「会話」を可能にする規範である「会話の作法」は，実践知に根差すものであるため完全な定式化は不可能であるが，基本的な骨格として，①会話

---

(128) 井上達夫『共生の作法──会話としての正義』創文社，1986年，193頁以下。
(129) 「われわれは，他人の幸福に手を貸すことはできないが，彼の苦痛には感情移入し，それに対して間接的にではあれ，手当てなどの対処をすることができる。……われわれが他人と共生しうるのは，痛みを分かち合うことによってだ，というべきであろう。そして，この痛みの分かち合いにこそ，倫理の開始点があるのである。」(滝浦静雄『「自分」と「他人」をどうみるか──新しい哲学入門』NHKブックス，1990年，190頁)。
(130) 井上教授は「人間的共感が普遍化されえず，……血腥い闘争の危険が常に存在するような状況」においては「徳としての寛容」が要請されるのであって，「共感の不在においてなお寛容を可能にするものは」，『我々は誤りを犯しうる存在である』という自覚，特に自己の価値判断の可謬性の自覚」にあるのであり，このような自覚をベースとして，人々は「議論を交換し合う会話的関係を……維持することにより共生を図る」ことができるとする。そして，リベラリズムの社会像として，「諸個人が自己の目的を自由に選択し追求することを可能にする」「社交体」という人間の結合様式を考え，そのような「社交体を可能にする公民的営為」が「会話」であり，それを導く規範を「会話の作法」と呼ぶ。そして，「会話の作法の骨格をなす相互性（公平性）原理と尊敬と配慮の原理」は正義の諸原則を具現するものであり，これを「会話としての正義」と呼ぶ（井上達夫『共生の作法』前掲198頁，241頁，256頁以下）。
(131) なお「会話はそれ自体訓練により学習さるべき人間的文化の一形式である」（井上達夫『共生の作法』前掲263頁）とされる。

の相互性，及び，②会話の独立性が挙げられる。

　会話の「相互性」は公平の要請であり「君が私に話したいとき私は君の話を聞くのだから，私が君に話したいとき君も私の話を聞くべきであ」り，また「君が私の話を聞きたいとき私は君に話すのだから，私が君の話を聞きたいとき君も私に話すべきである」ということであり，これは「『等しきものは等しく扱うべし』という正義の普遍主義的要請と，この要請が適用されるべき対等の道徳的人格たる地位の相互承認とを基礎にしている。」。

　会話の「独立性」は，会話というものを二つの異なる独立した人格の間の営為としてとらえることから，「『自己の目的と関心を追求する独立せる人格として互いに相手を尊敬し配慮すべし』という規範」として認められるべきである。したがって，「我々が既に関心を有している事柄やよく理解できる事柄，さらには同意できる事柄を相手が話すときだけ耳を傾け」るのではなく，それ以外のことにも耳を傾けなければならず，「強引な舵取りで会話を自分の望む方向にのみ発展させ」てはならない。

　会話としての正義は，「『話せば分かる』という楽観主義」や「『分かる者とだけ話そう』という排除の論理」，「『分ればもう話す必要はない』という効率主義」，さらには「『話し合ったのだから文句を言うな』という手続的正義」などとも発想を異にするものである。もっとも，「会話としての正義は勿論，議論の重要性を否定せず，会話の中で議論が行われることも否定しない」が，「議論を含めた人間の排他的行動一般を制約する正義原則を会話に内在するもの」と考えるのである。このように井上教授は「会話」という言葉を使用はしているが，その理念

(132)　井上達夫教授は，「正義概念」の「最も根本的な定式化」として，「等しきは等しく」という「普遍主義的な公平性の要請」を掲げ，「同じような一般的条件を満たす他者に対しては，その人が何者かにかかわりなく自分が要求している権利や利益と同じものを認める用意があってはじめて，自分はその権利や利益を享受できる。そういう意味で正義は人々の利益主張に対し普遍化可能性の制約，外部の他者への開放性と透明性の制約を課す」とされる（井上達夫『法という企て』前掲270頁）。

(133)　当事者間の会話における相互作用の中で「きわめて微細な権力の行使」により「物語」の「枠組み」が「強制的に移しかえられていく中で意味が抹消されていくこと」がある（棚瀬孝雄『権利の言説』前掲175頁以下とその引用文献）。エスノメソドロジーにおける会話分析はこのような側面にも光を当てるものであり，「対話」の問題を考える上でも重要なものであると考えられる。エスノメソドロジーについては，樫村志郎『「もめごと」の法社会学』弘文堂，1989年，87頁以下。

や内容は後に検討する「対話」の意義を考える上で多くの示唆を含むものであり，共生への方策として可謬性の自覚に基づく寛容性と人格の相互尊重を重んじ，「対話」を重視する考え方そのものといってもよいのではないかと思われる。[134]

　法律家は権利とその根拠の主張を行う訓練を受けているため，自説の正当性を滔々と述べることは得意とするが，「君が私に話したいとき，私は君の話を聞く」，あるいは「君が私の話を聞きたいとき，私は君に話す」という相互性の基礎を成す相手に対する尊重の実践を時に怠ることがあることや，「我々が既に関心を有している事柄やよく理解できる事柄，さらには同意できる事柄を相手が話すときだけ耳を傾け」るということもしばしば起こる。反省をしなければならないところである。また，「話せば分かる」はずだと考えて自分の考えを押し付け的に述べたり，逆に話しても分らない相手は排除する方向に動いたり，「分かる者とだけ話そう」とし，いったん分らない奴と思った相手とは口を利かないということになったり，ある事柄が「分ればもう話す必要はない」と考えてそれ以外の事項についてもこちらの思い込みを押し付けるようになる，さらには「話し合ったのだから文句を言うな」というように結論を押し付けるためにプロセスを経た事実を利用するといった誘惑的な考え方に駆られることがあることも事実である。「対話」にあたっては，これらのことを自戒して臨む必要があろう。

第2節　「対話的合理性」と「議論」

　田中成明教授は「対話的合理性基準」において，「討議・対話などの議論」の[135]「前提条件」として，「議論参加者が各々独自の人生目標・利害関心をもち自律的決定能力・責任能力のある人格として相互に承認しあうこと，より適切な論拠へ

---

(134)　井上教授は「現代人はどんどんお喋りになり，早口になり，自己主張・自己宣伝も上手くなってきている。……会話も日々『行動化』する。人と人との共生の営為としての会話は衰退し，代わって情報採取・承諾調達などの手段としてのコミュニケイションが幅を利かす。説得や勧誘などの職業的話術が見事に洗練されている一方，家族との会話さえできない人々が増えている。」と警告している（井上達夫『共生の作法』前掲263頁）。

(135)　田中教授は「対話的合理性」という概念を使用されるが，「対話」そのものがどのようなものとして考えられているかは，必ずしもはっきりしない。「討議・対話などの議論」として，それらの前提条件を検討されており，以下ではその分析のなかから「対話」としての要素として考慮すべきと思われる主要な点を検討したい。

の強制以外の一切の強制の排除された状況で互換的・対称的関係に立って自由平等に議論に参加する機会が各議論主体に与えられていること，各議論領域の共通観点に即して適切な理由の範囲やその優劣・強弱についての基本的な相互了解があり，議論の共通の前提となる対象・主題が画定されていることが特に重要である。実践的議論は，これらの前提条件が充たされた状況のもとで，主張・基礎づけに関する平等な責任分担のルールに従って，それぞれの主張・論拠に吟味を加えつつ，原理整合性と普遍化可能性をもった理性的な合意の形成をめざして遂行される。」とされる。このうち「対話」そのものの要素と考えられる事項を分解して，若干検討すると，以下のようになるのではないかと考える。

① 対話の当事者となる各自が，それぞれ独自の人生目標や利害関心といった価値を持った人格であることを，認め合うこと。個人の相互的尊重の要請に立脚した「対話」の理念においては，まさに各個人がそれぞれ独自の人生の目標や利害といった価値を持っており，このことを各自が相互に尊重し合うことが「対話」の出発点となるのである。

② 各自が自らの意思で解決を紡ぎ出し，それを引き受ける能力を有すること。人にはもともとこのような自律的な解決能力があるのであり，問題に直面した当事者がこの能力を発揮できるよう励ますのも，援助者としての弁護士の役割の一つであると考えられる。もっとも，当事者の心身に関する問題によりこのような能力に疑問があるケースにおいては，成年後見などの措置について検討すべきは当然である。

③ 一切の外部的な強制なく，自由かつ平等に話し合いを行える状態が確保されていること。この点が個人の尊重に立脚した「対話」を実現するための前提条件として必要なことは，異論がないと思われる。ただ，現に日常生活を送っている個々人は何らかの現実的な制約（経済的，社会的，身体的などさまざまな要因がありうる）の中にあるのであり，そのような制約の中でできるだけ自由と平等が実現できるよう当事者を支援するのが，弁護士の役割といえよう。その中でも一番難しいのはおそらく，対立する当事者が一堂に会して話し合いをすることができる「対話」の場の構築であろう。

④ 話し合いは感情に任せて突き進むのではなく，理性的に行われるべきであ

---

(136) 田中成明『法理学講義』前掲42頁。

ること。生身の人間が相対して話し合いを行う「対話」においては，人々はしばしば怒りや悲しみなどの感情に揺さぶられて，話し合いの入り口に立つことができず，あるいは話し合いの継続が困難になる場合もあり得る。「対話」そのものはやはり理性的に行われなければ，十分に成り立つことは難しい場合が多いであろう。しかし，だからといって感情の表出がすべて排斥されるべきであると考えるべきではなかろう。相手の怒りや悲しみの姿を現に目の前で見ることにより，人は紛争に正面から向かい，「対話」への取り組みの姿勢を正し，また相手の述べた言葉の意味が心に届くということもありうるのである。

⑤　対話の当事者が互いに，事態によっては自分が相手の立場に身を置くこともあり得ること，また，自分が要求することを相手からも要求されれば受容しなければならないことを自覚しながら，話し合いをすること。

⑥　各自がそれぞれの考えを述べ，それぞれ相手方の考えを吟味すること。

　上記の⑤，⑥は①などと共に，井上教授の「会話の相互性」「独立性」と共通のものを含んでおり，「対話」の在り方の中心的な重要性を有する要素ではないかと思われる。しかし，このような自覚のもとに話し合いを実践することは「言うは易く，行なうは難し」のものである。

⑦　自分が考えていたのよりも適切な論拠に出会ったときは，それを内発的に受け容れる用意があることが必要であること。「対話」のプロセスを通じて自己が変容することについて開かれている気持ちをもつことも，非常に重要であろう。ただ，人は論拠の適切性の高低だけで変容するとは限らず，「対話」を通じて感得される種々のファクターにより変容することもよくあると考えられる。その場合，論拠の適切性の有無だけで，そのファクターによる変容を不合理なものとすることもできないように思われる。その場合，中心となるのはやはり当事者自身の考えであり，弁護士は，変容に対して開かれた気持ちを持つことの重要性に対する当事者自身の理解をうながしつつ，当事者が自分の意思で選択ができるように諸種のファクターの意味や影響などを含めて，適切な助言を行いながら，自律的な解決を支援すべきであろう。

⑧　話し合いの主題や対象を明確にしながら，行われること。

⑨　話し合いのルールがあって，それに従うこと。

⑩　その話し合いの当事者間で問題となっている事項について，どのようなことをもって正当・妥当と考えるのかの理由付けや基準について，共通に了解でき

るものがあること。

⑪　自分の考えを分かってもらうためには，共通の了解に属する正当化の原理に適ったものであることと，それが他の同種の事案にも適用されるべき正当性を有することを説明できるようにしなければならないこと。

　上記の⑧ないし⑪の要素は弁護士のもっとも得意とするところであろう。しかしこの中には，おそらく井上教授の「会話としての正義」の考え方からすれば，前記のような＜コミューニケイションにおける楽観主義，排除の論理，効率主義，押し付け的な手続的正義＞に導くという批判が当てはまるものがありうるであろう。弁護士は，日常の業務において，話し合いをする主題を予め明確にして限定し，しかもその主題における法的な構成に関連性のない事柄を切り落とし，関連性のある事項の中でも取捨選択を行って法的構成を考え，その主張の正当性と普遍性を証明しようとし，またそのような方法で話をすれば分るはずだという思い込みをしている場合もある。しかし，⑧ないし⑪の要素を押し進めてゆくと，当事者の自律性尊重の要請から次第に離れてゆくのが自然の勢いである。

　もっとも，上記のようなルール等は，現実の社会の中で「一定期間内に何らかの決定が社会的に必要な問題について，自由な哲学的議論にゆだねておいたのでは，……一定の具体的な結論が確実に導き出されるとは限ら」ず，また「議論がかみあわず，理性的な議論自体が成り立たなかったり，意見の不一致を調整して何らかの結論に到達することができないこともありうる」という「『不確実性』に対処する」ためであると考えられる。[137] そのような不確実性への対処を当事者が求める場合には，これらの点を考慮した「対話」の運用がなされなければならないであろう。不確実性への対処が求められる最も法的な形態が「訴訟」であることは言うまでもなく，法システムの周縁から中心に近づくに従い不確実性への対処としての強制への契機が強まるとともに，その強制を支える法的正当性・普遍性への要求も高まる。

　逆に法システムの周縁での活動になるに従い，不確実にはなるが強制ではなく任意の合意の契機が大きくなる。当事者が不確実性を受容し自律的な解決を望む

---

(137)　田中成明『法理学講義』前掲43頁以下。事案によっては，当事者の救済のために直ちに（対話のプロセスを経ずに）然るべき法的措置を採らなければならない場合もあることは，明らかである。

場合には，より寛容な「対話」の形が適することもあり，そのような当事者の選択は尊重されるべきであろう。そして，そのような選択が適切になしうるように，適切な情報提供や助言をすることが弁護士の重要な役割である。

第3節　臨床哲学などで語られる「対話」

　これまで，法哲学の分野で検討されている「会話としての正義」における「会話」や「対話的合理性」における「議論」について検討することを通じて，「対話」の意義を考えてきたが，法学以外の分野でも「対話」に焦点を当てて検討している重要な研究があり，ここでそれらの諸見解を概観したい。

　①　哲学研究者である中島義道教授は，「対話」とは「個人と個人が正面から向き合い真実を求めて執念深く互いの差異を確認しながら展開してゆく」哲学的な行為であるとし[138]，「＜対話＞の基本原理」として，以下の諸点を挙げる[139]。

　「（一）あくまでも1対1の関係であること。（二）人間関係が完全に対等であること。＜対話＞が言葉以外の事柄（例えば脅迫や身分の差など）によって縛られないこと。（三）『右翼』だからとか『犯罪人』だからとか，相手に一定のレッテルを貼る態度をやめること。相手をただの個人としてみること。（四）相手の語る言葉の背後ではなく，語る言葉そのものを問題にすること。（五）自分の人生の実感や体験を消去してではなく，むしろそれらを引きずって語り，聞き，判断すること。（六）いかなる相手の質問も疑問も禁じてはならないこと。（七）いかなる相手の質問に対しても答えようと努力すること。（八）相手との対立を見ないようにする，あるいは避けようとする態度を捨て，むしろ相手との対立を積極的に見つけてゆこうとすること。（九）相手と見解が同じか違うかという二分法を避け，相手との些細な『違い』を大切にし，それを『発展』させること。（一〇）社会通念や常識に納まることを避け，つねに新しい了解へと向かってゆくこと。（一一）自分や相手の意見が途中で変わる可能性に対して，つねに開かれてある

---

[138]　中島義道『＜対話＞のない社会』前掲100頁以下。なお，「対話」は「討論＝ディベイティング」とは別の，「きわめて特殊な言語行為」であり，ディベイティングにおいては「私情を挟まず論理的に相手側を説得する技術」が求められるが，「対話」は「その『人』の全人生をかけた言葉」で「各個人が自分固有の実感・体験・信条・価値観に基づいて何ごとかを語ること」であるとされる。

[139]　中島義道『＜対話＞のない社会』前掲132頁以下。

こと。(一二) それぞれの＜対話＞は独立であり，以前の＜対話＞でコンナこと言っていたからわたしとは同じ意見のはずだ，あるいは違う意見のはずだというような先入観を棄てること。」

これらの諸点，特に（六）以下の点は，井上教授の「会話」の考え方と非常に共通しているものがあると考えられ，弁護士業務においても常に考慮すべき重要な点であろう。

② 演劇研究者であり劇作家でもある平田オリザ助教授は，「対話」について，以下のように述べる[140]。「対話とは，方法や技術ではなく態度」であり，「その態度のなかには，合理的に学習可能な技術も含まれている。だが，単なる学習や訓練だけでは身に付かない『disciplined』としか言いようのない要素が」ある。そして，「対話とは，他者との異なった価値観の摺り合わせ」であり，「その摺り合わせの過程で，自分の当初の価値観が変わっていくことを潔しとすること，あるいはさらにその変化を喜びにさえ感じることが対話の基本的な態度である。」「この対話の態度は，身に付けるまでは，とても面倒に感じるだろう。やっかいなことは他人に決めてもらったほうが楽だし，また，異なる価値観を持った人とは付き合わないほうが気分も休まる。」しかし，「これからの時代には，気の合う人々だけでの閉じた集団で生きてゆくことなど不可能なのだ。」このようにして，「21世紀のコミュニケーション（伝達）は，『伝わらない』ということから始まる。……対話の出発点は，ここにしかない。」とされ，以下のように続ける[141]。「私とあなたは違うということ。／私はあなたと違う言葉を話しているということ。／私はあなたが分からないということ。／私が大事にしていることを，あなたも大事にしてくれているとは限らないこと。／そしてそれでも私たちは，理解し合える部分を少しずつ増やし，広げて，ひとつの社会のなかで生きてゆかなければならないということ。／そしてさらに，そのことは決して苦痛なことではなく，差異のなかに喜びを見出す方法がきっとあるということ。」

上記の①②は，哲学的な「対話」をベースとして日常の生活のなかでそれを実践する心構えを一般に分りやすく説くものであり，とかく哲学的な議論は非常に難解なものになりがちなだけに，日常の世界に「対話」を分りやすく普及させる

---

[140] 平田オリザ『対話のレッスン』前掲210頁以下。
[141] 平田オリザ『対話のレッスン』前掲221頁。

意義は大きいものといえ，人々の日常生活とかかわりを持つ弁護士の業務において人々に理解をうながす上でも大きな価値を有するものといえよう。

　③　家裁調査官としてケースワークを実践し研究してこられた石山勝巳教授は，「対話」の意義について，ドイツの教育哲学者ボルノウ教授の見解を引用しながら，以下のように述べておられる。[142]「家事調停で当事者が事情聴取されて語るのは，たとえ他方の当事者が同席していようといまいとにかかわらず，それは対話（ディアローグ）ではない。それは当事者が調停委員会に対して，自分の主張とその正統性を一方的に述べるだけの『モノローグ（独白）』で，当事者同士の話のやりとりが相互に行われる『ディアローグ（問答）』ではない。……ボルノウによれば，『モノローグ的思考形式』は，……自分の見方に合うような理由を挙げて，他人に説明し，根拠づけ論証する。論証は，自己の『確信している解釈』を他人に押し付けようとするものであるから，いつも後から行われ，『強制的』なものとなり，他人に回避を許さない」[143]のであり，「モノローグが唯一の形式になれば，『他人はもはや人間とは認められないで，権力行使の対象にしかすぎなくなる』と言う。」これに対して，「対話」は「相手に理解されて受容されるということを前提にして」いるものであるが，「人間は『自分勝手にしゃべっている限り，その考えが思いあがった考えなのか，見当はずれたことを言っているのか確認できない』。そこでボルノウは相手からの『異議』を重要視する。人間は相手の『異議』により修正をせまられ，思考がその思いがけない障害によって，『創造的運動に火がつく』のだと言う。……ボルノウは対話の成立条件に『権威主義の放棄』と『無条件に自らを問い直す覚悟』をあげる。『対話』に於いては，『質問者』も『問われる者』も共に真剣であることが重要である。……『話す』には

---

(142)　石山勝巳『対話による家庭紛争の克服——家裁でのケースワーク実践』近代文藝社，1994年92-98頁以下。なお，石山教授が紛争当事者間の「対話」について考えるようになったのは，1959（昭和34）年頃で，宇都宮家裁真岡支部の支部長であった故伊藤泰蔵判事が実践していた両当事者自身の「対話」による調停（「当時としては異様な調停風景」だったという）を目の当たりにしたことが切っ掛けだったという（石山勝巳「紛争当事者間の対話促進法——日米比較」判タ，1998年，967号98頁）。

(143)　「議論（ディベート）」は，「片方の話し手が，他方に自分の確信している見方・考え方・解釈を受け入れさせようとする思考と言語行為の形式」で行われる「独白」（モノローグ）であるとされる（石山勝巳「紛争当事者間の対話促進法——日米比較」判タ967号前掲101頁）。

防御的態度を捨て,『隠さず相手に接する特別の勇気』を常に必要とする。……『聞く』場合,……もしかすると相手が正しいかもしれないという可能性を認めなくてはならない。」そして,「対話の姿勢」として「大切なのは,どのような反撃を受けても,対話を繰り返し,忍耐強く試み,隠さず相手に話すこと」である。そして,「他人を初めから敵視しないで,また相手を黒,自分を白というように分けないで,相手の人間を尊重し,その言い分を聞き,自分をも問い質す心構え」が必要である。このような「対話」は「その対話的現実を支える者たちによって,同じように支えられなければならない相互依存的なもの」である。このような「対話観」は前記の①②とも共通するものと考えられるが,石山教授は,家裁調査官時代に,このような「対話観」に立って,ケースワークによる合同面接を実践されたものであり（後にケースワークの項で検討する。）,「対話」のアプローチを支える基本的な考え方について大きな示唆を与えるものである。[144]

④ 「対話」に関して最近の注目すべき研究として,臨床哲学研究者である鷲田清一教授[145]（大阪大学大学院文学研究科）が代表を務める「臨床コミュニケーションのモデル開発と実践」プロジェクト,及び,同じく中岡成文教授（大阪大学大

---

[144] 後に検討するように,同席調停を巡る議論の中でも,「対話」をどのようなものとして考えるのかが,議論の基礎に据えられるべきものと考えられる。この点について,石山勝巳教授は,「喧嘩しているときは誰でも,相手の顔など見たくないと思うものですが,その気持ちを押さえて,いやな相手であってもこわい相手であっても勇気を持って相手と直接会い,相手の目を見て,相手に直接言うべきことは言い,相手の言うことも聴く,そしてお互いの違いは違いとして認め合い,共に生きてゆくための共通項を探す」ことが「ヨーロッパ人が……今なお必死の想いで試みている対話」であるのに対して,「日本人というのは,よそ者と付き合うのが不得手で自分と違っていると思う人とは口もきかないし,お互いコミュニケーションを持とうとしない」が,これは「調停者が,両当事者と個別に会って事情を聴取し,説得し,合意させるという根回し的やり方」に通じるものであり,真の「対話」による調停は「法曹の方々が余程意識改革をしていただかなければ,日本では育ちそうもありませんね」といわれる（石山勝巳「『調停の技』シンポジウム」における発言（井上治典・佐藤彰一『現代調停の技法——司法の未来』判例タイムズ社,1999年,57-58頁））。傾聴すべき見解である。

[145] 鷲田清一『「聴く」ことの力——臨床哲学試論』TBSブリタニカ,1999年は,「聴く」という行為が単なる受身の行為ではなく,語る者からすれば自分の言葉を受け止めてもらったということであり,「聴くことが……他者の自己理解の場を劈く」という「かつて古代ギリシャの哲学者が《産婆術》と呼んだような力」を有することをめぐって哲学的検討をしており,示唆に富む。

学院文学研究科）が代表を務める21世紀COEプログラム「インターフェイスの人文学」プロジェクト「臨床と対話」研究グループにより遂行されている「臨床コミュニケーション」の研究がある。「臨床コミュニケーションは，市民生活のサポートをおこなうという意図のもとに専門家と一般市民をつなぐコミュニケーションの方式として，一般国民が科学技術に関連した政策決定や政策立案過程に参加しうる参加型の公共的な討議空間の形成（一般国民参加型テクノロジー・アセスメント）から，医療紛争，廃棄物処理問題，食品の安全性，家庭・学校・地域のさまざまなトラブルなどをめぐる……調停＝和解（裁判外紛争処理）の技法開発，都市環境をめぐる住民の合意形成プロセス，さらにはホスピスや介護，看護やカウンセリングにおけるケアとしてのコミュニケーションまで，いまこの社会に求められている双方的なコミュニケーションの広い範囲を包括」することが目指されている。そのなかで検討されている対話方法論の一つが「ソクラティック・ダイアローグ（SD）」である。「ソクラテスは人々と対話をするさいに自分の考えを押し付けず，人々が自分で知を発見するのを助ける『産婆術』を標榜した。現代のSDはこの態度に学びつつ，改良を加えた一種のグループワークである」が，

---

(146) その成果として『臨床コミュニケーションのモデル開発と実践——平成14年度報告書』（文部科学省科学技術振興調整費科学技術政策提言）2003年，及び，『第1回対話シンポジウム——対話を促進する方策と，場の構築のための連携 報告書』前掲，中岡成文責任編集『臨床と対話——マネジできないもののマネジメント』（大阪大学21世紀COEプログラム・インターフェイスの人文学2002・2003年度報告書第7巻），2003年。
(147) 鷲田清一「臨床コミュニケーションのモデル開発と実践 はじめに」『臨床コミュニケーションのモデル開発と実践 平成14年度報告書』前掲2頁。
(148) 中岡成文「ソクラティック・ダイアローグ（SD）という対話実践」『第1回対話シンポジウム——対話を促進する方策と，場の構築のための連携 報告書』前掲18頁，中岡成文「公共的対話を求めて——科学技術，そしてそれ以外」『臨床コミュニケーションのモデル開発と実践 平成14年度報告書』前掲26頁以下，E．グリースラー／B．リティヒ（高橋綾訳）「生命技術倫理に対する公共的意識の活性化——異種間移植に関するネオ・ソクラティック・ダイアローグ」同書59頁以下，B．リティヒ（高橋綾訳）「ネオ・ソクラティック・ダイアローグ——持続可能な発展に関する倫理教育の一方法」同書101頁以下，堀江剛「対話を促進するもの——日本におけるソクラティック・ダイアローグの活動から」同書112頁以下，本間直樹・堀江剛「"対話コンポーネンツ"——臨床コミュニケーションのモデル形成にむけて」同書144頁以下，H．グロンケ（森芳周訳）「ネオ・ソクラティック・ダイアローグの理論と実践」同書166頁以下。

SDは「対立する利害の調停」というよりは「別種の対立点（解け合いにくい点）を持つかもしれない人々を迎え入れて」，コミュニケーションに影響を与える「信念や立場から来る，言葉の使い方の深いレベルでの」「行き違い」について，「あくまで参加者の個人的な経験に即した対話を展開する」ことを通じて「我々がふだん当たり前だと信じていることについて，さまざまな発見が生じ」，理解を深め合うものである。[149]

「対話」の観点で見ると，ソクラティック・ダイアローグは「個人（間）のレベル」では「議論／論拠づけの原理」のほかに，「友好」，「忍耐と理解」，「批判的寛容」，及び「自己批判能力」という「対話の徳によって形成される」ものであり，「こういった徳を身につけることで，通例の『討論』とは本質的な異なった，対話の態度が生じる。」ものであり，「相手を理解しようと努力すること」，「共同して，共に思考すること」，「納得させること，そして納得すること」，「検討し，議論／論拠づけすること」，「事例に即し，体系的に，節度をもって議論／論拠づけすること」，「自身の見解を具体化し，説明すること」が重要であるとされる。[150] SDはグループワークであり，その進行役が参加者間で行われる「対話」の進行を助け，促進する。社会公共的な課題を抱えた現場で行われる「対話」においては，「現場に立ち会」いながら「人々の意識をすくい取」りつつ「ある種メディエーターのような役割をする人」，すなわち「媒介の専門家」が必要である。[151]

臨床コミュニケーションにおいて構想されている「対話」も，前記の「会話としての正義」における「会話」の考え方や「対話的合理性」における「議論」の考え方とも，ごく基本的な部分では重なるものと思われる。そのなかで特徴的な点のひとつは，グループワークとしての「ソクラティック・ダイアローグ」であ

---

(149) 中岡成文「ソクラティック・ダイアローグ（SD）という対話実践」前掲18頁。

(150) H．グロンケ（森芳周訳）「ネオ・ソクラティック・ダイアローグの理論と実践」前掲171頁以下。通常の討論においては「決して負けを認めない」「他人を攻撃し，自分の立場を守る」「自分の意見を押し通す」「議論／論拠づけのかわりに個人を批判する」「自分の能力を見せつけ，知識が抜きん出ている」ことを示そうとする，「権力と地位を争う」といったことが起こるが，ネオ・ソクラティック・ダイアローグにおいてはこれらと逆の成果が目指される。

(151) 小林傳司「『臨床』の哲学と参加の『政治学』」『臨床コミュニケーションのモデル開発と実践――平成14年度報告書』前掲21頁。そこでは「ソクラテス的メディエーター」といわれる。そのほか，ファシリテーター，モデレーターなどともいわれる。

り，それは複数の参加者間における「対話」とそれを援助し促進する「メディエーター」という三者関係において，参加者間の思いが摺り合わされるプロセスであって，「対話」による紛争解決の在り方を検討する上でも重要な意義を有するものであると考えられる。[152]

第4節 「対話」と弁護士業務

　これまで概観してきた法哲学や臨床哲学などの諸研究で示されている観点も踏まえ，また弁護士の業務との関連も考えつつ，わたくしなりに「対話」の一般的な意義ないし留意点を考えると，以下のようになる。

　①　すなわち，「対話」とは，人と人とが，問題・課題から逃げずに正面から向かい合い，互いを自分とは異なる一個の人間として相互に尊重し合うなかで，自分の思い（認識，主張，疑問，怒り，不安，利害，価値観など）を投げかけるとともに，相手の思い（認識，主張，疑問，怒り，不安，利害，価値観など）の投げかけに耳を傾け，それを受け止め咀嚼した上で，自分の思い（同上）を相手に投げ返す，キャッチボールのようなやり取りの連鎖を通じて，相互の思い（同上）のすり合わせを真摯に行うプロセスであり，そのプロセスを通じて自身の思い（同上）が変容する可能性に開かれた気持ちをもって行う，自覚的な応対をいう。「対話」を通じて相互に分かり合えれば一番よいが，分かり合えない場合にも，相手が何を問題にしてどのように考えているのかを直接知ること，そしてお互いに分かり合えないことが理解できることが重要であり，その場合には，分かり合えないことを出発点とした平和的な問題克服を模索することになる。それは，以後相互に何らの干渉もしないという方向になるかもしれないし，更に法的な方法に移行するという場合もありえよう。後者（法的な方法への移行）の場合，段階が進むに従い次第に法システムの中心部分に近づいてゆくことになる。しかし，その一番中心の訴訟に至ったときもなお「対話」のプロセスがあり，法的な議論の色彩が強まるものの，「対話」の基本的な理念を大切にした運営がなされるべきである。

　②　弁護士は，相談者・依頼者や相手方当事者と向き合うとき，自身が行う「対話」の在り方として，これらのことをまず十分に理解し自覚し，「対話」の場

---

(152)　稲葉一人「調停技法トレーニングと調停の可能性」『臨床コミュニケーションのモデル開発と実践　平成14年度報告書』前掲79頁以下。

の構築やその運営といったプラクティスに臨むべきである。このプラクティスには，話を聴くこと，口頭で語りかけること，助言や法的情報の提供をすること，メールや手紙でのコミュニケーション，裁判書類のやり取りなど，あらゆる局面に及ぶ。わたくし自身の率直な反省を言えば，自分自身が他者との問題に対応する際に，その問題から逃げてしまいたい，自分の言うことを受け容れる人とのみ話をしたい，自分の言うことを受け容れない人の話は聴きたくない，たとえ話を聞いても自説は変えない，法的に意味のない当事者の話は時間もないし効率が悪いからさえぎる，法的な論理を押し通して警告や説得をする，といった対応をしてきたことがあるし，目の前の事態によっては現にしばしばそういうことがあることを告白しなければならない。これからの実践において「対話」を実際に遂行できるかははなはだ心もとないが，常に自覚的に反省をする気持ちを持ち続けることが必須であると，わたくし自身自戒している。

③　また弁護士は，その活動を通じて，当事者同士が「対話」の在り方を理解し，相互に自律的な解決に向けた努力をなしうるように，支援するべきである。当事者は特に弁護士に相談し，依頼をする段階では感情や不安に苛まれ，「対話」の在り方を冷静に理解することが困難な場合もあるし，弁護士に対する依存心も強く，自分自身は紛争から手を引いて後は弁護士や裁判などの第三者の判断による解決に委ねたいという思いに駆られていることもある。このような状態にある当事者に自律的な解決能力を呼び覚まし，「対話」の在り方の理解をうながすことが弁護士の重要な役割である。また，弁護士から助言を受けた当事者が自分自身で相手方と話し合いを行って解決を試みることも当然ありうる訳であり，そのような場合に，その当事者自身が相手方と「対話」ができるように適切な助言をしなくてはならないであろう。もっとも，このような理解をうながすために弁護士として具体的にどのようにすべきかは，非常に難しい問題である。最も望ましいのは，当事者自身が「対話」の在り方について気づくことであり，そのような気づきをどのようにもたらすかを考えなければならないであろう。

④　さらに弁護士は，紛争が中立的第三者を含めた手続に至った場合においても，調停者・裁判官など中立的第三者や相手方弁護士ともども「対話」の在り方を理解して，法的対話のプロセスを進めるべきである。あるいは，自分自身が中立的第三者の立場で「対話」の促進を行う場合もあるであろう。ここにおいて重要なことは，当事者同士が「対話」の在り方を理解するとともに，相手方の弁護

士もそれを理解していなくてはならないし，さらに中立的第三者も「対話」の在り方を理解していなくてはならない点である。特に自律的な「対話」を促進すべき要素の大きい調停のプロセスにおいては，弁護士や調停者が「対話」についてどのような基本的な考え方を持っているかによって，その運営が大きく左右される。事実認定や法的判断，それらに基づく説得といった点に重点をおく考え方のもとでは，調停もミニ裁判的になり，当事者間の「対話」による自律的な解決とは違った方向に向かってしまう場合もあるであろう。そこに，調停における「対話」の促進や支援はどのように行われるべきかという，重要な課題がある。また，最終的な法的裁断を求める訴訟手続に至った場合においても，「対話」の基本的な姿勢をどのように手続に生かしてゆくべきかが重要な課題となる。

第3章

「対話」を巡る臨床の諸分野からの示唆

　これまで法哲学や臨床哲学などの分野での研究等を参照しながら「対話」の意義に関する一般的な検討をしてきたが，本章では「対話」を核とした臨床の諸分野で行われている実践や研究を概観して，「対話」の具体的な在り方を探る手掛かりを得たい。

第1節　「対話」と「物語」

1　社会構成主義とナラティブ・アプローチ

　弁護士業務は基本的に「言葉」を通じて行われ，「対話」もその主要な部分は「言葉」を通じて行われる。[153][154]
　ところで，一般的な観念としては，「言葉」以前に実体としての世界が存在しており，その世界を言葉で表現すると考えるのが普通かもしれないが，実際には「言葉がわれわれの生きる世界をかたちづくる」[155]（社会構成主義）。われわれが「直接目にしている世界」でさえ，それを「ある言葉で語るということは，別の言葉

---

(153)　「紛争解決の道具」は「言葉」であり，「呪術や武力」ではない（廣田尚久『紛争解決学（旧版）』前掲182頁以下）。「そして，紛争も，言葉を使って語られる。そしてまた，紛争を解決しようとして，あれこれ思索をめぐらすときも，言葉を使って考える。最後に結論を出すときも，言葉を使って表現される。」（廣田・前掲書185頁）。なお，呪術や武力による紛争解決などの歴史的考察について，歴史学研究会編『紛争と訴訟の文化史』青木書店，2000年がある。山内進「同意は法律に，和解は判決に勝る――中世ヨーロッパにおける紛争と訴訟」同書，3頁以下は，神判，決闘裁判などの中世ヨーロッパにおける社会的背景と合理性について検討している。紛争というものに関する歴史性を考える上で，大変興味深い。

で語らないという選択がなされたことを意味」し,「このとき,世界は別の言葉ではなくある言葉が指し示すようなものとしてわれわれの前に立ち現れてしまう。」例えば,インフォームド・コンセントも,そこで語られる言葉により「選択可能ないくつかの医療行為,そこで予想される結果」について「いくつかの可能な世界」が描き出され,「患者の生きる世界,これから生きるであろう世界の範囲」がその言葉のありようによって一変するであろう。このように「言葉が世界をつくる」という問題は,人の生活にとってそれ自体非常に重大な意味を有するものであり,「対話」の問題を考える際にも常に念頭においておかなければならない事柄である。そこで,ここでは社会構成主義ないしナラティヴ・アプローチの考え方を概観したうえで,弁護士業務において留意すべき点を検討したい。

われわれは「客観的事実ではなく言葉をたよりに現実を認識し,自分の生きる

---

(154) 「近代の知」においては,「言葉の道具性」の観念があり,「抽象的な人格が相互に関係付けを行う唯一の方法は,お互い,相手に自分のことばを与え合うことだけ」であり,「自己の意思は言葉で表明しなければならないし,相手も表明された言葉でしかこの自己を捉えられない」という考え方が根底にあったが,しかし,具体的な生きている人間と人間との関係を考える場合,言葉は「その言葉を発して何かを行うその遂行性の次元において,自己と他者との関係を媒介するもの」として「遂行的な発話」の観点から捉えられなければならない(棚瀬孝雄「合意と不合意の間」同編著『紛争処理と合意』前掲134頁以下)。「対話」のアプローチは「言葉」の重要性を基本に据えるものであるが,棚瀬教授の指摘されるいわば生きた文脈での発話の意味を追求することに重点を置くものである。

(155) 野口裕一『物語としてのケア——ナラティヴ・アプローチの世界へ』医学書院,2002年,17頁。物語や語りというアプローチは,人文科学,社会科学,臨床科学の幅広い分野で大きな影響を持ち始めており,そのなかでも「ナラティヴ・セラピーは,それまでの家族療法の理論と実践を大きく塗り替え,さらに心理療法全般が持つ理論的前提をも塗り替えるような迫力を持って」おり,「『ナラティヴ革命』ともいうべき特徴を持っている」とされる(野口・前掲書まえがき4頁)。医療の分野においても,Evidence Based Medicine(EBM)という考え方から,Narrative Based Medicine(NBM)の考え方が重視されるようになってきている(Trisha Greenhalgh, Brian Hurwitz, "Narrative Based Medicine – Dialogue and discourse in clinical practice", BMJ Books, 1998, (邦訳,トリシャ・グリーンハル/ブライアン・ハーウィッツ編集[斉藤清二/山本和利/岸本寛史監訳]『ナラティブ・ベイスト・メディスン——臨床における物語りと対話』金剛出版,2001年))。

(156) 野口裕一『物語としてのケア——ナラティヴ・アプローチの世界へ』前掲16頁以下。

(157) 以下の引用は,野口裕一『物語としてのケア——ナラティヴ・アプローチの世界へ』前掲からのものである。

世界を構成している」。そしてこのような言葉がつなぎ合わされて「語り」が行われ「物語」が構成される。「『物語』は現実を組織化し，混沌とした世界に意味の一貫性を与えてくれる」が，他方，「すでにできあがった物語」は「事態を理解する際に参照され，引用され，わたしたちの現実理解を一定の方向へと導き，制約する」という「現実制約作用」があることに留意する必要がある。

臨床の現場では，ケアを受ける「自己」とケアをする「自己」たちが出会っている。そのような「自己は物語の形式で存在する」のであり，「自己についての語りが……自己を作り直していく」（自己は変更される可能性に開かれている）。また，「『自己』は語られなければ不確かな存在になってしまう」のであり，「この語りをたしかに聞き届けてくれるひとの存在が大きな役割を果たしている」。

ケアは「相手の生きる物語，生きる世界についての敬意から出発し，その世界に立会い，その世界を確かに見届けるという姿勢」という「倫理的な（moral）立場」にたって行われるべきである。そしてそれは「決して一方的なものではなく，双方向的なもの」であり，このような「関係性のなかで，強固で変えようがなく思えていたそれぞれの『物語』が変化し始める」のである。

物語の変化により，「『問題に振り回されるだけの情けない自分』から『問題と正面から戦う勇気ある自分』へと物語は変わる」。そして，「こうして新たに生まれてきたオルタナティブ・ストーリーもまた……それをたしかに聞き取る人々の存在がその新しい物語をより確かなものにする」ために必要である。「対話」を通じて物語の変化がもたらされ，これにより問題は（解決ではなく）「解消（dissolving）」に向かう。セラピストの役割は，「つねにクライエントに『教えてもらう』という立場」にたって，「『無知の姿勢』で質問するという専門性を発揮」しながら，「お互いを探索するための対話の領域を広げること，促進すること」にある。「『無知』はきわめて高度の専門性」であり，「つねに『理解の途上にとどまり続けること』」により，「新しい『自己物語』を生み，新しい『自己』を構成していく」ためにとり続けるべき「姿勢」なのである。無知の姿勢は「クライエントの説明モデル」と「専門家の説明モデル」とのすれ違いを克服する。

社会構成主義に基づくナラティヴ・アプローチの中心的な考え方の概略は以上のとおりである。人々は，言葉による物語のなかで人生を生きている。[158] 人は，自己を語る行為により，自己を形作りながら生きている。紛争も言葉による語りにより形作られ自己に生じるものであるし，言葉による語りがまた紛争を克服する

(あるいは紛争を予防する)自己を形作るであろう。「対話」は、そのような紛争克服(紛争予防)の自己を形成し更新する、語りのプロセスという側面を有しており、弁護士は「無知の姿勢」をもってそのようなプロセスを支援し、当事者自身が相互の「対話」を通じて自律的に自己の物語を形成し更新しながら、紛争を克服するための支援をすることができるのではなかろうか。

2 弁護士業務と当事者の「物語」

弁護士は、依頼者の語る無限のニュアンスを有する社会的な事象のなかから、自分の判断で意味があると思われる部分を切り取って、ある一貫した意味を持つ法律構成を行おうとする。これ自体が一つの「物語」の創出であるが、このようにして構成される「物語」は、紛争における事態の理解を促進する側面があると同時に、当事者や紛争をめぐる現実を制約する作用があることを注意しなくてはならない。それ自体、当事者の語ろうとする物語にそぐわないものになっている可能性もあるし、構成された物語への固執は、自己変容に開かれた態度としての「対話」を制約し、また紛争の克服を困難なものにする場合がある。したがって、弁護士が当事者への助言にための必要性から物語の提示を行う場合においては、相当に慎重でなくてはならない。専門的なアドバイスを目指すあまり、当事者の有する物語を尊重せず、独断で自分のイメージする物語を押し付けることがあってはならない。この場合弁護士は、当事者の有する物語の語りを十分に聴いた上で提示することはもとより、その際、自分の説明を一方的に伝えるのではなく、「それに対する批判も積極的に聞き出そうと」し、「『自分の不確かさや理解の限界』も相手に見せながら、妥協案を探っていく」という謙虚さが求められるであろう。[159]

---

(158) 最近の少年犯罪においては、自己を語る言葉を持っておらず、「言葉によって自己が構築されているという実感」のない少年が「暴発的に自分を『表出』するだけ」であり、例えば執拗な暴力を加えて死に致らせる行為も、「衝動的な身体感覚」で相手に攻撃を加えるだけで、そこには「殺意へと変換するための言葉がない」ため、殺人の故意は認定されず、殺人罪が成立しないという事案がみられ、そこにおいては旧来の「非行少年」という概念では捉えきれない困難な課題が存する(土井隆義『〈非行少年〉の消滅——個性神話と少年犯罪』信山社、2003年、47頁以下)。ここにおいても、言葉による物語の回復、対話の回復が求められよう。
(159) 野口裕一『物語としてのケア——ナラティヴ・アプローチの世界へ』前掲66頁以下。

第2節　カウンセリング，ケースワークと「対話」

1　カウンセリング──「クライアント中心療法」

カウンセリングは，こころなどの問題を抱える人々の自律的な立ち直りを援助する活動であるが，「対話」の問題を考える際に，クライアント中心療法による[160]カウンセリングの考え方が非常に参考になると考えられるので，これを中心にその概要を見ておきたい。カウンセリングとは以下のような枠組みをもつ営みで[161]

---

(160)　佐治守夫編・ロジャーズ全集（友田不二男訳）『カウンセリング（改訂版）』岩崎学術出版社，1966年。「クライアント中心療法」を創始したカール・ロジャーズは，「病める人を意味する患者という言葉が不適切であると判断し，法律相談をするのと同様に専門的な援助を求めてきた人という意味で，クライアントという言葉を使った」とされ，はじめてそれが使われたのは1940年の彼の講演の中であったとされる（佐治守夫・岡田達也・保坂亨『カウンセリングを学ぶ』東京大学出版会，1996年，24頁）。ロジャーズの初期のカウンセリングにおいて法律分野が参照され，現代においてカウンセリングの考え方やその成果が法律分野のプラクティスの在り方に大きな影響を及ぼしていることは，興味深い。なお，異なる分野での学問や実践が相互に影響しあうという点で大変興味深いのは，「50年代末以降，実践哲学の復権を目指す有力な潮流を築き上げてきた哲学者たちが，実践的推論・議論に独特の論理やその合理性の解明モデルとして，自然科学・数学に代わって，裁判手続，法廷弁論，法の解釈・適用などの法的な制度・実践に着眼すべきことを強調していること」（田中成明『法理学講義』前掲374頁）と，そのような哲学が再び法の分野にも大きな影響を及ぼしていることである。学際的な，あるいは臨床実践の諸分野の横断的な，研究やコラボレーションが今後ますます重要なものとなり，社会に貢献する契機になるであろう。

(161)　カウンセリングや心理療法については，前注のほか，河合隼雄『カウンセリングを考える（上）（下）』創元社，1995年，宮田敬一編『解決志向ブリーフセラピーの実際』金剛出版，1997年，河合隼雄『カウンセリング入門──実技指導をとおして』創元社，1998年，下坂幸三『心理療法の常識』金剛出版，1998年，ピーター・ディヤング，インスー・キム・バーグ（玉真慎子・住谷裕子監訳）『解決のための面接技法──ソリューション・フォーカスト・アプローチの手引き』金剛出版，1998年，熊倉伸宏『面接法』新興医学出版，2002年，森俊夫・黒沢幸子『解決志向ブリーフセラピー』ほんの森出版，2002年，熊倉伸宏『精神疾患の面接法』新興医学出版，2003年，倉光修・宮本友弘編著『マルチメディアで学ぶ臨床真理面接』誠信書房，2003年など。

(162)　佐治守夫・岡田達也・保坂亨『カウンセリングを学ぶ』前掲9頁。カウンセリングに関する以下での引用は特に断らないかぎり，同書による。

あり，心理療法（サイコセラピー）も基本的にはこれと同様のものと考えられる。

(1) カウンセリングの意義と援助的コミュニケーション

「(1) カウンセリングとは，援助を求めている人々（クライアント：client）に対する，心理的コミュニケーションを通じて援助する人間の営みである。

(2) その際，援助者（カウンセラー：counselor）は，一定の訓練を通じて，クライアントとの間に望ましい固有な（specific）対人関係を確立することが可能であることを要請される。

(3) この関係が要因として働き，現存する精神面や身体面や行動面における症状や障害の悪化を阻止し，あるいはそれを除去し，変容させるだけでなく，さらに積極的に，パーソナリティの発展や成長を促進し，より一層の自己実現を可能にし，その個人としてのありよう（a way of being）の再発見ないし発掘を可能にする。」

カウンセリングは，クライアントを中心に行われるものであり，カウンセラーがクライアントの話を聴き，その気持ちに共感しつつその在り方を受け入れることを通じて，クライアントの持つ潜在力を活性化し，クライアント自身の自主性を尊重しながら，クライアントの自己理解をうながし，その変容を援助するものである。「効果的なカウンセリングは，クライアントをして，自分の新しい方向を目指して積極的に歩み出すことができる程度にまで，自分というものについての理解を達成できるようにする，明確に構成された許容的な関係によって成立するものである」。「援助」は「上下関係の中で相手に何かを与え何かをしてやり，その結果として相手の治療ないし改善を期待する働き」ではない。そこにおいては，カウンセラーが自分の知識や能力で解決を説得したり押し付けるのではなく，あくまでもクライアント自身が自律的に問題克服を行うことができるよう援助しなければならない。そこには「クライアントとともに居る場」でカウンセラーとクライアントとの「相互的な人間成長」がなされる場が切り開かれる。

個人の自律性の尊重に立脚した「対話」のアプローチを弁護士業務の中心に据えようとする場合，このようなクライアントを中心にしたカウンセリングの基本的な考え方は，重要な示唆を与えてくれる。

---

(163) 佐治守夫編・ロジャーズ全集（友田不二男訳）『カウンセリング（改訂版）』前掲 20 頁。

(2) 無条件の積極的関心に基づく積極的傾聴

カウンセリングにおいては，カウンセラーの「無条件の積極的関心」に基づいて，「相手を分ろうとする働きかけとして聴く」という「積極的傾聴（active listening）」が行われる。そこにおいては「そのひと（person）に焦点を合わせ」て「その言葉を発しているそのひとのありよう，感情・思考・態度すべてを含むそのひとの存在（being）に耳を傾ける」ことが必要である。「沈黙」や「言葉の行間」も含めて聴く。その場合，見守る姿勢が大事な場合もあるし，「行き詰ってしまった相手との新しい交流」を図るために，「カウンセラーの方からの今ここでの気持ちの提示」（自己表明）が適切な場合もありうる。「自己表明」は「自分の感情や考えの率直で自由な発言であり，透明（transparent）で真実な（real）自分の気持ちをそのまま言葉にしての発言である」が，それは「常に相手との関係の中で成立すること」であることを忘れてはならない。(164)

このような「援助的コミュニケーション」においては，カウンセラーが「今の自分に可能なかぎりの最大限の努力をしながら……相手を窮屈にさせない許容性，ゆるやかさをもちつつ，相対して居ることが望ましい」。

(3) 内的照合枠の中での理解

カウンセリングにおいては，「カウンセラーとクライアントとが同じ枠組みの中に居て，それを共有していること」が重要である。「私がある個人の行動を，私の価値観から離れて，その人が自分で知覚しているままに，つまりはその人の内的照合枠のままに受け取る時，普通に見ている時には無意味で奇妙であったり異様な感じを与える行動も，意味のある，その人にとってはその行動しかありえない必然的な行動として受け取り直すことができる」。「カウンセリングにおける

---

(164) ロジャーズは，1951年には「カウンセリングの原理を他の分野にも適用するという認識」をもち，1961年には「カウンセラーとクライアントとの関係で真実である事柄は，結婚，家族，学校，管理，異文化間，国家間でも真実であるという認識」になり，「クライアント・センタード」というよりは「パーソン・センタード・アプローチ」（person-centered approach：PCA）というべき広い視野に立って，「人間や集団やコミュニティの成長を目的とするどんな場合にも相応しい，ものの見方，哲学，生への取り組み方」というアプローチを採るようになり，世界各国でPCAワークショップを行ない，さらには国際平和活動も展開していった（佐治守夫・岡田達也・保坂亨『カウンセリングを学ぶ』前掲35頁以下）。

望ましい固有な対人関係とは，……クライアントが，みずからの私的世界について知覚し，自己にとって実在であるその場についての情報をカウンセラーに伝え，カウンセラーは，それを相手の内的照合枠のままに受け取り，その枠組みをもとに検討することを可能にするような関係」であり，「カウンセラーがクライアントの私的世界への共感的理解を精確に伝達できる程度」を高めることにより，クライアントは「他のどの場面より自分が理解されていると感じ，みずからについての探求を安心して，喜んで進めよう」とし，「クライアントの自己理解，今まで埋もれていた領域の探求が進む」のである。

　弁護士はその日常業務において当事者と接し，その話を聴く（聞く）という行為を行っているが，それは当事者から情報を収集して法的構成をしたり，当事者に対して一定の行為や結論を出させるための働きかけをするなどの目的であることがほとんどであろう。

　「対話」のアプローチにおいては，当事者の自律的な解決能力を活性化し尊重することが必要であり，そのためにはカウンセリングにおけるのと同様に，受容と共感に基づいてクライアント自身が安心して自己理解の探求をし，変容を遂げつつ自律性を発揮できるような，弁護士＝依頼者間の関係形成が必要である。

(4) カウンセリングの技法と関係形成の実践

　カウンセリングの技法としては，いわゆる「おうむ返し」（クライアントの発話をそのまま返す，例えば「悲しかった」に対して，「悲しかったのですね」と返すなど）のほかに，うなずき，あいづち，的確な質問（開かれた質問，閉じられた質問），要約，言い換え，感情の反射，フォーカシングなどさまざまなものがある（これらについては第5章で検討する。）が，これらは「本来カウンセラー個人の独自の資質，特徴が反映されるものであって，そこからかけ離れた次元において，単なる型としての技術を身につけようとすることは無意味」であるし，「どのようなクライアントに対して，どのような技法でカウンセラーの基本的態度を伝え，安全なカウンセリング的風土への認知をもたらし，自己の体験過程との照合作業へともに向かうか，という具体的事例レベルでの議論が必要だろう」。

　カウンセリングの実践においては，「カウンセラーの側に，『あなたを一個の人間として大切に感じ（ようとし）ている私が今ここに居る』『あなたの感じ方，考え方，やり方が，あなたの感じ方，考え方，やり方としてそのまま分ると感じ

（られるようになろうとし）ている私が今ここに居る』といったような体験が生じており，クライアントの側からすれば，そのような人が今ここに自分と一緒に居ると感じ取れている」という関係が形成されてはじめて「クライアントに人格の変化が起こりうる」のである。[165]

(5) カウンセリングの体験学習・実習

このようなカウンセリングを実践できるようになるためには，その学習において，体験学習や実習といったトレーニングが行われることが非常に重要である。[166]ロールプレイやピア（仲間同士の）・カウンセリング（これらは自動車のシミュレータによる模擬運転や教習所内での運転試行に似ている），スーパービジョンやケースカンファレンス（自動車の路上運転）などである。

弁護士の養成にあたっても，訴状等の作成や法廷弁論・証人尋問などの実習だけではなく，人を個人として尊重する「対話」はどのようなことなのかに焦点を当てたトレーニングが，是非とも必要であろう。

(6) 「内省的実践者」としてのカウンセラー

カウンセラーが実践において「立ち向かう状況はきわめて複雑で流動的であり，蓄積された理論や技術を単純に適用することで乗り切れるものではな」く，「そのような複雑な状況の中で問題を再構成する絶え間ない活動過程における内省（reflection-in-action）を通して，専門家として成長してゆく」ことが必要であり，体験学習においてもこの内省の姿勢が重要である。このような内省の姿勢で実践と研究を行うべき専門家を「内省的実践家（reflective practitioner）」という。[167]弁護士などもこの内省的実践を遂行する専門家であるべきである。

---

(165) 佐治守夫・岡田達也・保坂亨『カウンセリングを学ぶ』前掲141頁以下。
(166) 佐治守夫・岡田達也・保坂亨『カウンセリングを学ぶ』前掲79頁以下。
(167) 佐治守夫・岡田達也・保坂亨『カウンセリングを学ぶ』前掲139頁以下。
Reflective practitioner という概念はもともと，Donald Schön, "The Reflective Practitioner-How Professional Think in Action", Basic Books, 1983（邦訳，ドナルド・ショーン［佐藤学・秋田喜代美訳］『専門家の知恵――反省的実践家は行為しながら考える』ゆみる出版，2001年）により提唱されたものであり，それは近代の技術的合理性の枠に閉じこもっていては対処できない現代の複雑高度な問題に対峙する専門家の実践原理であり，専門家の領域の知の構造に変革を迫り，その行動と倫理に大きな思想的インパクトを与えたものとされる（同書6頁以下，228頁以下）。

2 ケースワーク

(1) 「ケースワークの原則」

ケースワーク（ソーシャル・ケースワーク）は，社会福祉や精神医療などの現場で，問題に直面し援助を必要とする人々を，ケースワーカーが援助する専門的な営みである。この分野においても，その援助を通じてクライアント個人がもっている潜在的な能力を引き出す活動がひとつの中心的なテーマとなるとされる。[168] そこには，前に見てきたカウンセリングの考え方と非常に共通するものがあり，したがってまた，「対話」を核とする弁護士業務にとっても参考になると思われる。そこで，ここではバイステックの見解を中心に，ケースワークの考え方を概観しておきたい。

バイステックは，ケースワークにおいてケースワーカーとクライアントとの間に良好な援助関係を形成することが，適切なケースワークを実践するために必須であるとの考えから，「ケースワークの原則」（＝「ケースワーカーの行動原理」）として，以下の7点を提示している。

「原則1　クライエントを個人として捉える。」これは，「一人の個人として迎えられたい」というクライエントのニードに対応する。

「原則2　クライエントの感情表現を大切にする。」これは，「感情を表現し解放したい」というクライエントのニードに対応する。

「原則3　援助者は自分の感情を自覚して吟味する。」これは，「共感的な反応を得たい」というクライエントのニードに対応する。

「原則4　受けとめる。」これは，「価値ある人間として受けとめられたい」というクライエントのニードに対応する。

「原則5　クライエントを一方的に非難しない。」これは，「一方的に非難されたくない」というクライエントのニードに対応する。

「原則6　クライエントの自己決定を促して尊重する。」これは，「問題解決を自分で選択し，決定したい」というクライエントのニードに対応する。

---

(168) Felix P. Biestek, S.J. "THE CASEWORK RELATIONSHIP", 1957, Loyola University Press（邦訳，F. P. バイステック（尾崎新・福田俊子・原田和幸訳）『ケースワークの原則――援助関係を形成する技法（新訳版）』誠信書房，1996年，3頁以下）。「ケースワークの原則」に関する以下の引用は本訳書による。

「原則7　秘密を保持して信頼感を醸成する。」これは，「自分の秘密をきちんと守りたい」というクライエントのニードに対応する。

　これらの原則はそれぞれの項目について上記のような「クライエントのニード」が対応しており，「ケースワーカーの反応」としては全般にわたって「クライエントのニーズを感知し，理解してそれらに適切に反応する」ことが求められ，また，「クライエントはケースワーカーの感受性を理解し，ワーカーの反応に少しずつ気づきはじめる」という「クライエントの気づき」が期待され，両者の間にはこのような相互作用の関係があるとされる。

　ケースワークは，①その「魂」である「援助関係」（その相互作用のエネルギーは「感情と態度」）と，②その「身体」である「調査，診断及び治療の過程」（その相互作用のエネルギーは「言葉と行動」）によって成り立つものとされる。

　そして，ケースワークにおいては「良好な援助関係が形成できなければ，面接，調査，診断及び治療の過程も生命を失くしてしまう」とされる。

　バイステックは，弁護士もケースワーカーと同じ「援助専門職」であるが，「弁護士は冷淡で事務的すぎる態度」をとっても，「訴訟に勝つことができれば，依頼されたサービスを提供したことになる」から，弁護士にとって良好な援助関係を形成することは，その「サービスの『本質』」にとって必ずしも必要なわけではない」とする。しかし，これまで見てきたように「対話」のアプローチを核に据えた弁護士業務の考え方においては，このバイステックの考え方は当てはまらないのであって，弁護士も依頼者との良好な援助関係の形成に十分な配慮をすべきことが本質的に要請されると考えるべきである。

(2)　家庭裁判所におけるケースワークと合同面接・同席調停の実践

　日本において 1960 年代から家庭裁判所調査官がケースワークに関心を寄せ，貴重な研究と実践を重ねてきたことが報告されている。(169) 石山勝巳教授は，家裁調査官時代，内藤頼博広島高裁長官（当時）が示した理念，すなわち，「ケースワー

---

(169)　石山勝巳『対話による家庭紛争の克服――家裁でのケースワーク実践』近代文藝社，1994 年。また，豊田洋子「合同面接・同席調停の技法について――家裁調査官の経験から」（井上治典・佐藤彰一共編『現代調停の技法――未来の司法』判例タイムズ社，1999 年，120 頁以下）も 1970 年代半ばから，同様の関心に立って，合同面接・同席調停に取り組んできたことを報告している。

ク は, 人間が自分のことを自分で決める権利を尊重しつつ, 自分で問題を解決することができるように援助する。その援助によって, 人間が自分で好きなように考えて, それによって行動する力を回復するものである。……"法の支配"とケースワークは, 人類文化の無限の発展を約束する」という理念に立脚して,「これこそが日本の家庭裁判所における福祉活動を支える哲学である」と確信して,「家庭裁判所において, 非行少年やその保護者等, 家庭紛争の当事者の, 個人としての尊厳と自分の問題についての自己決定権を尊重し, 最大限これを認めるためには, 彼等を少年審判手続, 家事審判・調停手続に当事者として参加させ, 自分の問題の解決の過程に主体的に関与させ, かつ意見を述べさせる」といったプラクティスを実践した。当事者は「自分のことについて誰よりもよく知っている筈で, 自分の幸せをつよく願っている筈の関係者を直接対面させ, お互いに相手の目をみて話し合わせ, 現状ではお互いに不幸であること, お互いにこれ以上不幸になりたくないことを確認させ,『これ以上不幸にならない』という共通の目標を実現するために, いますぐには解決できない問題と, 当面解決しておいたほうがお互いのためによいと思われる身近な問題とを区別させ, 後者について, それぞれの立場でできることを約束させ, その履行を積み重ねさせることにより, 当事者間に信頼関係を醸成させてゆくことによって, 事件の解決を図るといった面接法」を実践してきた[170]。そこにおいては, 紛争の当事者は決して理性的ないし情緒的に破綻した人間ではなく,「人間は永い一生の間に, 早かれ遅かれ, 大なり小なり, ほとんどの人が危機を体験し, 時にはパニック状態になりながらも, それを克服してそれを機に飛躍し成長していく」ものであるという人間観に立って,「適当な助言者がいて……話し合いによる解決を呼びかければ, 当事者同士の知恵によって危機を克服し破局を回避できる」能力を持っているという, 当事者自身の解決能力に対する深い信頼を基礎においている[171]。そして, 当事者が調査官に対して語るのではなく, 当事者同士で「対話」を行うよう注意深く促していくなかで, 当事者自身が問題と向き合って自ら克服して行くのを援助するのである。

---

(170) 石山勝巳『対話による家庭紛争の克服』前掲21頁, 32頁。同書には, 当事者が直接の「対話」を通じて家庭紛争を克服していった具体的な事例が, それを支えた理念と具体的な技法とともに豊富に示されており, きわめて示唆に富む。

(171) 石山勝巳『対話による家庭紛争の克服』前掲69頁以下。

このような実践は，最近における「同席調停」の先駆をなすものであり，その基礎となった業績として特筆に価するものと考えられる。

3　弁護士業務とカウンセリング，ケースワーク

ロジャーズにしてもバイステックにしても，既に1950年代にクライエント個人の自律性の尊重を標榜した実践と研究を行っていたことは，同じ時期に生まれたわたくしにとっては驚きである。ロジャーズは弁護士の仕事を参考にして，患者という言葉を使わずにクライアントという言葉を使うことにしたということは前に見たが，バイステックが弁護士にとってクライエントとの良好な援助関係の形成は本質的ではないと断じているのは，当時の弁護士業務が個人の尊重というよりは訴訟の勝敗に重点を置くという色合いを有していたためであろう。現代においても，訴訟の勝敗に重点をおく弁護士業務の在り方もあるであろうが，わたくしはこれまで検討してきたように，個人の自律性の相互的尊重に立脚し，「対話」をベースとした弁護士の在り方を探求したいと考えており，その際に前記のようなカウンセリングやケースワークの基本的な考え方や技法を大いに参考にすべきものと考える。

また，日本においても家庭裁判所において既に1960年代から調査官のケースワークの実践の中で，個人の尊重を中心とする憲法の理念に立脚して，紛争当事者の自律性を尊重し，自己決定を支援する「対話」の活動が行われていたことは，これまた新鮮な驚きであり，弁護士業務にとってもこの貴重な実践と研究の中から学ぶべき事柄が多いと考える。本書の各論においても，さらに検討することとしたい。

第3節　インフォームド・コンセントと「対話」

臨床医学の分野で行われているインフォームド・コンセント (informed consent : IC) も，患者自身の自主性を尊重し，適切な医学情報を選択肢とともに提供し（患者の自由な選択が可能になるための基礎の提供），セカンド・オピニオンの活用も勧め，患者の自己決定をうながし尊重しようとするものである。これに対して，パターナリスティックな医療においては，医師の提案を患者が受容するよう説得し，提案以外の選択肢の提示や説明はあまり行わず，セカンド・オピニオン

の入手にも消極的であると言われる。弁護士業務も一般的には後者の傾向が強いのではないかと思われるが,「対話」を核とした弁護士業務においては,臨床医学における IC から学ぶべき点が多いであろう。そこで,現時点で IC に関して検討されている基本的な事項を概観し[172],弁護士業務において考慮すべき点についても若干の検討をしたい[173]。

1　IC の目的

IC の目的は,「医療者からみれば『患者にとって最もよい医療の提供』,患者の視点なら『自分にとって最もよい医療を受けること』」を目指すことにある。「患者に最も適切な医療を提供できてこそ IC である。低いレベルの医療しか実施できない状態で,手続だけきっちりさせてその低い水準の診療に我慢してもらったとしたら,たとえ患者が同意した記録が明らかになっていても本来の IC が成立しているとはいえない。」IC の基本は「適切な情報提供と自己決定の支援」である。IC は「努力目標やマナーの問題」ではなく,それ自体「重要な医療行為」そのものである。

弁護士業務においても,最良のサービスの提供のために,クライアントに対して,①適切な情報提供と,②自己決定の支援を行うべきであり,医療サービスとまさに共通の課題を負っていると考えられる。

2　IC における専門性とパターナリズム

IC は「医学的な専門的判断を患者に委ねること」ではない。「専門的な判断は医療者が責任をもってしなければならない」が,「医学的な合理性のある範囲で相当な選択の余地」があるなかで,患者自身にとって何が最もよい医療かを患者が自己決定することを支援することである。

---

(172)　宮本恒彦編著『実践インフォームド・コンセント——患者にとってよりよい医療提供のために』永井書店,2003 年は,日本でインフォームド・コンセントを先駆的に実践してきた聖隷三方原病院における実践に基礎をおいて,IC の理念と具体的な方法の両面にわたって,幅広い観点から総合的に考察されている。本書では同書に基づいて,IC に関する主要な事項を概観したい。以下での引用は同書による。

(173)　弁護士・依頼者関係の規律としてインフォームド・コンセントを採り入れるべきとする見解として,加藤新太郎『弁護士役割論（新版）』弘文堂,2000 年,13 頁以下。

医療の世界でもこれまではパターナリズムが支配していた。パターナリズムとICとを比較すると，以下のようになる。すなわち，パターナリズムにおいては，患者自身の当事者能力をあまり認めておらず，医師の提案を「説得」して患者に同意させる傾向が強く，医師の提案する事項については詳しい説明がなされるが，「他の選択肢」はほとんど示されず，「セカンド・オピニオン」(second opinion：SO) は積極的に勧めないし，嫌がる傾向がある。患者にとって「選択の余地」はほとんどなく，実質上，医療の内容は医師が決定し，患者は「医師の人格に依存する」。

これに対して，ICにおいては，患者の当事者能力を認め，患者が自由に選択できるように必ず選択肢を示し，それらの内容は実質的に理解できるよう同じように詳しく説明し，SOの活用も積極的に勧める。医療の決定は患者自身が行う。

弁護士業務においてもパターナリスティックで権威主義的な活動態様が現在でも存在しているのではないかと思われるが，「対話」のアプローチにおいてはクライアント自身の自己解決能力を信じ，その自律的な決定を尊重し，複数の実際的な選択肢を提示し，それぞれについて通常ありうる見通し，メリット，デメリットを含めできるだけ分りやすく説明をし，専門的な事項であってもブラックボックス的な提示のしかたはせず，クライアントと一緒になって考えるという姿勢が必要になる。その選択肢の中でも裁判という最終的な手段以前に，当事者間の「対話」を通じた相互尊重のプロセスにより解決を模索する方途がないかどうか，十分に検討する必要があると考える。また，セカンド・オピニオンの積極的な活用も勧めるべきであろう。

3　後ろ向きのIC

ICは「訴訟対策のような後ろ向きに対応する」ものであってはならない。「さも患者のためによいことをやっているようなふりをして，実は自己防衛に走っているようであれば欺瞞的な行為というべきかもしれない。」「訴訟対策のIC」においては，病状について「考えられる最も重い状態を説明」し，「危険性」については「可能性のある危険は羅列的に例示」し，その中でも「通常考えられる最も悪い場合を説明」したり，「技術的な未熟さによる危険も不可抗力のように説明」することもある。本来のICでは病状について「最も可能性のある経過と，変動の幅を説明」し，危険性については「通常考えられる危険性と，まれにある

危険を整理して説明」し「技術的な問題については実績を説明」する。訴訟対策のICにおいては，「他の選択肢」は「提案しても形式的」で，同意書への患者の署名捺印を「非常に重視」し（もっとも，本来のICにおいても「文書を書く，署名をするというプロセスを通じて患者の意思表示を促すという大きな意義がある」），危険に関する説明をしたことを記録に残すことを重視している。「患者の自己決定への姿勢」は「説明したあとは患者に任せる」という態度で，「自己決定が正しくできるように支援する」という姿勢ではない。

　弁護士業務でも「後ろ向きのIC」はありうることであり，特に重大な事件でクライアントにリスクを説明する際，リスクの点を強調するため，クライアントが消極的な選択をする以外にないように誘導されるということはありうる。わたくしとしては，最終的な選択をしてそれによってもたらされる結果を背負ってゆくのはやはりそのクライアント自身であることからすれば，重大なリスクがある場合，掛け値なしで説明をしておくことは，そのクライアントにとっても真の自己決定を行ううえで重要なことではないかと考えている。それが弁護士側の単なる責任逃れだとか不当な誘導にならないためには，提示する選択肢のそれぞれについて，できるだけ客観的な見通し，メリット・デメリットを具体的に説明することが重要だと考える。そして，後述のセカンド・オピニオンの活用を勧めて，複眼的な観点でチェックをしてもらうのがよいと思う。

4　ICにおける選択権の保障

　ICにおいては「患者の選択権を保障」するために，他の選択肢の有無や内容を示すことが非常に重要である。「常識的にほとんど唯一の方法と考えられても，最低限それをしなかったらどうなるかということは説明しなければならない」。選択肢の提示に当たり，どの程度積極的な方針を提案すべきかは難しい問題であるが，「危険は少ないが効果も限定的な治療」を提案する場合は「効果が限定的であること，他により効果のある方法があることを示したうえで提案」すべきであるし，「危険を伴うがより優れた効果が期待できる治療」を提案する場合は「効果が期待できるが，相応の危険があること，他により危険の小さい治療法があることを示したうえで提案」すべきである。ICにおいては「やるべきことをやらないという不作為も過誤になりうる」のであって，「合理的な根拠もなく，危険性があるという理由だけで積極的な方針を提案しない」のは，後で問題にな

る可能性もある。なお，ある選択肢を実施しないという選択も「情報を得て，納得のうえで『行わない』という選択」であるべきである。

　弁護士業務においても医療と同様に，クライアントの実際的な選択肢を分りやすく提示し，何がクライアントにとって最も適切かを一緒に考えることが必要である。その際，裁判以外の選択肢も十二分に検討し，それぞれの選択肢を採用した場合の通常ありうる具体的な展開を，メリット，デメリットを含め，できるだけ分りやすくクライアントに説明することが必要である。そして，ICについて言われているように，あることを行わないことを提案する場合，行わないことによって生じる影響や展開に関しても，十分な説明と検討が必要であろう。そのうえで，弁護士とクライアントが一緒に考えて，クライアントの自己決定をうながすようにすべきであろう。

5　医療における危険や限界の理解

　もっとも，「医療が危険と隣り合わせの，かなりきわどいことをしているものだということを知ってもらうことが重要」であり，このことを「医療者も患者もお互いに認識して方針を決める必要がある」。また，「医療行為は工学的な精度管理とはまったくけた違いに低い精度で行われている」ことは「医療関係者は当たりまえのように知っている」が「一般の患者はそうは思っていない」ので，「説明によりそのギャップを埋める必要がある」。

　弁護士業務においても生身の人間同士の関係ついての問題であるため，物事を数学的あるいは工学的にコントロールするように事態の進展を企図することはできず，Dependencyの非常に大きな作業を一緒にすすめなければならないことを，クライアントによく理解してもらう必要があるであろう。クライアントの中には，法律という武器を使って，相手方をあたかも物のように排除することを希望する人もいる。しかし，相手も意思のある人間であり個人として尊重されなければならず，そのことを無視して当方の要求だけを押し通すことはできないことを理解してもらえるよう，クライアントと一緒に考える必要があろう。

6　患者の自由な選択の保障とプロセス・モデルにおける具体的な方策

　患者は医師の前で自由に意見を述べたりできないことが多く，「No」といえない場合が多い。医師は「説明したあとに，提案はしたがどうするかは自由である

第3章 「対話」を巡る臨床の諸分野からの示唆　　99

ということを必ずつけ加えるとよい」が「なげやりなトーン」では駄目であり，「患者自身にとって何がよいかは自分がよくわかるはずだから，じっくり考えて自由に選択してよいのだ，という主旨が伝わるよう心がけ」，また「患者自身の自由な意思表示によって診療側も対応しやすくなり，結果として患者にとって適切な医療が提供できるようになるということを知らせることも積極的に行うべき」である。さらに，SO についても，患者自身が「意思決定にあたっていろいろな意見を聞いたうえで結論を出し，結果としてよそで治療を受けてもよいが自院に戻って患者自身の望む診療方針を実施することができるということを説明しておく」ことも，患者の「自由な意思表示の保証」として重要である。

　入院案内で IC と SO について「合言葉はインフォームド・コンセント——患者さんが主体となる医療」と題して説明をしたパンフレット[174]の例として，以下のようなものがある。

「● 患者さんには知る権利があります。
　● 医師と患者さんは対等な立場で話し合いができます。
　● 分らないことは納得がいくまでお尋ねください。
　● 治療に関する自分の意志を病院側にはっきりとお伝えください。
　● 最終的な治療方針の決定をするのは患者さん自身です。
　セカンド・オピニオンをすすめています。
　現在の担当医からの説明に対し，他の医師の意見をセカンド・オピニオンといいます。他の医師の意見を聞きたい方は，担当医・担当看護師・あるいは医療相談室にお知らせください。必要なデータや紹介状をご用意いたします。ただし，病状によっては時間的余裕がなく，ご希望に添えない場合がありうることを御了承ください」。

　このパンフレットに示されたメッセージは，医療者側から IC や SO に取り組む姿勢の表明といえよう。

　また，患者側の取り組む姿勢について「医者にかかる10か条」[175]というパンフレットが発行されており，以下のように述べている。

　「あなたが "いのちの主人公・からだの責任者"

---

(174) 宮本恒彦編著『実践インフォームド・コンセント』前掲36頁。
(175) 厚生省平成9年度老人保健健康増進等事業「患者から医師への質問内容・方法に関する研究」研究班発行。

❶ 伝えたいことはメモして準備
❷ 対話の始まりはあいさつから
❸ よりよい関係づくりはあなたにも責任が
❹ 自覚症状と病歴はあなたの伝える大事な情報
❺ これからの見通しを聞きましょう
❻ その後の変化も伝える努力を
❼ 大事なことはメモをとって確認
❽ 納得できないときは何度でも質問を
❾ 治療効果を上げるために，お互いに理解が必要
❿ よく相談して治療方法を決めましょう」。

　これは，自己決定を行う患者としても自覚的にICに取り組んでほしいというメッセージであろう。ここに示されたメッセージが前提としているのは「医療者と患者との間で絶えず交流があり，両者が協議しながら方針をみつけてゆく」という「プロセス・モデル」の考え方である。これに対して「ある特定の場面で説明をしてそれに対しての自己決定を促し，何らかの結論を導き出してゆく」という方式を「イベント・モデル」といい，これまでの医療ではイベント・モデルが多かったと思われるが，本来はプロセス・モデルが望ましく，今後は徐々にプロセス・モデルが広がるであろう。

　医療者と患者との間では情報の非対称性や医療者の優越性から，「一方通行の指示的な会話」になりがちであるし，パターナリズムの時代では「医師が権威的に振舞うことが重要と考えられていた」こともあったが，本来のICを実現するためには「自由な会話」を成立させるよう努力しなければならない。そのために例えば専門用語を使う必要がある場合には「言葉の解説をしてから使うようにする」べきであり，話し方は「基本的にその患者にとって自然な話し方を尊重すべき」である。「友だち言葉」や「幼児語」は避け，「敬語としての丁寧語」を使うべきであろう。患者の心理面に配慮し，共感の姿勢をもって説明をすべきである。場所の設定，時間の確保，雰囲気，文書の利用などにも配慮し，患者の望む人を「同席」させる，「沈黙」した場合「発言を急がせない」，「説明内容を随時要約して理解の程度を確認する」，「その面談の結論を明確にして，具体的な行動目標を確認しあう」などの，コミュニケーションの工夫を行うべきである。

　弁護士業務においても，旧来はパターナリズムが支配し，クライアント，特に

一般の市民は弁護士に対して自由に自分の意思や疑問をぶつけられないという場合も多かったと思われる。個人の尊重に立脚した「対話」のアプローチにおいては、当事者の自律的な意思の表明や形成を継続的に支援しなければならず（弁護士業務おいてもプロセス・モデルが該当する。），自由な会話や疑問の提示などがなされるよう実際的な工夫をする必要があろう。医療分野で検討され実行されている前記のような案内書などの種々の工夫を参考にして、弁護士業務における具体的な在り方を検討すべきである。

7 継続的なコミュニケーション

ある段階で患者の「意思表示がされ、それに基づいて診療が進む中でも常に患者の目指すものとのずれが生じないようにフォローしていくことが求められる」のであり、継続的なコミュニケーション[176]が重要となる。

人間関係がこじれた場合には「誰かが仲介をするしかない」が、その際「誰が悪いかということを追及するのではなく、現にこじれた関係になっているのであれば、それを前提にしてこれからどこで何をすればよいのかを相談すべき」である。「このような仲介ができるのは、上司に当たる役職者、医療相談室のMSW〔引用者注：Medical Social Worker〕、場合によっては医療機関の管理者」であろう。

弁護士業務も、クライアントに対して継続的にサービスを提供することになることが多いのであり、医療分野における前記の「プロセス・モデル」と同様に、継続的なコミュニケーションが非常に重要なテーマとなる。とくに時間の経過と共に紛争関係者との関係や客観的な状況が変化してゆくなかで、クライアントの考え方にも変化が生じることが多いのであり、どのような業務が提供されるべきかについて適時クライアントの意思を確認することが求められる。弁護士業務においても依頼者とのコミュニケーションにギャップが生じることもあり、そのようにならないよう十分留意すべきであるし、そのような懸念が生じた場合には、可及的に関係修復を図るようにしなければならないであろう。

---

(176) 福井次矢監修『メディカル・インタビュー・マニュアル――医師の本領を生かすコミュニケーション技法（第3版）』（インターメディカ、2002年）は、カウンセリング分野などで言われている各種の技法（中立的質問、開かれた質問、閉じられた質問、焦点を絞った質問、要約、直面化、共感、非言語的コミュニケーションなど）に基づいて、患者が成人の場合、小児や若い女性の場合、特別な配慮が必要な患者の場合を分けて、具体的に技法の活用の在り方を検討している。

8 患者の自己決定の支援

ICは，情報提供だけして「患者を置き去り」にした自己決定を迫るものであってはならない。患者が自己決定できるよう必要な「支援」をしなくてはならない。自己決定の支援としては，患者が迷うことは当然であり何らおかしいことではいことを認めつつ，しかし「自分以外の誰にも決められないものであることを理解」してもらう，考える時間と場所を提供する，SOの活用を勧める，インターネットや図書館など患者自身がアクセスできる医療情報の利用も意味があることを知らせる（ただし，「診療はあくまで対面で行うのが原則」である。），誘導ではなく「あくまでこの提案は自分の考えであって，それ以外の方法も考えられるという趣旨で具体例」を示し，患者の「相談相手」として「助言をする立場であることを常に意識して行動」すべきである，患者から「先生ならどちらを選びますか」というような質問をされた場合，「突き放すような姿勢ではいけないが，自己決定を放棄しかねないような患者の姿勢には安易にすり寄るべきではあるまい」，看護師も「患者にとって本当に適切な方針が選択されるように援助することが重要な役割」であり，患者の話を良く聞いて患者の理解の程度や情報の不足の程度などを確認しながら，更なる情報提供の場の設定などの「具体的な行動」をすべきである，など種々の具体的な配慮や行動が必要である。

弁護士業務においても，不安を抱えるクライアントを突き放すことなく，共に一緒に考え，しかしクライアントが自己決定を放棄することのないように助言をすることが求められる。このことは自明のことのようであるが，実際に実務の現場でこれを実行するとなると，なかなか難しいことであり，今後弁護士業務としての具体的な在り方を検討してゆくべきである。

9 セカンド・オピニオン（SO）の具体的な在り方

セカンド・オピニオン（SO）はどうあるべきであろうか。まず，主治医が留意すべきことは「何より自分の見解を明確」にし，「SOを聞くよう勧める前に，自分の提案が十分に理解されているかどうかを確認」しなければならない。SOで示される「見解が異なると自分の診療を批判されたと感じる場合」があり，「決して快適ではないが，事実として受け容れる懐の深さがほしい」し，「患者が自分の判断としてきちんと結論を出したのであれば尊重するべき」であり，その

後も「相談ができるような良好な関係を築いておきたい」。次に「SO を述べることになる医師」という立場で留意すべき点は、「あとで診る立場というのは，得てして前医を批評する姿勢になりがちである」が「決して評論家になってはいけない」。「SO は具体的なデータや所見に基づいて，自分の見解を述べることであって，前医らの診療の善し悪しを判定することではない」。また，SO を述べる「医師のパターナリズムの傘の下」に患者が取り込まれてしまうようなことになってはいけない。もし「明らかに過剰な，あるいは不当な診療が提案されていることに気づいた場合どうするか」という問題については，SO を述べる医師は「自分の考えを強く主張することは許される」が，「最終的に決めるのは患者自身であることは確認すべきであるし，決して患者の囲い込みのようになってはならない」。適切な SO の「最大の効果は患者が十分納得して診療が受けられ，その内容も患者個人にとって最良のものになりうることである」。SO の「普及によって IC が徹底されるという期待は大きい」。また患者が「いろいろな意見を聞くことで，医療の限界を知ってもらうこともできるだろう」。医療にも「限界は存在し，すべてがバラ色になるようなものではない」のである。

現在の弁護士業務において，SO はどのように考えられ，あるいは行われているのであろうか。わたくしが社内弁護士をしていたとき，会社は社外の大手法律事務所を顧問事務所としていたが，その目的の一つは，重大な法律問題に直面した場合に，社内弁護士の意見だけでなく，SO として顧問事務所の意見を徴求し，参考にして最終方針を決めるというものがあった。このように企業法務においては SO を活用するということはあるのではないかと思われる。しかし，市民レベルでは，弁護士サイドでもなかなか SO を勧めるということは少ないのではなかろうか。今後は医療分野と同様に，市民への弁護士業務の提供においても，弁護士からクライアントに SO を勧め，クライアントも SO を利用するということが広まってくるだろうと思われ，そのための法律業務分野における具体的な SO の在り方についての検討を進めるべきである。

---

(177) 企業法務において複数の弁護士に接触して，セカンド・オピニオンを活用するというのはありうべきことであるが，特定の企業で重大な訴訟事件が想定される事態において，対立当事者側に有力な法律事務所が採用されないように，いちはやく複数の有力事務所に法律相談をしてまわり，その法律事務所が対立当事者側から相談をうけられないように妨害するという，病理的な現象があるというが，これは論外である。

10　弁護士業務とインフォームド・コンセント

　医療の分野で実践されているインフォームド・コンセントは，以上で概観してきたように，弁護士業務においてもきわめて重要な示唆を含むものである。各所で検討したところをまとめてみると以下のとおりである。

　(1)　弁護士は，クライアントに対する最良のサービスの提供のために，①適切な情報提供と，②自己決定の支援を行うべきである。

　(2)　弁護士は，クライアント自身の自己解決能力を信頼して，その自律的な決定を尊重し，複数の実際的な選択肢を提示し，それぞれについて通常ありうる見通し，メリット，デメリットを含めできるだけ分りやすく説明をし，クライアントと一緒になって考えるという姿勢が必要になる。

　(3)　弁護士は，クライアントにとって重大なリスクがあると考えられる場合には，掛け値なしでその説明をしておくことが，そのクライアントにとっても真の自己決定を行ううえで必要である。

　(4)　弁護士は，裁判のほかに，裁判以外の選択肢も十二分に検討し，それぞれの選択肢を採用した場合の通常ありうる具体的な展開を，メリット，デメリットを含めてできるだけ分りやすくクライアントに説明し，クライアントと一緒になって考えることが必要である。その際，あることを行わないという選択肢についても，それを行わないことによって生じる影響や展開について，十分な説明と検討が必要である。

　(5)　弁護士は，紛争というものが生身の人間同士の関係についての問題であり，相手も意思のある人間であって個人として尊重されなければならず，そのことを無視して当方の要求だけを押し通すことはできないことを理解してもらえるよう，クライアントと一緒に考える必要があろう。

　(6)　弁護士は，当事者が自律的な意思の表明や形成を行うプロセスを継続的に支援し，当事者が自由な会話や疑問の提示などをなしうるよう，インターネット，事務所内掲示板，事務所パンフレットなども利用して，実際的な工夫をする必要がある。

　(7)　弁護士は，当事者との継続的なコミュニケーションに十分な配慮をすべきであり，コミュニケーション・ギャップが生じた場合には，可及的に関係修復を図るようにしなければならない。

(8) 弁護士は，不安を抱えるクライアントと共に考え，かつ，クライアントが自己決定を行うことができるよう助言しなければならない。

(9) 弁護士は，クライアントにセカンド・オピニオン（SO）を勧め，クライアントがSOを利用しやすくなるように努力すべきである。

第4節 「対話」とゲーム理論

　人は社会的な生きものであり，必ず相互に依存しあって社会生活を営んでいる。「ゲイム理論は，このような『相互依存関係』の構造をモデル化する」ものである。[178] 人々が相互に依存する社会生活において，参加者の一方は相手方の心や行動を読もうとし，他方（＝相手方）も同様に一方当事者を読もうとして，お互いに影響を与え合っている。参加者たちはそのような読み合いによる影響を含め，自己を取り巻く状況の認識に立って，お互いに最善を尽くし合おうとする。「分らないことだらけの人間関係」において，「われわれは，自分のことだけ考えるのではなく，相手のことも考えるべき」である。[179]

　これまで検討してきたように「対話」のアプローチは，個人の自律性の相互的な尊重を出発点とすることから，社会におけるこのような人々の相互依存性のモデルは「対話」の在り方を検討するうえでも参考になるものと考える。ただ，ゲーム理論は非常に複雑な数学的立論や証明がなされる分野であり，わたくしにはそれを十分に理解する能力もないため，ここではごく一般に解説されている主要な事柄のなかから「ミニ・マックス戦略」と「しっぺ返し戦略」を取り上げ，参考になると思われる若干の点を概観するにとどめることとしたい。

　ゲーム理論は，対戦相手がいるゲームにおいて，相手も合理的に物事を考え最

---

(178) 太田勝造「法律学のための『ゲイムの理論』の基礎」小島武司・法交渉学実務研究会編『法交渉学入門』商事法務研究会，1991年，250頁。このようなモデル化を通じて「交渉における最適戦略，法現象の構造分析，あるいは，最適の法的ルールの選択について示唆を与えることができる」が，「現実そのものに対して直接に適用可能であるわけではなく」，あくまでも「現実状況への洞察を深めることに資する点にこそ，その存在意義が存在する」とされる（同上250頁，252頁）。なお，太田教授は，法律分野におけるゲーム理論及び進化論の重視を訴えられる（太田勝造『法律』（社会科学の理論とモデル7）東京大学出版会，2000年）。

(179) 松井彰彦「恋は駆け引き」（東京大学公開講座『ゲーム──駆け引きの世界』東京大学出版会，1999年，23頁。

善を尽くそうとすることを前提に、当方が実現できる最大の利益を得るための方策に関する諸理論である。そこにおいては、徹底的に合理的で利己的な利益追求を行うための方策を検討する場合にも、相手の立場に立って考える必要があり、最終的には利他的で協力的な戦略が最善になることもある。[180]

1 「ミニ・マックス戦略」

まず「ミニ・マックス戦略」であるが、これは、「ゼロサム・ゲーム」(一方が10勝つと他方が10負けるという具合に、総和がゼロとなるゲーム)において、プレーヤーが最悪の事態に陥った場合の条件下で、なおかつ利得を最大にする戦略をいう。最悪の事態での最大の利得のポイントが「鞍点(saddle-point)」[181]といわれ、自己の望む最高の点ではないが、最悪の事態で確保するという観点では最高のポイントである。これは「『マックス(最大)の損失をミニ(最小)にする』という考え方」でもあり、「勝とうとするより、負けないようにする」ということで、吉田兼好の『徒然草』に引用されている「勝たんと打つべからず、負けじと打つべきなり」という考え方と底通するといわれる。[182] わたくしは司法修習生時代に、弁護士業務に関連して「勝つな、負けるな、ほどほどに」という言葉があることを知[183]

---

(180) 逢沢明『ゲーム理論トレーニング』かんき出版、2003年、48頁は「徹底的に合理的で利己的な理論をつくってみたら、結局『利他的』になることがあったりするのが、ゲーム理論のおもしろいところ」であり、「単なるエゴイストではなく、究極は『理知的でハートのある人間』がゲーム理論の目指す人間像」であるとする。

(181) ゲームにおいて、自分の利得を最大限にしようとする当方の努力(上に引張り上げようとする力)と、それを減殺しようとする相手方の努力(下に引下げようとする力)とがせめぎ合うが、そのせめぎ合いの状態を三次元的にプロットすると、馬の鞍のような図形になり、その鞍に乗って尻が当たる点で当方と相手方の力が均衡することから、その均衡する点を鞍点という。

(182) 逢沢明『ゲーム理論トレーニング』前掲64頁。吉田兼好は当時の双六の名人の言葉を引用して、以下のように述べている。「双六の上手といひし人に、その手立を問ひ侍りしかば、『勝たんと打つべからず。負けじと打つべきなり。いづれの手かとく負けぬべきと案じて、その手を使はずして、一目なりともおそく負くべき手につくすべし』といふ。道を知れる教へ、身を治め、国を保たん道も、またしかなり。」としている(『徒然草』第百十段)。なおまた、同百三十段では「物に争はず、おのれをまげて人にしたがひ、我が身を後にして、人を先にするにはしかず。……勝負を好む人は、勝て興あらんためなり。……人に本意なく思はせて、わが心を慰まん事、徳にそむけり。……人をはかりあざむきて、おのれが智のまさりたる事を興とす。これまた礼にあらず。……」としている。

ったが、これは弁護士が実践の中から肌で感じ取ってきた賢慮であると思われ、ミニ・マックス戦略に通じるものがあるのであろう。例えば、訴訟上の和解の話し合いで条件等を詰めて行く過程で、どこまで深追いして当方の要求を強く押し出して行くかという問題は、日常の弁護士業務でしばしば直面するものであるが、よりよい条件を追求するあまり（勝ちを希求して）強硬に要求を続けた結果、和解が不調となって判決に至り、蓋を開けたら先方の提示していた和解条件よりも悪い結果となった（負けた）というケースは、稀ではないと思われる。紛争には相手方があり、特に訴訟の場面では自身の正当性を強烈に主張し、当方の正当性を減殺するよう最大の努力を尽くしてくる。和解案を受諾すべきかどうかを検討する過程で、相手方の利得の大きさや損失の少なさに対する不公平感や怒りのために、直面している事態の客観的な意味を十分に踏まえることができない場合に、断崖から落ちてしまうことがあるのである。このような場合、「あそこで和解をしておけばよかった」と悔やむことになるが、そこで和解決裂の前にミニ・マックス戦略を思い起こして、依頼者と共に再度よく検討する冷静さが必要であろう。そのときに依頼者が事態をよく理解して自己決定をなしうるよう、関係するファクターをできるだけ客観的に説明し、一緒になって検討することが必要である。その際あわせて考慮すべきは、「戦争は始めたいときに始められるが、やめたいときにやめられない」[184]という点であり、いったん選択をした場合に、後戻りすることの難しさを十分に踏まえなければならないであろう。

　弁護士は、このようなミニ・マックス戦略的な思考を日常の交渉や依頼者との協議において、常に働かせているであろう。そのような思考がゲーム理論といったものに通じていて、その時々の感情や感覚で判断するのではなく、もうすこし分析的な検討の対象として光を当てる必要性を自覚すれば、なお有効な支援を当事者に提供することができるであろう。そのようなアプローチで事態を客観的に整理し直し、相手の立場にも立ってみて検討し、冷静な利害得失の分析をしなが

---

(183) 「勝つな、負けるな、ほどほどに」という言葉の出典を思い出すことができないが、前記の『徒然草』の一節をもじったものかもしれない。一見、いい加減な物言いのように見えるが、勝つことばかりに目を奪われて客観的状況を見失ってはならず、かといって弱気にばかりなって客観的状況に照らして負けない方策を放棄することのないよう戒めた賢慮であると解することができ、弁護士が日常直面する断崖絶壁に立った交渉の現場で、冷静に胸に秘めておくべき言葉であろう。

(184)　逢沢明『ゲーム理論トレーニング』前掲105頁、287頁。

ら当事者に問い掛けをすると、それまで怒りから法的請求に固執していた当事者が意外に「対話」による解決に向けた意欲を示すようになることがある。例えば、ソフトウェアハウスであるY社に対して、X社が社内業務処理用の専用ソフトウェアの開発を委託したが、開発に手間取った挙句、X社が期待していた処理ができず、当初の予定より相当期間が過ぎたのにカットオーバーができないため、X社からY社に対して契約の解除と支払済み一部代金の返還請求や損害賠償請求を行いたいといった事案を考えてみよう。(185) そのようなケースでは一般的に、開発すべきシステムの仕様が十分に取り決められていなかったり、X社が期待しているイメージのシステムの開発にしては開発費が相当に低く定められていて、開発範囲についてY社の認識とのあいだに齟齬があったりすることが多い。しかも、合意の有無や責任の所在について、水掛け論になってしまうような場合が相当にある。そうすると、X社として契約解除、代金返還・損害賠償請求という最大の要求を押し通そうとして訴訟を提起しても、訴訟それ自体に要する費用等のほか、争点の整理、証拠調べに相当の時間や労力が掛かる上に、そのような費用・労力・時間を注ぎ込んでも、X社の要求が最終的に通るかどうかは、判決を手にするまで判然としないだろうと予測される事案が多い。他方、契約解除、損害賠償請求といった相手との関係を決裂させる対応をするとすれば、もはやY社による開発協力は望めなくなり、本来目的としていた社内システムの開発のためには、新たに別の開発業者を選定して開発作業を行わなければならなくなるであろう（従前のY社での作業を引き継ぐといっても、他者の作業を検証し意味を理解するには相当の作業を要すると思われる）。その新たな開発のための開発費を用意し、新たな業者によるX社社内業務の検討・理解の推進や仕様の決定などを行わなければならない。そしてもし、Y社に対する訴訟で敗訴すれば、X社は従前注ぎ込んだ開発費が水

---

(185) 運送会社Xが発注した運送システムソフトウェアに60項目に及ぶ欠陥があり業務使用に耐えないとして、X社からソフトウェア開発業者Y社らに対して、債務不履行又は不法行為による損害賠償として約2億7000万円の請求がなされた訴訟で、32回にわたる口頭弁論のうち30回が争点に関する議論と争点整理に充てられ、法廷外での作業も鋭意進められ争点の解明度はきわめて高いレベルにまで至ったが、3回にわたる和解の試みにもかかわらず、判決に至り、結局、X社の請求は棄却された事案（東京地判平成9年2月19日判タ964号172頁以下）について、大澤恒夫「紛争解決における合意形成過程の一断面」小島武司編『ADRの実際と理論Ⅰ』中央大学出版部、2003年、230頁以下。

泡に帰し，弁護士費用等の負担，新たな開発費の投資，カットオーバーの大幅遅延というように，二重，三重，四重の大きな損失を被ることになろう。勝訴の見込みが客観的に大きく，かつ相手方からの現実的回収も確実視される場合であれば別であるが，そうでなければ，X社としてはここでひとまず冷静になって，Y社との関係を見直し，開発範囲や仕様の特定，現状での問題の分析，問題解決の見通し，追加費用の見積もり等をY社との話し合いを通じて検討し，訴訟を行うよりは少ない費用とリスクで，しかも現時点から新たな開発をするよりは早く，システムのカットオーバーに漕ぎ着けるように，Y社と協調しながら開発を継続した方が，ミニ・マックス戦略的な観点に照らして実際的かもしれない。このような角度から，紛争を決裂状態にする前に十分客観的で冷静な検討を，当事者と一緒になって行うことが必要であろう。なお，このような検討を経て，再度Y社に開発を継続してもらう場合，後述のしっぺ返し戦略の考慮を働かせて（開発トラブルの発生時に上記のような見直し等の申し入れを適切に行うことも，しっぺ返しの一種である。），適時かつ適切に開発作業が行われるよう，Y社の作業状況に応じて穏やかなしっぺ返しをしながら，しかし相互に協調をして，開発完成に向けて努力を行うべきであろう。

2 「しっぺ返し戦略」

次に，有名な「反復の囚人のジレンマ」[186]であるが，そこにおける「しっぺ返し戦略」[187]は，交渉における協調と裏切りの組み合わせに関する理論であり，「対話」

---

(186) 反復（繰り返し）囚人のジレンマについては，Robert Axelrod, "THE EVOLUTION OF COOPERATION", 1984, New York, Basic Books（邦訳，R.アクセルロッド（松田裕之訳）『つきあい方の科学――バクテリアから国際関係まで』ミネルヴァ書房，1998年）。「囚人のジレンマ」については，ウィリアム・パウンドストーン（松浦俊輔訳）『囚人のジレンマ』青土社，1995年。なお，アクセルロッド教授は上記の続編として，"The Complexity of Cooperation", 1997, Princeton University Press（邦訳（寺野隆雄監訳）『対立と協調の科学――エージェント・ベース・モデルによる複雑系の解明』ダイヤモンド社，2003年）を著し，二人の間の繰り返し囚人のジレンマに複雑性の理論を応用して，「囚人のジレンマのパラダイムをさらに進めた協力と競争」に関する研究を提示しているが，その検討は他日を期したい。
(187) 「しっぺ返し」戦略については，廣田尚久『紛争解決学（旧版）』前掲51頁以下，太田勝造「法律学のための『ゲームの理論』の基礎」『法交渉学入門』前掲などに分りやすい紹介があり，本書では「反復囚人のジレンマ」の説明自体は省略する。

による交渉においても考慮すべきものである。

「しっぺ返し」戦略の教訓は，以下の諸点にあるといえよう。[188]

(a) 交渉において協調的に誠実に振舞うことがまず出発点において重要である。

(b) もし先方が交渉過程で不誠実な対応をした場合にはすかさず「しっぺ返し」をし，当方は単にお人好しではなく不誠実な対応を許しはしないこと，及び，そのような姿勢を相手に分るように伝えることが重要である。

(c) しかし先方が「しっぺ返し」を受けて速やかに誠実な対応に復帰するならば，当方も先方の不誠実をいつまでも根に持たず水に流して，再び協調的に誠実に対応すること，及び，そのような姿勢を先方に分るように伝えることが重要である。

(d) これらのプロセスを通じて，当方も誠実に対応し，また，相手方も不誠実になる誘惑を克服して誠実に対応することが確保され，長期的な協調関係の形成ができる，というものである。

「A氏は『しっぺ返し戦略』の人だ」という場合，それは「A氏が自分からは決して裏切らない人で，相手が万一裏切っても，反省して誠実に戻れば，すぐに水に流して再び協調関係になってくれる人だ」ということを意味する。

---

(188) アクセルロッド教授は，「囚人のジレンマの渦中にある人々へのアドバイス」として，①目先の相手を羨まないこと，②自分のほうから先に裏切らないこと，③相手の出方が協調であれ裏切りであれ，その通りにお返しをすること，④策に溺れないこと，の4点を挙げている。また，「調停者（リフォーマー）のためのアドバイス」として，「将来をより大切なものにするようにしむけること，二人の当事者の協調／裏切りの組み合わせによる点数表の四つの数値を変えること，そして，当事者に協調関係を育てることのありがたみと，現実性と，技巧を教えること」の3点を挙げている（R．アクセルロッド（松田裕之訳）『つきあい方の科学』前掲114頁以下，131頁以下）。

(189) Eric A. Posner, "Law and Social Norms", 2000, Harvard University Press（邦訳，エリック・ポズナー（太田勝造監訳）『法と社会規範――制度と文化の経済分析』木鐸社，2002年）は，法と経済学の立場からゲーム理論を踏まえ，「行動が自分の評判にどのような影響を与えるかを考慮して，人々が行動を選択する仕方」に注目し，「日常生活で人々は，一般的に信頼に値する人間である，という評判を確立しようとする」ことから，人々が「信頼に値する人間であること」を示す「シグナル」を発しようと競争しあう（ここでシグナルとは本来「悪いタイプ」の人々には実行できないようなコストのかかる行動であり，「悪いタイプ」の人も「良いタイプ」を模倣しようとして競争する）のであり，その「均衡」点での人々の行動が「社会規範」を構成するとする。

そして，ある人や組織が決して自分からは裏切らない誠実な対応をすることが，「評判」や「うわさ」で広く知られるようになれば，その人や組織の信用性が高まり，相手方も協調的な解決に向けた土俵に乗りやすくなって，結果としても「対話」による解決に向かいやすくなるのではないかと思われる。

　このように見てくると，「しっぺ返し」戦略は交渉理論における「原則立脚型交渉」（第5節参照）と親和性が高いと思われ，「対話」による交渉においても実際上の意義があるであろう。もっとも，「原則立脚型交渉」論においては，相手が汚い手口を使ってきた場合，「相手と同じ手口で対応すること」は，立場のぶつかり合いを強化し，「結局，どちらかが譲歩するか，または，多くの場合，交渉決裂ということになる」ので勧められず，この場合の反撃方法は「交渉の進め方について，原則に基づいて交渉する」ことであるといわれる。つまり，汚い手口に直面した場合，交渉の進め方に問題があることを指摘し，人と問題の分離，立場の押し付け合いでなく利害への焦点化，相互利益の選択肢の考案，客観的基準の適用といったアプローチで，問題の解決に取り組むべきであるということである。もっとも，それでも駄目な場合には，「最後の手段として，合意不成立の場合に備えて用意していた不調時対策案を持ち出し，退席する」という方法をとり，その際，「そちらがその気になれば，いつでも話に応じます」という一言を残すことを勧めている。現実の交渉においては，「しっぺ返し」といっても繰り返しの囚人のジレンマのモデルをそのまま踏襲するような単純な遣り返しではなく，原則立脚型交渉論が示すように問題を指摘しプロセス的な対応により行うべきであろう。裏切りに対して，決して黙認せず，裏切りを糾すという確固とした

---

(190) 逢沢明『ゲーム理論トレーニング』前掲264頁以下。
(191) わたくし自身も交渉においては原則立脚型の観点を重視するが，交渉過程で結果的に「しっぺ返し」的とも考えうる行為を（意図せずに）行うことがある。この点については後に検討したい。
(192) Roger Fisher, William Ury, *Getting to Yes,* 1981, Houghton Mifflin Co.,（邦訳，ロジャー・フィッシャー／ウイリアム・ユーリー（金山宣夫・浅井和子訳）『ハーバード流交渉術』TBSブリタニカ，1982年）197頁以下。また，フリチョフ・ハフト（服部高宏訳）『レトリック流交渉術——法律家の「構造的思考」を手本に』木鐸社，1993年，196頁以下も同旨。
(193) ロジャー・フィッシャー／ウイリアム・ユーリー（金山宣夫・浅井和子訳）『ハーバード流交渉術』前掲202頁。この言葉は，裏切られても先方が誠実性を取り戻せばいつでも水に流す姿勢と同じであり，しっぺ返し戦略と共通している。

姿勢を示すという意味で，このような対応も「しっぺ返し」といってよいと思われる。現にアクセルロッド教授は，「囚人のジレンマのコンピュータ選手権の結果を見ると，裏切られたらすぐに怒りを露にした方が良い結果を得ていた」ことから「怒れることのたいせつさ」を強調する一方，現実の社会では「怒ることは危険を伴う」のであって，「はてしない裏切りの応酬を避けるためにも，その対応はあまり厳しすぎてもいけない」とされ，「控えめに怒りを表す」ことを勧めている。[194]

このように「しっぺ返し」戦略は「対話」による交渉や紛争解決で協調的な関係を形成するのに役立つものであると考えられるが，既に訴訟になってしまっている場合はどうであろうか。訴訟になっているという状態は，ごく一般論でいえば「しっぺ返し」戦略による協調性の回復に失敗したうえでの事態であることが多く，双方が裏切りを続けていく以外にない状況に至っている場合であるといえよう。[195]しかし，その訴訟で代理人になった弁護士が「しっぺ返し」戦略の人であり，そのことが相手方の代理人弁護士にも分っていると，そして相手方の代理人も「しっぺ返し」戦略の人であり，そのことが当代理人にも分っていると，再び代理人間の働きで当事者間に協調的な「対話」の関係が回復する可能性もある。更に進んで考えれば，そもそもその紛争がそれらの弁護士のもとに持ち込まれた時点で，訴訟にせず「対話」による解決の模索の方向に向かったならば，相互に「しっぺ返し」戦略に立脚した協調的な「対話」の関係が成立する可能性も高まるであろう。「互恵主義は皆の間に広まれば広まるほど有効性を固めてゆく」のであり，すべての弁護士がこのような認識に立って紛争解決に取り組むようになれば，「はじめから社会全般に和解のシフトを敷いてしまう[196]」ことが可能になるであろう。

---

(194) R.アクセルロッド（松田裕之訳）『つきあい方の科学』前掲192頁以下。
(195) 「戦争は始めたいときに始められるが，やめたいときにやめられない」のであり，「『裏切り戦略』は，使いたいときに使えるかもしれませんが，相手も裏切り返してきますので，際限のない裏切りの繰り返しになるおそれがあります。その結果，いつまでもブレーキを踏まないで，両者ともにクラッシュするという『チキンゲーム』状態になりかねません。……ゲーム理論は……踏みとどまれない奈落の底に落ちる落とし穴をあらかじめ見つけて，事前にその予防をするという大きな役割を担っています。」（逢沢明『ゲーム理論トレーニング』前掲287頁）。
(196) 廣田尚久『紛争解決学（旧版）』前掲179-180頁。

3 ゲーム理論と紛争解決等に関する方法

　ゲーム理論は，これまで見てきた僅かな範囲だけでも分るように，人間の賢慮に働きかけて問題の解決や関係の形成に資するものであるという側面を有していると考えられる。紛争解決や契約などの中でこのようなゲーム理論を応用しているともいえる方法や考え方があるので，若干検討をしておきたい。[197]

(1) 最終提案仲裁（Final-Offer-Arbitration）

　そのような紛争解決の方法の一つに，最終提案仲裁がある。[198]最終提案仲裁はもともと，米国で消防士，警察官などの社会に不可欠なサービスを提供する公務員に関する労働紛争を対象として考案された紛争解決方法とされる。[199]また，アメリカのプロ野球選手と球団との間の年俸交渉がまとまらない場合の解決方法としても活用された（そのため「野球仲裁」ともいわれる。）。[200]野球仲裁を見てみると，選手と球団とが交渉を行ったものの妥結しない場合，その話し合いの「最終」段階で各自が妥当だと考える金額をそれぞれ仲裁人に提示し（当事者にはそれぞれの提案内容は知らされない），仲裁人が両者の申し出た金額のうち，妥当性が高いと考える金額の方を採用して仲裁判断を下すというものである。仲裁人は採用した方の金額を減額したりはせず，どちらかの当事者の出した金額そのものを採用する。「この方法の良さは，あまり身勝手な数字を出すと仲裁者に退けられてしまうた

---

(197) ゲーム理論が，交渉，契約，入札などにおいても有用な視点を提供することにつき，John McMillan "Games, Strategies, and Managers", 1992 by Oxford University Press, Inc.（邦訳，ジョン・マクミラン（伊藤秀史・林田修訳）『経営戦略のゲーム理論——交渉，契約，入札の戦略分析』有斐閣，1995 年）。本書でも，私が実務上経験した範囲で交渉，契約，入札といった場面でのゲーム理論的な読みなどについて，若干触れながら検討する。

(198) 最終提案仲裁については，小島武司『仲裁・苦情処理の比較法的研究』中央大学出版部，1985 年，230 頁以下，同『ADR・仲裁法教室』有斐閣，2001 年，39 頁以下。また，日本における最終提案仲裁の実践について，廣田尚久『紛争解決学（新版）』信山社，2002 年，148 頁，381頁以下参照。

(199) 小島武司『仲裁・苦情処理の比較法的研究』前掲230頁。

(200) 野球仲裁は 1974 年から行われているが，仲裁が適用される在籍 6 年未満の選手の安い年俸への同情と交渉に当たる代理人の力量の向上によって選手側が勝つことが多いとされ，仲裁にいたる事件数は少なくなっているとされる（小島武司『仲裁・苦情処理の比較法的研究』前掲 234 頁注(4)）。

め,オーナーも選手も自分の数字を選んでもらうために,ある程度相手の立場を考慮したフェアな金額を出さなければならないことです。そしてそのような金額を算定する過程で,双方が相手に対する理解を深めることができるのです」。はじめ「対話」による解決を試み,それが不調な場合,両当事者自身の提案を出させて,そのどちらかで決定するという方法は,当事者の自律性を尊重するプロセスを重要視するとともに,出されるべき結論の正当性についても,当事者の自律的な検討を踏まえて当事者自身が妥当な数字に収斂させるモーメントを働かせることにより,自律的な要素を最大限生かす方法である。この方法で当事者に対して働くモーメントは,まさにゲーム理論的な側面があり,究極的には両当事者とも誠実で裏切りをしない協調的な姿勢(相手を裏切ってやろうと思っても,仲裁人の仲裁判断において自分の提案が受け容れられないという形で,裏切りは直ちに自分の身に跳ね返ってくるから,裏切れないという考慮)のもとで,ミニ・マックス戦略的な考慮を働かせる取り組みに導く要素を多分に含んでいるであろう。

　最終提案仲裁については,廣田尚久教授の独創的な「付帯条件つき最終提案仲裁」の考案と実践[202]が紹介されており,それが現実的に当事者の自己解決力を高めるものであることが示されていて,極めて示唆に富む。これについては各論で検討したい。

(2) Payment-into-court

　次に,英国,カナダ,オーストラリアなどの訴訟法で採用されているPayment-into-courtの制度[203]も「ミニ・マックス戦略」の応用という側面があろう。これは,損害賠償請求などの一定の訴訟で,被告側が原告の請求金額の全部また

---

(201) レビン小林久子『調停ガイドブック——アメリカのADR事情』信山社,1999年,93頁以下。同書94頁以下に,最終提案仲裁方式を利用した米国ビジネス界における実際の巨大事件の例が紹介されている。

(202) 廣田尚久『紛争解決学(新版)』前掲381頁以下。さらに,廣田教授は調停についても「付帯条件つき最終提案調停」を考案し実践されている(廣田尚久・前掲書(新版)391頁以下)。これについても,併せて本書第2部各論で検討したい。

(203) Payment-into-courtの紹介として,小島武司『ADR・仲裁法教室』有斐閣,2001年,39頁以下(Payment-into-courtは前記の最終提案仲裁の起源ということである。),最高裁判所事務総局編『外国の民事訴訟の審理に関する参考資料』法曹会,1993年。http://www.lcd.gov.uk/consult/general/n243.pdf にpayment-into-courtの手続に使用する書式が掲載されている。

は一部（被告が請求原因の一部だけ理由があると考えていたり，相殺その他の抗弁が成立すると考えているなどさまざまの要因がありえ，原告請求額から被告側として負担しなくて良いと考える金額を控除した額ということになろう。）を裁判所に預託し，原告に対してこれを通知して，預託金を受領するよう催告することができる。原告としてはこれを受領してもよいし，被告の預託額では不足だと考えれば，これを蹴って，訴訟を続行してもよい。しかし，もし判決にまで至って，その認容額が被告の預託した金額より低い場合には，原告は被告の預託通知がなされた後の裁判費用（イギリスでは弁護士費用が含まれるため，この費用が高額になる）を裁判所の決定により負担させられるというものである。逆に被告の預託額が判決認容額よりも低い場合には，裁判所が審理過程における当事者双方の争い方などを参酌して，裁判費用の負担を決定することになり，被告がむやみに争っていたとなれば，被告の負担が増えることになる。このように，Payment-into-court は裁判所が和解案を示すのではなく[204]，あくまでも当事者である被告が自主的に提案するものであり，原告が被告の預託額を呑むかどうかも原告自身の自律的な意思決定によるのであって，裁判過程における当事者間の自律的な和解交渉を促進する制度であると考えられる。そして，被告が預託をする場合にも，原告が被告の預託を受諾するかどうか決める場合にも，まさに一種のゲームのような要素があるわけであるが，それぞれの場面で当事者は「勝たんと打つべからず，負けじと打つべきなり」という「ミニ・マックス戦略」的な考慮を働かせることになるであろう。[205]

(3) ライセンス契約における Audit 費用の負担条項など

契約でゲーム理論的な考慮を働かせる工夫として一般的にいわれるのは，契約不履行の場合に違約罰を課する条項であるが，これは違約という「裏切り」がな

---

(204) ミシガン州で行われていた自動車事故損害賠償請求訴訟における中立的損害評価パネルは，立場を異にする弁護士2名と彼らが選任する裁判官1名とからなる調停パネル（mediation board）が拘束力のない中立的な損害評価を行い，その評価を受諾しない当事者が陪審裁判でパネルの評価額よりも10％を上回る評決を得られなければ，トライアルに要した費用を負担しなければならないというものであった（小島武司『展望：法学教育と法律家』弘文堂，1993年，108頁以下）。これは payment-into-court と共通するダイナミクスを有するものであるが，当事者ではなく第三者機関が提示する金額の諾否がテーマとなる点で，payment-into-court とは異なると思われる。第三者による中立的評価という意味では，early neutral evaluation に近いものともいえよう。

されると，違約罰という「しっぺ返し」がなされるという関係を条文化して，違約そのものが生じないように予防し，その契約における長期的な協調関係の存続を担保しようとするものである。

このほかにも，例えばライセンス契約におけるロイヤリティの計算に関連して，ゲーム理論的な要素を利用した条項がしばしば用いられる。すなわち，一定期間におけるライセンス製品の販売数量に一定の金額を乗じてロイヤリティを算定することとなっている場合に，ライセンシーの報告した販売数量等をライセンサー側で監査（Audit）することができるとする条項が定められるが，このAuditの費用（比較的規模の大きなライセンス契約では有数の監査法人を使った監査が採用されるケースも多く，その場合は特に監査費用が多額になる）の負担について，監査の結果，ライセンシーの報告データと監査データとの食い違いが一定のパーセンテージを超えた場合（誠実性のある努力をしていたとしても生じるような軽微な誤差を超えて，不誠実性をうかがわせるような数字になっている場合）には，ライセンシー側がライセンサーの監査費用を負担しなければならない，と定めるのである。このような契約条項も，ライセンシーが販売数量等について不誠実と評価しうる誤ったデータの報告をするという「裏切り」があった場合，監査費用の負担という「しっぺ返し」を受けることを明示しておくことで，そのライセンス契約における誠実な関係の維持を担保しようとするものである。

このように考えると，契約においてもゲーム理論を考慮したさまざまな工夫によって，当事者間における誠実な関係の安定的な樹立に資することが可能になるといえよう。

---

(205) 従来，payment-into-court による和解の申し出は被告側のみに認められていた。しかし，例えば企業が加害者となる人身損害の賠償を一般市民が請求する訴訟などにおいては，経済力に劣り訴訟にも不慣れな一般市民（＝原告）が，被告である企業の和解申し出を呑まざるを得なくなることが多く（被告企業の申し出額が少ないと感じられても，被告が経済力に物を言わせて徹底抗戦すれば原告が敗訴した上に費用まで負担させられることになるという不安感から，市民は被告企業の申し出を呑まざるを得なくなる），公正を犠牲にしているという批判を受けていた（Mauro Cappelletti & Bryant Garth, "ACCESS TO JUSTICE-The newest wave in the worldwide movement to make rights effective", 1978（邦訳，M.カペレッティ＆B.ガース［小島武司訳］『正義へのアクセス──権利実効化のための法政策と司法改革』有斐閣，1981年）93頁）。そこで，両当事者間の公正を考慮して，原告側にも和解の申し出が認められるようになったということである（小島武司『ADR・仲裁法教室』前掲40頁）。

(4) 資産処分時の封印入札の条件設定

　弁護士業務において，例えば企業倒産の処理に関与する中で，資産をできるだけ高価に処分したいという場合がしばしばある。その際，購入希望者が複数あれば，高価処分を実現するため入札を実施することがある。この入札自身，応札者同士のゲーム理論的な読み合いの場面となる[(206)]。つまり，応札者は他の応札者に勝てる高い金額ではあるが，しかし，できるだけ少ない出費で，落札したいと考える。破産事件で管財人として資産処分をするような場合であれば，入札を1回実施して，その結果で最高価の応札者に落札させれば良いであろう。

　ところが，相当に高額の資産を処分するに当たって，処分側としても慎重を期して処分に当たりたいという場合がある。そのような場合に考えられる方法として，次のようなものが考えられるであろう（わたくしは，企業の任意整理案件（企業の生きている部分を，資産処分を通じて承継させ生かしてゆくことを目標にした）で，相当規模の資産をこの方法によって処分し，債権者に相当の弁済を実現したことがある。）。すなわち，①第1回目の入札において，他の入札者よりも相当に高額の入札があった場合には，その入札をもって落札とする。この決定は入札実施者の裁量によって行う。②ただし，第1回目の入札において，大きな開きがないと実施者が判断した場合には，第2回目の入札を実施する。その場合は，第1回目の入札における最高入札価格を応札者全員に開示し（誰の入札かは開示しない），2回目の入札はその額を最低入札価格として実施する，という方法である。このような方法によって入札を実施することを含め，入札条件を予め文書で詳細に入札希望者に伝え，それを承諾した入札希望者に入札してもらうのである。単純に2回入札を行うという場合には，1回目の入札はどの入札者も他の入札者の腹を読むために低い金額で応札することになって，2回入札を実施しても結局，高価処分という目的に適合的でない結果となろう。しかし，2回実施することがあるとしても，1回目の実施で相当大きな開きがあれば，1回目の最高価入札者が落札できる（逆にいうと，腹読みで当面低い金額で入札したら，落札できないかもしれない）となれば，各入札者は1回目の入札においても努力をして，できるだけの高価による入札を行うであろう。そして，各入札者が1回目からそのような努力をして入札した中で最も高額だった金額を最低額として2回目の入札を実施すれば，考えうる

---

(206) ジョン・マクミラン『経営戦略のゲーム理論』前掲181頁以下に，応札者同士の読みの戦略や売り手の戦略についての分析がなされている。

最高の入札金額を引き出すことができるのではないかと考えられる。通常行われる1回限りの入札では入札者同士の腹の読み合いだけがあるであろうが，2回実施方式では応札者間同士だけでなく，入札実施者と応札者との間でも読み合いがなされることになろう。[207]ゲーム理論はこのように，入札のスキームをどう構築するかといった場面でも考慮すべき示唆を与えるものである。

4　弁護士業務とゲーム理論

　弁護士が紛争解決や法的な戦略に取り組む場合に，これまで見てきたように，ゲーム理論的な人間関係のモデルを念頭に置くことがしばしばある。紛争解決の交渉で，目の前の解決案を断るか受諾するか決断を迫られる場面は日常的にあるであろう。当事者の自律性を尊重する「対話」のアプローチにおいても，ゲーム理論的なモデルや弁護士の経験に基づいて，当事者が自律的な力を回復し発揮できるよう，種々の観点から選択肢を創造しそれらの利害得失を分りやすく説明し，当事者の判断資料に供することが弁護士の重要な役割になると考えられる。その際，弁護士が有している理論や経験から，当事者に結論を押し付けるのではなく，分りやすく説明し一緒になって考えるという姿勢が重要である。

第5節　交渉理論と「対話」

　人と人とが社会生活上の課題に取り組み，それを解決するための一般的な方法として，「交渉」がある。[208]弁護士も取引契約の締結のため，あるいは，紛争の解決のために交渉を行うことがある。相互に依存し合う個々人の自律性を相互的に尊重し，各自の自己決定を重視する「対話」の理念において，この「交渉」の在り方をどのように考えるべきであろうか。本書ではごく基本的な点に絞って検討をしておきたい。

---

(207)　ジョン・マクミラン『経営戦略のゲーム理論』前掲205頁以下に，オリンピックの放映権を巡るテレビ放送ネットワークによる「終わりのない入札プロセス」での「入札戦争」の模様が紹介されている。
(208)　交渉の理論と実践の全般について解説するものとして，藤田忠監修・日本交渉学会編『交渉ハンドブック』東洋経済新報社，2003年。

1 「原則立脚型交渉」

　このような観点でまず参照すべき交渉理論としては、ハーバード大学交渉学研究所で開発された「原則立脚型交渉」[209]の考え方がある。「交渉」という言葉の語感から、交渉には言い争い、計略、駆け引きといったイメージが付きまとうが、原則立脚型交渉においては、相互に協調して、双方の主張の利害に焦点を合わせ、誠実な話し合いにより共通の利益を紡ぎ出し、利害の衝突はできるだけ客観的で公正な基準で解決することを目指すべきだとする。原則立脚型交渉の理論においては、以下のような諸点が強調されている。

① 「立場」で駆け引きをしないこと
② 「人」と「問題」を切り離して考えること
③ 「立場」ではなく具体的な「利害」に焦点を当てて、具体的に話しをすること
④ パイをできるだけ大きくして、幅広く複数の選択肢を考えること
⑤ 利害の衝突については、（立場の駆け引きではなく）できるだけ客観的な（双方当事者の意思とは無関係の）基準による解決を考えること
⑥ 合意が成立しない場合の不調時対策案[210]や不調時よりはましな次善案[211]を考えておくこと

　このような原則立脚型交渉の考え方は、人々が相互に尊重し合いながら自律的

---

(209) Roger Fisher, William Ury, *Getting to Yes*, 1981, Houghton Mifflin Co.,（邦訳、ロジャー・フィッシャー／ウイリアム・ユーリー（金山宣夫・浅井和子訳）『ハーバード流交渉術』TBSブリタニカ、1982年）。このほかRoger Fisher, Scott Brown of the Harvard Negotiation Project, "GETTING TOGETHRE-Building Relationships As We Negotiate", 1988, Penguin Books USA Inc., Roger Fisher, Alan Sharp, "Getting It DONE-how to lead when you're not in charge", 1998, Harper Perennial, William Ury, "GETTING PAST NO……NEGOTIATING WITH DIFFICULT PEOPLE", 1991（邦訳、ウイリアム・ユーリー（斉藤精一郎訳）『ハーバード流"NO"と言わせない交渉術——相手から無理なく「イエス」を引き出す最高の方法』三笠書房、2000年）。また、Collaborative Negotiation（協調的交渉）という考え方（内容においては原則立脚型交渉論とほぼ同様と考えられる）に立って、具体的な場面におけるスキルにまで落とし込んだトレーニングのための教科書として、Ellen Raider, Susan W. Coleman, "Conflict Resolution/Collaborative Negotiation", 1999（邦訳、エレン・レイダー／スーザン・W・コールマン（野沢聡子日本語版監修・訳）『協調的交渉術のすすめ——国際紛争から家庭問題まで』アルク、1999年）。

に「対話」を行う際に常に心に留めておくべき基本的な態度を示すものといってよく,「対話」のアプローチに沿うものといってよいのではないかと思われる。もっとも,十分な「対話」を経ることなく,すぐに⑤の「客観的基準」と考えるものへの依拠を求め,相互に自分の主張する「客観的基準」に固執して押し付け合うことは,自律的な対話の理念から遠ざかることになる点を注意すべきであり,「客観的基準だから適用すべきだ」というのではなく,「なぜその基準が客観的で正当なのか」を具体的なレベルにまで引き下ろして対話をすべきであろう（対話による正当性のチェック）。また,⑥の点も当事者が話し合いに当たって自律的な力を持ち,心に余裕を携えて臨むことができるように援助する一つの要素として重要なものであるが,この準備があるために却って拙速な決断をしてしまうことのないように留意する必要もあろう。

②の「人」と「問題」を切り離して考えるという点であるが,これは,人間の感情等と解決テーマとなる実質的な問題の検討をごちゃごちゃにしてはならないということであり,「互いに自己の言い分を通すことに専念し,意志の葛藤とい

---

(210) 交渉によっても合意が成立しない場合を考慮して,不調になったとしての最善の策を考えておく必要がある。これを Best Alternative To a Negotiated Agreement（頭文字をとって BATNA）という（BATNA の NA を Non-Agreement とする考えもある。印南一路『ビジネス交渉と意思決定――脱"あいまいさ"の戦略思考』日本経済新聞社,2001年,30頁。文意からすると,こちらの方が分りやすいようにも思われる。）。

(211) 自分が受け容れられるギリギリの条件を留保値（reservation）といい,当事者双方のそれぞれの留保値の間を合意可能領域（Zone Of Possible Agreement,頭文字をとって ZOPA。あるいは Bargaining Zone）という。合意可能領域の中にある選択肢も考えておくことが,交渉において心の余裕を持つ上で有用であろう。

(212) クライアント中心のカウンセリングにおいては「焦点は,人間であって問題ではない」（佐治守夫編ロジャーズ全集（友田不二男訳）『カウンセリング（改訂版）』岩崎学術出版社,1966年,34頁）。旧来のカウンセリングにおいてはカウンセラーが個人の「問題」解決を行うという考え方が一般的であったが,ロジャーズは「ひとつの特定の問題を解決するのが目的ではなく,個人を援助して成長するようにし,現在の問題及び将来の問題に対して,よりよく統合されたやりかたで対処できるようにする,のが目的なのである」とする。「対話」のアプローチによる弁護士業務においては,当事者の自律性の回復や発揮を支援するという側面を重視することから,「人間」への焦点を自覚する必要がある。それと同時に,弁護士業務においては,当事者の直面している問題について,その解決や克服に向けた活動支援を行うものであるから,「問題」への焦点も当てなくてはならない。

う形で交渉を進めると，人と問題の絡み合いは一層悪い方に発展する」ということから，冷静に実質的な問題を認識して具体的な利害に焦点を合わせた話し合いを進めるための原則を言っているものである。他方，「人間の問題はあくまで人間の問題として扱うべき」であり，おたがいの物の見方や感情を相互に認識し合うこと，感情の発散について率直に話し合うこと，積極的に話を聴いて相手のいうことを正面から受け止めること，相手のことではなく自分のことを話すことなど，交渉プロセスで「人間の問題」にも適切に対処すべきことについても詳述されている。実際の交渉の場面においては，「人間」と「問題」が渾然一体となって現れてくることが多いであろうし，両者共に大きな問題であることが普通であろう。そうだからこそ両者の問題について取り組まなければならないのであり，両者に焦点を合わせつつ，両者をごちゃごちゃにしないように留意しながら「対話」やその支援を行なわなければならないであろう。

2 「構造的思考」によるチュービンゲン流の交渉概念

米国におけるこのような交渉理論に基本的に賛同しつつ，さらに法律家の紛争処理の技法を参考に「構造的思考」という方法を取り入れるべきであるとする「チュービンゲン流の交渉概念」が，ドイツで提唱されている。すなわち，「今日

---

(213) 自分のことを話すのは「I-Message」であり，相手のことを話すのは「You-Message」である。「交渉で，人はよく相手の動機や意図をくどくどと非難する。しかし，問題点の指摘に当たっては，相手がどんな意図で何をしたかという形ではなく，当方は問題をこういうふうに感じ取っているという形で表現した方が説得力がある。『あなたは約束を破った』と言うよりは『私は失望しました』と言ったほうが……よい」(ロジャー・フィッシャー／ウイリアム・ユーリー(金山宣夫・浅井和子訳)『ハーバード流交渉術』前掲57頁)。この「I-Message」と「You-Message」の区別の自覚とI-Messageの実践は，交渉だけでなく対話一般において重要な意義を有していると考えられる。

(214) ロジャー・フィッシャー／ウイリアム・ユーリー(金山宣夫・浅井和子訳)『ハーバード流交渉術』前掲33頁以下。

(215) Fritjof Haft, "Strukterdenken-der Schlüssel zum erfolgreichen Reden und Verhandeln", Wirtschafsverlag Langen-Müller/Herbig/München, 1985（邦訳，フリチョフ・ハフト（服部高宏訳）『レトリック流交渉術——法律家の「構造的思考」を手本に』木鐸社，1993年）。ハフト教授は，「交渉では立場にではなく利害関心に神経を集中すべき」であり，また「双方の側に得になるように決定の幅（選択肢）を広げるべき」であって，交渉に当たっては，請求権の有無といった「民事訴訟の基本モデルを離れ，諸々の紛争を全く違った角度から見なければならない」と説いて，原則

の法的諸問題は……重要な関連性を有する視点が多数あり，それらが多様に絡み合い，しばしば段階づけが可能で，一部は不確定的である」が，「人間が自分の頭に止めておき処理できるのは，挙げられる"項目"……が最大七つ……までに限られる」のであり，人は問題を孕んだ交渉状況においては「見解の一致の欠如，複雑性，不透明性，錯綜生，固有のダイナミックス，多目的状態，目標状況の未確定性」といった困難に直面する。そして，このような状況にあって「私たちは……自分たちにとって都合のよい観点ばかりを選び出し，見通しのきかない複雑な状況を，一対一の因果関係を用いつつ単線的に，これらの観点へと還元する傾向が強い」。このような人間の能力の限界を克服しつつ，問題の複雑性・不確定性に対処してゆくためには，法律家の「構造的思考[216]」を応用して，問題を抽象的な段階から具体的な段階に至るまで階層的に構造化する（最も上位の平面が問題の中心を示す「屋根概念」，二番目が立場を表す「主導概念」，三番目が「主要観点」，四番目が「個別論拠」とされ，下に行くほど枝分かれして階層的に構造化される）ことがもっとも適しているとされる。このようにして「情報処理を自分の頭の中でうまく組織化できる者」は，「交渉の相手方の頭の中における情報処理にも影響」を及ぼすことができ，この「よい構造によって会話の"主導権"を握り，そのことで相争う内容についての問いについても説得的な話をする最大限のチャンスを得る」ことができるとされる。「弁護士」は「紛争の混沌の中のあらゆる要素に対し，専門的に見て正しい構造を付与する」ことにより，「会話の形式的"主導権"を握る」ことを通じ，「内容に関する重要な問いについても主導権を握り，自分の見解によって相手方を納得させる—アメリカ人の言葉で言えば"イエスと言わせる（getting to yes）"—上できわめて大きなチャンスを得る[217]」ことができるとされるのである。ハフト教授は「構造的に考えるというその過程を重視している[218]」とされる。

　複雑で不確定性の高い問題については，冷静に課題を認識し分析できるように

　　立脚型交渉に基本的に賛同される（同書214頁）。
(216)　法律家の「構造的思考」については，Fritjof Haft, "Juristische Rhetorik, 4. Aufl.", Verlag Karl Alber Freiburg/München, 1990（邦訳，フリチョフ・ハフト（植松秀雄訳）『法律家のレトリック』木鐸社，1992年，31頁以下）。
(217)　フリチョフ・ハフト（服部高宏訳）『レトリック流交渉術』前掲46頁以下，59頁以下，218頁以下。
(218)　服部高宏教授の「訳者あとがき」フリチョフ・ハフト『レトリック流交渉術』

するためにも，このような構造化は必要であるし，当事者が真に自律的な対話を行うために問題を整序することも重要であり，これを援助することも勿論，弁護士としての重要な仕事になる。ただ，注意しなければならないのは，問題を構造化して提示するに当たって，それが唯一正しい構造化であるというアプローチをすると，そのこと自体で問題が紛糾することにもなりかねないのであって，構造化の作業そのものについても相手方との「対話」の姿勢をもって臨まなければならないのではないかという点である。したがって，問題の構造化自体も当事者間における共同作業として，相互の考えを尊重し合いながら，可謬性の自覚をもちつつ行うべきあり，「会話の主導権」争いの様相を呈するものであってはならないと考えたい。

3 「対話による交渉」と弁護士業務

「交渉」というと一般的には駆け引き的なイメージが頭に浮かぶが，ゲーム理論や交渉理論に照らして考えると，「穏やかなしっぺ返し戦略」による「原則立脚型」の姿勢がもっとも実りのある交渉に結びつくことが分る。つまり，「立場」に固執して脅しすかしの駆け引きをするのではなく，相互に誠実な姿勢で，双方の具体的なニーズに焦点を当てて，一緒になって具体的に考え，具体的な問題を解決するための具体的な選択肢をできるだけ多く創造して，相互に自律的な決定ができるように話し合いをすることが，両者にとって最も望ましい解決に至る途である。ひるがえって考えてみると，このようなプロセスのあり方は，「対話」のアプローチと非常に共通しており，交渉も「対話」の姿勢をもって行う交渉という意味で，「対話による交渉」[219]であるべきだといってもよいのではないかと考える。

弁護士業務としては，当事者が行う交渉について「対話による交渉」のアプローチから側面支援を行う場合と，当事者からの依頼を受けて自身で「対話による交渉」の姿勢をもって相手方と話し合いを遂行する場合とがあろう。いずれの場合でも，当事者に「対話による交渉」の在り方について，あらかじめ基本的な姿勢を説明して十分理解を得ておくことが必要であろうし，弁護士自身が交渉に当た

前掲，230頁。
(219) わたくしは，2003年5月の日本法社会学会ミニシンポジウム「プロフェッショナルのための交渉教育普及戦略」において，「対話による交渉」という観点から報告

るという場合も，当事者本人の自己決定が最終的には求められるのであり，そこに至るまでのプロセスが重要であることを考えれば，可能な限り当事者にも同席をしてもらうようにすることが必要であろう。そして，いずれの場合でも，弁護士は当事者の直面している問題の冷静な把握と分析をして，できるだけ幅広い選択肢を創案し，それらの利害得失を分りやすく説明するなど，当事者の自律的な決定に資することができるように援助を行うべきである。

をさせていただいた（NBL 771号16頁以下）。

第4章

「法と対話の専門家」としての弁護士

　第1部においては，「対話」というものを様々な切り口から眺めてきたが，これらの検討を通じて，わたくしは「対話」に関与する専門家の像をイメージすることができた。ここでは第1部の締めくくりとして，「対話」の意義と理念を再確認し，これまでの検討の中に出てきた「対話」において留意するべき諸要素を参考にして，「法と対話の専門家」としての弁護士の像を考えてみたい。

1　「対話」の意義と理念のまとめ

　人は，それぞれの価値観などを背景に個人として独自の意味のある「物語」の世界を生きており，そのような個人として尊重されなければならない。他方において人は，社会的な生活面においては相互に依存し合って生きている。このように個人として尊重されるべき人々が，社会において相互的な依存関係のもとでそれぞれの自律的な生をいきるためには，互いに個人として尊重し合いながら，「共生」してゆかなくてはならない。このような「個人の自律性の相互的尊重」は憲法上の要請であり，この要請を中心に据えた社会運営を可能ならしめるのは，個々人が課題に対して正面から向き合い，相互の考えのやり取りと咀嚼を通じて価値の擦り合わせを行う「対話」の「プロセス」であると考えられる。人や組織の中で何らかの問題が生じた場合の「解決」についても，まず第一次的に重要なのは「対話」であるし，そもそも問題が生じないように「予防」する第一次的な方策も「対話」に求められる。そして，紛争の解決や予防をめぐる法システムにあって，相談・相対交渉から調停・仲裁などを経て訴訟に至るまで諸種のフェイズにおいて，当事者の「自律性」を尊重した「対話」のプロセスの中で，解決の「正当性」についても絶え間ないチェックと更新が行われることを通じて，自律的な個人の尊重を目的とした「法の支配」が実現するのである。

このような文脈において捉えられるべき「対話」とは，以下のようなものでなくてはならないであろう。すなわち，「対話」とは，人と人とが，問題・課題から逃げずに正面から向かい合い，お互いに相手を自分とは異なる一個の人間として尊重し合い，自分の思い（認識，主張，疑問，怒り，不安，利害，価値観など）を投げかけるとともに，相手の思いの投げかけに耳を傾け，それを受け止め咀嚼した上で，自分の思いを相手に投げ返す，キャッチボールのようなやり取りの連鎖を通じて，相互の思いのすり合わせを真摯に行うプロセスであり，そのプロセスを通じて感じ取るところにより自身の思いが変容する可能性に常に率直に開かれた気持ちをもって行う，自覚的な応対でなくてはならない。

　そして，「対話」を通じた自律的な問題解決を図るためには，多様で現実的な選択肢が探求・創造されなければならず，当事者が相互にその内容や影響などを十分に理解し吟味したうえで，相手方と擦り合わせ，相互に自由な意思によって選択がなされる必要がある。その相互の選択の結果，合意に結実すれば，それ自体法の内実をなすべき本源的な価値を有するものとなるであろう。しかし，合意に至らなくても，「対話」のプロセスを通じて，お互いがどのような考えであるのかを相手の立場に立って知ることができ，相互の共生のために納得ゆく問題克服の在り方が探求されることになろう。

2　「対話」の実践と「法」の専門家としての弁護士──「法と対話の専門家」

　「対話」は本来，社会を構成するすべての人々が自分自身で実践すべきものである。しかし，人々が紛争などの困難に直面し，自分自身で「対話」の場を構築できなかったり，「対話」自体を円滑に進められない状態に陥ることがある。そのような場合に，「対話」のプロセスを援助する専門家の一つとして弁護士がいる。このような専門家としては他に主として心理的なアプローチで関与するカウンセラーや精神科医などがあろう。これに対して弁護士は主として法的な窓を通じて「対話」のプロセスに関与する専門家ということになろう。弁護士が法律の専門家であることは広く社会的にも認知され，裁判を中心としたプラクティスの訓練も受けた「法の専門家」であることは，改めていうまでもないが，これからの弁護士には，「対話」の内在的な価値を踏まえ，法の援用の仕方にも細心の注意を払う「法と対話の専門家」であることが期待される。ここでは，弁護士がそのような専門家として留意すべきであると考えられる事項を，これまでの検討に

基づいてまとめておきたい。

(1) 専門家の意味

　臨床の諸分野においてはこれまで,「専門家」というものは事実を探知しそれに専門知識を当てはめて専門的な判断を下し,当事者はその判断に従うものである,という暗黙の観念があり,そのような前提が専門家と当事者とを支配する傾向が一般的にあった。しかし,「対話」を核としたアプローチでは,「専門家」は当事者に対して優位な立場にあるのではなく,両者は平等の関係にあり,専門家の専門家たる所以は主人公である当事者の自律性を助ける点にある。専門家は,当事者を真の主体として尊重し向き合い,当事者自身の思いを十分に受け止め,当事者の自律的な決定が適切になされるよう支援しなければならない。専門家の知見は,あくまでそのような支援の中で当事者の自律的な決定を援助するものとして生かされるべきであるいということが,自覚されるようになってきた。「対話」を核とした弁護士業務においても,このような基本的な姿勢が重要である。しかも,そのような専門的な知見という面でも,特に法律分野においては唯一絶対の基準や判断というものは存在しないのであって,あらゆることが時代や状況によって変動する可謬的なものであり,「正しい専門的判断の権威的押し付け」にならないように留意しなければならない。また,そのような自覚と留意を常に行うことができるのが「専門家」たる所以であろう。

(2) 「対話」の目指すもの

　「対話」は単なる情報収集や相手の同意を取り付ける手段ではなく,相互に依存しながら社会的関係を生きている人々が各自の自律性を相互に尊重し合い,納得して共生していくことを目指すための,極めて重要で基本的な在り方である。弁護士はまずこのことを理解しなくてはならない。

(3) 「物語」としての紛争

　人は誰でも各自の「物語」を生きているものであり,人が直面する紛争は,その「物語」の過去や将来を屈曲させる障害として,その人の前に立ちふさがる。紛争は人々の間の物語のぶつかり合いであり,「対話」は,そのぶつかり合う物語と物語との擦り合わせである。その擦り合わせを通じて,人は自己の物語を更

新し，新しい自己を形成しながら紛争を克服してゆくことになる。弁護士は，そのようなプロセスを支援するものであることを理解することが重要である。ただし，注意すべきなのは，物語としての構成は，事態の理解を容易にする側面を有すると同時に，逆に現実の認識を制約し固定する側面を有することである。弁護士が行う物語の提示は，自分の不確かさや理解の限界を示しながら，慎重に行わなければならない。弁護士は，自分はもとより，当事者にとっても，自己変容に開かれた物語の在り方を保てるように留意する必要があろう。また，当事者が自身の物語の語りなおしにより自己変容をする際に，その語りを聞き届け，同人の存在を確認する人が重要であり，弁護士はそのような受け止めをなしうるよう，併せて留意する必要がある。

(4) 「対話」を支援する基本的態度

弁護士が「対話」のプロセスを支援する基本的な態度として，以下のような諸点に留意すべきである。

対話は「寛容性」などの「徳」をもって行われなければならない。弁護士も当然そのような徳をもって「対話」に臨めるよう修養に努めなければならない。この徳は，「無知の姿勢」で，しかし積極的に話を聴く力（「積極的傾聴」(active listening))，相手の対応を忍耐強く受け止め受容する力，自己批判をし，自己に対する批判を受容する力，いったん裏切った相手方が誠実に戻った場合には，再びそれに合わせて誠実な対応をする力といった，多面的なものが必要であろう。このような寛容性などの「徳」の根源は，「自己の可謬性の認識」にあり，そのような自覚に基づいて保持されるものであろう。また可謬性の認識は，「自己変容に対して開かれた態度」にもつながるものである。可謬性の自覚や自己変容に開かれた姿勢は当事者自身も保有すべきものであり，弁護士は可能で適切なかぎり，そのような姿勢を持つことの意味について，当事者と対話し，理解を求めるべきであろう。

対話においてはその「相互性」と「独立性」を自覚し，実践することが必要である。つまり，「対話」は相互に質問したり発言したりして，お互いがそれを受け止めてゆく連続的なプロセスであり，自分が相手に「対話」を求める以上，当方も相手方の求める「対話」に否定的な態度を採ってはならず，誠実に質問を受け考えを伝えるように対応しなくてはならない。このような相互性の自覚ととも

に，双方の当事者が地位の互換性の観点から，相手の立場に立って考えてみるということを促進することも重要かつ有用であろう。また，「対話」として語られる内容は，それぞれ独立の意味を有しているのであり，当方の都合の良い部分だけ聞くが他は聞かないとか，部分の話だけで全体を断定するということがあってはならず，全体としての独立の意味を大切にする態度が重要である。

対話は「理性的」に行われるべきであり，弁護士も理性的な対話に留意しなくてはならない。そのうえ弁護士は当事者の「対話」を支援するものとして，常に「冷静」であることが必要である。怒り，悲しみといった感情の嵐が渦巻く現場にあって理性を保ち冷静に行動することは，なかなか困難な課題であるが，日ごろから留意しておくべきであろう。

弁護士は，「当事者の自己解決能力」を信頼して尊重し，その自律的な決定を支援すべきである。人は紛争に巻き込まれるとき，自分の物語を屈曲させる障害に直面して，自分に対する自信を失うことがある。弁護士は「対話」を通じて，そのような当事者を励ましてその物語に変化をもたらし，問題に振り回されて解決できない情けない自分という見方から，問題と正面から向き合って自分で解決を掴み取る力のある自分へと，変容することができるよう支援すべきである。このようにして，当事者が相手との対立を積極的に見つめ，自律的に対応してゆこうという勇気を持つことができるように援助すべきである。ただし，当事者が心身に関する問題により自律的な解決能力に疑問があるケースでは，その問題に適した対応を行わなくてはならない。

弁護士は，当事者自身の間で「対話の場」を持つことができない場合に，その対話の場の構築を行うことができるよう努力しなくてはならない。また，円滑な対話の進行を図るため，対話の場の運営を適切に行うことができるように努力しなくてはならない。

弁護士は，当事者の自律的な意思決定を支援するため，「多様で現実的な選択肢の探求・創造」を当事者と一緒に行い，当事者がそれらの選択肢の内容や利害得失，影響などを十分に理解できるように説明し，疑問に答え，また，当事者が行う選択についても相談に乗りながら，自律的な決定を支援すべきである。

弁護士は，当事者本人が自分が弁護士から理解されていると心から実感し，安心して自律的な意思表明ができる関係を樹立できるように，場所の設定，時間の確保，雰囲気，文書の利用などにも配慮し，カウンセリングなどの臨床の分野で

実践されている技法も踏まえながら，対応しなければならない。その際，なんらかの積極的な働きかけが必要な場合もあろうが，見守るのが適切な場合もありうることを踏まえる必要がある。当事者を一方的に非難したりすることのないように留意することも必要である。

　弁護士は，当事者の「対話」のプロセスを支援する場合に，考えの「正当性・妥当性の理由付け」について，一定の「専門的な知見」に基づいて個々の事案について説明できることが必要になる場合がある。また，弁護士が agent of reality として，当事者が考慮すべき現実を提示することも，専門家として要請されることもあろう。これらを含め「専門的知見」の提示については，前記のように自己の可謬性の自覚が必要であるし，ふだん自分が当たり前だと思っていることでも，そうではなく色々な違う考え方があることに気づいて尊重する姿勢が重要である。専門的知見をどのように用いる（または用いない）のが適切かについては，状況にもより，種々の考えがありうることを踏まえなければならない。また，弁護士は，当事者に対する説明の中で専門用語を使う必要がある場合には，言葉の意味を分りやすく説明してから使い，話し方は基本的に本人にとって自然な話し方を尊重しるように努力しなくてはならない。

　弁護士が紛争への対応について当事者に提案をする場合，あくまで一つの考えであって，それ以外の考え方もありうるという趣旨を説明して理解を求め，なおかつ本人の相談相手として助言をする立場であることを常に意識して行動しなくてはならない。セカンド・オピニオンの活用も積極的に勧めるべきである。セカンド・オピニオンで示される見解が自分の意見と異なっても，それを受け容れる寛容性をもつことも重要である。

　「対話」のプロセスでは，相手も合理的に物事を考え最善を尽くそうとすることを前提に，当方が実現できる最大の利益を得るための方策を考えるというゲーム理論的な側面もありうることを踏まえる必要がある。そのようなプロセスに関与する以上，弁護士は普段から「対話」による交渉や紛争解決で協調的な関係を形成する「しっぺ返し戦略」の専門家であるとの評判を獲得するように努力すべきであろう。

　弁護士は当事者本人との間で絶えず交流をもち，両者で協議しながら方針をみつけてゆくというプロセスを大事にしなければならない。

　弁護士は以上のような「対話」への取り組みの姿勢を含め，自身が援助に取り

組む姿勢を，当事者に分りやすく説明して理解をもとめる努力をすべきであろう。その際，生身の人間同士の関係ついての問題については，物事を数学的あるいは工学的にコントロールするように事態の進展を企図することはできず，Dependencyの非常に大きな作業を一緒にすすめなければならないことを，当事者によく理解してもらうことも必要であろう。

(5) 不確実性への対処

弁護士は基本的に「対話」の姿勢を保持して，当事者の自律的な決定の尊重を援助する。そのために必要となる「対話」の時間を惜しんではならないであろう。しかし，人は社会的な存在である以上，一定の現実的な制約の中で結論を出して問題の進展を図らなければならないという要請もありうるのであり，そのような場合には，その要請を踏まえた現実的な対応をしなければならない。その場合，法的な対応のスキームの中にあっても「対話」の姿勢の重要性を踏まえることによって，より当事者の納得性を高めるよう努力すべきである。

(6) 「対話」の訓練・遂行と内省的実践家

「対話」の具体的な在り方は，単に書物を読むだけで身に付くものではない。カウンセリングと同様に，シミュレーションや実地での訓練が必要であろう。これまでは弁護士は，「対話」の能力や技法を，実務の中で実戦的にいわば個人技として身につけてきた。しかし，これからは他の臨床の諸分野の成果も参考にして，「対話」の訓練が行われ，その具体的な在り方について学習されるべきであろう。もっとも，そのような訓練をしたからといって，それで弁護士としてあらゆる場面で「対話」を完璧にできるというものではない。弁護士もカウンセラーなどと同様に，現実の複雑な状況の中で問題に直面しながら，内省の姿勢で実践と研究を行う「内省的実践家（reflective practitioner）」でなければならない。

弁護士は，深刻な紛争に直面した生身の人間と出会い，相談や交渉を行い，その進展によってはさらに当事者とともに，よりフォーマルな解決プロセスに踏み込んでゆく。その過程においては，様々な現実に直面し，また状況の変化と格闘しつつ，方針の決定や修正を行いながら，よりよい解決を模索してゆくことになる。一般に弁護士は，法に関する専門家（Professional）とみなされている。法に関する知の体系は近代に出来上がり，弁護士はその近代の知の枠組の中で，一定

の合理性のある知識と技術に熟達した専門家と見られているのである。ところが現代社会はますます複雑・高度になって混迷を深めており，国際化・情報化・競争化などがその傾向に拍車をかけている。そうした中で発生する問題も複合的で非常に難しいものとなってきており，近代の知の枠組みの一部である旧来の専門家の技術的熟達だけでは適切な解決が得られないものとなっている。

他方，人々も社会の成熟とともに，自律的な生の探求をはじめ，自分自身を大切にして納得のゆく生き方を求めており，旧来のように専門の先生の指示に従っていればよいという姿勢ではなく，より積極的に問題解決の過程と内容に参加してゆくことを望んでいる。

このようにして専門家は，旧来の専門性というブラックボックスのなかに閉じこもっていることは，できなくなってきている。このような背景の中で，いわば専門性のゆらぎが避けられないのである。

そこで現代において活動する専門家は，旧来の近代の知の枠組みである専門性を超えて，当事者と一緒になって，その困難な課題に取り組んでゆく必要に直面する。法の分野でもそのような状況が進んでおり，実際にも多くの弁護士が解決困難な事態に直面しながら，当事者と一緒に苦悶を背負って日常の実践を行っている。その実践においては，旧来の枠組みでの専門性に捉われず，それを乗り越えてより良いプラクティスの在り方を探求する必要があろう。ここにおいて弁護士は「内省的実践家」たることが求められるのである。

「内省的実践家」は，実践において旧来の思考枠組みに捉われず試行錯誤を繰り返しながら反省し，より良い解決を当事者とともに探求する「行為の中の省察 (reflection in action)」を行うのである。[220] この考え方は新しい実践的思考のスタイルを示すものといわれ，現代における様々な専門分野に多大の影響を及ぼしているといわれる。

米国のロースクールにおける教育も実践的思考のスタイルを中心とするものであったが，旧来の知の枠組みである技術的合理性を前提としていた。しかし，今後は旧来の枠組みを越えた課題解決のための実践的思考が重視され，研究と訓練が行われるようになるであろう。例えば，リーガル・カウンセリングの研究と実践なども，このような内省的実践による一つの挑戦として位置づけることができ

---

(220) ドナルド・ショーン（佐藤学・秋田喜代美訳）『専門家の知恵——反省的実践家は行為しながら考える』ゆみる出版，2001年。

るであろう。広範な社会的課題について，法律分野だけでなく，常に他の社会的な諸分野にも関心をもち，自分の弁護士業務の在り方について，広い視野から内省し改善を図ってゆかなければならないであろう。

3 弁護士と「対話」の諸場面

　弁護士の業務において，弁護士自身がどのような場面で「対話」に関係するかを考えてみると，以下のようなものが主要なものであろう。すなわち，相談者・依頼者と相談や打合せを行う場面，相談者・依頼者が相手方と対話を行うことを支援する場面，依頼者の代理人として相手方やその代理人との対話の場を構築する場面，相手方やその代理人と対話を行う場面，裁判官，仲裁人，調停人などの中立的第三者と向き合う場面，中立的第三者として当事者間の対話の場を構築する場面，みずからが中立的第三者となって，当事者やその代理人と向き合う場面，中立的第三者として当事者間の対話を促進する場面などである。

　弁護士はこのような諸場面において，まず自分自身が対面する人々との間で行うべき「対話」について，前記のような「対話」の在り方を十分に理解し自覚し，「対話」の場の構築やその運営といったプラクティスに臨むべきである。

　また弁護士は，その活動を通じて，当事者同士が「対話」の在り方を理解し，相互に自律的な解決に向けた努力をなしうるように，支援するべきである。

　さらに弁護士は，紛争が中立的第三者を含めた手続に至った場合においても，調停者・裁判官など中立的第三者や相手方弁護士ともども「対話」の在り方を理解して，法的対話のプロセスを進めるべきである。あるいは，自分自身が中立的第三者の立場で「対話」の促進を行う場合もあるであろう。ここにおいても重要なことは，当事者同士も，それらの代理人である弁護士も，そしてまた中立的第三者も，前記のような「対話」の在り方を理解していなくてはならないということである。

　わたくしはこれまで，「対話」の理念と意義を中心に検討してきた。そして，弁護士が「法と対話の専門家」として「法と対話」のプロセスに関与する基本的な姿勢と諸場面を考えてきた。次の第2部各論においては，以上の検討に基づいて，弁護士業務の各場面ごとに「対話」やその支援の具体的な在り方を検討することとしたい。

第2部 各 論

　第1部総論における「対話」の理念や意義をめぐる全般的な検討を前提として，第2部各論では紛争をめぐる法システムの各ステージでの弁護士業務における「対話」の在り方について，具体的に考察したい。

　そこで，弁護士業務のうち，まず利用者である当事者の生活圏に最も近い裁判外の業務を取り上げ，相談（第5章），交渉（第6章），調停などのADRや中立的調整（第7章）といった場面での弁護士の活動を「対話」の観点から検討し，次いで法システムの中心に最も近い訴訟による紛争解決業務（第8章）に焦点を当てる。

　また，これから弁護士として社会的な貢献が期待される分野として，法的な教育（第9章）があり（その中にも，一般社会向けの啓蒙や企業向けコンプライアンス教育，さらには法科大学院での教育など様々なものがある。），これについても「対話」のアプローチが重要なものと考えられるので，併せて検討することとしたい。

第 5 章

「対話」による相談

　弁護士がその提供するサービスの利用者と接する一番最初で重要な場面は,「相談」である。相談はその内容によって一応の分類をすると, (1)第 1 に, ①人々が紛争などの法的リスクを生じることなく円滑に行為を進めることができることを目指し（予防法務）, あるいは, ②これから行いたいことについて法的によりよい設計をすることを目指して（戦略法務）行う相談と, (2)第 2 に, 人々が紛争に直面した場合にそれを解決することを目指して行う相談（紛争解決のための相談）とがあるといえよう。

　前者（予防・戦略法務のための相談）は, 紛争をめぐる法システムの外周において, 人々の建設的で自律的な活動を法的側面から支援するものである。

---

(1)　弁護士の相談については, 小島武司・飯島澄雄・須藤正彦『民事実務読本 I ——相談・訴訟準備』東京布井出版, 1988 年（第 2 版, 1992 年）。また, カウンセリング等を考慮した法律相談の在り方については, David A. Binder, Paul Bergman, Susan C. Price Ph.D., "LAWYERS AS COUNSELORS", AMERICAN CASEBOOK SERIES, WEST GROUP, 1991, 波多野二三彦「弁護士面接相談の改革」判例タイムズ 1102 号, 2002 年, 25 頁以下, 菅原郁夫・下山晴彦編『21 世紀の法律相談——リーガル・カウンセリングの試み』現代のエスプリ 415 号, 2002 年所収の諸論稿, 加藤新太郎編, 羽田野宣彦・伊藤博著『リーガル・コミュニケーション』弘文堂, 2002 年, 特に伊藤博「相談面接の基礎」同書 63 頁以下, 同「リーガル・カウンセリングの基礎」同書 117 頁以下, 柏木昇「弁護士の面接技術に関する研究」（日弁連法務研究財団編『法と実務 3』商事法務, 2003 年, 1 頁以下。

(2)　「初回相談で, いきなり不合理な要求を通そうと」する来談者の場合にも, 「聴くことに十分すぎるほどの時間をかけ, ……その気持ちをよく聴き取る」べきであり, 「それだけ傾聴した後であれば, たとい弁護士から, クライエントの手前勝手な考えを, 少々きびしく指弾しても, クライエントは反発せず, 大抵納得」するとされる（波多野二三彦「弁護士面接相談の改革」判タ 1102 号前掲 28 頁。また, 同論文 30 頁には, クライエントが傾聴の過程で「自分自身の今までの, 強欲さ, 意地悪さに, はっ, と気付いた」事例が紹介されている。）。

後者（紛争解決のための相談）においては，紛争に直面して萎縮したり，逆に過剰になってしまった人々の自律の力の回復を支援し，相談に引き続いて紛争の具体的な解決に移っていくプロセスへの導入としての意味があり，あるいは「対話」の場の構築を支援するという点でも重要な意義を有するであろう。また，当事者が既に解決プロセスに入っている場合に，それを支援しフォローする相談もあるであろう。

　いずれの相談においても，弁護士は利用者と「対話」の姿勢をもって取り組み，利用者の自律性の回復や自律的な力の発揮を支援しなくてはならないと考えられる。

（3）　相談における来談者は個人の場合と企業などの組織の担当者等の場合があるが，弁護士が面談するのはいずれの場合であっても生身の個人であり，以下で取り上げる面接の理念や技法は，生身の人間同士で繰り広げられる「対話」の在り方として，共通のものと考えるべきであろう。柏木昇「弁護士の面接技術に関する研究」前掲9頁は企業家や企業担当者が相談者のケースでは「対象者の多くの場合，精神的な適応の問題は発生しない。」とされる。しかし，わたくし自身の感覚としては，大企業の経営者や担当者も，その携わっている問題のストレスは非常に大きいものがあり（逆に大企業ほどそのように言えるかもしれない。），外見上冷徹な企業論理だけで運営されているように見える場合であっても，具体的な問題のもとで経営者や担当者が精神的な悩みを抱え重圧に喘いでいるケースは多いのではないかと思われる。また「冷徹な企業論理」に基づく行動のように見える場合でも，それが客観的には社会の常識に反したり，あるいは犯罪的なものであったりすることがあり得るのであり，日頃一流と目されていた企業でさえそのような事態が生じているという報道に接すると，企業が真の意味での自律性をいまだに確立していないことを感じる。個々人の自律なくして，組織の自律は望めないであろう。企業に対しても「自律性確立」のための相談は必須のものであると思われる。「企業の良心」としての法務部の役割も，このような企業の自律性の確保という点にその重要性があると考える。

（4）　法律家の間では「法律相談の目的は，具体的行動指針を与えることにある」と考え，面接の目的は「法律上重要な事実情報の収集」にあるとする見方が一般的のように思われる（例えば柏木昇「弁護士の面接技術に関する研究」前掲10頁，20頁）が，わたくしは本文で述べたように，相談の目的は当事者が直面している問題を克服することができるよう，自律性の回復や自律的な力の発揮を支援することにあり，そのような支援をするために「対話」の技法を通じて当事者自身の気付きをうながしたり，自律的な判断と助力に必要で適切な法的情報の提供を行って一緒に考える，というものだと考えている。もっとも，何が「必要で適切」かは実際上難しい問題を含んでいる（後に相談事例の中でもう少し具体的に検討したい。）。

第1節　相談の実践と面接の基本的な在り方

どのような場面であれ弁護士は，生身の人間と出会い，その人々との「対話」を通じて仕事を行わなくてはならない。特に相談は「対話」のプロセスそのものであるといってよい。第1部総論で検討したように，「対話」は，個人の自律性の相互的尊重を基本的な理念として行われるべきであるが，弁護士が相談の場面でそのような理念を実現するためには，どのような方法で具体的に生身の人間と相対していけばよいのであろうか。相談における面接の場面をわたくし自身振り返ってみると，これまで相談を実践する中で，非常な緊張や不安を感じてきたことも多い。わたくしは，相談に来る人々にどのように見られているのだろうか，過大な期待をされているのではないか，人々の質問にうまく応えられているだろうか，相談者の怒りや悲しみを受け止めることができるのだろうか，わたくしの言うことを理解してもらえず失望されているのではないか。他方，相談に来る人々も，直面している課題自体に関する不安のほかに，相談する弁護士であるわたくしに対しても，話をしっかりと聞いてくれるか，信頼の置ける人間か，法的な能力はあるのかなど，大きな不安を感じながら来るのであろう。

では，弁護士はどのように相談に取り組むべきであろうか。人と直接会って話をする場合の基本的な在り方については，心理療法やカウンセリングなどの臨床の諸分野で研究され実践されている面接の技法が非常に示唆に富む[6]。以下ではこ

---

(5)　波多野二三彦「弁護士面接相談の改革」判タ1102号前掲26頁以下は，弁護士が行ってきた従来の業務，特に法律相談のあり方について，「弁護士は，ともすると法廷技法用の重装備を身にまとい，内容証明などの飛び道具をたやすくぶっ飛ばし，武具の音を鳴り渡らせつつ市民に接します。……市民は，法的武具に鎧われず，飛び道具による威嚇をしないで，市民各自の主体的紛争解決の支えとなるべき，血も涙もある，内容の濃い法律相談を熱烈に求めています。……多くの市民は……いまだに法律相談を，弁護士が市民を巧みに訴訟に連れ込むための，巧妙に仕組まれた手段・道具と見，その薄気味悪さに，内心恐れおののいています。」と，手厳しい批判を加える。

(6)　面接の方法については，Peter Dejong & Insoo Kim Berg," Interviewing for solutions, Brooks/ Cole Publishing Company, 1998（邦訳，ピーター・ディヤング／インスー・キム・バーグ（玉真慎子／住谷祐子監訳）『解決のための面接技法』金剛出版，1998年），熊倉伸宏『面接法』新興医学出版社，2002年など。

れを参考にして，相談の基本的な在り方について検討しておきたい。

1 「人と直接会って，話をすること」の重要性

　相談業務に限らず，人と直接顔を合わせて話をすることは，弁護士の業務においてきわめて重要な要素である[7]。弁護士はとかく法律文書の作成やそのやり取りを仕事の中心に据えがちであるが，「対話」のアプローチにおいては直接人に会って面談することが，まずもって中心的な仕事として位置付けられるべきである。「ある人を理解するには，直接，顔を合わせて話し合うことが不可欠である」[8]。そして，直接面談する場合，「相手も，私が相談相手として適切かどうかと観察する。疑いもすれば，信頼もする。彼らは，決して，単なる観察対象，モノではない」[9]のであり，面接においてはお互いに見て・見られる関係を出発点として，「対話」を営んでいくことになる。

　電話や電子メールなどを通じて行う相談では，相互の意思疎通が思うようにできず隔靴掻痒の感があり，人々が生身の人間として向かい合った場合に感じられる人間的な力や，ノンバーバルなうなづき，表情，態度といった人間的な側面を「対話」に反映することが難しいものである。特に電子メールはテキストの形でのコミュニケーションであり，ある意味では相談員側は対応しやすい部分もある

（7）　人と直接会って話をすることは弁護士だけでなく，裁判官にとっても重要である。西口元判事の実践する「Nコート」における「対話型審理」については後に検討するが，同判事は例えば訴訟でも「当事者に対して『Aさん，お早うございます。』と言ってから審理を始め」るなど，顔を合わせるコミュニケーションを非常に重視して実践しておられ，小林書記官は「西口さんの法廷に最初に立ち会ったときにびっくりした」という（西口元・小林睦男「『対話型審理』における裁判官と書記官の対話——対話，対席，対質」（井上正三・高橋宏志・井上治典『対話型審理』前掲）248頁）。西口判事は例えば一般の研究会などでも，参加者との討論に入ると「Bさん，今の点については，私はこう思います。」といって，かならず相手の名前を呼んでから，話をされるのが極めて印象的であり，この「相手の名前を呼んで話をする」という一点だけをとっても，相手との「対話」を成り立たせていく非常に重要なポイントであると言えよう。

（8）　弁護士，あるいは広く法律家は，生身の人間と直接向き合って話をすることに，苦手意識を持っていることが多いのではなかろうか。後に検討するように訴訟手続が書面中心主義ともいえるような実態で運用されるのは，このような苦手意識の現れであろうか。

（9）　熊倉伸宏『面接法』前掲15頁。以下での引用は特に断らない限り，熊倉伸宏『面接法』前掲による。

が，相談者の真に相談したい部分を十分に聴くことができないなどの限界があろう。やはり相談は生身の人間同士が向かい合って行うのが望ましく，来談者の自律性の回復の支援という相談の目的に適合的であろう。とはいえ，電話やインターネットによる相談は実際上，だれでも・どこでも・いつでも・気軽に相談するための重要な手段であり，これを今後どのように充実し，相談のあるべき姿に近づけて行くことができるかが重要な課題となると思われる。

2 「対等な出会い」の自覚

　弁護士と来談者は，同じ人間であり，対等な関係にある。「対話」の理念の根底にある個人の相互的尊重を持ち出すまでもないことであろう。人は他者と向き合う場合，「お互いに，『見て』，『見られ』，『聞いて』，『聞かれ』，『問うて』，『問われる』というお互い様の関係を保っている」という「相互性（reciprocity）」の関係を常に自覚していなければならない。弁護士がこのような相互性を自覚しながら「対話」に臨むということは，常に自己を客観的に見つめていなければなら

---

(10) このような「だれでも・どこでも・いつでも・気軽に」相談できる「ユビキタス」な正義へのアクセスについては，「司法制度改革と先端テクノロジィ研究会」ホームページ（http://www.legaltech.jp/）を参照。なお，同研究会『司法制度改革と先端テクノロジイの導入・活用に係る提言』2004年2月，小島武司「思想的理念的基盤をめぐって――法へのアクセス①」法律時報76巻3号特集――情報技術と司法制度改革――正義へのユビキタス・アクセスとIT革命，2004年，大澤恒夫「司法ネットとIT――法へのアクセス②」法律時報同号。

(11) 情報・通信技術（IT）の飛躍的進歩とコストダウンにより，時空を異にする人々が相互に顔を合わせながらコミュニケーションを行うシステムが普及するものと期待され，近い将来には，ごく一般的な市民が居ながらにして遠隔地の相手方と相互に顔を見合わせながらインターネット上でコミュニケーションを行うことができるようになるであろう。それはインターネットと電話を融合したシステムになるであろう（3D映像で，相互に目の前にあたかも相手方が同席しているかのようなVirtual Realityも可能になるであろう。）。そうなれば，このような技術的手段を通じた相談でも対面をしているのに近い効果を期待できるかもしれない。もっとも，どんなに技術が進歩しても，生身の人間が集まって顔を合わせて話し合いをすることの固有の価値は，おそらく失われないのではなかろうか。情報通信技術が進歩して相手の顔を見ながら話ができるといっても，それはあくまでカメラを通じてであり，相手はカメラ作動の埒外ではその姿が忽然と消えてしまうし，スウィッチ・オフになれば呼び掛けすらできないのである。また，話し合いの公式セッション後に互いに肩をたたきあって歓談したり，握手をしたりすることもできない。

(12) 熊倉伸宏『面接法』前掲63頁以下。

ないということを意味するであろう。

　弁護士が相談等の場で出会う相手は,「思い通りにはならない,一人の人」であり,「力として,抵抗として出現」して,弁護士が「正しいと思っていたことすらも覆す力」を持っており,「『私』の世界に生き生きと出現する」「不気味な他者」である。弁護士は現実の相談において,来談者のこのような圧倒的な存在感に,非常なプレッシャーを感じるものである。逆に相談に来る人々も弁護士に対して,何かおかしいと言われるのではないか,叱られるのではないかといったプレッシャーを感じている。「面接者の『私』にとって来談者が他者であるように,来談者にとってもまた,『私』は,不気味な他者である。」しかし,「人が不気味と感じたところに,最も人間的なものが在る」のであり,そこに相互に相手方を対等な人間として認め合って「対話」を遂行するベースが出来上がるはずである。このようにお互いを対等な人間として認め合うべきことから,弁護士は相談において,以下のような諸点に留意すべきであるといえよう。

　①　「人と人との出会いにおいては,総てが新しく,個々の出会いが一回限りであり,新しく来たケースに関しては,誰でもが,初心者」であることを自覚して取り組むべきである。総ての相談が,一期一会の精神で取り組むべきものである。経験を積んだ面接者が「『また,同じようなケースだ』と思ったとき,既に,そのケースの個性は見失われ」,来談者に共感することができなくなる。

　②　弁護士は「来談者が考えることが,面接者よりも正しいことがあるという,当たり前」のことを自覚し,「来談者がいうことの方が正しいときは,それに気づかなくてはならない」のであり,「自分の誤りを認めることが出来る」ことが重要である。「対話」における可謬性の認識の問題である。弁護士は法の専門家としての自負や自分が優位にあるとの錯覚から,つい一方的に自分の意見を押し付けたり,説教をするようなモードになりがちであるが,常に可謬性の自覚をもって,相談者との「対話」の姿勢で謙虚に相談に臨むべきであろう。[13]

　③　弁護士は「来談者の長所を読み取る努力」を普段の相談で怠ってはならない。「どのような来談者と接しても,彼ら自身が気付かぬ長所・美点・魅力を読

---

[13]　「来談者は悲観的訴えのみを語る。その言葉は面接者の心の奥にある自尊心をくすぐる。……一寸,経験を積んで小手先の技法を身につけて満足している面接者は,来談者と比べ,自分のほうが人間的優位にいるような錯覚に陥る。……こうして傲慢な面接者が出来上がる。」(熊倉伸宏『面接法』前掲36頁)。

み取ること」が必要である。「相手の長所を目ざとく発見して伸ばす」ことが重要であり，「面接を行う弁護士が，共感を，『他人の，愛情，美点，長所を発見し，これを引き出し大きくすること』と認識」して相談に取り組むことを通じて，事件の当事者は「自分の力で何かを悟り，自らを洞察し，変容」するのである。

④　もっとも「面接者だからといって，来談者のわがままを，日常的範囲以上に我慢する必要はない」のであり，「面接者が耐えなければならないのは，来談者のわがままではなくて苦痛を共有する重さである」。

3　来談時不安への対応

初めて相談に来る来談者は，大きな不安と緊張感を抱えてやってくるものである。弁護士は「来談者が言葉に出来ない不安や緊張感を抱いて来談することを，知っていることが大事」であり，そこにおいて必要なのは「特殊な感性」ではなく，「来談者の緊張を解いて話しやすい雰囲気を作るよう」に「日常的な気遣い」をすることである。相談の導入部（いわゆるインテーク）ではまず，弁護士から挨拶をして，自分から名前を名乗り（「こんにちは。きょう相談を担当します○○と申します。」），相談に来た労をねぎらう言葉を優しく述べ（「きょうは相談所までお越し頂き，ご苦労様です。」），相談者が相談の口火を切ることが出来るようにうながす（「きょうはどのようなことで相談にお見えになりましたか」），といったことを意識的に丁寧・親切に行う必要があろう。また，話をする場合には，来談者を名前で呼び

---

(14) 波多野二三彦「弁護士面接相談の改革」判タ1102号前掲32頁以下。同論文には，長年にわたってもつれていた相続財産をめぐる兄弟間の確執が，仲裁人が当事者の長所に感心して敬意を表したことで，瞬時に解決に向かった事例が紹介されている。

(15) 来談者は，弁護士にとっては対処の仕方が見通せる問題であっても，来談者本人にとってはどうしていいのかわからない重大な問題であり，深刻な不安を感じていることが多い（次注で述べるように，弁護士に相談に来るということ自体，相当の決断を要する重大な問題であることを意味している。）。来談者はそのような場合，相談の過程で弁護士から「心配いりませんよ。安心して相談してください。」というような一言を言われるだけで，問題に正面から向かい合う勇気を与えられるものであるというユーザーの声を，わたくしは聴いている。

(16) 弁護士自身ではなかなか理解できないかもしれないが，一般の人々にとって弁護士にアクセスすることはいまだに大変な決断を要することであり，また大変な緊張感を伴うことであることを，わたくしはユーザーの声として聴いている。

(17) 熊倉伸宏『面接法』前掲30頁以下。

ながら「対話」をすることが効果的であろう（「□□さん，これこれの点はいかがで⁽¹⁸⁾すか」）。そして，このような発話をできるだけ優しい雰囲気で行い，来談者を尊⁽¹⁹⁾重しながら傾聴する姿勢を示して話をすることが必要であろう。

  弁護士（弁）：「こんにちは。弁護士の○○と申します。はじめまして。どう
    ぞお掛けください。」
  来談者A：「どうぞよろしくお願いします。Aと申します。」（やや緊張した
    様子）
  弁：「Aさんですね。こちらこそよろしくお願いいたします。ご心配なこと
    がおありかと思いますが，どうぞここでは安心してお話くださいね。そ
    れでAさん，きょうは，どんなことで相談にお見えになりましたか。」
  A：「私，初めてなもんですから，どこから話していいのか……」
  弁：「人に説明するのってなかなか難しいですものね。どうぞ，Aさん，ど
    こからでも結構ですよ，ゆっくりお話ください。」

　相談の導入で来談者が少し緊張していて，話の切り出しに躊躇しているような場合は，上記のようなものが考えられるだろうと思われる。

4　相談と「不在の他者」

　相談室では，面接者である弁護士（わたし［＝来談者にとっては，あなた］）と来談者（あなた［＝来談者自身にとっては，わたし］）の二者だけがおり，そこで語られるのは来談者と相談室のそこには居ない「彼ら」との関係に関する問題である。「彼ら」は「その場には『居ない人（不在の他者）』」である。[20]

　逆に，来談者が来談者自身の生活圏に戻れば，そこには相談室での面接者であ

---

(18)　前記の注(7)における西口判事の実践を参照。
(19)　カウンセリングでは「お互いにうちとけて話の出来る雰囲気作り」が重要であり，これを「ラポール」といい，「初回に面接をはじめようとするときは，弁護士はどこまでも，自分の体温が相手の心や体に，そこはかとなく伝わるように，まるで，うぶ毛で触るように，そーっと近づくべきです」とされる（波多野二三彦「弁護士面接相談の改革」判タ1102号前掲28頁）。
(20)　心の相談においては「面接の鍵をにぎるのは『不在の他者』である」とされる（熊倉伸宏『面接法』前掲20頁）。

った弁護士は，そこには居ない「不在の他者」となる。弁護士は相談室だけで来談者と話をして，それで終わりと思っていることが多いであろう。しかし，「来談者は，実は，そう感じてはいない」のであり，相談室から生活の場面に移って，弁護士から言われたことを思い出しつつ，自ら問題解決に取り組むのである。心の相談においては，面接者が来談者の「人生の究極的問いを『受け止める』」ことにより，「来談者の心の中に，面接者が『不在の他者』として住み着く」のであり，「来談者は，面接者が何時も身近にいるように感じるから，日常生活で困難にあったとき，『この場合，先生ならば，どう考えるでしょうか』と心の中の面接者に問う。来談者の心の中には，面接者が存在し相談相手となっている」と言われる。

　弁護士もこのような程度に至るまで，来談者から信頼されるのが理想であろう。しかし，そこまで行かないとしても，弁護士が来談者の相談にのる場合，相談がその場限りのものではなく，来談者が相談室での「不在の他者」である「彼ら」との問題の解決に取り組む際に，生活圏での「不在の他者」である弁護士との相談を思い出しながら対応することになることを前提として，来談者が「彼ら」との「対話」の場を持つことが出来るように配慮した相談を行うべきである。

　このような観点から，相談において来談者に「対話」の在り方，進め方における留意点を助言することも有益であろう。例えば，問題に正面から向き合い，自分の考えを理由を付して説明し，相手の話も良く聴くこと，相手方と話をする場

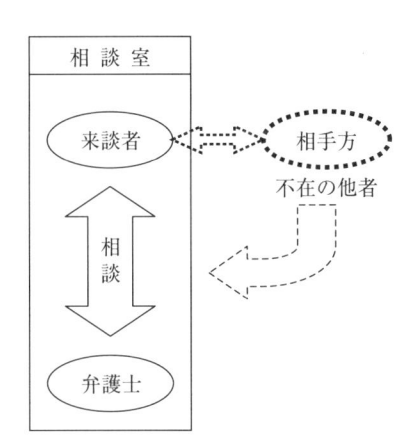

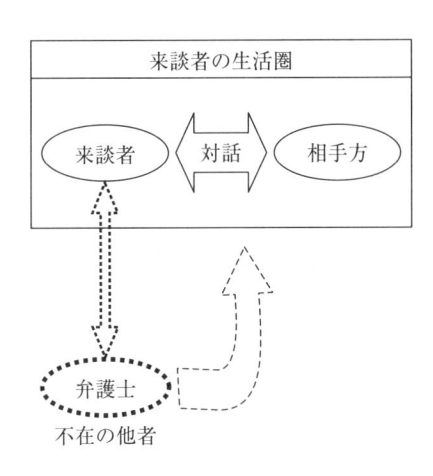

合,You-message(例えば,「あなたはひどい人だ」)よりもI-Message(例えば,「私はあなたの言葉を聞いて,とても辛かった。」)を伝える方が,相手に受け容れられやすいこと,誰でも常に正しいとは限らないし,相手も生身の人間で人として受け容れてほしいと願っていること,来談者が相手方との問題についてこれまで行ってきた忍耐や努力への敬意,来談者の前向きの力により紛争克服の途を自分で切り開くことが期待できること,などである。

また,法的情報については,弁護士が来談者から相談時に伝えられた限られた情報のみで一定の法的な結論を断定的に助言したことによって,来談者が弁護士のその断定的結論を金科玉条にして「彼ら」との問題処理に当たったために,紛争が拡大・深刻化し,最終的には来談者が窮地に立って損害を被る(21)ということもありうることに注意をしなければならない。弁護士は,来談者との相談が「不在の他者」である「彼ら」との問題に関するものであること,及び,来談者がその生活圏で「彼ら」と向き合う場面では弁護士が「不在の他者」となることを自覚し,相談で検討する法的な分析や助言が前提事実や法的判断の面で限界のある参考に過ぎないものであり,それを参考とはしつつも,不在の他者である「彼ら」の言い分もよく聴いて対処すべきことを助言することが必要であろう。

5 聴 く

(1) 聴くことの意義(22)

相談においては,まず来談者が相談に来た趣旨を理解することが必要である。来談者が「どう困っているか,何を求めているか,どうしたら良いかが分ること(23)」が,まず必要である。来談者が相談に来た理由や求めることなどは,相談者の「物語」として語られ,理解される。その際「臨床家はクライエントの物語を自

---

(21) 場合は異なるが,自治体の無料相談で,弁護士が存在した事実を否認することが一つの戦術としてあり得ると助言したケースで,弁護士のその助言に力を得た来談者がその戦術を使って相手方と争った結果,結局損害を被ったという事案について,東京地判昭和57年5月10日判時1064号69頁以下,加藤新太郎『弁護士役割論(新版)』弘文堂,2000年,96頁以下,加藤新太郎「弁護士の相談・助言に関するルール」(加藤新太郎編,羽田野宣彦・伊藤博著『リーガル・コミュニケーション』弘文堂,2002年)99頁以下。
(22) 聴くということの臨床哲学的な意味について,鷲田清一『「聴く」ことの力――臨床哲学試論』TBSブリタニカ,1999年。
(23) 熊倉伸宏『面接法』前掲26頁以下。

分自身の価値観のふるいを通さずにきく」ことが必要である。(24) そして，その上で「来談者と面接者の二者が話し合い，一緒に考えて，問題解決に向けてストーリーを構成していくのである」。

「物語」は無際限な事実の中から構成され，現実を一定の角度から理解するのに有益であるが，逆に一定の「物語」の構成が現実の理解を狭く拘束してしまうこともあることに，注意する必要がある。物語はあくまでも暫定的なものであり，変容に対して開かれているべきことを自覚して相談を遂行すべきである。

弁護士はこのようにして来談者の話を聴くことが必要であるが，ただ聞くのではなく，重要なことは来談者が「自分の気持ちがハッキリするように聞いてくれる」(25) という特徴のある話の聴き方である。そこでは面接者が「人としての手応え」を来談者に与え，「打てば響くように」聴くことにより，「二人で一緒に問題解決しているという実感を産む」ような「共感」が必要である。

注意しなくてはならないのは，面接者が来談者から情報収集をすることばかりに躍起になって聞くと，来談者は詰問されていると感じるし，逆に面接者が共感のみに頼ろうとすると，来談者は面接者に支配されてしまい，自分を失う恐怖感を感じてしまう。面接者は来談者と適当な距離感を保ち，「自己と他者の間で保つべき節度」を守ることが重要である。「共感と距離感がほどよく混ざり合った，節度ある関係」は，前記のような対等な出会いによって形成されなければならない。

(2) 傾聴の技法

来談者の話を聴く傾聴の技法のうち，主要なものを見てみると，以下のとおりである。なお，これらの技法は，単体で用いられるのではなく，相談のプロセスの中で来談者の様子や文脈に応じて，臨機に複合的に用いられる必要がある。これらの技法を身につけ実践することは，思った以上に難しいが，ロールプレイやOJTなどを通じて習得することが期待される。(26)

① 非言語的な技法

弁護士は来談者の話を注意深く敬意をもって聴かなくてはならないが，同時に

---

(24) ピーター・ディヤング/インスー・キム・バーグ（玉真慎子/住谷祐子監訳）『解決のための面接技法』前掲41頁。
(25) 熊倉伸宏『面接法』前掲49頁以下。

その傾聴の姿勢を来談者に理解してもらう必要もある。そのためには，口調を合わせる，優しいまなざしで視線を合わせる，うなづく，適切なときにはほほえむ，適切なジェスチャを使うなどの非言語的な技法(27)が有効である。このなかでも「うなづき」は簡単で，かつ重要であろう(28)。口調や視線は適切でない場合には，かえって詰問や不信の態度と誤解される可能性もありうるので，注意が必要であろう。

② 繰り返しによる明確化

---

(26) ロールプレイは例えば，以下のようにして行う（これはレビン小林久子助教授のセミナーやNPO法人日本メディエーションセンターでの講座等を通じて知った方法である。）。3～4人一組になり，1人が面接者，1人が来談者，他の参加者が観察者となる。来談者には相談の事案の概要を書いたメモが講師から渡される。面接者は来談者を部屋に誘うところから，ロールプレイを行う。ロールプレイにおいては，相談の導入部，非言語的な技法，繰り返し，オープンエンド・クエスチョン，要約，言い換え，沈黙への対応，専門性といった技法について予め学んだことに留意しながら，相談を実践する。来談者役は，メモにある相談事案を自分なりに膨らませながら，相談をする。観察者は面接者の技法に注意を払いながら，面接者と来談者の「対話」を観察する。一つのロールプレイで15～20分程度でよいであろう。一通りロールプレイが終わったら，観察者，面接者役，来談者役のそれぞれの感想や意見を述べ合って，振り返りを行う。振り返りについては，交通整理を行うファシリテーターを選び，ファシリテーターが各自の発言を要約・言い換えをしながら，相互の話し合いが建設的に進むように援助する（このファシリテーション自体も「対話」の訓練そのものである。）。この「対話」による振り返りを通じて，ロールプレイで出てきた種々の技法などに関して，良かった点や課題などについて参加者間での共有を行う。また，配役を変えて，あるいは相談事案を変えて，さらにロールプレイを行い，上記同様，振り返りを行う。ただ，振り返りで注意が必要なのは，ロールプレイでの実践が良くないとか下手だという趣旨の批評が出されると，ロールプレイを行った人が傷つく可能性がある（ロールプレイとはいえ，人それぞれの個性が現れるのであり，発言等について批評されると，自分自身の個性に対する批判と受け取られる恐れがある）ので，感想や意見はできるだけ建設的に行われるように講師において配慮することが望まれよう。なお，個々の技法について，より短時間でのロールプレイを行うことも有用である。講師がロールプレイのデモンストレーションを行い，それを参加者に観察させて批評させる方法もある（この方法は特に，あまりよくな実践例を示し（参加者には良い悪いは一切伝えない），自由に批評させることで，良くない部分を自分の実感として感得させるのに有用である。）。

(27) ピーター・ディヤング／インスー・キム・バーグ（玉真慎子／住谷祐子監訳）『解決のための面接技法』前掲42頁。

(28) 相談のロールプレイで，面接者がうなづき等を一切せず無表情に話をきくロールプレイを行うと，非言語的な部分の欠如した応対がいかに非人間的で，「対話」がなりたたなくなるか実感できる。

第 5 章 「対話」による相談

「相手の言うことを傾聴する技法のうち，最も平凡で大切なことは，相手の発した感情表現に相槌を打ち，またはそのまま繰り返しながら，クライエントの言ったこと，考えていることを，その都度明確にし，よく理解できたよと，相手にはっきりと伝え，感情と訴えの内容を自他ともに，正確に確認し合うこと」である。来談者は弁護士から，自分の言ったことを繰り返して提示され，それを聴くことを通じて，来談者自身が述べていることを客観的に聴くことができ，自分が何を考えているのか自己洞察をする手掛かりを得ることができる。例えば，以下のような具合である。

＜後妻が老夫を亡くし，先妻の子との間で仲違いが生じた事案＞[30]
来談者A（70歳女性）：「え～，実は私は後妻で，息子（45歳）と娘（40歳）が居るんですが，子供たちは亡くなった前妻の子なんです。息子が15歳くらいから私が家に入って育てたんですが，昨年主人が亡くなったら，もうお前の面倒は見ないといって，家を出て行ったんです。」
弁護士：「はあ，はあ，出て行ってしまわれたんですね（うなづきながら聴く）」
A：「主人が亡くなってはじめて分ったんですが，私は子供たちと養子縁組をしてなかったので，息子が言うには，私が相続するとお父さんの財産の半分が私のものになってしまい，それは子供には行かないと。で，息子はもう私の面倒は一切見ないと怒鳴って，出て行ってしまったんです。私も息子と養子縁組なんかするつもりはありません。」
弁：「はあ，養子縁組をしてなかったんですね。」
A：「そうです。養子縁組ということも知らなかったんですが，子供たちは私の妹の子でしたし……」
弁：「妹さんのお子さんなんですか」
A：「そうです。前妻というのは妹で，早く亡くなってしまって，子供たちもまだ大きくなかったし，小さい頃からよく知っていて，私にもなつい

---

(29) 波多野二三彦「弁護士面接相談の改革」判タ1102号前掲29頁。
(30) 弁護士が日常接する相談として，これに類するものは相当にあろう。一つの典型的な相談例として取り上げてみた（ただし，後に述べるように，法情報の提供と人間関係の修復のバランスという面では難しい問題を含んでいる。）。

ていましたので，周りもお母さんになってやったらいいと勧めてくれたものですから…」
弁：「ああ，お子さんたちもなついていらしたんですね」
A：「そうですね。小さい頃からお小遣いをあげたりして，子供も喜んでました。」
弁：「お子さんも喜んでいたんですね」
A：「そうです，そうです。でも，もう今回はお前の面倒は見ないなんて怒鳴って，私のほうももう知りませんが，主人名義の屋敷をどうしたらいいのかと思いまして……」

　この相談の部分では，A氏ははじめ前妻の子から面倒を見ないと怒鳴られて意気消沈し，養子縁組はしてやらないと断言するものの，どうしたらよいのか分らないという様子であったが，相談している間に，後妻になる前後からの子供との関係について思いを馳せ，次第に子供との関係や自分の考えを冷静に検討する気持ちが沸いてきた。
　繰り返す技法は簡単なようであって，どの言葉を捉えて繰り返すか，返す際の口調の在り方など，実際の相談でこの技法を有効に用いることはなかなか大変なことである。
　③　オープンエンド・クエスチョンとクローズドエンド・クエスチョン
　「はい・いいえ」で答えられる質問を「クローズドエンド・クエスチョン」（閉じられた質問）といい，そうではなく質問を受けた者が内容を説明する必要がある質問を「オープンエンド・クエスチョン」（開かれた質問）という。
　例えば，離婚問題の相談で「夫を嫌いなのですか」と聞くのはクローズドエンド・クエスチョンであり，「夫に対してどのように思っていらっしゃるのですか」と聞くのがオープンエンド・クエスチョンである。
　弁護士が来談者の語る物語を無知の姿勢で傾聴する場合，一般的には語りの範囲を広げてゆくオープンエンド・クエスチョンを用いるべきであろう。これにより，語りの主体が来談者自身であり，話をコントロールする力と責任を来談者が持ちながら，自ら選択の幅を広げることができるよう援助すべきである。オープ

---

(31)　ピーター・ディヤング／インスー・キム・バーグ（玉真慎子／住谷祐子監訳）『解決のための面接技法』前掲44頁。

ンエンド・クエスチョンは「クライエントの自己決定を尊重し，促す方法の一つである」[31]。例えば，上記の事例で「夫を嫌いなのですか」という質問を用いることによって，弁護士の思い込みで来談者である妻が夫を嫌っているという点に話を収斂させてしまうのではなく，「夫に対してどのように思っていらっしゃるのですか」というオープンエンド・クエスチョンにより，妻が自分自身で思っている夫に対する愛憎相半ばするアンビバレントな気持ちを自主的に語ることができるかもしれない。そして，その語りの中から，繰り返し技法によって来談者自身の思いの中に，夫との関係の在り方について何らかの解決の糸口が見える可能性もあるかもしれない。

　もっとも，来談者の特定の語りに焦点を当てる場合などには，クローズドエンド・クエスチョンが必要な場合もあり，何でもオープンエンドがよいという訳ではない。来談者の語りの文脈に沿いながら，両者を使い分けて，来談者自身の明確化を援助するべきであろう。

　また，一見オープンエンド・クエスチョンのように見えて，その機能においては話題を弁護士側で限定してしまう質問もある。例えば，相談の入り口で来談者に対して「きょうはどなたのことで相談に見えましたか」と質問することは，はじめの段階で誰の問題かを限定してしまう恐れがある。高齢の親がマルチ商法に引っかかった問題の相談にその子供が来たと仮定した場合，法律上の直接的な問題としては当該マルチ商法での取引をクーリング・オフできるかということだとしても，実際にその来談者が相談したいのは親子の関係のもっと深いことなのかも知れない。相談のはじめの段階では，「きょうはどのようなことで相談に見えましたか」と，より広い形でオープンエンド・クエスチョンを用いるのが良いと考えられる。

　先ほどの③での相談事例で上記の点を見てみよう。

　　A：「そうです，そうです。でも，もう今回はお前の面倒は見ないなんて怒鳴って，私のほうももう知りませんが，主人名義の屋敷をどうしたらいいのかと思いまして……」
　　弁：「ご主人名義の不動産があって，それを今後どうしたらよいか迷ってらっしゃるのですね。」
　　A：「そうなんです。」

弁：「Aさんとしては，どのようになさりたいですか。」
A：「どうするといったって，私はもう一人身で。私が死んだらこんな財産なんか持っていくところはないんです。……だから，財産はどうでもいいんです。私には自分で買ってある土地もあるんです。もともとお父さんの財産は子供たちのもんだと思ってましたから……」

A氏は，上記のやりとりで相続財産の問題について，自分がどうしたいのかを考え，冷静に考えてみると財産そのものについて固執はしていないことに気付いている。

④ 要約すること

弁護士が来談者の話を聴きながら，来談者の思いを明確化する方法として，それまでに弁護士が来談者の話を理解した内容を「要約」して，来談者自身に提示して確認する方法がある(32)。この要約が的確になされることを通じて，来談者は弁護士が自分の話を正確に理解してくれたことを知って安心し，更に話そうという気持ちになり，自律性の回復に向かうことができるし，弁護士も来談者の相談の趣旨を正確に理解したことが分り，その後の相談を円滑に進めることができよう。

要約に当たっては，来談者が「自分の経験を説明するために選んだ方法に敬意を払う」ため，また来談者の「価値観をできる限り明確に理解するために(33)」，来談者が用いた言葉を繰り返すことも，有用である。

ただ要約も，相談の早い段階で来談者の言わんとすることを弁護士が法的な観点からまとめて提示するようなことがあると，来談者が本当に分ってもらいたいことに入る前に話題を矮小化してしまいかねないので，そのような誤用をしない

---

(32) 「要約」は，相談だけでなく，たとえば討論の際に質問者の発言の趣旨をファシリテーターが要約して，質問者及び参加者に投げかけて，全員が同じ趣旨を理解して課題に取り組むことを可能にするといった場面でも，重要な技法である。討論の場で，質問者の発言に続いて，直ちにその発言に対するコメントが出され，更にそのコメントについて次の発言がなされるという場面を見ることがある。しかし，そのような直接的な発言の連鎖に任せていると，最初に提示された問題の趣旨とは異なった方向に議論が進んでしまい，いわゆる噛み合わない議論になってしまうことが多い。その議論を噛み合わせるために，発言の要約をしながら参加者全員による共有を可能にするファシリテーターの役割は重要である。

(33) ピーター・ディヤング／インスー・キム・バーグ（玉真慎子／住谷祐子監訳）『解決のための面接技法』前掲46頁。

よう十分注意する必要がある。
　要約についても，前記の事例の続きで見てみよう。

> A：「どうするといったって，私は子供も親もいないし，たった一人の妹も早く亡くなっちゃいましたし。もう，天涯孤独です。私が死んだら，こんな財産なんか持っていくところはないんです。……だから，財産はどうでもいいんです。私には自分で買ってある土地もあるんです。もともとお父さんの財産は子供たちのもんだと思ってましたから……」
> 弁：「そうすると，<u>Aさんとしてはお子さんが小さい頃からなついてくれていて，これまで一緒に暮らしてきたけれど，ご主人が亡くなられて養子縁組がしてなかったことで，お子さんが家を出て行ってしまわれたと。</u>それで<u>ご主人の財産についてどうするか迷うけれど，もともとご主人の財産はお子さんにやってもいいと思っていらした，</u>ということでしょうか。」
> A：「そうです。そういう気持ちだったんですがね。でも，もうあの子の怒鳴り方には頭にきてしまって。もう口を利きたくないんです。」

　上記の要約によって，A氏の物語が次第に理解されてきたのであり，A氏自身も自分の直面している問題の筋が見えてきたと思われる。
　⑤　言い換えすること
　「言い換え」も来談者が話したことを来談者自身に返して，確認する方法であるが，「繰り返し」と異なって，来談者の言葉とは別の言い方で来談者の言わんとすることを表現して，返す手法である。言い換えには，パラフレイジングとリフレーミングがあるといわれ，[34] リフレーミングはどちらかというと，ものの見方

---

(34)　レビン小林久子『調停者ハンドブック』信山社，1998年，69頁以下。パラフレイジングは「話の要旨をまとめ，内容を変えずに言い換えること」であり，リフレイミングは「当事者が伝えたい意味（言葉ではない）をつかみ，それをより的確に，しかもポジティブで協調的な表現に言い直す作業が含まれている」。なお，リフレーミングについては，Richard Bandler, John Grinder, "Reframing-Neuro-Linguistic Programming and the Transformation of Meaning", 1982（邦訳，リチャード・バンドラー，ジョン・グリンダー著（吉本武史，越川弘吉訳）『リフレーミング──心理的枠組みの変換をもたらすもの』星和書店，1988年）。

の枠組みの変換をもたらす言い換えである。

　弁護士は来談者の語りを傾聴するなかで，来談者の言葉を別の言い方に換えることによって，来談者の激しい攻撃的な感情や否定的な感情を受け止めつつ，来談者の言わんとする趣旨を別のより冷静な，あるいは肯定的な表現に置き換えて，来談者に返すのである。例えば，「あの会社に怒鳴り込んでやりたい！」という来談者に対して，「強いご不満があるということを会社に伝えたいのですね」と返し，あるいは「もう息子のことが信じられません」という来談者に，「息子さんのことを心配していらっしゃるのですね」と返すなどである。来談者はこのような言い換えを受けて，自分の気持ちに気付いて冷静に整理し，これから自分としてどのような対処をしてゆくべきかを考える手掛かりを得て行くのである。

　もっとも，「下手な『言い換え＝reframing』の中には，ややもすると弁護士自身の人生観，世界観，あるいは皮肉などが混入し，面接相談全体をぶち壊す危険性が潜んでいることも，十分わきまえておく必要」(35)がある。法的な評価・判断の提示と論争というプロトコルに慣れ親しんできた弁護士は，常にこのような危険を自覚していなければならないであろう。

　前記の事例で「言い換え」について検討してみよう。

　　Ａ：「そうです。でも，もうあの子の怒鳴り方には頭にきてしまって。私ももう口を利きたくないんです。」
　　弁：「Ａさんは息子さんの言葉にショックを受けてしまって，これから息子さんと話し合いをすることに心配があるんですね」
　　Ａ：「本当，ショックで涙が出ました。あの子とはもう話ができないんじゃないかと。」
　　弁：「いままで一緒に暮らしてきた息子さんに言われたことで，とても悲しかったんですね。それで，本当は話をなさりたいのですが，話ができないのではないかと心配なんですね。」
　　Ａ：「そうなんです。そうなんです。（涙をぬぐう）」

⑥　沈黙への対応

---

(35)　波多野二三彦「弁護士面接相談の改革」判タ1102号前掲29頁。

誰でも人と話しをしていて，沈黙の状態になってしまうと非常に居心地が悪く，落ち着かない思いをする。相談の場合も同様であり，特に弁護士が来談者と話をしていて来談者が沈黙してしまった場合には，弁護士はつい気まずくなり，矢継ぎ早に質問を畳み掛けてしまうことがある。しかし，弁護士は来談者の沈黙を打ち破ろうとするのではなく，来談者が自ら言葉を発するのをじっと待つべきである。「10秒，15秒，さらには20秒もの沈黙に耐えられれば，クライエントから豊かな答えが返ってきて驚くだろう。……クライエント自身も自分の答えに驚く。……クライエントは臨床家がクライエントのかわりに答えてくれないことを悟り，自分で答えを出さねばならないと思うようになる。[36]」

もっとも，弁護士の発話の言葉や態度・表情などが原因で，来談者が怒っていて沈黙する場合もありうるので，注意を要するところである。

沈黙についても前記の事例で見てみよう。

　　A：「そうなんです。そうなんです。（涙をぬぐう）」
　　弁：「（すこしA氏の様子を見て）Aさん，それで息子さんとの関係ですが，これからどうなさりたいですか。」
　　A：「……（涙をぬぐいながら，沈黙）」
　　弁：（うなずきながら，待つ）

A氏は，子供が小さい頃からの思い出に想いを致し，夫が亡くなり，息子が怒鳴って家を出て行ったことなどを振り返りながら，自分がこれからどうしたいのかを考えている。少し時間がかかるであろう。ここでは，A氏の沈黙を大事にして，A氏自身が語り始めるのを待つべきであろう。

6　専門性

法律相談では，来談者は弁護士の法的専門性の活用を期待している。1から5までで来談者の直面している問題の全体性をできるだけ把握した上で，その自律性の回復を支援し，自分で問題へ向き合って取り組みができるよう援助することが期待される。その上で，弁護士は来談者の抱えている問題について，法的専門

---

(36)　ピーター・ディヤング/インスー・キム・バーグ（玉真慎子/住谷祐子監訳）『解決のための面接技法』前掲48頁。

性を発揮して必要な助言等を行うことになる。その場合必要なことは，来談者の直面している問題が全体としてどのようなものなのかを認識すること，にもかかわらずその問題に法律のみをもって対処しようとすることは，問題の一部を切り出して，有るか無いかの権利義務の構成に閉じ込めてしまうことになること，しかも，権利義務が当該事案において有るか無いかは断言できるものではなく，その場では判明していない事実関係や状況の変化，判断者の主観などによっても判断が変わりうることなどを踏まえて，慎重な助言をすることが必要である。そのような慎重性に立脚して，できるだけ多数の選択肢を提示し，その利害得失等や，法的プロセスの現実的な在り方についても説明し，理解を得るべきである。

この点についても，前記の事例で見てみたい。

　Ａ：「……（涙をぬぐいながら，しばらく沈黙）……息子が言うには，いまのまま相続をしないで放っておけば，父さんの財産は自分に来るといって。だからそのまま放っておくんだって。誰か息子と話をしてくれる人がいるといいんですが……」

　弁：「息子さんとお話をして，Ａさんのお気持ちを伝えたいですね。」

　Ａ：「でも，息子はもう私の話なんか，聞かないと思います。怒鳴るばっかりで……」

　弁：「娘さんもいらっしゃるんですよね」

　Ａ：「娘は主人が亡くなった後も，時々心配して見に来てくれます。」

　弁：「娘さんは心配してくださるんですね。そうすると，例えば娘さんにＡさんの気持ちをお伝えになって，娘さんを通じて息子さんに話をしてもらうという方法もあるかもしれませんね。」

　Ａ：「はあ，そうですね……」

　弁：「いま例えば，私が弁護士ですといって息子さんに話をしようとすると，息子さんはいい気持ちがしないかもしれませんよね」

　Ａ：「確かにそうですね。いきなりじゃあね。そうですね，娘に一度相談してみます。」

　弁：「そうしてみて下さい。それから，先ほどの相続のことですけれど，法律的なことを少しご説明しておきますと，ご主人がなくなられたことで，３ヶ月以内に家庭裁判所で相続放棄がなされませんと，自動的に相続が

なされたことになって，あとは不動産の登記の手続や遺産分割などの手続が残っているということになります。Aさんは，もう半分の権利を持っていることになりますね。息子さんは相続のことを少し誤解しているかもしれませんね。」
A：「はあ……私にはもう半分の権利が来てしまっているんですね。でも別に家屋敷を自分のものにしようとか思っているわけじゃないんです。」

　上記の事例では，息子との「対話」の気持ちと現段階で弁護士が直接介在することの適否について，話し合っている。そのうえで，相続をめぐる法律関係について，必要と思われる範囲で説明をしている。(37)

---

(37)　この事例で，息子が「そのまま放っておけば自分のものになる」と言っていたという点との関係で，どのような範囲で法情報を提供するのが適切かは，なかなか難しい問題である。この仮設例で来談者Aは，夫の死亡とともに法律上は天涯孤独となった。このまま来談者Aが「遺言なしで」他界すれば，確かに子供たちは亡妹（子供たちの実の母）の代襲相続（民法889条1項第二，同条2項，887条2項）によって，結局子供たちが全部を相続することになろう（「放っておけば自分のものになる」という息子の捨て台詞も，そのような趣旨を込めてのことかもしれない。）。しかし，それはAが「これに反する遺言をしなければ」という条件付のことである。上記の仮設例では，相談員は「Aが亡夫の相続で財産の半分の持分を既に取得している」という説明だけをしている。この場合，さらに相談員はAに対して，「Aが既に亡夫の相続で半分取得した状態である」こととともに，「遺言で別段の意思を表示しなければ，子供が財産を代襲相続で取得する」と説明すべきであろうか。もし，Aの相談の趣旨が「息子に財産をやらないようにするにはどうすればよいか」というものであれば，「遺言」による財産の処分等について説明するということもありえよう。しかし，仮設例でのAの相談の趣旨は，（Aの話を全体として聴くと），息子との人間関係の回復にあるように感じられる。そうだとすると，Aが現時点で財産の半分を相続し保有している点だけをAに認識させ，そこから先は当事者であるAと息子との「対話」に委ねると考える方が，Aの来談趣旨には沿うかもしれない。「Aが別段の遺言をするかもしれない」というのは，問題の息子にとっては脅威になるであろう。来談者Aがもしそのような趣旨を息子に述べれば，息子はさらに逆上し，人間関係の修復は決定的に難しくなる可能性もあり得る。本件では，Aの意思が「亡夫の財産は子供たちに相続させることに異議はなく，人間関係の回復を図りたい」という点にあることを踏まえると，本文の限度での法情報の提供とし，A氏と息子との「対話」の回復の試みを待つということでもよいのはないかと考える。

7　相談が目指すもの

　これまで見てきた相談のプロセスを通じて，来談者に「自己意識の明確化と自己の能働感」が出現し，来談者が「自分の気持ちに気が付くように」なり，「自分の気持ちが言葉で言えるように」なり，「自分の納得のいく考えが出てくる」ようになることが，相談の目指すべきゴールになる。「面接でエンパワーされますと，かれらは落ち着き，明確になり，自信を持ち，決断力を高め，自らの力量の実感を得，状況を，自ら操作できる」ようになる。このような相談を通じて，来談者の萎縮していた気持ちや過剰になっていた感情などが自律への力に変化し，問題の解決または克服のための次のステップへの架け橋になるであろう。

　法律相談ではそれと併せて，弁護士が法的専門性を発揮し，前記のように慎重な配慮をしつつ，適切な法的情報の意義と限界を自覚しつつ，有用な情報を提供し，来談者の理解を得ることが重要である。

　このようにして，法律相談においては，来談者の自律的な力の回復と慎重で適切な法的情報の理解とに基づいて，来談者が自らの問題解決に自律的に取り組むことができるよう支援することが期待される。例えば，相談の締めくくりとして「きょうご相談で整理したお考えを相手の方に伝えて，そして相手の方のお考えも聴いて，もう一度話し合ってみようというお考えになったのですね」と要約ができるような相談が，一つの望ましいゴールとして考えられるのである。

　そして，相談の最終段階では，相談後の来談者に対するバックアップやフォローについて，一定の方向性を確認しておくべきであろう。

　これらの点を前記の事例で見てみよう。

　　弁：「そういうことでしたですね。先ほどのお話からしますと，お子さんたちは小さい頃からなついて，これまで一緒に暮らしてこられ，息子さんはＡさんと養子縁組がされていると思っていたのが，お父さんが亡くなって確認したら，養子縁組がされていないことが分ってショックを受けた，と。それでお母さんに怒鳴って出て行ってしまった，と。お母さん

---

(38)　熊倉伸宏『面接法』前掲 32 頁以下。
(39)　波多野二三彦「弁護士面接相談の改革」判タ 1102 号前掲 30 頁。

も養子縁組なんていうことは知らずに来てしまったのですが，息子さんに怒鳴られて悲しくなり，もう養子縁組をする気持ちもなくなってしまった，と。でも，Aさんはご主人の財産はもともとお子さんたちのものと思っていらした，と。それで，Aさんはもういちど昔のように息子さんたちと仲良くできたらいいなと気持ちの中で思ってらっしゃるんですね。その辺のお気持ちも息子さんに伝えられるといいですよね。」（全体を要約して，）

A：「そうですね。息子の子供たち，つまり孫ですけれど，孫たちはときどき，おばあちゃんといって，家に来てくれます。」

弁：「そうですか，お孫さんたちは来てくれるんですねえ。」

A：「……そうします。そうしてみます。娘にも相談して……」[40]

弁：「そうですね。そうしてみてください。それで，もしやっぱりうまくいかないとか，また分からないことが出てきたということでしたら，また遠慮なく私のほうに相談して下さいね。そのときはまた，一緒に考えまし

(40) この仮設例では，来談者Aがこれから行う行動について，必ずしも明確な指針が策定されないまま，相談が終了した形になっている。これに対して，もっと明確な行動指針を取り決めるべきではないかとの考え方もありうる。例えば，来談者Aが子供たちと養子縁組をすることを話し合うといった明確な課題を設定するなどである。しかし，そのような明確化が現段階でよいのかどうかは必ずしも一概には言えない。Aが息子と養子縁組をするというのが一つの好ましい解決であるとは言えると思われる（本仮設例の相談員もそのように想像しているであろう）が，そのような解決方法はAと娘と息子との「対話」のなかで当事者間で提案され，自主的に決められる方が望ましいと思われる。そして，上記の相談の中で来談者Aは自分自身で養子縁組の提案を子供たちにしようかと考えている可能性もあるように思われ，ただ，それを子供たちとの「対話」で持ち出すかどうかは，まだA自身の考える種々の要素との兼ね合いを考えた上でのことにするということかもしれない。弁護士は実際の相談の場で，自身が感じ取る生の雰囲気や状況によって，どのような「対話」を来談者とするかをその場で決め，行動しなくてはならない。

(41) 会社法務ないし企業法務については，小島武司編『会社法務入門（改訂版）』青林書院，1983年，高柳一男『国際企業法務――グローバル法務のベンチマーキング』商事法務研究会，2002年など。また，戦略法務については，中島茂『戦略法務』総合法令，1987年。また，法的なプロセスにおける事実確認の重要性の観点から戦略法務を解説するものとして，小島武司・加藤新太郎・田辺信彦・羽田野宣彦『民事実務読本Ⅱ――弁論・攻撃防御』東京布井出版，1990年，33頁以下（「事実の重みと戦略法務」）。

ょう。」
　A:「分りました。その節はよろしくお願いします。」

　上記の相談では，A氏の今後の方針について，息子との話し合いと仲直りの可能性の探求だけに留め，弁護士の方からあえてそれ以上の突っ込んだ話の詰めはしていない。その意味で暫定的なものになっているが，そこから先は更にA氏が子供たちとの「対話」を通じて自分自身で方針を考え，必要に応じてまた弁護士と相談をするということで，A氏自身納得してその相談を終えている。

第2節　予防法務・戦略法務における相談と「対話」

　「相談」の一般的な在り方について検討してきたが，以下では予防法務・戦略法務における弁護士業務としての相談という側面(41)(42)（紛争ケースでの相談と一応区別する）にもう少し光を当てて，「対話」のアプローチから検討したい。

　「予防」も「戦略」もクライエントとの「対話」を通じて，クライエントの自律的な決定として紡ぎ出されるべきものである。ここにおいては，弁護士とクライエントとの対話を通じて，問題状況の把握，法的情報と法的分析の提供，クライエントの利益の確保を目指した選択肢の形成がなされ(43)，クライエントの自律的決定がうながされるが，本書では「対話」アプローチの観点から留意すべき主要な点を検討することとしたい。

1　予防法務の理念

　予防法務というのは，単に紛争を予防する法的な活動ということにとどまらない。これまで検討してきたように，わたくしたちが目指すべき社会は個々人が自

---

(42)　技術系企業の予防法務・戦略法務と弁護士活動の具体的な姿を描いたものとして，大澤恒夫『テクノ企業の予防法務』静岡新聞社，1997年，同『IT事業と競争法』日本評論社，2001年，166頁以下。予防法務や戦略法務の活動そのものについては，前注及び本注の文献に譲る。

(43)　「取引型案件」について，ネット関連ビジネス，企業買収，秘密保持契約といった類型に応じた「リーガルインタビュー」の在り方を紹介するものとして，羽田野宣彦「リーガルインタビューの基礎」加藤新太郎編『リーガル・コミュニケーション』前掲31頁以下。

律的な存在として相互に尊重される，公正で平和な共生社会である。人々（その集合体である企業などの組織も）は自分たちで決める正しい行いを納得して遂行することにより，このような社会の構築と運営を実現できるであろう。このような自律性と正当性に支えられた納得いく行為を支援するのが予防法務活動であると考える。そのような活動は，人々の自律性の回復や発揮をうながして納得行く行為に導くものである。紛争の予防も，単に法令の強制力や法的責任を背景として，禁止されあるいは命じられる行為について押し付けてゆく（法律でそう決められていて，刑罰や損害賠償責任を負わされるのだから，守らなければならないと説得する）のでは，一時的・表面的には予防が行われているように見えても，納得に支えられていないために，少し時が過ぎ，状況が変化するとたちまち予防の機運は薄れてしまうであろう。企業などの組織においても，従業員・役員の納得に支えられて自律的に適正な行為が行われるのでなければ，真の予防は実現されない。

　このように予防法務をとらえる場合，予防法務実現のためには，予防の方策を企画立案する段階，それを実施する段階まで「対話」が重要な要素となってくる。企業などの組織においては，納得の行く自律的な方策について社内での納得の共有が行われるよう，社内教育等を実施することも重要なテーマになる（社内における法教育はこの意味で予防法務活動のなかで重要な位置付けを有するものであるが，本書では便宜上，第9章［法教育と対話］において検討することとする。）。

　人々の社会生活や企業などの組織の運営そのものも，「対話」の精神に基づいて相互の自律性を尊重して話し合いを十分に行いながら遂行することにより，紛争の発生を最小限にすることができるであろう。その意味で日常のあらゆる場面における「対話」の普及が，究極の予防法務に通じるものであると考える。

2　戦略法務の理念

　戦略法務も根本は予防法務と同じ理念に基礎を置く支援活動である。つまり，人々が相互に自律的な生を尊重し合って共生する社会において，各自が自分自身にとっての善き生を設計し実現して行く訳であるが，そのような各自にとっての善き生の設計と遂行を支援するのが戦略法務である。社会・経済の複雑化・高度化に伴って，各自の善き生の設計も複雑・高度な戦略が必要になる場合が多くなろう。そのような複雑・高度な戦略には，他方で目には見えにくいが大きなリスクが伴うこともある。事業者が一定の戦略を採用する場合は，その戦略の採用に

伴うリスクが複雑高度なものであったとしても，取引の相手方から適切な情報が提供されている限り，社会的には当該事業者がそれを当然に理解した上で行動することを要求される。後になって知らなかったでは済まされないのである。

　この点で印象的なのが，航空機の「レバレッジド・リース契約」をめぐる次の事件である。この事件では，原告X（事業者）が被告Y（大手銀行）に対して，XがY銀行から借入れを行ない，訴外D社（Y銀行の関連リース会社）との間の航空機のレバレッジド・リース契約に基づいて，D社に出資した金4億400万円の返還を求めたが，裁判所はXの請求を棄却した。XがD社と締結した航空機のレバレッジド・リースを内容とする匿名組合契約は，次のような内容のものであった。すなわち，①Xは，D社が営む②の事業のため金4億400万円を出資することを約し，D社は，事業から生じた利益をXに分配する。②D社は，航空機一機を購入して，これをポルトガル航空にリースする事業及び右航空機購入のための借入れその他これに関連する事業を行う。③D社は，Xと平等の条件によって，Xを含む匿名組合員から総計約20億円の出資を受け，匿名組合員は，その出資割合に応じて利益の分配を受け，損失を負担する。④事業の損益は，基本リース料（ポルトガル航空から支払われるもの）を基本的な収益とし，借入金の利息と減価償却費等を損失とするものであり，契約で定められた一定のネット・キャッシュ・フローに基づいて計算される。⑤事業期間は，12年間とし，D社は，年二期の事業期間ごとに事業損益を確定し，これを組合員に帰属させる。⑥匿名組合員は，当該事業期間中に損失が生じ，その損失が出資金額を超過する場合には，一定の場合に追加出資をする。⑦D社は，善管注意義務をもって事業を遂行するが，事業への出資に基づき匿名組合員が得る結果については何らの保証もしない。

　Xは，4億400万円をY銀行から借り入れて，D社に支払ったが，(a)出資金名下に支払われた4億400万円が期間満了前に返還されないこともあるということを，契約の当初認識していなかったこと，(b)Xは，契約の相手方は，実際にはY銀行であって，契約名義人となっているD社ではないと思っていたこと，(c)いわゆるレバレッジド・リース契約というものは，節税対策のためにあるのであるから，節税の必要がなくなった時点では解約できると思っていたこと，(d)当初支払った4億円が返還されないことがあるなどということは全く予想していないこと

---

(44)　東京地判平成7年3月28日判時1557号104頁以下。

であったこと，などを主張した。そして，本件匿名組合契約の錯誤無効，D社の法人格否認を主張して，4億400万円の返還を求めた。

　ところで，レバレッジド・リース契約（LL契約）には次のような戦略上の意味があるとされる（以下は，裁判所の認定したところによる。）。LL契約において，リース事業者（本件におけるD社）は，航空機を購入しこれを航空会社にリースすることのみを目的とする会社であり，航空機の購入代金の2～30パーセントを匿名組合員から，その余を金融機関から調達して，航空機を購入し，これを航空会社にリースする事業を行う。リース事業者の収益は，事業が円滑に進んでいる場合には一定額の航空会社からのリース料のみであるのに対して，経費は，右借入金の利息と航空機の減価償却費が主なものである。したがって，事業開始の当初は，借入金の利息も航空機の減価償却費も多額になるので，損益計算書上は，大きな損失を生じることになる。しかしながら，事業の経過に伴って，右各経費が減少して，事業継続期間の後半には損益計算書上利益を計上できるようになり，予定された事業継続期間の終期には，支払われたリース料の総額と物件の残余価値とにより，投資金を回収して，利潤を生じることになることが予定されているものである。これを匿名組合員の側からみた場合には，契約期間（事業継続期間）の前半では，リース事業者の右の損失の負担をしなければならないため，匿名組合員の側にも，大きな投資損失が生じることになる。しかし，その後半では，匿名組合員は，利益の分配を受けて，出資金を回収するとともに，出資金に対する利潤を得ることになる。なお，この損失は，法的には契約に基づく追加出資金の払込債務となり，経理処理上は未払金として計上されるが，支払われるリース料によって，借入金の返済がなされ，その他の経費が賄われている限り，この追加出資金の現実の払込みを求められることはない。このように，LL契約では，契約期間の前半に大きな損失が生じることから，この損失によって，匿名組合員の本来の事業による利益を減少させ，法人税等の負担を軽減することができる。他方，契約期間の後半では，利益の分配を受けることから，法人税等の負担は増加することになるが，その間の時間差を利用して，本来早い時期に納付しなければならなかった法人税等の負担を，LL契約を利用することにより数年間繰り延べたのと同様の効果を得ることができる。そして，右の課税の繰り延べの効果を利用して，その資金を事業資金として活用することができるという点に，匿名組合員側のメリットが存在する。

このようなレバレッジド・リース契約について，Xは上記のように内容を十分に理解しておらず，思い違いをしていた旨主張したが，裁判所は，「仮に真実そのような誤解があったとすれば，それは原告代表者の事業経営者としての能力，あるいは経理担当者の担当者としての能力の著しい欠如によるものといわざるを得ず，原告に重大な過失があることが明らかである。（事業者には事業者なりの能力と理解が要求されるのであって，本件を世事に疎い老人に投資を勧誘したような事案と同一に扱うことはできない。）」とし，このXの主張を退けた。

　この事案では，事業者Xがレバレッジド・リース契約に入る際の問題については以上のとおりであるが，訴訟によって出資金を回収しようとしたことにも，戦略検討上の問題があろう。つまり，裁判所の認定によれば，「匿名組合員において出資金の回収ができない場合とは，リース物件使用者（レッシー）の破産の場合に限られており（航空機の墜落（全損）の場合には保険により，半壊の場合にはレッシーの負担により，中途解約の場合にはレッシーの負担する損害金により匿名組合員に損害が及ばない仕組みになっている。），レッシーが航空会社であることを考えれば，LL契約は，投資としては安全性の高い部類に属するものということができ，原告が，本件訴訟において出資金が返還されない危険があることを強調するのは，当を得ない主張というべきである。したがって，証券投資や商品投機の事案と異なり，本件においては，右の点を錯誤の内容として重視することはできない。」というのであり，このような点を踏まえれば，同様の事案で弁護士がXから本件の資金の回収を行いたい旨の相談を受けた場合，訴訟を行っても勝訴の可能性が大きくない反面，証券投資や商品投機のような危険性の高いものではないことを含めて説明し，Xと一緒に検討すべきであろう。

　このように，複雑高度な経済取引などにおいては，それが有する意味を戦略の検討にあたって十分に理解して臨む必要があり，このような検討を法的な側面から支援する戦略法務は，今後益々その重要性を増すであろう。

　予防法務も戦略法務も，当事者各自の自律性の回復や発揮をうながし納得のいく行動を支える点で同じであるが，予防法務においては行為の正当性を支える要素（適法で，他者の権利や社会を侵害しない，また他者から権利侵害を受けないといった要素）が特徴として存するのに対して，戦略法務においては当事者が積極的に望む事柄の実現に適合的な法的スキームの企画・立案等を支援するという特徴がある点で，若干異なる。また，戦略法務においても予防法務の観点からの支援も含

まれた形で，当事者各自の自律的な善き生の設計と遂行に関わって行くことが要請される。

3 予防法務・戦略法務に求められる「対話」

予防法務においても戦略法務においても，弁護士には法的情報への精通や情報収集・分析，応用といった面で法的な能力が求められることは言うまでもないことである。しかし，そのような法的能力だけでは当事者の自律性の回復や発揮をうながすことを通じて納得のいく行為を構築して遂行することを支援することはできない。弁護士は当事者の語るところを共感しつつ十分に聴き，当事者をめぐる客観的な状況を把握しつつ，積極的傾聴を通じて当事者自身の気づきをうながして，当事者の真に望むものがどのようなことであるのかを一緒に考える姿勢が重要である。

そして，当事者を取り巻く状況や行為に法的な問題点があることが想定される場合には，それを織り交ぜながら，何ゆえに問題がありうるのか，その実質的な理由はどのようなことか，その問題のリスクはどのようなものか，他にどのような選択肢がありうるのか，それらのメリットとデメリットはどのように考えられるか，などを，当事者との「対話」を通じて一緒に共有する必要がある。

このような「対話」のアプローチの必要性は，個人の問題だけにとどまらず，企業などの組織においても当てはまることである。企業などの場合はこのようなカウンセリング的な配慮はあまり必要ないのではないかという見解[45]が一般的のよ

---

(45) 柏木昇「弁護士の面接技法に関する研究」前掲9頁，15頁など。
(46) 企業組織が大きくなってくると，そこで働く個人という観点が忘れられがちであるが，どのような組織も生身の人間が支えながら運営されているのであり，同じ問題でも，それを担当する人が変わるだけで，問題の様相が全く異なったものとなり，展開も全然違ってくるということは，しばしば経験することではないだろうか。もちろん大組織で働く人は学識経験等が優れていることは間違いないであろうが，生きている人間として様々な不安や悩みを抱えていることもまた間違いのないことではなかろうか。そのような生身の存在として組織を支えている個々人の自律性を支援することを通じて，その組織自身の自律性の発揮を支援することができるのではないかと，わたくしは考えるのである。前に述べたように，一流と目される企業においてさえも組織ぐるみの不祥事が生じるという現実は，企業が真の意味での自律性を確立していない証拠だと考える。従って，企業に対しては法技術的な対応だけをすれば足りるというのは，誤りではないかと思う。

うに思われる。しかし，企業などの組織もしょせん，個人個人が運営を行っているものであり，企業などの組織に生じる問題も，それに携わる個人がそれに直面しながら解決して行かなくてはならないのである。そのような個人は大きな不安を抱え，問題をどう捉えどのような対処をすべきか思い悩んでいるのであって，弁護士がこのような企業などの組織の問題解決を支援して行く際にも，そこで生きている個々人に対して「対話」のアプローチを重視することが必要であると考える。少なくとも，わたくしがこれまでの乏しい経験の中で，大小さまざまな企業の人々とともに問題解決に当たってきた過程においては，このようなことが実感として感じられたのである。

第3節　紛争ケースでの相談

1　紛争に関する「相談」と当事者の自律の支援

　紛争に巻き込まれた人々は深く傷つき，怒りや悲しみで混乱しており，大きな不安を抱えている。企業などの組織でも，紛争に直面したときは，その経営者や担当者等は同様に動揺し，怒りや悲しみの感情に襲われている。そのような当事者がはじめて弁護士と接触を持つのが法律相談である。弁護士は来談者と向き合い，来談者の自主性を尊重して，「対話」を通じて受け止め，その自律的な決定を支援すべきであるが，そのプロセスで留意すべき事項は多い。
　例えば来談者はおうおうにして，強い怒りから「どうしても相手を許せない。どんなことをしてでもやっつけてもらいたい」とか「直ちに裁判をやってほしい」と弁護士に要請する場合がある。弁護士がこのような来談者のことばをそのまま受け取って，言葉どおりの対応をすべきであろうか。既に当事者が提訴を受けてしまった場合は別として，「どんなことをしてでもやっつける」とか「裁判を行う」ということが真に来談者の自律的な意思であるかどうかは，必ずしも分からない。来談者がおかれている状況で一定の行為を遂行することの意味やそれに伴い予想される種々の影響等について，この段階では来談者が十分に認識できていないことも多いであろう。弁護士は多数の紛争解決に携わる経験や紛争に関する研究を通じた専門家としての知見に基づいて，これらの社会的な意味や見通しについて，「agent of reality」として助言できるであろう。弁護士は，来談者の真

の意思を確認するために，来談者との対話を通じて，当該の状況のなかで考えう
る，できるだけ多くの現実的な選択肢をつむぎ出し，それらのもたらしうる種々
の影響やメリット・デメリットを含めたできるだけ詳しい情報を提供し，来談者
自身が自分の行おうとしていることの意味を理解した上で自律的な選択・決定を
なしうるよう，支援する必要がある。これが紛争ケースでの法律相談の目的にな
るであろう。そして，紛争は第一義的には，当事者間の「対話」を回復し，両者
の対話を通じて自律的な解決に至るのが好ましいことから，問題の解決にとって
「対話」の回復が有しうる価値を説明し，「対話」への理解を来談者にうながすこ
とも，目的のひとつとなるであろう。[47]

2　紛争解決のための手続の選択と「相談」

(1)　調停の選択と「相談」

このような観点で参考となる裁判事例として，依頼者である交通事故の被害者
が弁護士に依頼した際の気持ちと受任した弁護士が実際に行った活動の齟齬に関
する事案がある。[48]すなわち，この事件では，原告（交通事故の被害者）が，弁護士
に対し，損害賠償請求の「訴訟」を提起して欲しいという気持ちで依頼したが，
弁護士は原告に説明せずに調停を申し立てた。原告は，その当時，「調停」と
「訴訟」の差異を正確に認識していなかったため，弁護士が調停を申し立てたこ
とにも特に異議を述べなかったが，その後第一回調停期日に弁護士と一緒に出頭
した段階で，初めて調停と訴訟が異なる手続であることを知り，弁護士に「裁判
をお願いします。」と申し入れた。ところが，弁護士は「調停でいいんだ。」と述
べただけで，その理由も説明しなかったというのである。その後，調停期日が重
ねられたが，原告は，調停で解決することを望まなかったため，結局，その弁護
士を解任して，他の弁護士に訴訟提起を委任したという事案で，原告が弁護士を
被告として既に支払った着手金の返還を求めた。東京地裁は「依頼者の権利を実
現するための手段が複数存在する場合には，弁護士は，依頼者に対し，それぞれ

---

(47)　青山善充教授は，後述の隣人訴訟事件に関連して，「本件のような事件では和解
や調停について」そのような裁判外の手法で「紛争が解決できるのであったらまずそ
れを試みるのが弁護士倫理ではないかという気がします」と指摘しておられる（星野
英一編『隣人訴訟と法の役割』有斐閣，1984年，188頁（青山発言））。

(48)　東京地判平成14年3月29日判時1795号119頁以下。

の手段の利害得失を説明して，依頼者が最終の意思決定をするのに必要かつ十分な説明をすべき義務がある。仮に，依頼者が弁護士の提案する権利実現方法に納得しない場合にあっては，弁護士は，専門家としての立場から依頼者を説得するために十分な説明，努力をすべき義務を負担すると解するのが相当である。」とし，本件においては，「被告は原告に対して弁護士として要求される説明義務を尽くさず，また，原告を説得するために十分な説明，努力をしなかったものと認められる。」と判断した。しかし他方，原告の方も「事前に調停申立書の原案を夫を介して示されたにもかかわらず，調停と訴訟の差異について十分注意を払うことなく，被告が調停を申し立てることについて明確な異議を申し出なかったこと」や「調停を続行するについて……被告に明確な異議を申し出なかったこと」などから，調停が遂行されたことには原告側にも原因の一端があるとした。

　弁護士は，この事件における原告のように一般の人々の意識の中では「訴訟」と「調停」との区別も付かないことがありうることを前提としたうえで，弁護士として「調停」が望ましいとして勧めるのであれば，依頼者に訴訟との違いや何故調停が望ましいと考えるのかを十分に説明し，依頼者自身が納得して手続を選択するように援助しなくてはならない。もっといえば，他の選択肢（交通事故であれば，たとえば日弁連交通事故相談センターや弁護士会仲裁センターでの和解あっせん申立などもありうるであろう。）も十分に説明して検討し，当事者の自律的な選択を可能とするような支援をすべきであろう。

(2)　訴訟の選択と「相談」——隣人訴訟

　この事件とは逆に，和解交渉・調停等を経ずにいきなり訴訟の提起に至ったことから，大きな社会的な波紋を呼んだ事件がある。いわゆる隣人訴訟事件である。[49]

---

(49)　いわゆる隣人訴訟事件（津地裁判決昭和58年2月25日判時1083号125頁以下）については，星野英一編『隣人訴訟と法の役割』前掲，小島武司，C・アティアス，山口龍之『隣人訴訟の研究——論議の整理と理論化の試み』日本評論社，1989年で事件に関するオーバーオールな検討がなされており，この事件については両書の文献目録に記載されているように膨大な文献がある。なお，小島武司，C・アティアス，山口龍之『隣人訴訟の研究』前掲では，この問題に関連する「理論状況の分析」（同書89頁以下）や「比較法的考察」（同書173頁）がなされており，極めて示唆に富む。また，隣人関係で生じたその他の事件例についても紹介されている（同書16頁以下）。

この事件の概要は次のとおりである。昭和52年5月に，三重県鈴鹿市の新興住宅地近くにある溜め池で，3歳4ヵ月の幼児Aが溺死した。Aは当日午後に近所のY家（当日大掃除をしていた。）に遊びにきて，Bと遊んでいたが，Aの母親X1が迎えに来たところ，Aは行きたくないと言い，Bの父親Y1が「いいではないですか」と口添えをしたこともあり，X1はAをそのまま遊ばせておくことにした。その後，Bの両親Yらが掃除で室内に入った間に，AとBは柵のない空き地から溜め池に入って行き，Aは泳ぐといって水に入り，溺死した。Aの両親Xらは同年12月，Bの両親Yらと鈴鹿市（その後，国，三重県，及び，溜め池から土砂を採取した建設会社を被告に加えた）を相手に，総額約3000万円の損害賠償を求める訴訟を提起した。津地裁は昭和58年2月，Bの両親Yらに約500万円の賠償を命じる判決を下した（他の被告については，請求棄却）。この判決がテレビで報道された直後から（「近所付き合いに"冷水"」，「"近所の善意"に厳しい判決」といった論調のものだった），溺死した幼児Aの両親である原告Xらの家に抗議の電話や手紙など（「金もうけのためにガキ使うのか」，「ひとでなし」，「家を焼いてやろうか」などといった内容のもの）が殺到した。Xらは親戚や取引先からも苦情をいわれたり，取引を停止されるなどした。そこで，Xらは判決から10日後に訴えを取り下げようとしたが，被告Yらが取下げに同意しないということで，これがまた報道された。そうしたところ今度は，人々からの非難の矛先が被告Yらに向けられ，殺してやるなどといった脅迫までなされた。このような事態を受けて，法務省は国民に対して裁判を受ける権利を尊重するように呼びかける，異例の見解発表を行った。以上が隣人訴訟事件の概要である。

　この隣人訴訟事件について，「対話」による相談とそれに基づく法律業務の在り方という側面から，この事件の示唆するところを検討してみたい。本件では幼児の水死事故が生じて訴訟に至るまでの間，当然のことながら，原告となった幼児の両親は弁護士に相談をしたであろう。そのような場合，弁護士はどのように相談に乗るべきであろうか。また，被告側も訴訟の提起を受ける前に弁護士に相談するかもしれない。そのような場合，その弁護士はどのように相談に乗るべきであろうか。

　この事件では，両当事者も両弁護士も相手方サイドと訴訟前に話し合いのプロセスを経ずに，訴訟に至ったようである。提訴は事故の発生から7ヵ月後であり，一般的には非常に早い提訴と感じられている。

この事件の原告代理人は，訴訟が選択されたことについて，次のように述べたという。(53)「裁判ではなく，話し合いで解決すべきだった，という指摘があります。これほど無内容な，したり顔の意見はない。いま裁判に訴えたら，解決までには，まず3年以上の期間と，百万円以上の経費がかかる。いきなり裁判を望む人はない，といっていい。こんどの例でも，被告側に……話し合いに行っても拒否されたから，と原告夫妻はいってます。とにかく，話し合いがどうしてもつかないから，裁判になるのです。」。弁護士が相談を受けた時点で，相手方との話し合いができないかどうかを，弁護士自身で相手方に確認したかどうかは不明であるが，上記の談話からは確認はしていないようにも思われる。

　被告代理人は「訴訟以前に話し合いをしたか」という点について，(54)「被告夫妻から話し合いを求めてはいないはずです。原告の状態から考えて，話し合ってもプラスはない，と判断したのでしょうね。わたしだって，話し合うかどうかは，相手によって判断するでしょう。」という。被告側の弁護士が自分自身で話し合いの可能性を確かめなかったことは，上記の談話から明らかといってよいであろう。

---

(50)　なお，訴訟中に裁判官が和解の意向について水を向けた（正式の和解勧告ではなかった）が，両方の弁護士ともに和解を拒否したという（星野英一編『隣人訴訟と法の役割』前掲112頁（森島昭夫発言））。

(51)　訴訟前の状況として，はっきりした事実関係は不明のようであるが，被告はお通夜や初七日には出席したが，その後は両者間にほとんど往き来がなく，お見舞金のようなものの提供もなされなかったという。また，原告代理人の話では，原告が四十九日が過ぎた後に事故の模様を聞こうと被告宅に出かけたところ，被告は戸に鍵をかけて面会せず，そういうことが3回ほどあって，原告は憤懣やるかたない思いになったというが，被告側ではそういう事実はないと言っている，ということである（星野英一編『隣人訴訟と法の役割』前掲70頁（森島昭夫発言））。

(52)　星野英一編『隣人訴訟と法の役割』前掲105頁（森島昭夫発言）。

(53)　朝日新聞昭和58年3月28日夕刊（小島武司，C・アティアス，山口龍之『隣人訴訟の研究』前掲32頁から引用）。

(54)　朝日新聞昭和58年4月4日夕刊（小島武司，C・アティアス，山口龍之『隣人訴訟の研究』前掲34頁以下から引用）。被告訴訟代理人が訴訟前に相談を受けていたかどうかは，資料からは分らない。被告側弁護士は一般的には訴訟提起後に相談を受けることのほうが多いかもしれない。弁護士に対する相談が容易にできる社会的環境ができ，人々も自助の精神で弁護士に相談をする意識が高まれば，このようなケースで被告側の立場に立つ人々も，本件のような事案でも早い段階で弁護士に相談するということが一般化するであろう。

第5章 「対話」による相談　　171

　この事件で，両当事者と両代理人との関係について疑問が提示され，「弁護士が調停や和解を勧めたのに，［幼児を亡くした］Aさん，［相手方の］Bさんがそうしようとしなかったのか，逆に，Aさん，Bさんはそうしようとした［和解などの話し合いを希望した］のに，弁護士がそうしなかったのか」という点は，「新聞に出ているところだけからは，後者［＝当事者本人は話し合いによる解決を望んでいたが，弁護士は訴訟を選択した］のようにも推測され」ると言われ，「どちらの弁護士もかなり信念の人という印象を受けました」とされる。

　わたくしは，このような事件で当事者から相談をうけたら，どのようにその相談に臨むべきであろうか。この切実な問題を考えるに当たり，わたくしは，以下のような指摘に耳を傾けたい。すなわち，「この種の事件では，依頼者の究極的利益を考えて，相対交渉による解決（和解）を勧めるのが弁護士としての責任ある態度であり，」これは，市民が「自分たちの問題は，自分たちで解決する」という「新しい道徳律」により，「誠意ある交渉」を希求する「自律心のある市民として」の在り方を弁護士として支援することであり，それを通じて「法と協調に立脚した自律的解決」を目指すことを意味する。フランスの女性弁護士であるラザリーノ氏も，次のように言う。「私は実務家として，弁護士として，……『いったい裁判をすることの意義はどこにあるのだろう』」と自問し，「弁護士のあるべき姿は，私的な論争や私的自治のための存在となることであろう」と考え，「どうしても本当に和解が不可能なときや，あるいは相手が悪意でそれを拒んでいるときに，はじめて裁判に訴えればよいのではないでしょうか。和解の試みをなすことは，訴訟に至る過程で不可欠なものと考えられるべきです。それは無用な激情と悲しみを多くの場合，早く鎮めてくれるものと考えられるからです」。

　この事件について，法律家以外の人々も次のように感じているという。「もしBさんが自分には本当は責任はないと思いながらも，一緒に泣いて，本当に気の毒なことをした，悪かったと謝ってくれるという，そういうふうなことがあれば，

---

(55)　星野英一編『隣人訴訟と法の役割』前掲113頁（星野英一発言）。
(56)　小島武司「訴訟適合状況，あるいは特殊な延期的訴訟要件——隣人訴訟を契機として」判時1132号28頁。
(57)　小島武司，C・アティアス，山口龍之『隣人訴訟の研究』前掲209頁以下（「隣人訴訟の比較法文化的検討」［国際テーブル・ロンド］における小島武司発言）。
(58)　小島武司，C・アティアス，山口龍之『隣人訴訟の研究』前掲207頁以下（ラザリーノ発言）。

Aさんも訴えるということはなかったという気がするのです」[59]。「人間は悲しいことに出会った時，悲しみをともに分ってくれる人がいないと本当に悲しむことができない。……悲しみは訴訟によっては解決されない」[60]。そして，「もし私がこういう立場になったら，……何か相手にこちらの気持ちを伝える場があって，向こうの言い分も出してもらって，そしてけんかになっても何でもいいけれど，最終的にはこちらは言いたいことを言い，向こうの言いたいことも聞いて，納得できる場が欲しい」[61]とされる。

　わたくしは，このような紛争当事者の気持ちを尊重し自律的な解決を目指すことが，憲法の要請する個人の自律性の尊重に立脚した私的自治の原則のもとにおける弁護士業務としてのあるべき姿であろうと考える。これを実現するには，わたくしは，当事者から相談を受けた段階において，「対話」の理念に従い，相手方との「対話」の有する独自の内在的価値について来談者に理解をうながし，また，隣人訴訟事件で大きな議論の的となった当事者や代理人の行動の教訓を考えて，「対話」による問題解決の道筋について話し合いたいと考える。そのうえで，当事者が相手方との「対話」を望めば，当事者が行う「対話」を支援し，あるいは弁護士が相手方との「対話」による交渉を受任して，「対話」の場を構築し「対話」を遂行することが，次の段階における弁護士の役割と考えられるのである。

---

(59)　星野英一編『隣人訴訟と法の役割』前掲72頁（木村治美発言）。これに対して法律家は「金銭で解決するほか仕方がない」（同書33頁（森島昭夫発言）），あるいは，「人間の心の痛み，悲しみに対しては，法律は無力で，これが法律の限界なのですね」（同書77頁（星野英一発言））とする。しかし，本書第1部総論で述べたように，心の痛みを感じることを訴訟で強制することはできない（憲法の保障する良心の自由の要請との関係で問題がある。）にしても，被害者側が相手方に対して，自分が如何に悲しい思いをしており，相手方もそのことを知って心の痛みを感じてほしいと要請することは，私的自治を保障する法の支配のもとにおいて，許されることであり（あるいはもっと言えば，そのような「対話」を求める権利があるというべきであろう。），「金銭で解決するほか仕方がない」というのは一般の人々に大きな誤解を与えるのではなかろうか。そして，「金銭で解決するほかない」という法律家のテーゼが，本来「対話」のプロセスで解決されうる紛争を訴訟の場に無理やり持ち出し，こじれさせる原因になるのではなかろうか。

(60)　土居健郎「訴訟の背後にあるもの——不幸と悲しみ」ジュリスト793号，特集・隣人訴訟と法の役割，32頁以下）。

(61)　星野英一編『隣人訴訟と法の役割』前掲114頁（木村治美発言）。

第6章

「対話」による交渉

第1節 「対話」による交渉とその援助

1 交渉に必要とされる援助

　人々が紛争に直面した場合，弁護士等への「相談」を通じて自律性を回復し，また「対話」の内在的価値を理解し，かつ，適切な法的情報を得て，当事者自身が相手方と「対話」を行うことにより，両者間の課題を解決することができることが，最も望ましい理想形になろう。当事者が相互に問題の解決を求めて「対話」をすることはすなわち「交渉」であるが，複雑な取引や紛争の解決を目指して行われる「法的交渉[62]」について，弁護士が「法」と「対話」の専門家として，当事者から援助を求められる機会が今後増加することが見込まれる。すなわち，当事者が弁護士への「相談」を通じて自律的な力を得て，対話の内在的な価値を理解し「交渉」による解決を目指すことにしたとしても，人間関係など種々の要因から当事者自身で交渉を遂行することができない場合や[63]，相手方との冷静な交渉の場を設定できないなどの障害がある場合等において，人々は相手方との交渉につ

---

[62] 法的交渉について，小島武司・法交渉学実務研究会編『法交渉学入門』商事法務研究会，1991年。民事実務と交渉について，小島武司・加藤新太郎編『民事実務読本Ⅳ（和解・法的交渉）』東京布井出版，1993年。裁判における交渉について，「交渉と法」研究会（代表＝新堂幸司・井上正三・小島武司）編『裁判内交渉の論理――和解兼弁論を考える』商事法務研究会，1993年。紛争過程における交渉に関する法社会学からのアプローチとして，和田仁孝『民事紛争交渉過程論』信山社，1991年，和田仁孝・太田勝造・阿部昌樹編『交渉と紛争処理』日本評論社，2002年。

[63] 「対話」の場の構築については，紛争解決交渉の項で検討する。

いて，弁護士に助力を求めるであろう。あるいは高度の専門性やリスクが存する分野について，当事者が自分だけで交渉を行うよりも，弁護士の助力によって，よりよい交渉の実現を望む場合もあろう。

このような交渉への助力に関するニーズに応えるためには，弁護士は，予防法務・戦略法務や紛争解決法務の活動における経験や研究に裏打ちされて，「交渉」の遂行に関する適切な援助を提供できる能力を磨かなくてはならない。弁護士は一般に，多数の紛争の解決に関与することを通じて，プレッシャーのもとで冷静に事態の推移や問題点の検討を行う能力を身に付ける機会が多いといえよう。そのような能力は交渉を冷静・沈着に遂行するためにも必要とされるものであり，そのような能力を養った弁護士は「交渉」への関与により依頼者の信頼を得ることが期待できよう。[64]

社会の複雑化・高度化・国際化が進展するほど，当事者間での「交渉」の遂行にも種々の障害や課題が生じることが多くなり，「交渉」へのより高度な弁護士の助力が求められることになろう。そこにおいて当事者が直面する問題には，流動する現場における深刻なリスクや複雑な法的課題はもちろん，重圧の中で行われるコミュニケーションに潜んでいる障害も含まれ，弁護士は社会における「法」と「対話」の専門家として，それらの困難への対処を支援する役割を期待されるであろう。更にいえば，このような困難への対処だけではなく，専門性の高い分野などでよりよい「交渉」の実現のために弁護士が必要とされるようになることが，弁護士業務の拡大とともに期待される。

2 「対話による交渉」と交渉者の資質

「交渉」という行為の在り方をどのように考えるかについては，既に第1部総論において検討してきた。一般には，一定のパイを奪い合うゼロサムゲームを前

---

(64) 「『プレッシャーのもとで乱れず』というのが有能な弁護士の特徴の一つ」であり，そのような弁護士は「相手側からの攻撃や，時に判事席から飛んでくる厳しい叱責の声を受けながら，平静を保ち，論理的でいられ」，「興奮した声を張り上げ，血圧を上げ，こめかみに青筋を立てている面々の前で，議論がどの方向に決着するかを見極めることができる」であろう（Mark H. McCormack, "The terrible truth about lawyers", 1987, Beech Tree Books. 邦訳，M. マコーマック［植山周一郎訳］『弁護士社会アメリカの内幕――サクセス・ネゴシエイターはいかにして生まれるか』ダイヤモンド社，1989年，277頁）。

提として，何らかの手練手管を用いて自己に有利な配分を獲得するための駆け引きといったイメージもあるが，ゲーム理論や交渉理論の教えるところに照らして考えると，「穏やかなしっぺ返し戦略」による「原則立脚型」の姿勢がもっとも実りのある交渉に結びつくものであることが理解される。つまり，一定のパイを奪い合うために「立場」に固執して脅しすかしの駆け引きをするという，win-loseのアプローチではなく，双方の具体的なニーズに多角的な焦点を当ててパイをできるだけ大きくし，相互に誠実な姿勢（自分の方からは裏切らない姿勢）で一緒になって考え，相手方の裏切りに対しては適切なしっぺ返しを行って，相手方の誠実性の回復を図りつつ，問題の多角的検討を通じて具体的選択肢をできるだけ多く創造し，双方のニーズを満たすことのできるwin-winの解決を目指して話し合いをするアプローチで「交渉」を遂行すべきである。このような交渉というものの見方について，「二つの党派が，ある論点についての言葉の応酬によって一致点を見つけようとする仕方」であり，そこにおいては「お互いに，できるだけ自分に有利な結論を得ようと努めるが，あまり自分の要求にこだわると，交渉の目的があやうくなり，成果を得ずに交渉が決裂してしまうおそれがあるので譲歩しなければならない場合が出てくる」というものであって，「それはお互いに間に相手に対する理解と信頼なしでも，敵対関係のままであっても，打算的理性の声に従って闘う代わりに交渉するのであり，成立した妥協にはなお疑問の余地がある」ため，「本当の対話ではない[65]」という指摘がある。

　しかし，「原則立脚型交渉」における話し合いの姿勢は，人々が課題に対して正面から向き合い，相互の考えのやり取りと咀嚼を通じて価値の擦り合わせを行う「対話」のアプローチと非常に共通しており，交渉も「対話」の姿勢をもって行う交渉という意味で，「対話による交渉」であるべきだといってよいと考える。あるいは，交渉にも「対話」の姿勢を取り入れるべきであると言い換えてもよい。

　このような「対話」を担う交渉者に必要と考えられる資質としては，誠実性，公正性，信頼性，明るくプレッシャーに強い性格，柔軟かつ論理的な思考力，物事に対する積極的な興味・関心，他者を尊敬して認める受容力，言うべきことは

---

(65) 石山勝巳「紛争当事者間の対話促進法——日米比較」判タ967号，1998年，101頁。
(66) 小島武司・加藤新太郎編『民事実務読本Ⅳ（和解・法的交渉）』前掲158頁（大澤筆）脚注。

率直に言うことができる直言力,良いことを率直に受け容れる自己変容力といった点が挙げられるであろう。[66]

3 組織と対話による交渉

　当事者が会社などの組織である場合に,弁護士がそのような当事者間の交渉を援助するケースでは,組織の担当者との交渉だけでなく,その担当者がその組織内部での交渉を行わなくてはならないことに留意する必要があろう。つまり,組織の意思決定はその内部における諸規則,微妙な人間関係やパワーポリティックスなどが反映されるものであり,適切な意思決定がなされるよう交渉担当者が組織内部においても交渉を行う。意思決定の実質的な経路や決定権者を適切に把握し,「対話」の姿勢をもってコミュニケーションを保ちながら,交渉を行う必要がある。このような配慮をしていないと,対外的な交渉の進展にもかかわらず,内部における適時の意思決定が得られなかったり,事案そのものが内部で差し戻しになってしまったりする可能性もある。弁護士は,そのような組織にとって特有のファクターを考慮して,交渉を援助すべきである。[67]

4 依頼者との対話

　弁護士が交渉に関与する場合,事案の相手方との交渉だけでなく,自分の依頼者との対話という要素もあることも忘れてはならない。相手方との交渉による解決を目指すのはあくまでも依頼者本人であり,依頼者と相手方との「対話」の側面を重視し,依頼者自身の納得の行く自律的な決定がなされるように留意しなくてはならない。依頼者の自律性を発揮させるためには,依頼者本人が交渉に当たり,弁護士が交渉の場で側面支援する方式が望ましいが,弁護士自身が交渉を担当する場合においても,可能な限り依頼者に同席してもらうようにして,必要に応じて依頼者の意向の反映や確認がタイムリーになされるようにすべきである。交渉後も弁護士は依頼者との「対話」を十分に行い,今後の対応の方針や交渉の具体的内容などについて,依頼者の意向の反映や確認を行うべきである。その意味では,交渉においても,依頼者との間では継続的に予防法的または戦略法務的な相談関係が存在することになる。

---

(67)　小島武司・加藤新太郎編『民事実務読本Ⅳ（和解・法的交渉）』前掲157頁（大澤筆）脚注。

5 「ビジネス交渉」と「紛争解決交渉」

　弁護士が関与する「交渉」は，大まかにいえば，これから行うビジネス関係の樹立を目指して行う「ビジネス交渉」(68)と，発生した紛争を解決するために行う「紛争解決交渉」の二種類がある。もっとも，この二分類は大まかなものであって，弁護士が関与する実際の交渉案件では，紛争解決交渉と取引締結交渉が複合的に行われることも多い。例えば知的財産侵害クレームに関する紛争解決交渉の中で，今後のライセンス契約の取引締結交渉がなされたりするし，また，倒産処理において債務者の代理人や倒産企業の管財人は，債権者との間で倒産処理に伴う債務免除等をめぐる解決交渉を行う傍ら，事業体を生きたまま他の事業者に承継させる取引締結交渉を行う，といった具合である。このような複合形態での取引締結交渉への弁護士の関与は，実際上，増加してきていると思われる。

6 成立した合意の文章化と爾後の紛争解決プロセスとしての「対話」

　ビジネス交渉にしても紛争解決交渉にしても，交渉が成立する場合には，合意内容を文章化し契約書に取りまとめ，明確にする必要がある。この作業を支援することも弁護士の重要な役割である。その際，当事者が「対話」により了解に達した内容が前後矛盾なく，また過不足なく適切に表現されていることが重要である(69)。それと同時に重要なことは，その合意が一回的な履行で終了するものではなく，継続的な内容を有する場合には，その合意された内容について将来問題が生じた場合の解決プロセスを合意しておくことであり，そのプロセスとしてはやはり両当事者間の「対話」を基本に据えた手続を取り決めておくことが有益であろう。例えば，契約について疑義が生じた場合の協議による解決のプロセスについて具体的に定めるとか，弁護士会仲裁センターの和解あっせん手続を利用するといった定め方もあろう。あるいはまず，当事者間で定められた任意の協議による解決の努力を一定期間行い，それで解決できない場合には仲裁による解決を行

---

(68)　ビジネス関係の樹立を目指した交渉は，典型的には取引契約締結のための交渉であるが，より基本的なスキームの検討といった段階から交渉に関与することもあり，ここでは広く「ビジネス交渉」という捉え方をしてみたい。

(69)　契約意識，契約文章，契約実務について，田中齋治・上野幹夫『契約意識と文章表現——契約書にみる和魂洋才』東京布井出版，1980年。

うといった定め方もあろう。あるいは，両当事者の交渉時にいずれも弁護士が関与した場合には，その両弁護士を立会人にして任意の協議による解決を行うというやり方もあろう。より複雑で高度なケースで，当事者同士の自主的解決を行うための，より重装備な規定をおく場合も考えられる。例えば米国マイクロソフト社（MS社）に対する反トラスト法訴訟事件の和解[70]で定められた裁判外紛争解決に関する条項では，a）両当事者は，3人のソフトウェア専門家メンバーからなる技術委員会（Technical Committee）を組織するものとし，委員は，各当事者から中立で，利害関係を有してはならないが，仲裁人の選定と同様に，原告団から1名を，MS社から1名をそれぞれ指名し，その2名が裁判所の選任を受けて第三の委員を指名することとされる。技術委員会は，MS社による各事項の遵守をモニターし，各種調査の権限を有し，原告等からの訴えを受けて，MS社の違反行為に対する調査等を行う。また，b）MS社内でもコンプライアンス責任者を選任し，社内の全役員等に対して同意判決を配布して毎年その内容を確認し，その遵守を約する確認書を徴求する。c）自主的紛争解決（Voluntary Dispute Resolution）として，原告や第三者等からMS社による同意判決不遵守の訴えがなされた場合には，技術委員会とMSコンプライアンス責任者は自主的かつ迅速に問題が解決されるよう協力するものとし，そのための手続が定められている，という具合である。

第2節　ビジネス交渉と「対話」

1　取引締結交渉への弁護士関与の条件

(1)　弁護士がビジネス交渉に関与してこなかった原因

弁護士が行う交渉には，前記のように大まかにいって，紛争解決のための交渉

---

(70)　米マイクロソフト社に対する反トラスト法訴訟の経緯については，大澤『IT事業と競争法』（日本評論社，2001年）107頁以下。また，今回の和解の内容そのものについては，大澤「米マイクロソフト社に対する反トラスト法訴訟で和解合意」（NBL 726号4頁以下，2001年）参照。

(71)　日本人のインターナショナル・ビジネス・ロイヤーとしての経験と模索に基づいた国際交渉に関する文献として，坪田潤二郎『国際交渉と契約技術』東洋経済新報社，1983年。

とビジネス関係を樹立するための交渉とがある。本節では後者（ビジネス交渉）を検討するが，日本の弁護士がビジネス交渉そのものに関与する場面はこれまでは多くなく，ビジネス交渉での経験は欧米の弁護士に比べると非常に少ないといわざるを得ないだろう。これには種々の原因が考えられるであろう。[72]

例えば，① ビジネスの先端では日々，世の中に対する新しい切り口からの分析が行われ，新しいビジネス・モデルや革新的技術による事業が考案され，それを実行に移すための複雑で高度な契約スキームの策定と交渉が行われているが，そのような先端の現場においては，法律学の教科書や裁判例では触れられていない問題について，まさに私的自治の原則にのっとった当事者の創意と工夫による自律的な意思決定がなされなければならない。そのような先端の現場では，業界や技術などに関する基本的なバックグラウンドの理解や専門的な法分野に関する知見も必要になる。しかし，これまで弁護士はビジネスの先端の現場を知る機会があまりなく，専門領域の知見を広げることもあまりできなかった。あるいは，弁護士は事業経営や技術などの畑違いの事柄は理解できないという視野の狭さもあったかもしれない。このようにして弁護士は，なかなか On-going のビジネスをサポートするものとしての機能を果たしてこなかった（これは「鶏と卵」の議論になるであろうが）。

② そのためもあってか，ビジネス社会としても取引交渉に弁護士の関与を求めるという意識がなかった。あるいは，もし弁護士にそのようなビジネス交渉への関与を求めたとしても，先端のビジネスに適合しない一面的な法律論を振り回してビジネスをぶち壊すのではないかという不安感が実業家にはあるかもしれない。[73]

③ 日本の弁護士は数が少ないうえに，業務としては，もっぱら過去に起こった事実を回顧的に調査して，それに法律要件を当てはめ責任の有無を判断するという思考を中心とした訓練を受け実務を遂行しており，これから新しいものを創

---

(72) 小島武司・大澤恒夫「正義の総合システムにおける法的交渉」小島武司・加藤新太郎編『民事実務読本Ⅳ』前掲14頁。これらは予防法務や戦略法務について，弁護士が有している苦手意識や，ビジネスサイドとしても弁護士に関与を求めない不安感と共通していると思われる。

(73) 米国の実業家と弁護士職との間でも，「かみ合わない」アンビバレントな関係があることについて，M. マコーマック［植山周一郎訳］『弁護士社会アメリカの内幕』前掲参照。

造してゆくべきビジネスについて，将来のリスクを考慮しつつも，当事者の希望を達成するため柔軟な法的スキームのアイディアを出すという思考がなかなかできない。弁護士はビジネスマンが過去に犯した失敗を事後的に分析し，責任追及の攻撃・防御をすることはできても，自分がそのような失敗を犯す恐れのあるビジネスそのものにコミットすることはできないという不安感が弁護士にもあるのではないかと思われる。

④　前記の③にも関連するが，日本の弁護士が訴訟を中心とした手続における法律文書の作成を中心とした訓練と実務に長年慣れ親しんできたため，重要な事態が時々刻々と進行しプレッシャーのかかるビジネスの現場で，弁護士が訴訟以外のプロトコルにより，未知の相手方と「対話」を通じて新たなものの創造に取り組むことに，自信が持てないということもあろう。

(2)　ビジネス交渉に求められる弁護士の条件と交渉への関与

弁護士がこれまでビジネス交渉に関与してこなかった原因のいくつかを検討してきたが，逆にいえば，これらの原因を克服することが，弁護士がビジネス交渉に関与して行くための条件ということになろう。すなわち，総論で検討したような「対話」の基本的スキームを理解し，日常の業務において「対話」を実践すること，ビジネスや技術などの法律以外の世界にも普段から興味を持って勉強すること，ビジネスの世界の人々と積極的に「対話」を行うことができること，過去回顧・責任追及型の法律論ではなく，法に関する知識や経験に立脚しつつ，前向きの創造的なアイディアを出せる柔軟性を養い，努力を積み重ねること，このようなことを通じて，ビジネスの世界でも理解される弁護士であること，が必要であろう。

また，ビジネス交渉はビジネスマンや法務マンとのチームで行われることが多く，チームワークを遂行する能力も非常に重要なものになろう。このチームワークにとって重要な要素は，やはり「対話」である。チーム構成員間での「対話」の遂行が実りあるチームワークの実現のためには必要不可欠である。

弁護士は，仕事によって育てられるものである。従って，ビジネス交渉に必要な前記のような諸条件も，現実の仕事を通じて弁護士が身につける努力をしなければならないであろう。社内弁護士の場合には，上記のような諸条件を満たすのに適した業務環境にあり，また弁護士自身がビジネス交渉のアサインメントを受

けて臨む機会も比較的多いだろう。わたくしも外資系コンピュータ・メーカーの企業内弁護士の時代に，大手エレクトロニクス・メーカーとのOEM（Original Equipment Manufacturer）契約，当時唯一であった国内通信事業者とのJV（Joint Venture）契約，大手顧客へのシステム導入契約などの各種の取引締結交渉に当たった。その場合，当該契約のもとで遂行されるビジネスについては，事業を担当するビジネスマンと一緒にチームで交渉に当たるのが通常であり，企業内弁護士としての交渉は，意図された事業内容の契約条文への適切な反映，合理的な免責条件の確保，契約条件の法令（独禁法など）適合性といった点に重点が置かれ，それらの課題について当方の考え方を説明して交渉相手の理解を求め，相互の了解に達する文章を起案して細部の擦りあわせを行うといった活動が中心であった。

わたくしは独立後，企業再建の支援をする仕事が一つの中心的な業務になったが，その中で倒産に瀕した企業E社の生かすべき部分をM&Aの手法により，別の大手の事業者F社に承継させ，その承継によって生み出される原資をもって，E社に対する担保権者や一般債権者に弁済配当をするという業務を行ってきた。このような仕事は全体として倒産処理というジャンルに括ることができようが，承継事業者F社との交渉は一種のビジネス締結交渉の部類に属するといってよい（債権者との交渉は一種の紛争解決交渉に属するといえよう。）。M&Aの交渉に関連して倒産事業者E社と密接な関係のあった地権者やテナント，取引事業者といった利害関係者との利害調整も，ビジネス交渉に付随する中間的な交渉である。もっとも，このような交渉においてわたくしは，倒産企業の管財人や特別清算人等として関与することが多く，いわば当事者本人として交渉に当たってきたといえよう。また任意整理案件でも，この種の緊急事態のもとでは企業担当者自身も従前経験がないことが多いため，弁護士が中心的になって交渉に当たることが多い。倒産処理に伴うM&A交渉などは，平常時の交渉というよりも，破綻による大混乱を目前に控えた緊急事態のもとで行われるものであり，深刻な利害の衝突と大変な緊張を伴う反面，そのような事態を前向きに収拾してゆこうとするモーメントも必ずどこかで働いていると感じる。そのような交渉においては，全体の構図を細部まで法的観点から把握すると同時に，当該プロジェクトの筋を大きな視点から捕まえ，関係者の感情や意見をポジティブに逃げることなく聴くことを通じて，全体として纏め上げる方向性が見えてくる。そこで，一挙に前向きな大きなエネルギーが統合されてきて，全体の解決がなされてゆく。倒産処理に伴う交

渉には種々の特殊な要因もあり，改めて検討する機会を得たいと考えている。

(3) ビジネス交渉における「対話」の援助

　ビジネス交渉は相手方との「対話」のプロセスそのものである。前記のように複雑・高度なビジネスに関する知識やそれに対応する高度な法的知見を得るなどの条件が弁護士に求められることは言うまでもない。そのような知識・知見に基づいたアドバイスや議論そのものも弁護士に期待されるところであるが，しかし，弁護士によるビジネス交渉の援助はそのような側面にとどまるべきものではない。

　ビジネス交渉においては複雑な問題が双方から提出され種々の角度から議論がなされるが，そのプロセスにおいて双方の議論が噛み合わないこともあるだろうし，前向きのビジネスの交渉であっても困難な課題に直面して双方が感情的に対立するようなこともある。そのような事態において，弁護士は冷静にその場の議論を見つめ，双方の議論が噛み合うように整理し，感情的な対立の底に潜む問題を解決するなど，交渉の開始から終了に至るまで，双方の「対話」をサポートすることが期待される。このようなサポートを通じて弁護士は，依頼者の自律性の発揮と依頼者の真の意図の実現を助けることができるであろう。その助力はまた，「対話による原則立脚型交渉」を通じて，win-winの問題解決を可能にするという意味で，相手方にとっても有用なものとなる。

　また，例えば日本でもプロ野球選手の契約更新において弁護士による交渉が行われるようになってきたが，そこにおいては球団という巨大な力を前にして，1人の個人である選手が自律的な力を十分に発揮し，球団との間で「対話」を遂行できるように弁護士が助力することが期待されている。[74]巨人軍の上原浩治投手が2003年10月末から球団との間で行った交渉で弁護士を依頼し，同弁護士による多数回にわたる交渉を経て，11月下旬に弁護士同席のもと，前年の年俸よりも7000万円上乗せした2億8000万円（報道によっては9000万円上乗せの3億円ともい

---

(74) 小島武司・加藤新太郎編『民事実務読本Ⅳ』前掲15頁（小島・大澤筆）。もっとも，日本では現実的に弁護士が交渉を行うことは多くなく，本文の上原投手の例などが報じられ，一躍話題になった程度である。なお，マンビジネスにおける交渉については，マーク・マコーマック（深田祐介・植山周一郎訳）『マコーマックのマンビジネス』集英社，1985年，141頁以下。

(75) http://headlines.yahoo.co.jp/hl?a=20031128-00000006-nks-spo などの報道による。

う。)で契約の更新を実現したとされるのは，この例である。もっともこの交渉については，球団側は平成12年に取り決められた代理人交渉の要件の一つ(「選手は交渉日の1週間前までに代理人の情報を文書で通知しなければならない」)を満たしていないとして，本件は代理人契約ではなく，上原氏のアドバイザーである弁護士との準備的な交渉だったと公表した。マスコミ報道はこぞって球団側の発表に疑問を呈し，交渉にあたった弁護士は球団に対して，事実と異なる発表で名誉を毀損されたとして警告書を発したが，球団側からの回答を得て弁護士としては法的措置は採らないということで決着になったようである。この交渉について，選手の弁護士は契約更新の条件面について当初は球団側と選手側との間に開きがあったが，交渉によって歩み寄ったとした。しかし，球団側は，条件は交渉当初から一切変えていない(つまり球団として譲歩はしていない)と主張した。選手側は弁護士の助力を受けたことによって自律的な力を発揮できたために，球団側の譲歩を引き出せたとアピールするのに対して，球団側は弁護士が関与しても契約条件が良くなるものではないとして，交渉への弁護士の関与に否定的な評価を示そうとしているものと考えられる。事の真偽は別として，弁護士がこの交渉に関与したことがこのような物議をかもしたこと自体が，弁護士の交渉への関与が大きな意味を持っていることを端的に示していることは，否定しがたい事実であろう。

このようなプロ野球選手の交渉と同じようなことは，例えば技術力のある中小企業がビッグビジネスと交渉を行うようなケースにも当てはまるであろう。そこにおいては中小企業に大きな価値のある独自の技術があっても，その自律的な力を十分に発揮した交渉ができるとは限らない。そのような場合に弁護士に交渉への関与を求めて，当該企業が自社の価値を十分に踏まえた「対話」を行えるように助力を得ることが考えられるのである。

また，先に見たレバレッジド・リース契約をめぐる紛争のように，目先の利点だけに目を奪われて安易に莫大な金額の契約をしてしまい，後になって後悔するようなことは，一見冷静で合理的な熟慮が支配するかに見えるビジネスの世界でも，常にありうることである。事業者であっても，十分に自律性を有するとは限らないのであり(上記の事例はまさに自律性のない事業者であると考えられよう。)，ビジネスが拙速な判断により行なわれないよう法的な側面から助言をし，当事者の自律的な判断を助けることも，弁護士の重要な仕事になるであろう。もっとも，この場合注意しなくてはならないのは，ビジネス・マターについて，当事者自身

の自律的な意思を尊重すべきことである。つまり，当事者が真に自律的な判断をなしうるように必要と思われる法的情報を提供し，その理解をうながし，当事者が自律性をもって判断をなしうる状況が確保された場合には，当該ビジネスを遂行するかどうかの最終的な意思決定は当事者自身によってなされなければならず，その決定は最大限尊重されなければならないのである。

このようにして弁護士は，ビジネス交渉においても「対話」の専門家として，当事者の自律性の発揮を援助することが期待されるものと考えられる。

2　ビジネス交渉を支える対話の教訓──取引締結交渉の失敗事例の検討から

弁護士が「法」と「対話」の専門家としてビジネス交渉に関与する際の重要な役割の一つは，過去の裁判例等に見られるビジネス交渉に関する事件を検討してその教訓を学び，これを当事者にも分りやすく知らせてビジネス交渉に生かし，予防法務的に活用するという点である。

契約交渉や契約締結上の過失などをめぐる裁判例を調べてみると，失敗に終わったビジネス交渉の事案や交渉過程での問題がその後の契約の履行について障害をもたらした事案などが多数見られ，しかも，著名な大手の企業ないしその関連企業が交渉に関与しながら，相手方との間で大きな裁判紛争にまで発展したケースが相当ある。それらの裁判例で認定されている具体的事実経過を見ると，ビジネス交渉を遂行する上での種々の教訓が得られるであろう。[76] そのような裁判事例を拾ってみると，交渉が相当程度に煮詰まり，後一歩で正式契約という段階に至ったが，一方が意を翻して契約調印を拒んだ事例，実は交渉過程で相手方にとっても影響を及ぼす重大な事実があるのにそれを知らせず，あるいは交渉で前提となっている事柄と矛盾する事実があるのに，それが隠されていたということが判明し，結局破談になったという事例，外形的には契約が既に成立の段階に至っていると思われる状態になっていながら，実は権限のない者による独断専行の交渉が行われていたり，契約の成立を阻害する前提事実があるのに，これがないと思

---

(76) 池田清治『契約交渉の破棄とその責任──現代における信頼保護の一態様』有斐閣，1997年は，交渉破棄をめぐる裁判例を「誤信惹起（説明義務違反）型」と「信頼裏切り（契約締結利益侵害＝誠実交渉義務違反）型」に分け，独仏米各国の法の視点からの検討を踏まえて，日本法での解釈論を提示される。本書ではこのような民事責任論に焦点を当てるのではなく，契約交渉過程そのものに照準を合わせ，事件に現れた事実経過の中から，ビジネス交渉を実践する上で参考にすべき教訓を検討する。

い込んでいる相手方の重大な誤解について警告せずに交渉が進められていたことなどから，結局法的には成立は認められなかったといった事例，契約交渉時の説明が不十分なために契約の相手方に生じた損害について賠償が命じられた事例などがある。以下，若干の事件例を具体的に見てみよう。

① ビジネス交渉における重要事実の秘匿[77]

ガス漏れ防止機器のメーカーであるY社が，X社に対して関東東北地区における独占的販売権を与えることを前提として，X社と総代理店契約交渉を行い，契約案文も調印期日も決まった段階で，Y社が実は同じ地域で他社に販売権を与えていたことが判明したため，X社は契約締結を拒絶し，破談となった。X社は交渉の過程で，事務所を設けて営業活動（販売・宣伝）を開始して費用を支出し，総代理店となることを前提に，下部代理店の契約をしてY社に取引保証金も預託し，さらにY社に事業資金の貸付もしていた。そこで，X社からY社に対して，貸付金と預託保証金の返還請求のほか，営業活動上の支出について，損害賠償請求をした。裁判所は「Y社の行為は，X社に契約地域内で独占的に販売代理権を与えることを当然の前提としてX社との間で交渉を進め，かつ，X社が……右契約が成立することを前提として営業活動をしていることを了知しながら，これと基本的に相いれない事項を隠し，あるいは契約の成立を阻害する行為を自らなすもので，X社に対する不法行為に当たる」として，X社の請求を認容した。

この事件で最も重要な教訓は，契約成立のための基本的事項に反する事実を隠して交渉をし，あるいは交渉の途中でこの基本事項に反する行為をしてはならないということである。[78] 交渉過程において相手方に秘密にしておきたい事項がある場合もあるが，何をいつまで秘密にしておくかについては，相手方との基本的な信頼関係を裏切らないように，慎重な配慮が必要である。また，本件のX社の立場に立って考えると，契約というものは最後までひっくり返る可能性があるので

---

(77) 東京地判昭和56年3月23日判時1015号84頁以下。
(78) 最判昭和59年9月18日判時1137号51頁以下は，マンション売買交渉に関して，購入を希望すると称するYが，実際は面積等の条件が希望に合わないことから，買わないことにする結論に達していたにもかかわらず，特別仕様の工事や設計変更をさせたうえ，結局は買わなかったという事案で，Y側に契約準備段階における信義則上の注意義務違反があるとして，損害賠償義務を認めた。この事件も，本文の事案と同様，交渉の基本的前提に矛盾する事実を秘匿して交渉をしてはならないという教訓を残している。

あり，契約成立の前の段階で成立を前提とした多額の金銭的支出は余程慎重にしないと思わぬ損害を被ることがありうるという点を踏まえる必要があろう（契約成立前の金銭的支出を要する場合には，相手方との間に将来におけるその負担関係などを暫定的に取り決める覚書等を締結することも検討すべきである。）。

またこの事件で，Y社側はX社が総代理店としての活動をしないので再三警告をした上でやむを得ず他社と契約をしたと主張したが，裁判所はY社の主張を認めるに足る証拠はないとした。交渉過程での相手方とのやり取りなどは必ず議事録や書面による通知などで記録として保存しておくことを常に考えておくべきである。

さらにこの事件では，Y社が交渉過程で契約書案に独占的販売権の例外規定を盛り込むことを提案したが，X社がこれを削除して反対の意思を表明したという経過から，裁判所は，本件交渉が独占的販売権をX社に付与することを前提にはしていなかったとのY社の主張を排斥している。一般に契約書案の煮詰めの過程で種々の加除訂正のやり取りが行われるが，どのような背景や了解があってそのような加除訂正が行われたのか，議事録等で明確にしておくべきである。

② 不動産売買交渉と裏切り

不動産売買の交渉に関し，当事者が意を翻して破談になった事件は多いが，ここではそのうちのいくつかを見てみる。これらの事件は，バブル経済の中で人々が不動産の高価取引に狂奔していた時代背景のもとで生じたものが多い。

(a) 土地の売主Yが買い受け希望者Xと多数回にわたって交渉した結果，代金額1億8000万円などの契約内容，公証人役場での契約書作成の期日についての合意に達し，Xも買い受け資金の調達までした。しかし，Yは，本件土地をより高額の代金で買い取りたい旨の第三者からの話があるので，Xがこの土地を欲しいなら建物取壊し費用をXの方で負担して欲しいと申し入れ，Xはそれを承諾して，公正証書の作成日を改めて合意した。その際，契約事項の確認のため，市販の契約書式に記入して，XYにて記名ゴム印を押した。しかし，公正証書の作成を約束した当日，Yは公証人役場に現れず，本件土地は第三者に売却されてしまった。XはYに対して，主位的に契約成立を前提に履行不能による違約金請求をし，予備的に信義則違反による不法行為を理由として調達した資金の金利・手数料相当額の損害賠償請求をした。裁判所は，契約の成立は否定したが，予備的請求について，前記の経過のもとにおいては「Xとしては右交渉の結果に沿った契

約の成立を期待し，そのための準備を進めることは当然であり，契約締結の準備がこのような段階にまで至った場合には，YとしてもXの期待を侵害しないよう誠実に契約の成立に務めるべき信義則上の義務がある……」とし，Yはこの義務に違反したとして，Xの主張を認めた。[79]

　この事件は，不動産の売主がより高額での売却を行うために過度の駆け引きをした挙句，買主が契約成立を期待するのももっともな段階で，第三者に売却したというものである。このような駆け引き的で不当に両天秤に掛けるような交渉の危険が如実に示されている。

　(b)　ワンルーム・マンションの一棟売買取引の交渉で，国土法の手続が完了した後に契約をすることになっていたが，当時，金融引き締めやワンルームマンションへの社会的批判等が起こったことから，買取希望者がこれらの社会情勢を懸念し，従来の意を翻して契約を拒んだ事案で，裁判所は，このような段階に至ってから契約を拒むのは信義に反するとして，買取予定者に損害賠償義務を認めた。[80]

　(c)　40億円の土地取引の契約調印・決済の前日になって権利証の紛失が判明し，保証書での代替手続で決済・登記実行することになったが，結局は売主側が意を翻して調印をしなかった事案で，裁判所は売主側の損害賠償責任を認めた。[81]

　(d)　マンション建設用地について，売主側が買受希望者に対して譲渡することに同意し，一定の時期を目途に売買契約を締結する等を内容とする基本協定が締結され，更に売主側が買受側に対して開発行為についての同意書も提出するなどした後になって，買受側が売買契約の締結を拒絶した事案で，買受側に契約締結上の過失があるものとされたが，最終的には損害の立証がないとして，買受側の損害賠償責任が否定された。[82]

　③　交渉権限と契約プロセスの誤信[83]

　世界博覧会に日本政府が公式参加することになり，日本政府から出展事業委託を受けた日本貿易振興会（Y）がK社に総合プロデューサーを委嘱し，K社が岩波映画制作所（X）をセッション・プロデューサーに指名した。X社はY振興会

---

(79)　東京高判昭和54年11月7日判時951号50頁以下，最判昭和58年4月19日判時1082号47頁以下。
(80)　東京地裁平成5年1月26日判時1478号142頁以下。
(81)　福岡高判平成5年6月30日判時1483号52頁以下。
(82)　東京地判平成10年10月26日判時1680号93頁以下。
(83)　東京地判昭和53年5月29日判時925号81頁以下。

の職員やＫ社と打合せを行いながら映画の製作を進めたが，実はＫ社には業者選択や契約締結権限は与えられておらず，Ｘ社が正式に採用されるためには，競争入札によりＹ振興会との契約に至らなければならないこととされていた。しかし，Ｘ社は結局入札で敗れ，他社が落札した。Ｘ社は映画制作請負契約の成立（表見代理や黙示の契約成立）を主張し，予備的に契約締結上の過失，不法行為を主張して，約２千万円の損害賠償を請求した。裁判所は，契約成立の有無については，Ｘ社が交渉過程でかかわりを持ってきたのはＹ振興会の職員を含めて権限のない者たちであり，Ｋ社によるＸ社のセッション・プロデューサー指名も単にＫ社とＸ社間の内部的な契約関係にすぎないとして，Ｙ振興会との契約の成立を否定した。しかし，予備的請求については，本件事実のもとでは，当時のＸ社・Ｙ振興会間の関係は契約締結準備段階に擬するのが相当であり，Ｘ社において将来自社が随意契約で発注を受けられる旨誤信する恐れがあることはたやすく予想され，「契約法を支配する信義誠実の原則は，既に契約を締結した当事者のみならず，契約締結の準備段階においても妥当」するとし，信義則による「注意義務に違反し，相手方に損害を与えた場合には，その損害を賠償する責任を負う」とした。そして，「Ｙ振興会はＸ社の誤解を誘発するような行為を避けると共に，発注の有無は入札にかかるものであり，Ｘ社・Ｙ振興会間の関係はいまだ白紙状態にあることを警告すべき注意義務がある」のに，これを怠ってＸ社に損害を与えたと認定した。ただ，Ｘ社にも過失があったとして，50％の過失相殺をした。

　本件における重要な教訓は，取引締結交渉において誰が相手としてライト・パースンなのかを的確に把握していなければならず，契約当事者が組織体としては一流の大きな組織体であるとしても，それだけで契約交渉として安全確実なものだと即断してはならないという点である。むしろ，大きな組織体であるほど，問題が生じる際には組織としての論理が正面から働いてくるため，より一層の注意が必要であるともいえよう。特に本件ではおおもとの発注者である日本政府からＹ振興会を通じて二重，三重の業務委託関係が重なっており，このような複雑な構造のもとで行われるビジネス取引では，相当の注意が必要である。いわゆるイベント関連のビジネスは多数の業者が複雑に関係することが多く，契約をめぐる権限と責任の所在が不明確になることがしばしばある。また，本件は，契約の方式やスケジューリングを明確にしていなかったことにも原因がある。プロジェクトが走りだす段階で，見積もりの取得，契約条項のドラフティング，条件の折

衝，社内の調整，調印日程等の各ステップについて予め見通しをつけ，計画表を作成して管理するなどすべきであろう。

なお，本件では，X社はY振興会の正式の契約業者になれなかったにもかかわらず，X社が提出した映画シナリオはK社を通じてY振興会に提出されており，そのシナリオはK社がY振興会との契約の範囲でY振興会に提出したものであるから，Y振興会はそのシナリオを正当に使用できるとされた。契約成立前の段階で知的な創造物（本件では著作物）が創作・提出された場合，提出者側にこのようなリスクが付きまとうことに留意する必要がある。

組織における権限や承認基準，決裁プロセスなどに問題があったために紛争に発展するケースは多い。例えば，学校法人の代表権のない理事が独断専行で不動産業者に用地買収の依頼をした事案で，裁判所が学校の不法行為責任を認めたケース[84]や，医療法人と薬局との医薬分業契約の交渉について，薬局が契約の成立を見込んで種々の準備行為をし出費もしたが，結局は医療法人理事会の承認を得ることができず，契約調印に至らなかった事案で，裁判所が医療法人に損害賠償責任を認めたケース[85]，マンション建築請負工事契約の交渉に関し，準大手建設会社の営業部長が施主と了解した代金支払方法が社内の決裁基準を満たさないため，結局，同社で請負をしないこととなり，そのため施主が工事遅延や規模縮小の損害を被ったという事案で，裁判所が建設会社に対して，不法行為による損害賠償責任を認めたケース[86]などである。

また，プロジェクトにおける契約スキームについて誤解があった事案として，町の記念行事に関し，民間会社が町の記念イベント等の計画・準備・実施に関する委託契約ないしその予約が町との間で成立した主張し，そうでないとしても契約締結上の過失があると主張したが，裁判所は，記念イベント立案の企画コンペがなされたものの，それは専門的な立場からの助言指導が得られるコンサルタントを決定することを目的としており，そのことは町から民間会社に説明されていることや，実施するイベントが町の要望で火起こし式，メインイベント及び閉会式に限定されていき，業務委託契約もイベント講座，基本計画の策定，実施計画の策定という段階毎に契約が締結されていることなどに照らすと，町が当初から

---

(84) 仙台高判昭和63年5月30日判タ679号204頁以下。
(85) 大阪高判平成元年4月14日判タ704号224頁以下。
(86) 東京地判昭和61年4月25日判時1224号34頁以下。

イベント及びイベント講座の計画・準備・実施についての業務委託契約ないしその予約について承諾の意思表示をしたことを認めることはできないとされ，また町側に契約締結上の過失もないとされたケースがある[87]。この事案では民間会社側が交渉過程で過大な期待を抱いてしまったと見られるのであり，大型のプロジェクトでは全体のプロセスの構造や段階をよく認識して，各フェイズに応じた適切な交渉を行う必要があることが示されているといえよう。

④　無権限者による交渉の独断専行[88]

ビル賃貸事業者であるX社はその所有にかかる土地の利用・処分ができずに困っていたところ，同土地に倉庫を建設してY社（松下電子産業の子会社）に賃貸するプロジェクトを計画し，この計画をY社の構内下請け会社からY社に出向し「Y社業務（開発）部次長」という肩書きのM氏に持ち込み，Mと交渉を開始した。MはY社内では契約締結権限はないのにもかかわらず，上司への報告もせずその決裁も受けずに独断で交渉を継続し，X社に対しても前向きのことを言い，Y社名義を使って覚書を提出したりした。しかし，結局，このプロジェクトはY社の承認するところにならず，破談となってしまった。X社はその間，倉庫の設計料などの損害を被ったとして，主位的に契約締結上の過失を，予備的に不法行為を主張して，Y社に対して損害賠償を請求した。裁判所は，まず，契約締結上の過失の有無について，契約交渉の商議が開始された場合には，「契約締結を指向し他方の利益に介入しうる領域に入り込んだ者としての特別の相互信頼に支配される法律関係（「締結準備交渉関係」）が成立」し，相互信頼を裏切らない行為をなすべき注意義務を負うが，本件ではX社は，交渉の相手が松下関係であることなどからX社独自に本件プロジェクトの見込み判断をし，交渉の途中からこの見込み判断の誤りをX社自身察知していたが漫然と交渉を継続していたなどの事実から，Mには上記の注意義務はないと判断した。他方，裁判所は，不法行為責任について，MがX社に無断でX社名での覚書を偽造・提示したことはそれ自体違法な行為であるし，Mは交渉において上司の決裁を受け，また決裁未了の間はその旨をY社に告知しておくべき義務があるのにこれを怠って違法にあたかもX社の組織行為であるかのような仮装をしたと認定し，X社の請求を一部認容した（X社にも過失があるとして，40％の過失相殺をした。）。

---

(87)　大阪地判平成10年8月31日判タ1009号193頁以下。
(88)　大阪地判昭和59年3月26日判時1128号92頁以下。

この判決に関しては，Mの行為について，契約締結上の過失論においては違法性を認定せず，他方，不法行為論においては違法とするのは矛盾ではないか，また，上司の決裁なしでの交渉継続についても，Xが契約不成立の恐れを知っていたのであれば，行為と損害との間に因果関係がないのではないかという問題が指摘されている。[89]判決のいう「締結準備交渉関係」における注意義務の内容は極めて広範なものであり，契約の成立を妨げる事情を開示し説明すべきこと，問い合わせに応じて意思決定に重大な意義を有する事実について適切な情報提供・報告をすべきこと，専門的事項について調査解明し相手方の誤信に対し警告・注意をすること等が掲げられている。傍論とはいえ（しかも前記のように判決のロジックとして矛盾を孕んでいるかに見える部分もあるが），ビジネス交渉の過程で留意すべき点について，大きな示唆を与えるものである。本件は，企業内の意思決定のプロセスと内部の個人の役割について，一般の企業にも潜在している病理が噴出した事件といってよく，交渉相手や権限の問題に示唆を与える。X社側から見れば，早い時期にプロジェクトの話がY社内部の上層部に伝わるような工夫が必要であろう。Y社側としては，自己の従業員や協力関係会社からの出向者など人的組織面で独断専行が放置されることのないような，社内の審査・相互牽制・決裁のシステムを確立すべきであろう。

⑤ 契約交渉時の不十分または不正確な情報提供

契約交渉おいては，交渉当事者は相互に相手方に対して，十分かつ正確な情報を提供して，誤りない判断を可能にしなくてはならない。[90]特にフランチャイズ契約などではフランチャイザーはフランチャイジーに対して「客観的かつ的確な情報を提供すべき信義則上の保護義務」を負うとされる。例えばクリーニング業のフランチャイズ契約の事案で，[91]「一般に，フランチャイズ・システムにおいては，

---

(89) 半田正夫・本件判例評釈・ジュリスト 829 号 92 頁。
(90) 事業者が消費者と行う契約の交渉については，消費者契約法により十分且つ正確な情報の提供が義務付けられる。本書では事業間の契約における交渉に焦点を当てる。
(91) 東京高判平成 11 年 10 月 28 日判タ 1023 号 203 頁以下。名古屋地裁平成 10 年 3 月 18 日判タ 976 号 182 頁以下は，持ち帰り弁当販売のフランチャイズ契約について，また，千葉地裁平成 13 年 7 月 5 日はコンビニエンスストアのフランチャイズ契約について，同趣旨を示す。フランチャイズ契約については，川越憲治『フランチャイズ・システムの判例分析』別冊 NBL 29 号，商事法務研究会，1994 年，西口元・吉野正三郎・木村久也・奈良輝久編集『フランチャイズ契約の実務』新日本法規，2000 年など。

店舗経営の知識や経験に乏しく資金力も十分でない者がフランチャイジーとなることが多く，専門的知識を有するフランチャイザーがこうしたフランチャイジーを指導，援助することが予定されているのであり，フランチャイザーはフランチャイジーの指導，援助に当たり，客観的かつ的確な情報を提供すべき信義則上の保護義務を負っているものというべき」であるとされ，「本件においては，控訴人は，クリーニング業は全くの素人であったので，開業に当たっては相当多額の開業費用を要することなどからも，開業することに対する不安が極めて大きかったが，契約に先立って被控訴人から示された開業予定地（物件）に関する売上予測等の最終的な資料によっても，月40万円程度のオーナー手取額が得られるとされ，かつ，営業不振の場合には，営業権の本部移管まで約束されたため，本件契約の締結及び開業に至ったのであるから，契約に先立って被控訴人が控訴人に対して示した情報が客観的かつ的確な情報でなく，これにより控訴人のフランチャイズ・システムへの加入（契約者の締結及び開業）に関する判断を誤らせたといえる場合には，被控訴人は，前記信義則上の保護義務違反により，控訴人が右加入により被った損害を賠償する責任を負うというべきである。」とされた。契約事項が複雑高度になり，また，契約当事者の力の格差が大きくなればなるほど，交渉において当事者が適正な判断をすることができるように，正確で十分な情報の提供が要求されるようになろう。交渉者は常にこのことを留意する必要があると考えられる。

第3節　紛争解決交渉と「対話」

1　紛争の初期における交渉の在り方

　紛争に直面した当事者が法律相談を受け，その結果，相手方との交渉による解決を希望する場合に，弁護士自身がその交渉を受任することはよくある。[92]その場合も，「対話による交渉」という観点[93]から，弁護士自身が相手方と向き合うことが必要であるし，依頼者にも「対話による交渉」の考え方と依頼者自身の自律的な意思が決め手となることについて，十分な理解を得ることが必要である。その

---

(92) 本書第7章第3節に，わたくしが関与した同席対話による解決交渉のいくつかの事例を紹介している。

ためにも，弁護士自身が交渉の席に臨むにしても，可及的に依頼者自身の同席と依頼者による対話をうながすべきである。

　紛争においては利害や感情の対立が激しく，相手方への初めの接触，それを通じた対話の場の構築，交渉の開始の時点から，取引締結交渉とは異なった自覚的な「対話」の活動が必要である。例えば，相手方への手紙の書き方にしても，一方的な非難や攻撃を行うのではなく，冷静な対話による解決に向けて対話の場を構築するための配慮に富んだ内容と言葉遣いによるべきである。また，対話の場が設定されたとしても，話し合いそのものも感情的対立等から難航することも多く，その困難を克服することは重要な課題である。

　いわゆる隣人訴訟事件では，弁護士への相談がなされた後，裁判を起こす前の対話の回復の努力が選択されず，いきなり提訴がなされたことに端を発して，様々な混乱が生じたが，これについては既に相談の項で検討したので繰り返さない。その他の裁判例の中にも紛争初期における交渉の在り方が問題とされたケースもあり，「対話」を核とした弁護士業務の観点から検討を要する。

2　「対話」の場の構築と弁護士[94]

　弁護士は紛争解決の依頼を受けた場合，相手方への第一歩の対応として内容証明郵便による警告を行うことがよくある。確かに依頼者が直面している問題の性質や急迫の状況などによっては，内容証明郵便による警告や通知が必要な場合ももちろんある[95]。しかし，話し合いにより迅速で適正な解決がなされうる事案も多いのであり，そのようなケースでは弁護士はまず，「対話」の場の設定を円滑にできるように相手方への連絡を行うべきであろう。

　ただ，一般の人々は弁護士から連絡がなされた場合，そのことだけで非常な防御反応を示すことがあることは，弁護士であれば誰しも経験するであろう。そこ

---

(93)　「交渉ルールには，当事者の地位・構成，交渉の内容・経過など主観的・客観的ファクターに即応して微調整が行われて然るべき面のあることも否定できない」が，「示談交渉については，一般的に，合理的対話の精神を基礎とする『反論可能性を前提とした対論』という基本的枠組みを持つ紛争解決交渉モデルを維持することが相当である」（加藤新太郎『弁護士役割論（新版）』前掲333頁以下）。
(94)　弁護士が関与する交渉における対話の場の構築もなかなかに骨の折れる課題であるが，民間ADRでの対話の場の構築はもっと困難であり，この点については後にADRの項で検討する。

で，事案の内容や経過，当事者間の関係によっては，依頼者自身からまず相手方に連絡を取ってもらい，弁護士を交えた話し合いの場を持つことについて提案をしてもらうという方法も考えられよう。[96]

　弁護士自身が対話の場の構築のために，相手方に連絡をとる場合，電話等の口頭で行うか，手紙・電子メール・FAX等の文書で行うかなど種々の選択肢がある。対話の場の設定そのものに特別に困難はないと思われる事案では，電話など口頭で連絡を取り，当方が話し合いによる解決を希望する趣旨をよく説明して，相手方の理解を得るのが，もっとも迅速で円滑な場の設定につながることになろう。

　事案が複雑で，感情的な対立も厳しく，対話の場の設定そのものに困難があると思われる事案では，文書で意を尽くした説明を行い，相手方にも冷静な対応を期待する方法が適切かもしれない。

　いずれの場合でも，相手方には，以下のような諸点を伝え，理解を得られるように努力すべきであろう。その際，相手方に伝える内容について，事前に依頼者本人に伝えてその了解を得ておくべきであろう。

　① 両当事者間に存する問題についてのできるだけ客観的な説明。その際，リフレーミングなどの手法により，感情的対立を捨象し角を丸めた表現を行うよう

---

(95) わたくしが対応した最近の事案（自治体の無料法律相談での事案）では，ヤクザと称する人間に執拗な暴行脅迫を受け，複数のサラ金に行って借金をさせられ，その金を喝取された被害者が，サラ金業者からの借入金の返済をしなくてはならないのではないかと悩んでいたケースで，相談後直ちに内容証明郵便をもって，強迫による意思表示（借入契約）の取り消し（民法96条1項。同2項の反対解釈として，詐欺の場合と違い強迫の場合は第三者が事実を知らなくても取り消しができるとされている。）を行い，借入金は強迫者に喝取されたことから被害者に利益も現存しない（民法703条）ので，何らの返還債務も負わないことをサラ金業者に通知したものがある。このような事案では，内容証明による通知は必須のものとなる。

(96) 廣田教授が解決されたワキガ事件（夫からワキガが臭いから離婚するといわれた若い女性の相談で，実際にはワキガの臭いが原因ではなく，廣田弁護士が夫と面談する中で，妻が夫を現実の男性として受容できなかったことに原因があることを理解し，そのことを妻にも理解をうながして，円満解決に結びつけた事案）で，廣田弁護士は妻自身の口から夫に「対話」の場の設定を申し出るようにうながした。「こういうときには，私から夫に書面を出したり，電話をかけたりしない方がよいものである。そのようなことをすると，たちまち法律上の権利義務のやり取りになって，一気に離婚の方に方向づけられてしまうからである。」（廣田尚久『紛争解決学（新版）』信山社，2002年，64頁）。

留意すべきであろう。

　②　この問題について，当方の考えを聴いて欲しいこと，当方としても相手方の考えを聴くこと。

　③　相互に質問し合い，語り合い，聴きあって，両当事者間の問題を双方が納得できる形で解決できるよう，一緒に誠実に考えるという基本的な姿勢でいること。

　④　相手方としても，弁護士など適切と思う人に相談するなどして，話し合いに臨んでほしいこと。

　⑤　具体的な対話の日時・場所等については，双方の都合により協議して決めさせてほしいこと，など。対話を行う場所も重要な要素であり，相手方の希望も尊重して話し合いで決めるべきであるが，プライバシーを保って双方の当事者が安心して話ができる場所が望ましい。相手先に出かけていって，話し合いをするということもよくあることである。

　弁護士は，このような配慮をした丁寧な連絡を試みるべきである。ただ，それでもどうしても，相手方から話し合いの場を持つことを拒絶されたり，何らの回答も対応もしてもらえないという場合もあり，その場合は次のステップとしてADRや訴訟の利用を検討することになろう。

3　解決交渉のプロセスで留意すべきこと──ある幼稚園事故の検討を通じて

　紛争解決交渉における「対話」の場の構築を経て交渉の遂行の段階に入るが，そのような「対話」のプロセスにおいて，弁護士はどのような点に留意すべきであろうか。この問題を考える上で参考とすべき事案として，以下のケースを見てみたい。この事案[98]は，入園間もない幼稚園児が園内で遊んでいるときに遊具（うんてい）に掛かっていた縄跳びの紐を首に巻きつけて窒息死したという悲惨なケースに関するものであり，裁判外での当事者間でのやり取り，幼稚園側からの

---

(97)　廣田教授は，前注で引用したワキガの事案について，「できれば私の方から出向いて行かないほうがよい。なぜなら来るか来ないかで，夫のこの問題に対するスタンスが分るからであって，行けばそれが分らなくなる。」とされる。そして，実際に夫は妻に要請されて，弁護士の事務所を訪れた。これにより弁護士は，夫がこの問題を「何とか解決したいと思っている」ことを理解した（廣田尚久『紛争解決学（新版）』前掲64頁）。

(98)　浦和地判平成12年7月25日判時1733号61頁以下。

送金，両親側代理人からの質問書送付，幼稚園側からの調停申し立て，調停不成立，両親側からの訴訟提起という，一連のプロセスについて詳細に判示されている。弁護士はこのように非常に悲惨で困難なケースについても相談にのり，解決の依頼を受けて話し合いを遂行する職責があるのであり，このようなケースの解決活動についての現実的な側面を検討することは，弁護士の一般的なプラクティスの在り方を考える上でも重要なことである。少し長くなるが，判決に現れた事実経過を引用しながら，検討したい（本書では，あくまでも紛争解決における交渉の在り方という観点で本件を検討するものであり，本件事故そのものの責任論については触れない。）。

(1) 事案と提訴までの経過の概要
① 事故当日から葬儀前後ころまで
　(a) 本件事故の発生と事情聴取
　この事案は，入園間もない園児が園内の遊具である「うんてい」の高さ約1.3メートルのところに両端が結ばれた縄跳びの紐に首をかけてぶら下がった形で発見されたが，搬送された医療センターで窒息死が確認されたというものである。死亡した園児の両親は知らせを聞いて，動揺し，事故ではなく幼稚園に殺されたと思った。幼稚園は県学事課に連絡し，同課は当日，幼稚園関係者の事情聴取を行い，本件事故に関する報告を県に行うように指導した。また，本件事故当日の午後3時ころから同日午後9時30分ころまで，幼稚園関係者が，警察から本件事故に関する事情を聴取された。
　(b) 幼稚園側からの訪問などと両親の拒絶
　事故当日午後10時ころ，幼稚園の教職員ら10数名が，死亡した園児宅を訪れたが，両親は，子供が死亡したことで，動揺し，事故でなく，殺されたと思っていたことから，幼稚園の関係者らの顔も見たくないし，会うことも嫌であり，話もしたくないという状況であった。園児の父親は幼稚園職員に対し，「子供は，ここにいない。帰れ。」と言い，また，同日午後11時ころ，更に関係者が園児宅を訪れたが，応答がなかった。事故の翌日，幼稚園関係者が園児宅を訪ねたが，留守で会うことができなかったため，園児の両親の実家を教えてもらい，実家を訪れたが，門前払いを受けた。幼稚園側はその後，仲介を立てて両親宅を訪れ，葬儀料等の支払を申し出たが，両親は，式が終わったら弁護士に依頼するという

ことで，この申し出を拒否した。幼稚園側は，2日後に行われた通夜に行ったが，香典及び生花の受領を拒否され，静かに送ってやりたいとして，通夜に参列することもできなかった。また，翌日の告別式への参列もできなかったため，路上で膝をつくなどして出棺を見送った。

　(c)　両親の事案解明・説明要求と幼稚園側の対応

　園児の両親は，事故の4日後，園児宅を訪れた幼稚園職員（園児のクラス主任）に対し，本件事故について訊ねたところ，職員は，首に縄が掛かっていたと答えたのみで，何があったのかという問いに対しては，見ていなかったのでわからないと答えたことから，園児のクラス主任であった職員に対する信頼が踏みにじられたという気持ちとなり，その後も，幼稚園関係者が，園児宅を訪れるたびに，精神的に不安定な状態で，怒りからくる震えと血が逆流する思いにかられるようになった。その後も，幼稚園関係者が園児宅の訪問を続けたため，両親は「何しに来るのか」と訊ねたところ，「お見舞いです」と言うのみであったことから，幼稚園側はただ来れば良いというだけで来ており，何しに来ているのかすら分かっていない，園児に対して申し訳ないことをしたという意思は全くないとしか思えないという気持ちが，次第に強くなった。

　幼稚園は，事故の翌日ないし翌々日ころ，教職員間で，遊具周辺に一人の教員が，当番制でいるようにする，遊具で園児が遊ぶ場合は，担当者を決めて監視すること等を内容とする「保育内容について」を取決め，実行することとし，また，本件うんていは，事故翌日に撤去し，園児と保護者の不安を取り除くため，4日後に本件事故に対する説明会を開催した。また，幼稚園は，本件うんていを撤去した場所には，園児の冥福を祈る目的で花壇を設置し，毎月の月命日には，墓参りをするなどしているほか，職員室には，園児の写真と花を飾る等の対応をした。

　②　両親から依頼を受けたA弁護士の活動と幼稚園側B弁護士の対応など

　(a)　A弁護士からのはじめの交渉書面と2100万円の支払

　園児の両親は，事故の二十日後くらいにA弁護士に依頼し，A弁護士は，幼稚園に対し，本件事故に基づく損害賠償の全体については，来月末ころ（事故から2ヵ月後）までには請求の交渉をしたいと考えている，災害共済給付金2100万円が幼稚園側に支払われているということであるので，当面，右金員について内払いを求める旨の書面を送付した。幼稚園側は，A弁護士に対し右2100万円を送金した。

(b) 県学事課への質問書

A弁護士は，事故から四十数日後，県学事課に対し，本件事故について，幼稚園からの報告や幼稚園に対する指導などについて質問書を送付し，県学事課長は回答を行った（県との関係の詳細については省略する。）。

(c) 幼稚園側選任のB弁護士への回答要求と督促

A弁護士は，事故から約3ヵ月後，幼稚園側が依頼したB弁護士に対し，園児両親のA弁護士に対する依頼の趣旨は，本件事件の真相解明及び損害賠償の請求の二つであるが，損害賠償請求の前提として本件事故に関する解明を求めたが，本件事故後3ヵ月が経過するにもかかわらず，幼稚園等からは本件事故に関する事実経過の説明が一切ないとして，幼稚園と全教職員に対する質問事項を付し，これに対する回答を求める旨の書簡を送付した。

幼稚園側から，質問事項について，何らの回答もなかったため，A弁護士は，通知から10日後に，B弁護士に対し，早急に右質問事項に対する回答を求めるとともに，同月中に回答ができないのであれば，その旨及びいつ回答ができるのかを知らせてほしい旨を記載した書簡を送付した。

(d) 幼稚園側からの振込み入金（960万余円）とA弁護士からの反発

幼稚園側は，事故から4ヵ月後に，A弁護士に対し，本件事故に関する損害賠償の残余金として960万余円を送金した。

A弁護士は，960万余円の送金を受けた数日後に，B弁護士に対し，園児の両親は，園児の死亡した経緯の解明を求めているにもかかわらず，残余金を振り込んだ旨の書面，損害額を算定した書面及び受取証の三通の書面を送付し，右損害賠償の残余金を送金したことは，金さえ払えばいいのだろうと言っているとしか受け取れず，親の気持ちを逆なでするものである，今回の残余金について，幼稚園側は，自動車事故損害賠償責任における損害賠償額の算定基準であるいわゆる赤本に従った算出をするというが，慰謝料と葬祭費については，右基準に従った金額でない，両親は，右残余金は，損害賠償の一部として受領するが，質問事項に対する早急な回答を求める旨の書簡を送付した。

(e) B弁護士からの回答とA弁護士からの反発

B弁護士は，A弁護士の書簡への返事として，幼稚園及び職員は，両親に対し，経過を十分説明したとのことである，損害額について，双方に食い違いがあることは，十分承知している，質問事項については，警察での取調中であるから，現

時点では回答できない旨を記載した書面を送付した。これに対し，A弁護士は，B弁護士の回答は，誠意のない内容であるとして改めて回答を求める旨の書面を送付した。

　(f)　幼稚園側からの調停申立・不調・両親側の提訴

　幼稚園側は，事故から4ヵ月半後，園児の両親を相手方として，園児の冥福を祈るとともに，両親との間で，一日も早く円満な解決を望むものであるところ，公平なる第三者の仲裁によることが最良であると考えるとして，K簡易裁判所に対し，本件事故に基づく損害賠償等について調停委員会の相当なる調停を求める旨の調停を申し立て，A弁護士からの質問事項への回答を送付したが，両親は，同裁判所に対し，幼稚園側が本件事件の真相の究明について明らかにしようとしない状況の中で，損害賠償に関する話合いに応ずる意思は全くない旨を記載した準備書面を提出したため，右調停申立事件は，申立から3ヵ月程度で不成立により終了した。

　そして，両親が原告らとなって提起したのが本訴である。

(2)　死亡した園児の両親の主張

　この訴訟で原告となった両親は，事故後の経過について，次のように主張した（県に関する部分は省略する）。すなわち，両親は，本件事故の発生後，幼稚園関係者らに対して事故の発生状況等について具体的な説明を求めたにもかかわらず，幼稚園側は，誠実に対応することなく，かえって両親の感情を逆なでする次のような行為を繰り返したため，両親は，精神的な損害を受けたのみならず，その精神的損害は拡大されたと主張した。

　①　幼稚園側は，犯人を隠していたとの主張

　本件ロープは本件事故当日の昼前後に，大人が結びつけたとしか考えられず，幼稚園内でこれをなし得る者は，幼稚園の職員以外にはあり得ない。両親は繰り返して原因究明を求めたが，幼稚園側は，原因究明を全く行なおうとはしなかった。事故を起した幼稚園側としては，できる限りの究明をすべきであり，究明の努力をすれば，少なくとも「幼稚園の職員が当日昼前後にロープをかけたであろうという事実」までは判明し，これを両親に説明することができたはずである。更に限られた数の職員なのであるから，具体的に誰がロープをかけたかについても特定できない訳もない。幼稚園側は，本件うんていを取り去ったのみでこと足

れりとし，両親に対しては，犯人隠しをして，「解らない。」，「警察の捜査中であるから。」として何ら説明をしようとしなかった。大切な子を失った両親に対する幼稚園のこのような対応が「子供の死」の精神的苦痛を倍加させたことは明らかであると主張した。

② 幼稚園側は，両親の意思に反して自宅を訪問したとの主張

幼稚園側は，原因究明の要求には何ら応えようとしないにもかかわらず，謝罪と称して園児宅を繰り返し訪れた。両親にとっては原因究明が第一の課題であり，これを抜きにして単に謝罪の言葉を言われるということは希望しておらず，幼稚園側の右の行為は，全く無意味であった。そこで，両親は，幼稚園の関係者に自宅に来ないようにと申し述べ，この意思は幼稚園側にも伝わっていた。両親は幼稚園の関係者に自宅に来て欲しくないとしているのであるから，幼稚園側は，責任を感じ誠意というものがあるのであれば，園児宅に行くべきではない。ところが，幼稚園側は，被害者である両親の意思を全く無視して，自己満足のために誠意の形作りとしての園児宅への訪問を止めなかった。幼稚園側のこのような行為は，死を悲しむ両親を更に傷つけたと主張した。

③ 幼稚園側は，金で済まそうとしたとの主張

両親は原因究明を求めたが，幼稚園側は本件を損害賠償の問題として処理することのみを考え，本件事故の原因究明に何ら応えないのみならず，一方的に損害賠償として金員を振込んで来た。このような幼稚園側の対応が，両親をして，「幼稚園は子供のことを金の問題としか考えていない。」と思わせたと主張した。

(3) 両親の慰謝料請求は権利濫用だとする幼稚園側の主張

以上のような両親側の主張に対して，幼稚園等は，園児の両親らに対し，本件事故後，誠意をつくして謝罪をしていたものであり，両親は，幼稚園等の訪問を拒絶し，ある時は，謝罪に来ない等と言うなどしておきながら，本件事故後の幼稚園側の訪問，謝罪に対して，慰謝料を請求することは，権利の濫用に該当すると主張した。

(4) 裁判所の認定事実に見られる本件における対話の在り方について

裁判所は，「本件事故は，……被告学園等が，園児らに対する安全確保及び事故防止に関する注意義務を怠ったことに起因するというべきであるから，被告学

園等は，本件事故によって生じた損害を賠償すべき責めを負う。」とし，本件事故後の経過に関する両当事者の主張については，次のように判示している。すなわち，裁判所は，幼稚園側が事故直後から数次にわたり園児宅を訪問し，葬儀への出席等を願ったが，両親側が拒絶したこと，両親が幼稚園側に事案の解明と説明を求めたが満足な対応が得られず，信頼を踏みにじられたという気持ちになって，幼稚園側が園児宅を訪問しようとしても強く拒絶されるようになり，両親と直接話ができる状況ではなくなったこと，両親側は幼稚園側に要求して災害共済給付金の支払を受けたが，幼稚園側に対して繰り返し真相解明・説明の要請を行っても回答が得られない状態が続いたこと，幼稚園側から一方的に残余金と称する金銭が算定され振込みがA弁護士宛てになされたが，質問への回答はなされなかったこと，幼稚園側から調停申立がなされたが，両親側は真相が分らないまま調停に応じることはできないとして不調に終わったことを認定し，両当事者の主張そのものについては以下のように判示し，最終的には死亡慰謝料を算定する上で総合的な事実の一部として考慮した。

① 幼稚園側の園児宅訪問の相当性

裁判所は，幼稚園側が本件事故直後から，園児の冥福と両親に対する弔意等のために見舞金や生花を用意して，園児宅を訪れたが，両親は，子供が死亡したのは，事故でなく，幼稚園に殺されたとして，幼稚園側の園児に対する弔意等をかたくなに拒絶し，幼稚園側との話合い等も殊更に拒んでいたものであり，幼稚園側は，園児に対する冥福及び両親に対する弔意を相応にしており，これが社会通念上不相当なものであり，形式的であり，単に儀礼的なものであったと認めることはできない，と判断した。

判決から見る限り，事故直後から葬儀の前後における幼稚園側の訪問等はそれなりの誠意を尽くそうとしていたことが伺われるように思われる。他方，両親側も入園したばかりの最愛の子供を不条理にも突然失った悲しみから，子供の死を受容できないのも当然であり，事故直後の段階で幼稚園側の弔意等を受け容れられなかったのも無理はないものと思われる。

問題はその先にあり，両親側は単なる自宅訪問や謝罪ではなく，事案の真相解明を強く希望したのであり，これに対して幼稚園側は警察の取調べ等が行われていることを理由として，事件の経過や原因等について両親側が納得できる調査や説明をしなかった。ここに本件の紛争解決プロセスにおいて「対話」が成り立

なかった原因があると思われる。両親側から相談を受ける弁護士も，幼稚園側から相談を受ける弁護士も，各当事者が困難な状況に直面して自律性を失いかけていることに配慮し，各当事者が事態を正面から見据えて，相手方と「対話」を行い，自身の自律的な意思によって克服していけるように，援助すべきである。

② 両親の事案解明要求の相当性と幼稚園側の対応の不十分性

裁判所はこの点について，幼稚園に入園したばかりの子供が突然の不慮の事故で死亡したことに対する両親の悲嘆は，計り知れないものがあり，幼稚園側に対し，本件事故の原因等の解明を求めることは，親の気持ちとして当然であり，幼稚園側としても，本件事故の原因を解明し，事故の再発を防止するための方策を講じ，安全確保と事故防止の徹底を図ることは，責務の一つというべきである。しかしながら，幼稚園側は，本件事故時の状況を教職員から一通り聴取し，本件うんていを撤去し，その旨を県学事課に報告したのみで，本件事故の発生原因等については，もっぱら警察の捜査等に委ね，両親からの事実関係に関する求めに対しても，詳細な事実関係は，警察の取調中であるとして明確な回答をせず，両親の質問事項についても，適切な対応をすることなく放置し，A弁護士からのたび重なる督促の結果，ようやく回答したもので，この間，幼稚園側は，本件事故の原因解明を求める原告らに対し，右回答をすることができないこと及び回答が遅れている事由等を示すこともなかったし，また，右回答をしなかったことについて格別にこれを相当とする事由が存していたとは認められない，とした。そして，この間，幼稚園側の対応は，両親との損害賠償に関する解決を模索する等していたとの指摘を受けてもやむを得ない状況であったというべきで，幼稚園側が，本件事故により最愛の子供を亡くした両親の前記気持ちをそんたくし，その意に沿う対応をしていたと認めることは困難であるといわざるをえない，と判断した。

本件で幼稚園側は，両親からの真相解明の要求に対して，明確な回答をせず，質問事項についても適切な対応をせずに放置し，回答ができない，あるいは遅れるというような点についても説明しなかったということである。幼稚園側は，原因解明等をもっぱら警察の捜査に委ねたということを理由に被害者両親への回答をしない姿勢をとっているが，そこには被害者と向き合って自律的に責任をもった行動をおこなうのではなく，当局の調査や指示に従うことにより事態を切り抜けようとするメンタリティーがあるかもしれない。幼稚園側としては本来，独自に弁護士等をメンバーとする事故調査委員会のようなものを組織し，客観的で迅

速な調査を実施して，被害者に報告するとともに，それを踏まえて解決に向けた「対話」を行う努力をすべきであろう。もちろん警察の捜査との関係もあるかもしれないが，捜査の関係で問題があるのであれば具体的に理由を示して，相手方にも理解を求めるべきであり，単に捜査の都合といった抽象的な説明で報告をしないという態度に出るのは，好ましいことではない。また，回答が難しかったり遅れたりすることがあるのであれば，その理由を付して相手方にタイムリーに連絡し，了承を得るということも必要であろう。総じていえば，このような幼稚園側の対応は，自律性を阻害する萎縮に襲われているものと考えられ，弁護士は関係者との対話を行う中で萎縮した気持ちを励まし，自律性の回復を図りつつ，問題解決への取り組みをうながすべきであろう。

③ 犯人隠し，意に反する訪問，金で済まそうとしたとの点について

両親側は，幼稚園側が犯人を隠したと主張したが，裁判所は，本件全証拠によるも，かかる事実を認めることはできないし，右事実を認めるべき証拠もない，とした。また，両親側は，幼稚園側が両親の意思に反して自宅を訪問したとか金で済まそうとしたと主張したが，確かに，両親が拒絶するにも関わらず，幼稚園は何度も園児宅を訪問したことが認められるものの，幼稚園側としては，園児及び両親に対する弔意と見舞い及び謝罪等の気持ちから行っていたものであり，社会的通念上，幼稚園側の右行為が相当でないと認めることはできないとした。裁判所は，むしろ両親側が，子供が殺されたとして，一方的に幼稚園側の来訪を拒絶していたのであって，幼稚園側が両親の拒絶にもかかわらず訪問したことは，直ちに，不法行為を構成するとはいえないとした。さらに，両親側は幼稚園側が金で済まそうとしたと主張するが，確かに幼稚園側は，両親が本件事故の原因解明を強く求めたにもかかわらず，これに応じることなく，損害賠償に関する問題の解決を企図し，調停の申立てや，損害賠償の残余金としての支払をしたことが認められるが，両親側は，当初から，本件事故の原因解明とともに損害賠償に関する請求をしていたのであるから，幼稚園側が損害賠償問題の解決を企図しており，それが両親の意に沿わないものであるとしても，これが直ちに不法行為を構成するものであると認めることはできない，と判断した。

本件においては，前記のように幼稚園側が萎縮し自律性を失いかけて，真相解明の対応を十分に行わなかった点が問題とされるべきであるが，他方，両親側においても過剰な気持ちにとらわれて，幼稚園側に対して言い過ぎている部分があ

るかもしれない。萎縮と同様に，過剰もまた自律性を阻害する要因となる。本件の両親が悲しみを乗り越えて，自律性を回復し，幼稚園側と正面から向き合って，問題の克服をしていくのは至難の業だと思われれるが，弁護士は可能な限り，両親との対話を通じて支援をしていくべきである。ただ，本件のようなケースでは，幼い子供を突然失った両親の悲しみはカウンセラーなど心の専門家が援助を行うべき場合があると考えられるので，必要に応じてそのような専門家の援助を求めるべきであろう。

④　両親側の請求に関する権利濫用論について

幼稚園側は，両親に対し，園児に対する弔意等については，社会通念上相応な対応をしていたのに，両親側が幼稚園側との話し合いや接触を拒絶していたのであり，両親側が幼稚園側の対応を非難して両親の感情を逆なでするものであり精神的な苦痛が倍加したとして慰謝料の請求をすることは，権利の濫用であると主張した。しかし，裁判所は，幼稚園側の両親に対する対応は，前記のとおり真相解明への対応がなされないなど相当でない面もあったのであるから，これを理由とする両親の主張が権利の濫用に該当すると認めることはできない，と判断した。

幼稚園側は，両親側の請求が権利濫用であると訴訟の中で主張したが，裁判所はこれを否定した。このような幼稚園側の主張は，これまた自律性を阻害する過剰な反応によるものではなかろうか。本件では，両親側も幼稚園側も，双方共に萎縮と過剰という二つの自律性阻害要因に襲われて，紛争解決のプロセスのなかで十分な「対話」を実現できなかったのではないかと思われる。

第 7 章

ADR，中立的調整活動と「対話」

　これまで相談及び相対交渉による自律的な紛争解決の支援について，「対話」の側面から検討してきた。このような当事者間での直接の「対話」による解決ができない場合，中立的第三者の関与を要請し，その第三者のもとで「対話」を行い解決を目指す手続が必要とされるが，そのようなものとして活用しうる代表な制度としては，「調停」がある。そこで「対話」の観点から，弁護士が「調停」に取り組む場合の在り方について，検討したい。

　また，「調停」は現状では裁判所における民事調停または家事調停が実際上中心となっているが，民間において「対話」の場を提供し，話し合いによる解決の支援を目指す Mediation の活動が芽を出しつつあり，弁護士が Mediation に関与することも今後は重要なテーマとなることから，本書では「Mediation」における対話促進の在り方についても，検討しておきたい。

　更に，調停や Mediation は中立的な機関として第三者が関与するものであるが，弁護士が一般的な弁護士プラクティスの過程で事実上対立当事者間の「対話」の場を構築し，中立的調整の活動を行う場合も相当に考えられ，その場合に留意すべき課題についても検討する。

　更にまた，中立的第三者の関与による自律的な解決を目指す方式として「仲裁」がある。仲裁はそれ自体は，仲裁合意に基づいて，対立当事者による事実の主張立証と仲裁人による仲裁判断という裁断が行われるものであり，訴訟手続に近い

---

(99)　廣田教授は，「もともと私は，紛争解決の本来の姿は相対交渉であると考えているし，心底では第三者が関与する調停，仲裁は次善の策であると考えているところがある。」とされる（廣田尚久『紛争解決の最先端』信山社，1999 年，11 頁）。

(100)　調停については，小島武司編著『調停と法——代替的紛争解決（ADR）の可能性』中央大学出版部，1989 年，日本法律家協会編『民事調停の研究』東京布井出版，1991 年。

プロセスと考えられるが，いわゆる Med-Arb（ミーダブ。調停を経て仲裁に至る場合）や最終提案仲裁などは当事者間の自律的な「対話」の成果を活用する解決方式であり，「対話」の観点からも重要なものである。

本章では，このような調停，Mediation，及び，中立的調整活動，並びに，仲裁について，「対話」の観点から検討することとする。

第1節　調停と「対話」

1　裁判所での調停の現状と「対話」

弁護士や当事者の努力にもかかわらず任意の「対話」の場の構築ができない場合，次に考えられる場の一つとして，裁判所における調停がある。弁護士は調停での当事者の代理人となることもあるし，調停委員としての活動をしている弁護士もいるであろう。弁護士は調停をどのようなものとして理解し，調停の場においてどのような活動を行うべきであろうか。

現在，裁判所で行われている調停手続では，いわゆる別席交互方式により，調停者が当事者双方から交互に事情聴取を行い，調停者が事案について心証を形成し，問題点について一定の判断に立脚して妥当と考える調停案を提出し，両当事者を説得するというやり方（いわゆる「裁断・説得型」ないし「司法モデル」）が基礎になっているといわれる。[101][102] 調停手続で代理人となった弁護士も，依頼者を保護す

---

(101) 上原裕之「司法モデルの家事調停への疑問」井上治典・佐藤彰一共編『現代調停の技法――司法の未来』判例タイムズ社，1999年，192頁以下。「司法モデル」は旧来の「まあまあ調停」からの脱却という意義があったが，上原判事は司法モデルに対して，①「『当事者主役』の視点に欠けている」，②「調停の『非敵対的な部分』をみすごしている」，③「調停者の視線が高すぎる」，④「自信をもって説得することができるのか」，といった諸点から疑問を投げかけ，検討をされる。

(102) なお最近では，別席交互方式のもとで調停委員がメッセンジャーに徹し，意見は一切言わないようにするという対応をする場合も多いようである（とくに弁護士でない調停委員に対して，裁判所がそのような指導をしているという話も聞くことがある。）。これは裁断説得型への反省という意味もあるのかもしれないが，単なるメッセンジャーで対話の促進が図られるかというとそうではないし（その意味では後述の4つの類型のいずれにも属さないものと思われる。），調停委員の発問やメッセージ伝達にはいろいろな解釈の混ざり込みや切捨てなどが行われるものであり，それが別席交互の場でなされること自体も問題であろう。

べく相手方当事者との間に立ちはだかって，依頼者を背後に押しやり，「当事者自身による対話」を遮って，法律専門家としての法的主張を強く押し出すプラクティスを行っていることもあるであろう。

日本の調停においては，「事件が性質上調停をするのに適当でないと認めるとき」（民事調停法13条，家事審判規則138条）は「調停委員会は……調停をしないことができる。」し（いわゆる「為さず」），また，「当事者間に……成立した合意が相当でないと認める場合」（民事調停法14条，家事審判規則138条の2）には，「調停委員会は……事件を終了させることができる。」と規定されている。これらの諸規定のほか，調停委員会や家事審判官は事実の調査と証拠調べができる（民事調停規則12条，家事審判規則137条の2）ことや調停調書に確定判決と同一の効力が付与される（民事調停法16条，民事訴訟法267条，家事審判法21条）ことなどから，「調停機関は，単なる合意斡旋機関ではなく，法文上も公権的判断を下すべき国家機関でなければならない」とする考え方(103)（調停裁判説）が唱えられる。公権的判断を示すとなると，当然法的観点から事件を審査する必要が生じ，当然，その前提となる事実関係や合意内容について一定の法的評価を持っていなくてはならず，そのためには事実の存否や法の適用を常に意識しておかなくてはならないことになろう。このように公権的判断を下すとまで言わないまでも，前記のような調停関係法の諸条文のもとで，調停を裁断・説得型のものとして運用する傾向が生じやすいであろうし(104)，そのような運用のもとでは事案の内容について調停者自身が一定の法的評価を持つことになるために，当事者に対して調停者の考えを示して説得を行うパターンになりやすいであろう。またそれゆえに，各当事者に対

---

(103) 佐々木吉男『民事調停の研究』法律文化社，1967年，54頁など。もっとも，この考え方は少数説で，「調停機関は……紛争当事者間を斡旋し当事者間に合意が成立するべく努力する主体に過ぎない」という考え方が通説であるとされる（同書，同所）が，それにもかかわらず，本文で触れるように，調停の実務は今日でも裁断説得型が基礎となっているのである。

(104) 調停裁判説と対置される調停合意説（調停による紛争解決の本質を当事者の自由な意思決定（合意）に求める）においても，調停は「事情聴取に始まり，その結果調停機関が事案の解明に努め，調停案を作成して当事者に提示して説得し，当事者が納得すればそれによって合意ができて調停が成立するというプロセスをたどる」とされ，調停合意説であっても説得・裁断型の調停運用を支持する見解が有力である（梶村太市『離婚調停ガイドブック――当事者のニーズに応える』日本加除出版，2003年，21頁）。

する説得を行うためには，別席交互方式で行うことになりやすい。

このような裁断・説得型の考え方が極端に進むと，当事者間の合意形成による解決に裁判所が過度に介入する危険もありうる。現に，1998年12月に東京弁護士会が東京地裁及び東京簡裁に「即決和解に関する要望書」を提出し，その中で以下のようにクレームした事案が報告されている。[105]「担当裁判官は，即決和解の申立代理人起案の和解条項原稿につき，その変更を強く求め，会員はこれを甘受せざるを得ず修正案を提出した。ところが，同裁判官は再度会員に対し，第一回の和解期日において，当事者間の合意によって定まっている条項の多数（更新料の削除や契約解除事由の削除など）について執拗に再度の訂正を要求し，『和解も裁判の一種なので，当事者が内諾している条項を裁判官が認めなくても当然である』旨発言した。このような同裁判官の要求は，明らかに当事者間の自由な合意により形成されるべき即決和解の条項に過剰に介入したものであった」。

しかし，このような方式やプラクティスでは，「当事者間の対話の回復」は望めないであろう。弁護士は調停の場で「当事者間の対話の回復」ができるだけ図られるよう，調停委員や相手方に働きかけ，当事者を主体とした「対話」の回復をうながし，当事者による自律的な解決が模索されるよう支援すべきである。民事調停法や家事審判規則における前記のような諸規定は，「対話の流れが法規範のワクという土堤をこえないようにする土堤の見張り役的な機能が司法に期待される」[106]という謙抑的な意義に理解されるべきであろう。もし，民事調停法や家事

---

(105) 東弁新聞1999年1月20日付285号。
(106) 石山勝巳『対話による家庭内紛争の克服――家裁でのケースワーク実践』近代文藝社，1994年，32頁。
(107) 現在行われている司法制度改革の議論の中では，民間型調停などでの合意に執行力の付与などの制度的手当てを行うべきかどうかといった問題が取り上げられている（司法制度改革推進本部ADR検討会2003年7月「総合的なADRの制度基盤の整備について――ADR検討会におけるこれまでの検討状況等」。これに対する意見募集の結果については，http://www.kantei.go.jp/jp/singi/sihou/kentoukai/adr/siryou/0310kekka.htmlに公表されている。）が，そのために合意形成プロセスに評価型の介入が行われるようになるとすれば，民間型調停も事実探求・評価型＋別席交互方式の方向に進むことになるのではなかろうか（そして，現在の実務でよく議論される「執行力を持たせる文章」とか「執行力のない項目を入れるのは調停調書の趣旨から外れるから入れない」といった法律専門家のこだわりが，そのようなこだわりの必要のない場面にまで拡張される可能性もある。）。少なくとも，対話促進・同席方式という多様性を認めるのであれば，調停合意そのものに執行力を持たせる必要はないと考える。

審判規則における前記のような諸規定があるために，裁判所における調停が評価的・裁断的・説得的なものにならざるを得ないとすれば，裁判所以外の民間あるいは行政におけるADRで，対話促進的な調停が目指されるべきであろう。[107]

この問題を考える上で大きな示唆を与えるのが，「合同面接」ないし「同席調停」[108]（以下では便宜上，同席調停という。）の理念と実践である。また「対話」の回復の場としての調停手続きを考えると，調停申立書の書き方などのプラクティスの在り方にも工夫が必要となると考えられるので，併せて若干の検討をしたい。

2　「同席調停」を巡る議論と示唆

そこで，ここでは同席調停を巡る議論を概観しながら，いくつかの論点について検討したい。

(1)　同席と別席，裁断・説得と対話促進
① 裁断説得型と交渉（対話）促進型
家事調停において同席調停を実践してこられた井垣康弘判事によれば，調停には「『裁断・説得型』調停」と「『交渉促進型』調停」の二つのタイプがあり，「裁断・説得型」においては「調停者が，紛争の実情や当事者のニーズを必要にして十分な程度に把握し，それに対する適切な解決案を策定し，それを提示して当事者を説得し，合意（できれば全面的かつ終局的なもの）を目指す」が，「交渉促進型」においては「当事者が紛争の実情や各自のニーズを直接交換し合い，自主的に解決案を探るのを，調停者が援助し，当事者間の対話の回復を目指す」のであり[110]「合意ができるのは，その結果に過ぎず，合意も部分的・暫定的なものであって

---

(108)　合同面接ないし同席調停については，石山勝巳『対話による家庭内紛争の克服』前掲，井垣康弘「同席調停」（村重慶一編『現代裁判法大系10 親族』新日本法規1998年）77頁以下，同「離婚紛争における同席調停の試み」井上治典・佐藤彰一共編『現代調停の技法——司法の未来』前掲83頁以下，並びに，同書所収の報告及び諸論文，レビン小林久子『調停者ハンドブック——調停の理念と技法』信山社，1998年，上原裕之「ケース研究『同席調停のすすめ』」鈴木経夫判事退官記念論文集編集委員会『新しい家庭裁判所をめざして』ルック，116頁以下など。
(109)　井垣康弘「同席調停」（村重慶一編『現代裁判法大系10 親族』前掲）77-78頁。
(110)　このような「当事者主役」の理念そのものは「民事紛争一般に応用が効く問題」である（井垣康弘「調停の技」シンポジウムにおける報告（井上治典・佐藤彰一共編『現代調停の技法』前掲）8頁）。

何ら差し支えない」。また，調停の進行方式としては別席交互方式と同席方式とがあり，これらを上記のタイプと組み合わせると，以下の四つのタイプがありうることになる。

 a） 裁断・説得型＋別席交互方式
 b） 裁断・説得型＋同席方式
 c） 交渉促進型＋別席交互方式
 d） 交渉促進型＋同席方式

日本のこれまでの実務で最も多かったのは，a）（裁断・説得型＋別席交互方式）のタイプであったと考えられる。しかし，最近ではb）の考え方による同席の試みもなされるようになってきているのではないかと思われる。しかし，b）の同席方式では，根本的な考え方としては，調停者が当事者から事情を聴取して，心証を形成し，それに基づく判断によって調停案を提示して説得をするという基本的アプローチに立っているものと考えられ，同じ同席であってもd）の方式とは根本理念を異にするものである。井垣判事の実践してこられた調停は，もちろんd）のタイプである。

---

(111) 井垣康弘「同席調停」（村重慶一編『現代裁判法大系10 親族』前掲）78頁。

(112) もっとも，理念として④の交渉促進型＋同席方式が適切だと頭で理解していても，実際に激しくもめている当事者を前にして事件に対応しなければならない場面に立つと，その場の重圧と混乱を乗り切るべく口を付いて出てくるのは，法律家が慣れ親しんだ事実の探求と法的判断のコトバになってしまうということは，ありうることである。

(113) 石山勝巳教授は家庭裁判所調査官時代に，当事者同士が向き合って「対話」を行うことにより，自分たちの抱えている問題に正面から取り組み，自分たちの力でできることから解決をしていくという合同面接を実践してこられた（石山勝巳『対話による家庭紛争の克服』前掲）。また石山教授の流れを汲んで，「コミュニケーション障害」に陥った「激しく争っている夫婦を同席させ，直接の話し合いを可能にすることで，夫婦間の失われたコミュニケーションを回復させる」ため実践してきた合同面接の在り方を具体的な事例をもとに紹介するものとして，豊田洋子「合同面接・同席調停の技法について――家裁調査官の経験から」（井上治典・佐藤彰一共編『現代調停の技法』前掲120頁以下）。石山教授は家裁調査官として1960年代から（石山勝巳「紛争当事者間の対話促進法――日米比較」判タ967号98頁），また，豊田調査官は，1970年代半ばから合同面接を実践してこられたということであり，気の進まない当事者が互いに向き合って話すことにより自分たちで解決しようという動機付けを高める具体的な働きかけ，かみ合わない会話をかみ合わせる介入，抽象的な話をより具体的に話させる促し，などの具体的な技法は非常に参考になる。

わたくしは「第1部総論」で検討してきたように，個人の自律性の相互尊重に立脚した「対話」のプロセスを重視し，しかも「対話」は基本的に当事者同士が直接に向き合って相互に思いを伝え合い，聴き合うプロセスに価値があるものと考えること，そして，手続としても両当事者同席で「対話」を行うことが公正であることから，上記のd）の考え方に基本的に賛同したい（もっとも，わたくしとしては「交渉促進型」といよりも，「対話促進型」という名称が適切ではないかと考えている。）。

② 同席・別席の考え方と「対話」の捉え方

井垣判事は「『交渉促進型』調停の理念に立つ場合は，同席調停しかない」と断言される。しかし，草野芳郎判事は，「人格の尊重と当事者への信頼」を基本として当事者主導型の考え方にたち，当事者間における自主的な交渉による解決を重視して，「当事者が対話できなかった原因を考え，その障害を取り除き，真の対話ができるように裁判官が努力すれば，和解は自然にできていく」とされる（この限りでは井垣判事の「交渉促進型」と共通ないし類似しているものと考えられる）ものの，和解進行の方法としては別席交互方式を基本とすべきであるとされる。前記の分類でいうとc）のタイプということになろう。

草野判事は「和解において裁判官が当事者と対話をするやり方」には「交互対話方式」と「対席対話方式」があるとされ，同判事のいう「対話」というのは「裁判官と当事者との対話」に焦点を当てておられるようである。しかし，石山教授は，「対話」というのはあくまでも当事者同士が向き合って，相互に思いを伝え合うプロセスをいうものと考えるべきであるとされる。わたくしも，個人の

---

(114) 坂元和夫「交互方式による和解の問題点——ストリート論文を読んで」谷口安平・坂元和夫編著『裁判とフェアネス』法律文化社，1998年，170頁以下は，フェアネスという観点から，訴訟上の和解における別席方式と対席方式を検討し，別席方式は「当事者を錯誤に陥れている」とする。
(115) 井垣康弘「同席調停」（村重慶一編『現代裁判法大系10 親族』前掲）78頁。「裁断・説得型」及び「別席交互方式」の背後にある考え方とその問題点については，井垣「同席調停」前掲及び同「同席調停の狙いと成功の条件」（井上治典・佐藤彰一共編『現代調停の技法』前掲）172頁以下で網羅的に検討されている。
(116) 草野芳郎『和解技術論——和解の基本原理』信山社，1995年，27頁以下。
(117) 草野芳郎『和解技術論』前掲29頁。
(118) 石山勝巳「紛争当事者間の対話促進法——日米比較」判タ967号，1998年，98頁。

相互的尊重に基づく自律的な問題解決のプロセスとしての「対話」を基本として考えているので,「対話」とは「当事者同士の対話」が中心となるべきものであると考える。もっとも,中立的第三者と当事者との「対話」という要素もあることは間違いなく,そのような中立的第三者から当事者に対する対話的な介入を通じて当事者間の自律的な「対話」の実現を支援することができるし,またそのような役割が中立的第三者に期待されるものと考える。[119]

　草野判事は,別席方式のもとでこそ,当事者が「率直に事件の内容,自分の気持ち,不満,希望など」を述べるのを裁判官が十分に聴き,「裁判官のほうでも当事者の気持ちになり,その人の身になって事件の解決方法を考えることができ」るのであって,「こういう気持ちで当事者双方の間を往復していきますと,大体良い解決案が浮かび,双方が納得できる和解案が生まれてくる」とされ,「対席対話方式ですと,裁判官が当事者と親身に対話することができ」ないとされる。このように裁判官が当事者との対話を行うと,「当事者がその裁判官に対して……今度は任せるという気持ちになってきますので,当事者間でやりなさいといわれても,そうはやれないという現象が生ずる」ことになり,そうなると裁判官としては「やった以上は最後まで責任を取らなければならないということになってしまうのです」[120]とされる。また,「和解技術」の中で「最も重要なものは説得技術」であり,「『人を動かす』という説得術の基本」が重要とされる[121]。そして,「交渉中心型」の場合,当事者間の力の強弱から一方的な交渉がなされたり,法の趣旨に反する合意がなされたり,固執する当事者のごね得を許したりする恐れがあるし,裁判所の公正な判断を求める当事者は「裁判所の強力なリーダーシップを期待しているものと思われ,当事者の交渉まかせの対応ではその期待を裏切り裁判所に対する不信を招く」ことになり,他方,「心証中心型」は当事者の主体性を弱めるなどの問題があるため,「現実のモデルとしては両モデルを融合した型」にならざるをえず,草野判事としては「交渉中心型を基本として心証を加味する方式」を採用するとされる[122]。

---

(119)　この点については,石山教授がレビン小林久子助教授の考え方との違いを指摘されており,本書でも後に検討したい。
(120)　草野芳郎「調停の技シンポジウム」における発言(井上治典・佐藤彰一共編『現代調停の技法』前掲)62頁。
(121)　草野芳郎『和解技術論』前掲35頁以下。
(122)　草野芳郎『和解技術論』前掲149頁以下。

このように見て行くと，草野判事の方式はa）とc）の中間的な方式ともいえそうであり，困難な事件に直面しながらできるだけ当事者の満足度を高めようと努力する実務家の率直な感覚に沿う部分も多いのではないかと思われる。しかし，別席方式ではどうしても「当事者同士の対話」は実現できず，同席方式においてこそ当事者の自律性を尊重した当事者同士の対話が可能となるのであり，交渉中心型の問題点とされる一方的な交渉，法に反する合意，ごね得などの点は，同席方式でも調停者ないし裁判官による適切な助言，介入，うながし，励ましなどを行うことにより，十分に対処可能であると考えられるし，まさにそのようなコントロールを行うのが調停者の役割ということになる。また草野判事自身が認めておられるように，草野方式の場合，当事者が依存的になり，裁判所がそれに応えるというパターナリスティックな関係に進みがちになる恐れもあろう。これは当事者の自律性を尊重し，自己決定を促してゆくという流れとは逆の方向に向かうプラクティスになるのではないかと思われる。わたくしとしてはやはり，同席調停の考え方に賛同したいと考える。

(2) 「対話」の目的——問題解決と対話の回復と変容

井垣判事の同席調停と草野判事の交互対話和解は，ともに当事者が非常に満足しているということであるが，この二つには「質の違い」があるのではないかと指摘されている。「個別方式」つまり草野方式の場合，「当事者は目に見えない相手方のイメージ」を相手にし，「現実には裁判官を相手にしながら，想定された相手との間の『問題』の処理にどうしても重点を置いていかざるを得ない」のであり，「『トラブル』を如何にピースフルに，平和裏に落ち着かせていくか」ということに重点が置かれることになるのに対して，「同席型」つまり井垣方式の場合には「リアルな人間との交通」を通じて「コミュニケーションを回復すること自体」が目標であり，必ずしも「ピースフルな『解決』というのが達成されなくてもかまわないんだというところまで議論がつながっていく可能性」がある。そして，この場合，同席での関係調整を経た上であれば，仮に調停が不調に終わっても「どこか整序された，現実の相手が見えたエスカレートの仕方ということを生み出していけるのではないか」とコメントされている。[123]

(123) 和田仁孝「調停の技シンポジウム」における発言（井上治典・佐藤彰一共編『現代調停の技法』前掲）68頁。

この指摘は重要であり，調停が合意による解決自体を目的とすると，知らず知らずのうちに一定の解決案を受容するよう「説得」して，合意することを押し付ける弊に陥る可能性があることに留意する必要があろう（実際にも裁判所における調停手続や裁判上の和解では，調停者や裁判官が一定の解決案を当事者に対して説得し，それを呑ませるというプラクティスが相当あるように思われる。）。そうではなく，調停の目標をあくまでも「対話の回復」に置くことによって，真に当事者の自律性を尊重した調停の運用ができるであろうし，「対話回復」のプロセスが適切に行われた場合には，その後の紛争の在り方も単なる憎しみの関係から，より建設的なものに変容する可能性が高まるであろう。

「対話」のプロセスにおけるこのような当事者の変容を重視する考え方は，米国の Mediation における Transformative の考え方と底通するものがあろう。「Transformative（変容的な）approach」は，「問題解決アプローチ」（a problem-solving approach）のように解決策の発見や双方受諾可能な解決条件の形成を行うために当事者に対して指示的になったり説得するのではなく，当事者に対する「励まし」（empowerment）を行い，相互の「受容」（recognition）をうながすことを通じて，当事者自身が相互理解を行うことを援助するという考え方である。また，Mediation のプロセスを通じて当事者が人として道徳的に成長し，自己変容を遂げることができる機会を得られることも，Mediation の目的の一つとされる。

わたくしも個人の相互的尊重に基づく自律的な解決を図るための「対話」に独自の内在的価値を認め，「対話」の前提として可謬性の自覚と自己変容への開かれた気持ちを重視するものであり，この点で基本的に Transformative の考え方

---

(124) Robert A. Baruch Bush, Joseph P. Folger, "The Promise of Mediation—Responding to Conflict Through Empowerment and Recognition", 1994 by Jossey-Bass Inc., Publishers は，"Transformative approach to mediation" を提唱している（p.12, p.102〜，p.135〜，p.191〜）。同書の紹介として，Edward F. Sherman, *3 Lectures Delivered at Chuo University in 1995*（邦訳，E. シャーマン［大村雅彦編訳］『ADR と民事訴訟』中央大学出版部，1997 年，7 頁以下），レビン小林久子「愛から愛へ——米国現代調停理念の誕生と発展」レビン小林久子訳・編『紛争管理論——新たな視点と方向性』日本加除出版，2003 年，269 頁以下。

(125) Id. at p.12。同書の transformative な考え方は，問題解決を目的とはしない点でセラピー的な Mediation（これはセラピー的な手法を，あくまで問題解決を図るための手段として，取り入れるものであるとされる）とは一線を画するものとされる。Id. at p.60〜.

に賛成したいと思う。もっとも，Mediationのプロセスが当事者間の問題解決を目指さないというのは，少なくとも問題解決を期待してMediationを利用する当事者の意向に沿わないであろう。わたくしは，「対話」の回復を通じて当事者自身が問題解決の努力を行うことを援助するのがMediationであり，そのプロセスで当事者の自己変容も期待できる自律的な方法であると考えたい。

また，TransformativeのアプローチにおいてはMediationのプロセスは必ずしも同席で行われるべきもとはされておらず，コーカスは励まし（empowerment）と受容（recognition）のための機会となるとされる。[126]これは，Transformativeの考え方が当事者の変容に重点を置くことから，Mediatorが1対1の面接（one-on-one sessions）によってカウンセリング的な手法により当事者を励まし，受容をうながすことを認めるためであろう（従って，日本における別席交互方式による説得裁断型とは，まったく別のものである。）。[127]しかし，わたくしは，前記のように，「対話」というものが本来，相手方と向き合って話し合いをするプロセスであること及びフェアネスの要請に照らして，同席で行われることを基本として考えるべきだと思う。

3 同席調停の具体的な運営

同席調停の具体的な運営の技法については，井垣康弘判事，石山勝巳教授，レビン小林久子助教授などが，それぞれの実践を踏まえた詳細な紹介をされている。以下ではそれらの主要な点を参照し，若干の検討をしたい。

(1) 井垣康弘判事の同席調停

---

(126) Id. at p.270〜.
(127) カウンセリングを専門とする家裁調査官の中には，調停が裁断説得型であることを前提として，「理性的にも情緒的にも破綻した当事者の未熟な自我を成長させ，調停委員会が示す合理的な判断を合理的な態度で受け入れられるようにする」ことだけが調査官の役割であるという考え方をとる人もいるということであり（石山勝巳『対話による家庭紛争の克服』前掲51頁），カウンセリング的な考え方を採るかどうかと，調停についてどのような考え方を採るかとは，かならずしも結びつかないようである。
(128) 井垣康弘「同席調停」村重慶一編集『現代裁判法大系10 親族』前掲77頁以下，同「離婚紛争における同席調停の試み」井上治典・佐藤彰一共編『現代調停の技法』前掲83頁以下。

井垣判事の同席調停は、以下のように進められる。

まず、井垣判事名の「夫婦関係調停の当事者の皆様へ」という説明書が期日通知書と一緒に当事者に送られる。この説明書は10項目にわたって懇切丁寧に同席調停の具体的な在り方が「です・ます調」で書かれている。そこで説明されている概要は、原則として同席で自主的な話し合いによる解決を目指してほしいこと、お互いに自分の考え方や希望を率直に話し、相手の言うこともしっかり聞いてほしいこと、一方が話している間はさえぎらないでほしいこと、話し合いを成功させるコツの一つは過去のことについて相手の悪口を言うことを止め（なるべく避け）これからどうすればよいかを中心に据えて話し合うこと、コツの二つ目は相手に理解してもらおうという目的をもって自分のストーリィをしっかり述べ、逆に相手を理解しようという目的を持って相手のストーリィをしっかり聞くこと、お互いに誤解している点が見つかった場合には「潔く認識を改め」ること、一部合意や中間的合意という方法もあること、当事者間での話し合いが行き詰まった場合には、調停案の提示を求めることもできること、その場合もその案を中心に再び自主的な交渉による解決を目指してほしいこと、どうしても行き詰まった場合には24条審判を求める方法もあること、などである。これは後述のイントロダクションを予め文書化して送付しておくもので、当事者がこれから臨む同席調停の本来の在り方をイメージし、安心して出席できるようにするための、優れた工夫である。

第1回調停期日には、同席で「調停委員が名前を名乗って簡単な自己紹介をし、話しやすい雰囲気を作って」当事者に対して、「当事者が主役であり、同席で、お互いのニーズを伝え合って、自主的に様々な解決案を作り調整しながら、当事者が自ら決定」すべきことや、お互いに「自分の受け止め方、自分の本当の気持ちを率直に全部語ろう。」「相手の言い分を遮らずに聞こう。」といった話し合いのマナーなどを説明するイントロダクションを行う。

調停の進行では、過激な人の言い分などを調停委員が「角を削って」要約して提示することにより、「物の言い方を実地で教え」、罵りや非難を続ける人には

---

(129) 弁護士もこのような説明書（弁護士として紛争の解決というものをどのように考え、どのようなアプローチで当事者を支援する方針かを分りやすく解説するもの）を予め作成しておき、相談者に渡して読んでもらうといったことが、「対話」による解決を円滑に進める上で有益であろう。

「何故そんなに腹が立つのか，その真の理由は何なのか，真剣に尋ね」，その理由を要約して提示する。このように，技法としては要約や言い換えに重点が置かれているように思われる。そして，これらの「プロセスを繰り返している内に，……当事者間の信頼関係が徐々に回復し始め」るのであり，「当初は，調停委員と一方当事者との話し合いを他方当事者が横で傍聴しているというスタイル」が多いものの，上記のプロセスを行っていく中で同席している両当事者が「段々直接話し合えるように」なる。調停者は罵りや非難の発言を否定せずに取り組み，要約や言い換えによって当事者の理解を促進する。

なお，当事者双方が希望する場合，はじめ個別での手続を行う場合もあるが，それは「同席調停に至るまでの準備という位置付け」であり，「結局，同席手続に移って，当事者は改めて全部言い直す必要」がある。

当事者が希望すれば，夫婦観や役割観についての両調停委員の意見を聞くことができる（意見はバラバラでよいとされ，意見が合わない調停委員の交代も希望できるが，そのような事例はなかったという。）し，過去の解決例のデータ（養育料など）や不動産鑑定士の委員の不動産価格に関する意見なども当事者が希望すれば情報が提供される。両当事者が望めば，裁判官の心証等の意見も示すとされる。意見や心証の開示を行う場合には当然，両当事者同席で行うべきであるが，そのような意見・心証開示は中立性の維持の要請との関係で，実際上なかなか難しいのではないかと想像する。両当事者が望むという条件のもとで，かつ，可謬性の自覚をもってあくまでもひとつの見方であって別の考えもありうることを示して行い，その暫定的な意見を参考としつつ当事者と一緒に考えていく姿勢をもって，行うべきではなかろうか。客観的な資料データや法令情報（解釈が分かれているような事項については，そのことを含め）の提供についても，同様の配慮が必要と思われる。(131)

---

(130) I-Message 方式での伝え方を示したイントロダクションになっている。
(131) 山田文「調停における私的自治の理念と調停者の役割」民事訴訟雑誌47巻，2001年，230頁以下によれば，「伝統的には，法的情報提供義務は調停者の消極的中立性を損なうと考えられてきた」が，アメリカでは「最近では弁護士委任の資力のない当事者に対する調停者の後見的役割（法的情報提供）が論じられ」（＝調停者の積極的中立性），「調停者の十分な情報提供によって当事者の意思決定の実体的相当性・真意性を保障」することが必要であるとの観点から，法的情報をその「客観性・暫定性」を十分に説明した上で提供すべきであり，そのような情報提供によっても「不偏性（impartiality）」を維持することができ，中立性の問題を回避できるという考え方が有力になっているということである。

井垣判事の実践は多数の事件について行われており，前掲の諸論文には同席調停により解決された事件の詳細なデータが掲載されている。このように同席調停が実際に行われていることに，わたくしたちは大いに勇気付けられるのであり，実務家としてこのような優れた実践に示される理念と技法を学んで，現実の諸事件に取り組んで行きたいものである。

(2)　石山勝巳教授の合同面接

石山教授の合同面接は，「お互い違う者同士がお互い違うことから不可避的に起こる対立を対話で乗り越え，これ以上不幸にならないことを目指してなんとか共生することができることを目指す平和への道」である「石山式の対話促進法」を中核とするものである。その基本姿勢は「夫婦，家族という関係が持つ複雑で微妙な問題の解決に，夫婦として家族として両当事者がもっている自立の問題解決能力，復元力，平衡感覚を少しも損なうことがないように細心の注意を払いながら両当事者間の対話促進のための触媒の役割に徹する」というものである。「夫婦間の紛争，子の監護等の事件は，当事者以外に第三者には，何が真実で，どうすれば，当事者や子の幸せにつながるのか，……なかなか，うかがい知ることのできない不可知論の支配する世界」であり，「だからこそ，自分のことについて誰よりもよく知っている筈で，自分の幸せをつよく願っている筈の関係当事者を直接対面させ，お互いに相手の眼を見て話し合わせ，現状ではお互いに不幸であること，お互いにこれ以上不幸になりたくないことを確認させ，『これ以上不幸にならない』という共通の目標を実現するために，いますぐには解決できない問題と，当面解決しておいた方がお互いのためによいと思われる身近な問題とを区別させ，後者について，それぞれの立場でできることを約束させ，その履行を積み重ねさせることにより，当事者間に信頼関係を醸成させていくことによっ

---

(132)　石山勝巳『対話による家庭紛争の克服――家裁でのケースワーク実践』前掲，同「紛争当事者間の対話促進法――日米比較」前掲，判タ967号98頁以下。また，石山教授の合同面接の流れを汲むものとして，豊田洋子「合同面接・同席調停の技法について――家裁調査官の経験から」井上治典・佐藤彰一共編『現代調停の技法』前掲120頁以下。

(133)　石山勝巳「紛争当事者間の対話促進法――日米比較」前掲，判タ967号107頁。

(134)　石山勝巳『対話による家庭紛争の克服』前掲32頁。

て，事件の解決を図るといった面接法が効果的である」とされる。

この合同面接法においては，「長方形のテーブルの長い方の二辺に両当事者を対面する形で座らせ」，「お互いに相手の目をよく見て話すように指示」し，「調停者は，両当事者からの視線を躱［かわ］しやすいところで，しかも随時両当事者の話し合いに介入しやすい場所を選んで座る。」このように着席位置に気を配るのは，両当事者同士の対話が重視されること，従ってまた両当事者が調停者に依存的になって，調停者に訴えかける形にならないようにするためである。

調停において，できれば相手方に直接会わないようにして問題を解決してほしいという依存的な態度を取る当事者（特に申立人が多いとされる。）については，まず「調停の申立人を，相手方より30分くらい前に呼び出し，相手と直接話し合うことに消極的な多くの申立人（特に妻）に対する合同面接への動機づけ」を行うとされ，その際，「調停というのは裁判と違って，貴方とご主人がお互いにこれ以上不幸になりたくないという共通の目標を実現するために，いま起きている問題について，どういう手段をとるのが効果的かについて，お互いに相手の立場・考え方を理解しながら話し合い，貴方もご主人も納得いったところで解決するというやり方なのですが，……いきなり話し合うということはむずかしいこと……で……そこでまず今日は，……あなた方二人の間にどんな問題があって，とりあえずどの問題から話し合っておけばよいのかお二人で相談してほしいのです。私も一緒に貴方がたの話し合いをそばで聞かせていただいて，貴方がたの話し合いが円滑に行くようにどのようなお手伝いをすればよいのか勉強させていただきたいと思います……」といって励ます。そして，30分後に来た相手方を入室さ

---

(135) 石山教授は，「最近地裁の和解の席を円卓方式にするところがあるようだが，あまり効果はあがらないと思う」とされる（石山勝巳『対話による家庭紛争の克服』前掲204頁）が，それは本文で触れた二つの理由からであろう。レビン小林久子助教授は，「参加者全員が対等だという印象を与えるために」は，丸テーブルを使うことが好ましいとされる（レビン小林久子『調停者ハンドブック』前掲45頁）。着座位置は，石山説でも小林説でも，当事者が互いに向き合う形を推奨しておられる。

(136) 「われわれの経験では，申立人が合同面接に対して拒否的姿勢を見せる場合，その多くは申立人自身が問題に直面するのを避けて，問題をそっくり他に委ね，自らの努力によってではなく，他の努力によって問題解決をしてほしいとする依存的態度のあらわれであり，それが存続する間は，話し合いによる解決はむずかしい」とされる（石山勝巳『対話による家庭紛争の克服』前掲230頁）。同席調停の場面に限らず，当事者自身の自律的な解決能力が回復されるよう励まし支援する必要がある。

せて，同席で前記同様の説明と 30 分前に申立人に個別面接をした理由を説明し，これからが本番であることを強調して開始する。

　石山方式でも同席への導入部で個別の励ましを行うということで，この点は井垣方式でも同様であるし，後述のレビン小林方式でも必要に応じて個別の励ましのためのコーカスを行うということである。

　相手が暴力を振るうので会いたくないという当事者（特に妻）については，「『ご主人が暴力を振るうということは，貴方がたには明らかな事実かもしれないが，私はその現場を見たわけではない。ご主人にまだ会ってもいない段階で貴方の言い分だけを聞いてご主人が暴力を振るうと決めてかかるようなことはできない。……』と調査官の公平な立場を説明すると納得してくれることが多い」とされる。喧嘩をするとか暴力を振るうという懸念は，同席方式を採ることが困難で，別席交互方式を採用する理由としてしばしば語られることであるが，井垣判事も石山教授もそのようなことのために同席調停ができなくなることはない，という。わたくしは，同席での「対話」の本源的な価値を考え，また上記のような同席調停の実践者の報告に鑑みると，当事者から喧嘩や暴力の懸念が表明された場合にも可能な限り，同席での「対話」を試みたいと考える[137]。

　話し合いのはじめに，「お互い相手が話している時は，途中で口を差し挟まないで最後まで聞いてください。後で必ず発言の機会を与えますから。私がお願いしたいことは，それだけです。」と言って，話し合いのルールを設定する。そして，「先ず申立人である奥さん（ご主人）から何故家庭裁判所に調停の申立をしたのかについて，ご主人（奥さん）に話して下さい。ご主人（奥さん）には，いまさら言わなくてもわかっていると思われるかもしれないが，夫婦も元をただせば他人だから，話してみて初めてわかったということがきっとあると思います。自分

---

(137)　わたくし自身，中年男女間の激しいストーカー事案について，わたくしの事務所で同席対話を実施したことがある（この事案については，後に紹介する。）。その事案では，男性側が待ち伏せ，女性の家の窓ガラスやドアを割る，自動車を壊すなどの激しい行為を行ってきたということであった。わたくしは女性側の代理人として男性に警告書を発したところ，「話せば分るはずだ」という返事をもらい，同席での話し合いを提案した。女性は暴力を恐れたが，わたくしの事務所での話し合いで暴力は全くなかったし，双方自分の考えを述べ合って解決に至り，その後，男性のストーキングはなくなっている。このような事案では，むしろ相手を動物のように引き離し排除しようとすればするほど暴力的傾向が増大するともいえるのではなかろうか。

のことだから貴方が直接話して下さい。ご主人（奥さん）も良く聞いて下さい」と言って，話をうながす。石山方式では，相手を非難しない・罵らないといったルール設定はしないという。それは「批判的な言葉や暴言も……最後まで相手が聴いたという事実が大切である」からとされる。井垣方式でもレビン小林方式でも非難や暴言をそれ自体として禁止し制止するというのではなく，そのような発言があった場合には言い換え・要約（パラフレージングやリフレーミング）などの技法を使って，相互理解のためのエネルギーに変換し，その上で非難や暴言自体が話し合いの役には立たず，障害になることを説いて納得を得るのであり，実質的な違いは大きくないのではないかと思われる。

　話し合いの過程で，当事者が「調査官を相互作用の中に巻き込もうとする」ことがあるが，それについて以下のように話を返したり話題の転換をするなどして，「当事者から審判的役割に追い込まれないように注意しなければならない」とされる。すなわち，「調査官に話しかける」当事者に対しては，「私に話すのではなく，相手に直接そのことを話して下さい」と返す。また，「過去の事実があったかなかったかの両当事者の激しいやりとり」については，「その事実があったかなかったか，調査官はその場に居合わせたわけでもないし，過去の事実をあったかなかったか判断する権限もない。したがって，この問題はこれ以上ここで扱えない。もっとほかにここで話し合える問題を探しましょう」と話題の転換を図る。さらに，「双方の実家の親・同胞のことなど……自分たちで責任が負えない他の人のこと……を持ち出して言い争う」当事者に対しては，「ご主人にご主人のお母さんのことを言われても，ご主人がお母さんの性格を直せるわけでもないし，奥さんに奥さんの実家のことを言われても奥さんはどうしようもないですよね。お互い自分で責任を持てないようなことは，ここでは問題にしないようにしましょう。まず自分たち自身のことで話し合いましょう」と話題の転換を図る。石山教授は，「両当事者が直接向き合って対話をすること」を非常に重視される。それは，上記のように調査官との話し合いではない点を徹底すること，及び，話し合いのテーマも現にその場に居る当事者間で取り扱える事項とすること，に現れている。

（138）　前記の井垣判事の同席調停や後述のレビン小林久子助教授のMediationでは，MediatorとMediator当事者とが相手方当事者の同席している場で話し合いを行うプロセスを認めている。この点については，後に検討する。

このようにして夫婦間の問題について当事者間での対話を進めさせるが、夫婦間の本質的問題（例えば離婚するか否か）の解決は簡単にできるものではなく、両当事者の感情的対立が激しくなることもある。そのような対立が頂点に達する一歩手前で、話題の転換を図る。双方に「いま幸せですか。これ以上不幸になりたいですか」と問い、両者が「これ以上不幸になりたくない」と相手のいる前で認め合うことを確認し、「お互いがこれ以上不幸にならないために、お二人で、時間をかけなきゃ解決できない問題と、今すぐにでも手がつけられて解決できる問題とをえり分けていただいて、できることからやっていくよう二人で話し合って下さいよ。」とうながすという技法をとる。はげしく争っていた当事者はこのような提案を受けると、「ホッと救われたような表情で現実的問題を出してくることが多い」とされる。そして、当面の身の回りの課題について当事者間で積極的な話し合いがなされ、それをつうじて形成される了解事項を自主的な約束として取り決めさせ（例えば、とりあえず〇月〇日までに生活費〇〇万円を入れる、など）、「これはお互いの誠意のあかしとしての約束であって、それを守るか否かと本質的問題の解決とは直接関係はないが、事実上それが実績として、プラスにもマイナスにも本質的問題の解決につながるという見通しを持たせ」る。争っている当事者間でも話し合いができ、自主的な約束の履行がなされることにより、両当事者が自主的な話し合いに自信を持ち、相互の信頼関係を醸成することができるのであり、調査官は両当事者にこれからの話し合いと約束の履行の励ましをして、両当事者間の対話による紛争の克服をうながすのである。

　石山方式には、直接の「対話」、本質的問題と当面の課題との区別、当面の課題についての自主的約束、その履行を通じての信頼関係の形成、「対話」に取り組む当事者の自信回復など、当事者が本来有している自己解決能力、復元力、平

---

(139)　これは「ボウルノウの言う『相手に自分をさらけ出す、これまで一度も言ったことのないようなことを打ち明ける』ということを当事者双方にさせる」ということであり、「お互いが相手の前で自分が不幸であることを認め合うと人間は協力的になり、対話の雰囲気が生まれる」とされる（石山勝巳「紛争当事者間の対話促進法──日米比較」前掲、判タ967号105頁）。

(140)　このような「当面の問題」への転換において、激しく争っている夫婦であっても焦点を合わせられる共通の当面の問題があるということは、「夫婦として家族としての自律的解決能力、復元力、平衡感覚を失っていないということの証拠である」。しかし、どうしても当面の問題への転換ができないケースでは、個別面接を行うこともあるといわれる（石山勝巳『対話による家庭紛争の克服』前掲239頁）。

衡感覚が最大限発揮できるよう支援する優れた技法が多く示されており，家事事件に限らず他の多くの紛争での「対話」にも応用できるのではないかと考えられる。

(3) レビン小林久子助教授の Mediation

アメリカ合衆国においても 1930 年代以降，調停（Mediation）が始められ，歴史的な発展を遂げてきた。そのような中で，レビン小林久子助教授がニューヨーク州ブルックリンで実践してこられた Mediation はいわゆる Facilitative な Me-

---

(141) E．シャーマン（大村雅彦編訳）『ADR と民事訴訟』前掲 2 頁以下は「現代 ADR の起源及び思想的源泉」として，1930 年代以降に始まった米国における Mediation について，「労働調停と『社会的介入』という特質」，「家事調停と『治療的』特質」，「コミュニティ調停と『力量向上的』特質」，「事件管理運動と『和解促進』という特質」，「『協同的問題解決』という特質」，「『評価的』という特質」，「『変質的』という特質」を指摘しているが，これらはそれぞれの時代と適用事案について Mediation の在り方そのものを示しているものと考えられる。シャーマン教授はこれらの特質は相互に結びついて活用できるものと考えている。

(142) レビン小林久子『ブルックリンの調停者』日本貿易振興会，1995 年，同『調停者ハンドブック』信山社，1998 年，同「米国における隣人調停——その理念と技法」井上治典・佐藤彰一共編『現代調停の技法』前掲，212 頁以下，同『調停ガイドブック』信山社，1999 年，同「愛から愛へ——米国現代調停理念の誕生と発展」同訳・編『紛争管理理論』前掲 251 頁以下。以下の引用は『調停者ハンドブック』による。レビン小林久子助教授は同書で「同席調停」という言葉を使われているが，日本での（同席）調停と区別する意味で，本書では Mediation ということにする。なお，レビン小林久子助教授の Mediation は家事関係に限らず，近隣問題，職場の紛争，ビジネス取引に関する紛争など分野を限らないで行われてきたものであり，また，当事者も 2 人のケースだけでなく，多数の者を当事者とする近隣紛争などでも実践されてきた。

(143) 稲葉一人「新しい紛争解決の技法をめざして——ブルックリン調停センターにおける Mediation の実際から」井上治典・佐藤彰一共編『現代調停の技法』前掲 223 頁以下は，レビン小林久子助教授が Mediator を務めてきたブルックリン調停センターでの Mediation の実際を紹介し，その分析評価に基づいて日本での展開の可能性を検討している。

(144) 米国での Mediation については，Christopher W. Moore, "The Mediation Process—Practical Strategies for Resolving Conflict (Second edition)", Jossey-Bass Publishers, 1996, Robert A. Baruch Bush, Joseph P. Folger, "The Promise of Mediation—Responding to Conflict Through Empowerment and Recognition", Jossey-Bass Inc., Publishers, 1994, Forrest S. Mosten, "The Complete Guide to MEDIATION—The cutting-edge approach to family law practice", American Bar Association, 1997 など。

diation であり，その概要は以下のとおりである。

　まず，基本的な視点として，紛争を忌み嫌わず，「それを受け入れ，そのうえでどうしたら共存できるかを探る」ことが必要であり，紛争は「人生を改善する貴重なきっかけ」を与え，「周囲の人々と共存する術を学ぶ」ことにより「当事者の自己解決能力を高める」ことができるもとして捉え，対話を通じて「利己的でなく，何か人生を肯定するような」「争いを超えたもの」に「当事者の視点を変える」ことが期待される。そのために，「対立している人同士，直接向かい合って，胸を開い」て，「相手の立場が直接，正確に分る」ことを通じて，当事者自身「お互いの境界線を悟る」のであり，そのような限界を知るための作業が同席での話し合いである。その「話し合いを取り持つ仲立ち」が Mediation である。Mediation においては，「双方が満足のいく解決法」，すなわち「ウイン－ウイン，win-win（双方が勝者）」の解決策が探求されるが，Mediation は解決の結

---

(145) 米国での Facilitative な Mediation においては，Mediator は対立当事者間に対話が回復するよう支援（Facilitate）するものであって，解決策はあくまで当事者自身が生み出し獲得すべきものであり，どちらの当事者の言い分が正しいかの探求や判定はしない。このような対話の支援をする中立的第三者が Facilitator としての Mediator である。この類型は 1960 年代から始まったコミュニティにおける Mediation 運動で採用された伝統的なモデルと言われ，1980 年代の cooperative problem-resolution の思潮（R. Fisher & W. Ury, *Getting to Yes*, 1981［邦訳，ロジャー・フィッシャー，ウイリアム・ユーリー（金山宣夫・浅井和子訳）『ハーバード流交渉術』TBSブリタニカ，1982 年］は，cooperative problem resolution のアプローチを普及させた。）とともに，Mediation の大きな流れとなり，このアプローチは公共政策にかかわる紛争にも応用されるようになったと言われる。これに対して Evaluative な Mediation があり，Mediator は当事者の主張や証拠を検討して事件に対する一定の評価（Evaluation）を行い，これに基づいて解決案を提示し，当事者の説得にあたる。歴史的には 1990 年代に弁護士や退職裁判官が Mediator になることが多くなり，法律家が当事者の主張立証を検討して，判決の予測を立てて当事者を説得するという技法により Mediation を行うようになったとされる。シャーマン教授によれば，「弁護士調停人は多くの場合，短期の訓練しか受けていないので，アプローチが『評価的』になりがちであり，また，自己の法的経験に頼りがちであり，事件や特定の争点が訴訟になったらどのように判断されると考えられるかという，自己の予測を示唆する場合が多い。和解週間の調停はたいてい短い時間で行われるため，感情的な，人間関係的な，または変質的な争点について論じ合う時間はほとんどなく，弁護士たちが交渉の中で支配的な役割を演じることが多い。」といい，「伝統的な調停モデルでの訓練をもっと行うことが必要であると思われる」という（E．シャーマン・前掲書 3 頁以下，7 頁，11 頁）。なお，山田文「現代型 ADR の再生としての民事調停」判時 1811 号，2002 年，3 頁以下。

果だけでなく，プロセスも重視する。Mediationにおいては，「事件の解決法を一番よく知っているのは貴方なのですよと自覚させる，つまり『エンパワーすること』」により，両当事者が「事態を客観的に見る」ようになり，「相手には相手なりの理屈や見解があったことを認め」，「お互いの見解の違いを認めあう」ようになって，相互に信頼を生む。そのようなプロセスが成功の鍵になる。

Mediationの主役は「最初から最後まで当事者同士」であり，Mediatorは「当事者の自己解決能力」を信頼して，当事者同士の「話し合いの促進を図る」補佐役にすぎない。Mediatorには，中立でいること，聞き上手/話させ上手になること，理解力と分析力のあること，批判や説教をしないこと，忍耐強いこと，臨機応変なこと，冷静なこと，アイデアマンでいること，諦めないこと，といった能力や態度が求められる。中立を守るためには，基本的に調停者は当事者に対してアドバイスはしない。必要な場合に，他の専門家等に相談することを勧める。

Mediationの最終目的は「当事者同士の対話」である。しかし，一般的には初期の段階（紛争の状況を把握して分析する段階）では（両当事者同席で）一方当事者がMediatorに向かって話すのを，Mediatorが相手方に伝えるという方式をとり，お互いのニーズを探り理解しあう段階では「徐々に当事者同士の直接対話を心がけ」，和解案を検討する段階では「当事者が調停者なしで話し合えるようになっていることが基本」である。井垣方式もレビン小林方式も，同席調停の途中までは当事者が調停者に話しかけ，調停者と当事者との話し合いが行われていくことを認めている。石山教授は，これは「調停者主導」のやり方であり，「日本の調停の多くがいまなお行っている当事者から個別に事情を聴取し，合意点を見出し

---

(146) 鈴木仁志「アメリカ合衆国のADRと訴訟社会（下）」NBL 717号，2001年，46頁によれば，コミュニティモデルのMediationでも別席交互方式が行われていたということである。これはおそらくEvaluativeなMediationであろう。EvaluativeなMediationにおいては，当事者の主張立証は対席で行われ，その後は，交互面接方式（コーカス）により行われることが多いであろう。「このコーカス段階における調停人の技術・力量が合意の成否に決定的に影響する。調停人は，心理学的な技術を用いて当事者の感情を鎮静化させ，精神力を回復させて合理的な判断能力を導き出したうえで，客観的な判断基準（法的基準を含む）を提示し，不成立に終わった場合の利益・不利益を計数的に明快に示し，前進的かつ創造的な選択肢を提示し，発想の転換を促し，当事者が将来のために自発的に合理的な行動をとるよう導く」とされる（鈴木，前掲論文）。しかし，わたくしは，「対話」は本来当事者が直接向き合って行われるべきものであり，また公正の要請からも，同席を基本として運営されるべきものと考える。

てゆく手法」が「ミックス」されている，あるいは，「日本の個別調停のやり方と本質的には同じで，ただ両当事者同席のままでやるところが違うだけとの印象を受ける。」と指摘している。しかし，レビン小林方式で上記のような調停者＝当事者間のやり取りを行うのは，当事者同士の直接の対話が直ちに成立するのが困難な場合に少しずつ対話ができるように導く技法であり，「ときには，調停者が何も言わなくても，対話が始まることがあります。そんなときは，二人が話すのに任せ，黙って様子を見ます。」とされるのである。石山方式の場合，最初に申立人に 30 分早く来てもらって同席での対話への同機付けをするというフェイズが組み込まれているのに対して，レビン小林方式の場合はそのような事前の別席での話し合いは予定されていないで，最初から同席での Mediation を始めるので，そのような違いもあるかもしれない。また，石山方式でも「当事者が感情的になって激しい言葉でやり取りするような時は……『……これからしばらくは，私が通訳になりますから，お互いに私の通訳が終わってからそれに答えてください』と提案し，調停者を媒介として間接的に話し合いをさせ，感情が沈静化したところで，直接的話し合いに戻している。」とされるのである。井垣方式やレビン小林方式でも，当事者と調停者との話し合いで調停者が心証を形成し，評価・判断を行うことはないのであり，その意味でも従来の説得・裁断型調停とは全く異なるものである。いずれの方式も最終目標は当事者同士の「対話」の実現であり，この重要な点で共通している。そこに至る道筋や技法が異なっており，今後，実務家が様々な場面で種々の方式を試みる中でさらに検討してゆくことが必要であろう。

さて，Mediation の具体的な運営であるが，「参加者全員が対等だという印象を与える」ために，机は「丸テーブル」が好ましく，両当事者が Mediator を挟んで相互に向き合う形で着席してもらう。席は基本的に Mediator が決めるとされる。

---

(147) 石山勝巳「紛争当事者間の対話促進法——日米比較」判タ 967 号前掲 100 頁，106 頁。
(148) レビン小林久子『調停者ハンドブック』前掲 33 頁以下。
(149) 石山勝巳「紛争当事者間の対話促進法——日米比較」判タ 967 号前掲 105 頁。
(150) レビン小林久子助教授が行う「はじめの挨拶」のサンプルは，同『調停者ハンドブック』前掲 51 頁以下。

第 7 章　ADR，中立的調整活動と「対話」

イントロダクションとして，Mediator は自分がきちんとトレーニングを受け，経験もある，公平中立な Mediator であること，もし公平中立性に疑問があり指摘してもらえば注意すること，話し合いの主役は当事者自身であること，Mediator は両当事者が心を開いて話し合えるように手伝い，両者の共通点は何か，双方が満足できる解決案は何かなどを両者が考えるのを手伝うことが役目であるが，どちらが正しいとか，法律的にどうか，どうすべきかといった意見やアドバ

---

(151)　アメリカでは様々なトレーニングコースが開催され，Mediator になるためには数十時間に及ぶトレーニングを積むということであり，教材や実務書も多く発行されている。Allan H. Goodman, "Basic Skills for the New Mediator", Solomon Publications, 1994, J.W. "ZIG" Zeigler, Jr., "The Mediation Kit—Tools to Solve Disputes", John Wiley & Sons, Inc., 1997, Jennifer E. Beer with Eileen Stief, "The Mediator's Handbook", Developed by Friends Conflict Resolution Program, New Society Publishers,1997, Kathleen M. scan-lon, "Mediator's Deskbook", CPR Institute for Dispute Resolution, Inc., 1999（邦訳，東京地方裁判所 ADR 実務研究会訳『メディエーターズ・デスクブック――調停者への道』三協法規出版，2003 年）など。また，Mediator としてのキャリア開発や事務所運営などについて，Forrest S. Mosten, "Mediation Career Guide", Jossey-Bass, 2001。日本でも最近，Mediation や相談のトレーニングが開始されてきた（例えば，NPO 日本メディエーションセンターによるトレーニングについて，http://www.npo-jmc.jp/training.html）が，裁判所の調停委員について数十時間に及ぶ専門的なトレーニングが行われるといったことはない。

(152)　例えば，「親権と養育権の違い」や「考えられる解決例」などが例として挙げられている（レビン小林久子『調停者ハンドブック』前掲 109 頁）。この点に関連して，アメリカ法曹協会（ABA）は，日本の司法制度改革推進本部 ADR 検討会の報告書に対するパブリックコメント（Comments of the American Bar Association Section of Dispute Resolution to the Report of the Alternative Dispute Resolution(ADR) Study Group of the Judicial System Reform Promotion Headquarters, August 25, 2003）の中で，「当事者の法律上の権利や義務が問題となる紛争では，調停人と当事者との間で法律問題について協議することもありうるが，そのような協議は代理人＝依頼者関係を成立させることはなく，調停人が弁護士であるか否かにかかわらず，法律上の助言には該当しない」（従って，調停人は弁護士でなくても，当事者と法律上の問題について協議ができる）としている。この見解は，「調停人や仲裁人と紛争当事者との間に『依頼』関係は存在しないので，調停及び仲裁のプロセスは『法律事務の取扱い』とみなされるべきではない」とし，「調停及び仲裁において，当事者は，調停人または仲裁人が自己の個々の利益を守ってくれると期待はしていない」し，「ADR サービス提供者は参加者に対して，法的代理人としてのサービスを提供しているのではない」という考え方に基礎を置いている。これは後に触れるように，弁護士以外の者が ADR を主宰できるかという問題（弁護士 72 条問題）に関するものであるが，興味深い視点からの考え方であり，わたくしも今後検討したいと思う。

イスはしない（考えるための材料の提供はする）こと，Mediation は非公開でプライバシーが尊重されること，話し合いのルールとして相手の話をさえぎらない，相手を批判しない，乱暴な言葉を言わないといったことを守ってほしいこと，などを説明し，両当事者に十分理解してもらう。1回の Mediation は2時間ないしそれ以上を予定するとされる。井垣方式でも石山方式でも調停開始前に両当事者に対して，同席調停の具体的なイメージをもってもらい同席での話し合いに積極的に臨んでもらうためのガイドを行うことが重要なものとして位置付けられており，Mediation においても始めのイントロダクションが非常に重要なものとなる。

　Mediation は，まず申立人から話を聞くことから開始する。「それでは，Aさんから話して下さい。初めから今まで起こったこと，思い出されることは何でも，ショックだったこと，悲しかったこと，将来どうしたいのか，こうしてほしいという特別の希望があればそれもお願いします。」はじめの段階での話は，当事者から Mediator に向かってなされる。Mediator は情報収集を行い，同席する当事者は相手の目から見た紛争の描写を聞き，違いを理解する機会を得る。Mediator は話を聞いていることを態度で示し，当事者が「聞いてもらった」という満足感を得られるようにするが，「相づち」は中立性を損ねる危険があるから，なるべく避けるとされる。「相づち」は前に見たように，相談において，非言語的な対応として重要視される技法であるが，中立的第三者としての Mediator が一方当事者の話しに「相づち」を打つことは，中立公平性に傷をつける可能性もあるということからの配慮である。もっとも，相手への理解を示す言葉や相手との信頼関係に向けたポジティブな言葉などについては，「相づち」を打って共感を示し励ますことが適切な場合もあろう。

　怒りをぶつける当事者に対しては，その当事者から相手を守るというような態度はとらず，Mediator が話を聞いていることを態度で示すと共に，「感情的な非難は相手の態度を硬化させ，話し合いのマイナスにこそなれ，役には立たない」ことを説明し，非難されながら聞いている当事者にも黙って聞く辛さを理解していること，もう少し辛抱して聞いた上で自分の話もしてほしいことなどを，「相手の気持ちを察した言葉遣いで」話して理解を得る。「どんなに感情が高ぶっている当事者でも，調停者が話を聞いていることを意識すると，必ず冷静になろう」

---

(153) Aに対する話の開始のうながしは，I-Message による発話を勧める内容になっている。

とするのであり，Mediator は要約や言い換え，オープン・エンド・クエスチョンの技法を使って話を聞かなくてはならない。

　当事者同席の場で話をするということは，その当事者にとって自分自身のエンパワーとなる。つまり，当事者は Mediator に話をする場合，なるべく自分に有利な話を聞かせたいという欲求があるが，相手のいるところで嘘を言ったり誇張をしたりすれば，相手の反発を受けるかもしれないという葛藤を心の中に抱えている。その葛藤を乗り越えて，自制心を働かせ正直に客観的に話をし，そのように「話をしているという自覚は，当事者の自尊心を高めます。」この指摘は非常に重要だと思われる。「対話」を遂行する当事者はそのこと自身によって勇気付けられ，自尊心を高めるのであり，逆に「対話」を抑圧されると人は自尊心を傷つけられ，問題解決から遠のくことになろう。

　当事者にできるだけ多く話させると同時に，話し合いの方向付けをすることも必要であり，そのための Mediator のテクニックは，次のとおりである。「調停者は，(1)当事者の話の流れに『乗っていく』形で対話を進める。(2)次にこれと思う言葉や感情表現を聞いたら，それを繰り返す。その繰り返しは，(a)その表現をそのまま強調する―当事者を満足させ，もっと話させる。(b)当事者の言葉を変えて表現する―それによって話し合いの方向を決める。」Mediation では積極的に話を聞く傾聴（active listening）が重要であり，そのためによく使われる技法として，パラフレイジング（paraphrasing＝内容を変えずに要約して，言葉の角を取り，一般の言葉にし，客観的表現に言い換える），リフレイミング（reframing＝言葉の意味を理解し，的確かつポジティブで協調的な表現に組み替える），オープン・エンド・クエスチョン（open-end-question）がある。これらは相談の項で検討した傾聴と共通するところであり，技法としても相談と Mediation は共通している部分があることが分る。井垣方式でも石山方式でも，要約や言い換えが重要な技法として活用されている。ただ，わたくしが実践する上で注意を要すると思われるのは，「話し合いの方向付け」の点であり，話し合いの中で調停者として解決の方向としてこうあるべきだという心証ないし意見が形成され，調停者の考える方向に誘導するテクニックとして上記のような技法が用いられる恐れである。あくまで方向そのものを決めるのは当事者自身であることを十分に踏まえて，当事者の自律性を害さないように技法を活用しなくてはならない。

　当事者からの状況の説明に続いて，その分析をし，両当事者が Mediation で

話し合わなければならない事柄（issue）と要求（position）を見つけ出し，要約して双方に確認する。「それでは今まで伺ったことを，確認の意味で簡単に要約します。お話を正しく聞いたかどうか，もし違っていたら訂正をお願いします。」イシューは「話し合いのテーマ」として，「中性的で一般的な言葉」で表現する。「……ということで，Aさんは今日〇〇〇〇について話し合いたいと考え，できたら××××という希望を持っておられます。」このような提示により，「調停者は当事者間の対立と反感を和らげ，協調の土台を作ることができます。」

次に，両当事者のポジション（例えば，損害賠償してほしいという要求）について，何ゆえそのように要求するのかを尋ねて話し合うことにより，また，当事者が繰り返したり強調する言葉などから，ポジションの背後にある当事者双方の基本的欲求（例えば，友情を大切にしたいというニーズ）を見つける。「双方のニーズが見えてきたら，それを一つの表現にまとめ，当事者にこの二つのニーズを満たすことが問題解決ではありませんか，と伝え」るが，その際，リフレイミングの技法を用いて肯定的な表現で，双方のニーズを「当事者双方が受け入れやすい形にブレンドし，両者に返さなければならない」。これによって，「双方に共通する価値観（common ground）」を提示し，「新しい話し合いの出発点」を創り，当事者の視点を「争いを超えたもの」に向けて，解決策を練る話し合いに移行する。石山方式でも両当事者に共通する当面の問題に焦点を当てて解決をうながし，その積み重ねにより信頼関係の樹立を図り，より本質的な問題の解決に結び付けて行くのであり，技法としても共通する部分があると思われる。

解決策を練る話し合いでは，自由にできるだけ多くのアイディアを出し合うブレーン・ストーミングを行い，提案される解決策について，何故いいのか，あるいは逆に何故だめなのか，オープン・エンド・クエスチョンで質問しながら多角的に検討していく中で次第に両者が納得する解決策を紡ぎ出していく。また，「本当に長続きする和解とは，お互いのニーズを満たしたものだけ」であり，Mediatorは「相手にも利益になる点があるかどうか，相手にとっても公平かどうかを当事者に確かめる」必要がある。このようにして和解が成立したら，合意書を作成して，Mediationを終了する。

レビン小林久子助教授のMediationでは，当事者の究極的なニーズ（当事者が真に欲するもの），紛争の原因となった具体的なイシュー（もめごとの原因），それに基づく当面の要求であるポジション（損害賠償といった現在の要求）を分けて探

求するという構造的な思考が示されている。ニーズは不変であってもポジションは変わりうるという点を踏まえて，調停者は当事者の主張するポジションに縛られることなく，真のニーズが何であるかを見据えて双方に共通の価値観を探し，両当事者を中心とする多面的な検討により解決策を形成していくのである。このような構造化は有益であろうが，わたくしが実践を行う中で留意しなくてはならないと思うのは，構造化にとらわれて当事者間の「対話」実現の支援がおろそかになったり，当事者のニーズを調停者の思い込みで決めてしまい話し合いを誘導してしまったりすることがないようにしなければならないということであろう。

なお，コーカス（caucus）（別席での個別の話し合い）を行うこともあるが，それはあくまでも同席の中で使われるMediationのテクニックの一つとして位置づけられており，当事者が希望したとき（この場合，コーカスを希望する理由を同席で説明してもらい，相手の承諾を得る。相手に不利な話をすると思われる場合には，同席の場で話すように勧める。），Mediatorが和解策についてリアリティ・チェック（現実に履行可能かなどの確認）をしたいとき，話し合いが進まないとき，当事者の心を開きたいとき，話し合いがエスカレートしたとき，パワー関係が一致しないとき，などに行う。

レビン小林久子助教授のMediationにおいては，手続のスキーム自体が公正なものであるほか，前記のようにMediatorは「相手にも利益になる点があるかどうか，相手にとっても公平かどうかを当事者に確かめる」とされ，またコーカスの利用により両当事者のパワーの均衡に配慮したり，リアリティ・チェックを行うなど，個々の場面でも公正への配慮を行き届かせる運営をすべき旨が説かれている。当該事案の具体的な状況に応じて，調停者による適切な後見的な配慮が求められる場合があり，中立性に留意しつつ，「対話」の実質化が図られるべきであろう。

4　Mediationと中立性・公正性

これまでの検討を通じてMediationないしMediatorの中立性や公正性という事項が当事者に対する情報提供など各所において話題となったが，ここで改めてMediationにおける中立性・公正性とは何かを考えてみたい。(154)

当事者間の「対話」を通じた自律的な解決の重要性が広く社会において認識され，実践されていくにしたがい，弁護士が中立的第三者として「対話」を促進す

ることによるMediationを行う機会は，ますます増加するであろう。そのような「対話」の促進においては，第三者の中立性・公正性は核心的な重要性を有するのであり，当事者から中立性・公正性に疑念がもたれれば，「対話」の場はもはや運営が望めなくなるであろう。このように「中立性」「公正性」の要請は必須のものといえる。

　それでは，ここでいう「中立」「公正」とはどのようなことを意味するであろうか。依頼者の代理人として弁護士活動をしていると，時として事件の相手方から「弁護士は法の番人なのだから，法律という正しい基準に従って，自分の依頼者でも説得しろ」と詰め寄られることがある。法の番人云々の言葉そのものには誤解もあろうが，弁護士に対して一般の人々が寄せている「法律を守る専門家」としての公正さのイメージが根底にあると思われる。たとえ自分の依頼者であっても，法律という客観的で公正な基準に従った対応がなされるはずだし，そうあるべきだという思いが込められている。ここに弁護士の「中立性」「公正性」の一つの形があるであろう。これは「『規範（法）志向性』に強くドライブされた法律家の中立性」(155)ないし公正性といえよう。

　しかし，このような法律的中立性は，事実の認定と法律の適用に基づく法的判

（154）　民間ADRが特定の業界から資金提供を受けるスキームにおいても，組織そのものの「中立性」が問題となりうる。特に仲裁を行う組織の場合にそうであろう。この点について，第二東京弁護士会仲裁センター創立の中心メンバーであった原後山治弁護士は，損害保険会社が資金提供して設立される交通事故裁定センター（現在は財団法人交通事故紛争処理センター）の問題について「損保会社が金を出すんだから損保会社寄りではないかという誤解を解く意味でも，仲裁人が裁定した場合に，当事者はいやならば裁判できると，損保会社を拘束するというこの片面的仲裁というアイディアは素晴らしい」とされる（第二東京弁護士会仲裁センター運営委員会『二弁仲裁センター10年のあゆみ』2001年，1頁）。

（155）　和田仁孝「調停における中立性とケア」（レビン小林久子編『紛争管理論』）前掲192頁。和田教授は「ケアの倫理」を参考にして，調停者の中立性を解き明かしており，示唆に富む。

（156）　日本の説得裁断型の調停やアメリカにおけるEvaluative mediationでは，このような事実認定・法的判断に基づいた評価説得が行われる。わたくしは，そのようなタイプのMediationを決して否定するものではないが，それは本来当事者がそのようなMediationの在り方の説明を受け，納得してそのようなタイプのMediationを受けることを選択するということが求められるのではなかろうか。もちろん，対話促進型のMediationについても，予め当事者に対して十分な説明が行われ，当事者が納得して選択する必要があろう。

断に基づく説得を行うという弁護士の活動モデルを前提としたものである。それは，個々人の自律性の相互的尊重に立脚する「対話」の促進という活動を前提とした中立性・公正性とは異質のものである。第三者が当事者の話しを聞いて法的判断を形成し，その判断に基づいて当事者に説得するとすれば，意に反して不利益な説得を受けた当事者は，これでは中立・公正な第三者をまじえた話し合いではないと感じるであろう。「対話」のアプローチにおいては，第三者が自分の事実認定と法的判断に基づいて，当事者の意向を無視して説得するという活動は，それ自体，中立性・公正性に反するものと考えられる。

「対話」のアプローチにおいて，「対話」の促進としての同席調停ないし Mediation における中立的活動は，既に検討したとおり，両当事者の主体性を尊重し，それぞれの思いがそれぞれの相手方に届くように積極的傾聴を行い，パラフレイジングやリフレイミング，焦点化などを通じて，相互の気づきをうながし，当事者を励ますことにより，両当事者の間における「対話」が進むように援助するものである。そのような活動をしながら，なおかつ，両当事者から「中立性」「公正性」の認知を受けるためには，Mediator はどのようにすべきであろうか。

和田仁孝教授は「調停者の中立性」の問題について，調停者が両当事者に「ケアの提供」を行うことを通じて，中立性の維持と信頼の獲得という困難な作業を同時に実現していくことが期待できるとされる。ここで「ケア」というのは「ケア提供者とケア受給者が，同じ人間として主体性を尊重し合いながら関係を取り結ぶ際の関わりのあり方」であり，「ケアされる対象が『それ自身』になるのを手助けすること」である。そこにおいては，ケアする者が「自らの価値観や考えを透明にして，ケアされる相手が成長のために今何を必要とし求めているのかを共感的に理解し，その自己実現を援助していくことが大切である」。当事者と対等の立場に立って，当事者の自己解決能力の回復を援助することであり，その過程を通じてケアする者も成長を遂げてゆく（ケアの相互性）。このケアに基づく中立性の考え方は，当事者の自律性の相互的尊重の理念に基づく「対話」とその促進を援助する考え方にマッチするものであり，基本的にわたくしもそのように考えたい。

---

(157) ここにいう「信頼」というのは「公正性への信頼」を意味すると考えられる。
(158) 和田仁孝「調停における中立性とケア」（レビン小林久子編『紛争管理論』）前掲 201 頁。

しかし，このようなケアを一方当事者に提供することは，相手方にしてみると中立・公正ではないと見えることにならないであろうか。和田教授は，「一方当事者にケア提供し，それによってその当事者の問題管理能力が向上すること」を通じて「その当事者による他方の当事者へのケアの可能性が生じてくること」，ケアの提供は当事者に対して「調停者が真摯に関わろうとしていることを示すものとして信頼の源泉となる」こと，「相手方にそのようにケアを提供する調停者は，当然に自分の側にも誠実なケア提供（たとえば共感的聴取）をしてくれることを予測させる」ことから，ケアの提供により「中立性も，信頼も，同時に調達される」(159)とされる。

ただ，はじめから別席交互方式で調停者が片方の当事者とのみ面接する方法では，このケアの提供による中立性・公正性の確保はむずかしいのではないかと思われる。両方の当事者が，自分と相手方とに，同じ場面で同じ調停者がケアを提供する姿を現に見守る中でこそ(160)，このような中立性と信頼の確立が行われるのではなかろうか。別席交互方式のもとでは，逆に共感的聴取を通じて，調停者が自分の味方になってくれているという思い違いを当事者がしたり，調停者への依存心を強めることもありうるし，他方，別室で待たされる当事者は調停室の中で調停者と相手方が何を相談しているのかと疑心暗鬼になり，今度は待たされていた当事者が入室して共感的聴取を受ける中で，疑心暗鬼の反動で強い依存心を生じたり，自分が別室にいる間に不利な状態になった分，巻き返しを図るため，調停者を自分の味方に引き込もうとして，調停者への同調や恭順を示すなど，ケアの

---

(159) 和田仁孝「調停における中立性とケア」（レビン小林久子編『紛争管理論』）前掲201頁，202頁。

(160) 和田教授は「当事者の言うことをよく聞かない調停者がいたとすれば，その話を聞いてもらえなかった側の当事者のみならず，その姿を見ていた他方の当事者も，その調停者の対応への信頼を持つことはありえないであろう」とされる（和田仁孝「調停における中立性とケア」（レビン小林久子編『紛争管理論』）前掲202頁）のも，同じことを別の面から言っておられるものと思われる。

(161) もっともそのような状態をもたらす聴取は真の「共感的聴取」ではないということもいえるかもしれないが，別席交互方式で相手方を他の部屋に待たせたままで行われる聴取では，時間的な制約もあるし，逆に時間をじっくり掛けると，待たされている当事者側は中立性・公正性についての疑念を一層募らせる（これは実際にもよくあることである）ことになり，実際上なかなか難しい面が多いのではないかと思われる。

理念に反するような心理状態がシーソー的に繰り返されることが多いのではないかと思われる。また，調停者自身も，相手を待たせて調停室の中で密談していた間でも，常に中立・公正な気持ちで対応していたことを理解してもらうために，交代して入室した当事者の気分を害さないような配慮をするあまり，その態度が返ってその当事者に依存心を生じさせるモーメントとなりうるなど，悪循環に陥る可能性もある（この悪循環の果てに，調停者に対する不信感が募る場合もありうることになる。）。このような別席交互方式に対して，同席方式では，現にその場で両当事者に具体的にどのようなケアがその第三者から提供されるのかが，両当事者の目に見える形で示されるのであり，そのような手続のありようそれ自体によって，第三者の活動が中立的で公正なものであることが保障されるし，そこでケアが提供されることを通じて，さらに実質的な中立性や公正性への信頼が確立されてゆくものと期待されるだろうと考える。

　わたくしは，このように，ケアの考え方を両当事者同席のもとで実践することが，中立的第三者として Mediation を行う際の中立性や公正性を確保する方策になるのではないかと考える。

5　同席調停を前提とした弁護士プラクティスの在り方

　これまでの検討を通じて同席調停にも種々のバリエーションがあることが分ったが，当事者を真の意味で主役とし，両当事者同席での公正な話し合いの場で，双方の思いや考えを伝え合うことを通じて，当事者自身が紛争を解決ないし克服してゆくプロセスという点では共通している。このような同席調停を前提として，当事者からの依頼に基づいて調停手続に関与する弁護士は，どのようなプラクティスを行うべきであろうか。

(1)　調停申立書の書き方と利用ならびに依頼者との「対話」

---

(162)　訴訟の場合と異なって，調停の場合には「調停申立書を相手方に送付しない取扱いとなって」おり，それは「いずれ申立の中身は調停が開始されれば分ること〔であり〕申立書に記載されている，いないにかかわらず重要な事項はすべて調停の対象となる」こと，「申立書に書かれた不用意な記載によって相手方を不必要に刺激しないほうがよいという配慮」からとされる（梶村太市『離婚調停ハンドブック』前掲39頁以下）。しかし，井垣判事は「申立書は原則として相手方に送る」とされる（井垣康弘「同席調停」村重慶一編『現代裁判法大系10 親族』前掲82頁）。

例えば離婚調停の場合，従来の申立実務では相手方の悪さ加減を鮮明にするよう縷々書き連ね，調停委員に相手が悪い人間であることを印象付けるような申立書を作成することが多かったのではなかろうか。それは，通常，家事調停では裁判所は相手方に申立書は送付せず，調停委員のみが読む扱いであることも関係しているかもしれない。しかし，同席調停の考え方で，相手の同席しているところで，自分の思いを話すプロセスを前提にするときは，そのような申立のありかたは好ましいものではない。以下に示すのは，女性が多い職場の支店長をしている夫が浮気をしているとして，妻が離婚調停を申立てるという想定で，同席調停を前提とした申立書をシミュレーションとして作成したものである。この申立書では，同席調停の場面をイメージしながら，依頼者の認識している事実をできるだけ客観的に述べること，依頼者の寂しさ・悲しさなどの気持ちをI-Message方式を用いて表現し，相手を責め非難する言い方は極力しないこと，相手への感謝の念や家族への心配などを率直に記載すること，代理人として両当事者の対話の回復とそのための方法として同席調停を希望する旨を記載すること，といった諸点に配慮してみたものである。

また，同席調停で直接，当事者同士の思いを伝え合い話し合うのであるから，申立書も相手方に送付して，あらかじめ申立人の気持ちを理解してもらうことも有益ではないかと考える。そのため，裁判所を通じないで相手方に直接，当代理人から申立書を事実上送付することも前提に，できるだけ平易に口語体を使って書いている。

このような申立書を作成し相手方に送付するためには，依頼者にもこのような申立書を作成して相手方にも送付する意味を十分に理解してもらう必要がある。そのためには，調停を通じた「対話」の意味，申立書を裁判所に提出するだけではなく，相手方にも送って理解をうながすべきこと，調停の場では相手方同席で直接，相手方に気持ちを伝え合うこと，その中で自分たちで解決を掴み取る必要があることを含め，手続の進行がどのようなものになるか，などを十分に依頼者に説明し，その上で依頼者との「対話」を通じて事実関係や依頼者の気持ちを理解して申立書を起案するということが必要になる。

このように同席調停を前提とすると，従来の申立実務の在り方を変えていく必要があるのではないかと考える。

<同席調停を前提とした離婚調停の申立書のシミュレーション例>

1 申立人と夫は昭和〇〇年〇月に婚姻し，これまで20年の間，婚姻生活を送ってきました。その間，長男（17歳），長女（14歳）及び次男（11歳）を設け，昭和〇〇年には念願の一戸建て自宅を建て，一家5人で暮らしてきました。申立人は夫を愛し，上記のように3人の子供も設け幸せで楽しいことも多かったのですが，後述のように申立人は妻として大変悲しい思いをすることもありました。

2 夫は会社支店長という要職にありますが，女性の多い職場に勤務しています。申立人は最近10年間パート勤めをしています。家族生活の経済の主要部分は夫の収入に頼ってきたのであり，この点申立人は感謝しています。申立人も主婦として家族生活を支え，またパート収入を家族の生活費の一部や福利更生に充ててきました。

3 申立人は，夫を愛し毎日の食事や体のことを心から心配してきましたが，夫は毎晩帰宅が遅く12時を回ることも多く，家族と夕食を囲むのは休日だけのことが多かったように思います。これらの事情や，前記のように女性の多い職場に勤務していることから，申立人は夫が女性と親しく交際して夜遅いのではないかと考えるようになり，深い寂しさや悲しさを感じるようになりました。

4 申立人はこのように深い悲しさや寂しさから，つい夫に女性関係の疑いなどの愚痴を言ったことがあります。申立人は，夫が十分に申立人の気持ちを理解してくれないと感じ，女性関係についての釈明も十分にしてくれなかったと感じました。そこで更に悲しみが深まって思い詰めると，強い怒りが込み上げてくるようにもなりました。このようなことから夫婦喧嘩に発展してしまったこともあり，その過程で身体に傷を負ったこともあります。申立人としては女性関係を疑う思いが募り，これまで夫が8人の女性と男女関係を持ち，現在でも1人の女性と関係があるのではないかと思い，深い悲しみに沈んでいます。

5 このような経過から申立人は〇月〇日，思い余って長女及び次男を連れて家を出てしまいました。長男は大学受験を間近に控えていることから，夫の元に置いてきましたが，いつもどおり生活しているか心配しています。長女及び次男は電車で従前の学校に通っており，通常どおり生活していま

6　当代理人が聞いている範囲では，申立人は現在のところ離婚を望む気持ちが強いようです。また，今後の生活に対して大きな不安も抱いています。
　　7　当代理人としては，本件夫婦間にはこれまで冷静に心を打ち明けて話し合いをする機会が少なかったのではないかと思っています。今回の調停で，夫と申立人が同席にて直接，相互にこれまでの実情や気持ちを伝え合い，今後の生活について冷静かつ十分に話し合う機会がえられることを願っています。調停委員会におかれても適切なご配慮を下さるようお願いしたいと思います。

(2)　当事者の出席のうながし
　弁護士は，調停における「対話」の主役があくまでも当事者であることから，調停期日に当事者自身が出席して「対話」を遂行できるよううながすべきである。調停の目的が損害賠償などの法律的な定式に則った和解の成立だけを目指すものであるとの法律家サイドの理解からすると，別に当事者自身が調停期日に出席する必要性はないし，むしろ当事者同士の話を許すと混乱をきたしたり，不利な話をしかねないという法律家の懸念から，当事者を調停の席から遠ざけたりすることすらあったであろう。[163]しかし，調停には当事者を主役とした「対話」のプロセスとしての独自で内在的な価値があることを認識すると，弁護士は当事者を調停手続から遠ざけず，むしろ積極的に調停の席に参加し，自ら「対話」を遂行するよううながすべきであろう。これは依頼者だけでなく，相手方当事者についてもいえることであり，弁護士は相手方の代理人や調停者を通じて，相手方当事者自身の出席と当事者同士の「対話」を提案し，可能な限りその実現に向けて努力をすべきであろう。

---

(163)　Tamara Relis, "DISPARATE LEGAL AND LAY ACTOR PERCEPTIONS OF THE MEANIG AND FUNCTION OF MEDIATION", Paper presented at Kyoto University Graduate School of Law International Symposium, January 31,2004 はカナダ・トロントにおける医療事件 Mediation の当事者や代理人，Mediator らに対して行った調査に基づいて，医師は Mediation への参加に消極的ではない（むしろ Mediation で直接患者側に説明ができることなど，積極的な意義を見出している）にもかかわらず，代理人弁護士サイドが和解を目的の中心に据えていることから，当事者である医師を Mediation に参加させず，遠ざけていることを明らかにしている。

(3) 調停期日での当事者を尊重した対応

　当事者がこのようにして出席することとなったとして，次に弁護士は同席調停の調停期日ではどのように振舞うべきであろうか。この点に関してレビン小林久子助教授は，弁護士などの専門家が同席調停に出席する場合，調停者は「始める前に，調停は当事者が主役であることを説明し，納得してもらいます。調停者として，当事者から直接話を聞きたいという希望を伝え，専門家はオブザーバーとして調停に参加し，調停者が尋ねた時だけ意見を述べ，それ以外は沈黙を守ることをお願いします。」とされる。弁護士は時に依頼者を背後に押しやって，自分が盾になって法律の壁を作り上げ，相手方や調停者などと直接コミュニケーションが行われないように振舞うことがあるが，同席調停のもとでは，あくまでも当事者を主役に据えて，当事者による「対話」を尊重しなければならない。

　調停期日に臨むに当たって依頼者は，相手方や調停者との「対話」に大変な不安を抱いていることが多いであろう。期日前や直前に依頼者自身で「対話」を遂行できるよう励まし，弁護士がそばでずっと一緒に居て見守っていること，もし「対話」のうえで適切でない状況が生じた場合には，その場で調停者に適切な対応をうながすし，依頼者が弁護士に相談をしたい場合にそのように申し出てくれれば，調停者に頼んで別席で協議する時間をもらうようにすること，などを伝えておくことも必要であろう。前記の指摘では「調停者が尋ねた時だけ意見を述べ」るとされるが，上記のように依頼者が希望した場合も臨機に別席での相談の機会を得られるよう，調停者に働きかけることは許されるべきであろう。

　石山勝巳教授が前記で指摘されるように，「対話」は真剣勝負で行われ，時には双方が激昂するなどの場面もあり得るが，両当事者間の相互理解を生む重要な場面である可能性もあり，そのような場面が一概に否定され抑圧されるべきでもないことを踏まえると，弁護士としては，同席調停をオブザーブしている過程でそのような場面が生じても，直ちにそれを制止することは慎み，基本的には調停者のコントロールを尊重すべきであろう。ただ，同席調停における「対話」の考え方からしても行き過ぎと思われる事態が生じた場合には，速やかに適切な対応を要請すべきである。

---

(164)　レビン小林久子『調停者ハンドブック』前掲 42 頁以下。

第2節　これからの民間 Mediation と「対話」の促進への期待

　これまで裁判所の運営する調停における「対話」の在り方と弁護士としての代理業務について検討してきた。当事者が中立的第三者のもとで話し合いをする手続きとしては，このほかにも各種の ADR が存在するが，個人の自律性の相互尊重をベースとした「対話」の促進を図るシステムという観点から見ると，そのような理念を体現し具体的な技法に支えられたものは，まだ十分存在しているとはいえないのが現状といわざるを得ないであろう。これまでの ADR は，司法や行政といった官が主導し，あるいは民間であっても業界が一定の事業分野で生じる消費者クレーム等に対処するために設置したものがほとんどであり，その多くは多発する問題の処理の必要性に基づいて設けられたものであろう。今後はこれらの既存の ADR に加えて，新たな民間 ADR が創設されることが望まれる。特に，

---

(165)　小島武司『仲裁・苦情処理の比較法的研究――正義の総合システムを目ざして』中央大学出版部，1985年，石川明・三上威彦編著『比較裁判外紛争解決制度』慶應義塾大学出版会，1997年，小島武司・伊藤眞編『裁判外紛争処理法』有斐閣，1998年，レビン小林久子『調停ガイドブック――アメリカの ADR 事情』信山社，1999年，大川宏・田中圭子・本山信二郎編『ADR 活用ハンドブック』三省堂，2001年，小島武司編『ADR の実際と理論Ⅰ』中央大学出版部，2003年など。なお，周知のように ADR は Alternative Dispute Resolution の略であるが，わたくしは本書で述べているように「対話」による自律的な解決に本源的で内在的な価値があると考え，対話による解決を原則的にはまず第一に考えるため，そのような解決プロセスに Alternative（代替的）という位置付けを与えるのには抵抗感がある。しかし，ADR という言い方が日本でも呼称としては定着してきているので，本書でもそれに従う。ただ，ADR のなかでも「調停」という言葉は裁判所における説得裁断型の調停のイメージがぬぐえないため，民間での新しい対話促進型の ADR を考える場合，あえて Mediation という言葉を使いたいと思う。

(166)　弁護士会仲裁センターの中には，その実施する和解あっせん手続において，両当事者同席での facilitative な調停を実践しておられるものもある（第二東京弁護士会編『弁護士会仲裁の現状と展望』判例タイムズ社，1997年，第二東京弁護士会仲裁センター運営委員会『二弁仲裁センター10年のあゆみ』2001年）。

(167)　廣田尚久『民事調停制度改革論』信山社，2001年，同「『和解仲裁所』の構想について」（小島武司編『ADR の実際と理論Ⅰ』中央大学出版部，2003年所収）は，裁判所付設の調停の限界を克服するため，いわば調停を民営化し，併せて仲裁も行うシステムとして「和解仲裁所」を提唱し，私的自治の理念に支えられた自律的解決制度の樹立を目指すべきとし，調停人・仲裁人のトレーニングや財政的な課題等を含め具体的な提言をする。

当事者同士の「対話」の促進による自律的な解決の支援を目指すという理念を中心に据え，対話促進の技法のトレーニングを受けた中立的第三者により運営されるADRが創設され，紛争をめぐる法システムの中に一層の多様性がもたらされることが期待される。このよう自律的な対話促進のためのシステムや技法の普及は，官や業界の主導ではなく，民間の活力の中から創生されるであろうし，現に市民のグループが「対話」による自律的な解決を支援するためADRを立ち上げる草の根的な運動が起こってきている。現在，司法制度改革推進本部ADR検討会において，ADR基本法の策定が進められているが，わたくしはADR基本法がこのような民間の動きをサポートし，ADRにおける柔軟性・多様性を促進するものとして策定されることを願うものである。

1 新しい対話促進型の民間ADRとMediatorとしての弁護士

このような新しい対話促進型の民間ADRが創設される場合，弁護士がこれに

---

(168) 民間の新しいADRを目指すものとしては，2003年12月時点で，NPO法人・シビルプロネット関西 (http://www.civilpro.net/)，NPO法人・日本メディエーションセンター (http://www.npo-jmc.jp/)，愛媛和解支援センター，赤ひげネット，中四国ミディエイション・センター，被害者加害者対話支援センターなどがある。

(169) 多様な民間ADRを育むためには，弁護士以外の民間の人々がADRを創設し，訓練を受けてADRを運営できることを認めなければならない（ADRに関しては弁護士72条の制約を解放すべきであるとする見解として，廣田尚久『紛争解決の最先端』信山社，1999年，86頁以下，同『民事調停制度改革論』信山社，2001年，76頁）。わたくしは，対話促進型のMediationは法の適用を行うことにより紛争を解決するものではないから，そもそも法律業務ではなく，弁護士法72条には抵触しないと考えてよいのではないかと思う。アメリカでは，「主宰者としてADRの役務を提供することは，原則として法律事務には該当しないという判例や見解も多く示されている」（ADR検討会資料23-5，2003年，1頁以下）し，現に多様な個人や組織によって民間Mediatorが多数行われている。また，ADR検討会報告書に対するアメリカ法曹協会（ABA）のパブリックコメント（Comments of the American Bar Association Section of Dispute Resolution to the Report of the Alternative Dispute Resolution (ADR) Study Group of the Judicial System Reform Promotion Headquarters, August 25, 2003）も，Mediationは，公平な立場にある個人が，当事者が自発的合意に至るよう援助するプロセスであり，こうした援助は「法律事務の取扱」には含まれない，とする。アメリカ合衆国政府の意見も，弁護士以外のものが第三者としてADRに関与することを認めるべきとする（COMMENTS OF THE GOVERNMENT OF THE UNITED STATES on the REPORT OF THE ADR STUDY GROUP OF THE JUDICIAL SYSTEM REFORM PROMOTION HEADQUARTERS, August 22, 2003）。

関与して，弁護士自身が Mediator を務めるということが重要なテーマとなってこよう(170)。この場合，具体的には以下のような諸点が課題となろう(171)。

まず，Mediator としてのプラクティスの在り方については，これまで検討した同席調停の理念や実践技法を参考にして，さらにより良いプラクティスを研究開発し，トレーニングを積むべきであろう(172)。特に，弁護士は従来，法律と訴訟を中心に仕事を行い，当事者の紛争を要件事実の観点から整理し，過去の事実を調査し，法律を当てはめて法的判断を下すという作業に慣れ親しんでいるため，ともすると Mediation の場でもそのようなモードで話し合いを仕切ろうとする無意識の操作が生じうることを十分自覚し，「対話」のあり方やその促進の技法を虚心坦懐に研究し身につけて，「対話」の場に臨まなくてはならないことに留意する必要があろう。

また，弁護士は，Mediation の過程で当事者から，当該事案に関連する法的情報の提供を求められることもあろう。そのような場合，両当事者の了解を得られれば，Mediator としての中立性・公正性に反しない範囲で，当該事案に関連す

---

(170) 大川宏「仲裁センターと弁護士業務」宮川光治・那須弘平・小山稔・久保利英明編『変革の中の弁護士［その理念と実践］上』有斐閣，1992 年，381 頁以下。「多くの弁護士が仲裁人の経験を持つことは弁護士自身に法的トラブルの処理の仕方の変革を迫るであろう。われわれの仕事は依頼者の権利を擁護し，利益を守ることにあった。だが，ときに，それに急な余り相手方を敵にするということがなかったか。……仲裁人としての経験は，われわれの日常業務において公正な事件処理という観念を強めるであろう。また，仲裁実務を経験することによって，いままでなんでも内容証明，なんでも訴訟といった事件処理に対する反省が生まれるであろう。一つの内容証明郵便が相手方の感情を硬化させ，本来，話し合いで解決できる紛争を泥沼化させることがあることを知るであろう。われわれは，紛争の性格に応じた解決手段の選択ということにもっと気を遣うようになるであろう。さらに……依頼者に対する接し方にも変化をもたらすであろう。われわれは，依頼者が納得行かない疑問に対して，『法律ではこうなっている』と切り捨ててきたことがある。……納得しない依頼者は法を冷たいものと思う。仲裁の経験を積んだ弁護士は，常套句の使用をやめ，心底納得してもらうためにさまざまな努力をするであろう。やがて，市民の目には強面の弁護士像が消え，親しみのある公正な弁護士の姿が映るであろう。」（大川・前掲論文 401 頁）。
(171) 山田文「弁護士調停（Lawyer-Mediator）の可能性」第二東京弁護士会編『弁護士会仲裁の現状と展望』前掲 24 頁以下。
(172) 法律家は「当事者の合意に基づいて解決を見出してゆくというトレーニングは，まったくしていない」（廣田尚久『民事調停制度改革論』前掲 71 頁，126 頁）のが現状であり，新しい対話促進型の民間 ADR を創生し運営して行くためには，対話促進の技法をめぐるトレーニングは必須のものとなる。

る法的情報を提供することも可能であろうし，当事者のパワーバランスが均衡していないような場合には，後見的配慮からそのような情報の提供が要請されることもあるであろう。そのような情報を提供する場合，その法的情報を断定的な法的評価ないし法的意見として提示するのではなく，あくまでも現在の法的資料の中から得られる一つの情報であって，具体的事実によっては当てはめや別の法的情報によって別の考え方も示されうるものであり，「対話」において両当事者が考える材料を提供するものであり，さらに一緒に考えて行くという姿勢で示す必要があろう。

次に，このような新しい民間ADRにおいて，「対話」の場の構築をどのように行うべきか，どのようにすれば両当事者が同じ「対話」の席に着くことができるようにいざなうことができるか，という実際的な問題がある。この問題については，次項で検討したい。

2　新しい民間ADRにおける「対話」の場の構築

人々がADRによる問題解決を目指す場合のプロセスとしては，例えば裁判所の調停手続を利用する場合を考えると，弁護士に相談をして調停を勧められ，その弁護士を通じて調停申立をし，裁判所を通じて相手方を呼び出してもらい，裁判所で開かれる調停期日に出席して話し合いをするという手順になろう。裁判所調停の場合には，裁判所に対する社会的認知度も高く，法制度上も，当事者等の出頭義務（民事調停規則8条及び家事審判規則5条［本人の出頭義務］，並びに民事調停法34条及び家事審判法27条［関係人不出頭の制裁］,）が課されていて，裁判所から制裁付きの呼出状を送付されれば，一般の人々は否応なく出頭するのが普通であろう。また，裁判所の調停では，利用者が裁判所の窓口で相談をして，その窓口で申立書の書き方も指導してもらい，申立書をそこに提出するということも多い。この場合，相談に乗る裁判所の職員と調停者とは完全に別のものであり，また裁判所という法定された国家施設であることから公正性に対する一般の信頼もある。そこで，相談から調停へのシームレスな移行が可能になっているといえよう。ところが，民間ADRにおいては，法律上の出頭義務はないし，相談者と調停者の区別，相談から調停へのシームレスな移行といった面で，民間の特にボランティア的な活動では制度上も人的・物的にも困難な課題がある。

(1) 相手方当事者への対話の呼びかけ

　民間 ADR では，一方当事者から Mediation の申立を受け付けても，相手方当事者が Mediation での話し合いに自発的に応諾しなければ，そもそも対話の場が構築できない。⁽¹⁷³⁾話し合いを呼びかけられる一般の人々の立場に立って想像してみれば，どんな人・どんな組織かも分らない，果たして信用が置けるのか，話し合いといっても先方と一緒になってこちらを責めるのではないか，こちらの言い分は聴いてくれないのではないか，上手いことを言われて騙されてしまうのではないか，そこまで極端ではないにしてもそこで話したことが自分の身の上に不利に働くことはないか，といった数々の不安・恐怖や警戒が頭の中を支配するであろう。対話の場の構築はこのような不安などを乗り越えたところで初めて可能になる。

　そこで人々のこのような不安感や警戒心を解放し，安心して「対話」に望める条件作りが必要である。そのためには各民間 ADR 機関ごとに，そこで行われる ADR の基本理念，手法，手続（公正公平性），他の ADR と比べた特色，Mediator の訓練，Mediation の施設，費用などについて，あらかじめ公表し，広く社会に向けて周知を図ること（インターネット，マスコミ等による継続的な情報開示や一般向け啓蒙が必須であろう。），官民を含め相談を担う他の ADR 機関や弁護士，司法書士などの専門職との連携を行い，他所での相談からのレファレンスを受けられるようにすること，少しずつ Mediation の実績を積み重ね社会的な信用を得ることなどが，前提として必要であろう。これらの条件は，応諾のためだけでなく，民間 ADR の利用そのものの促進の条件でもある。

　民間 ADR では，Mediation を行うことについて相手の同意を得ることが必須になるが，「この同意がなかなか簡単には得られない……現在，プロフェッショナルな調停者の多くが悩まされているのがこの点で，関係者の間では，調停の同意を取り付けたら半分は成功だ，と言われる程」だとされる。⁽¹⁷⁵⁾それではどのよう

---

(173) 上野義治「NPO 型 ADR・対話の場構築の可能性と課題」21 世紀 COE プログラム「インターフェイスの人文学」プロジェクト（大阪大学）「臨床と対話」研究グループ『第 1 回対話シンポジウム対話を促進する方策と，場の構築のための連携報告書』（文部科学省科学技術振興調整費科学技術政策提言）2003 年，5 頁以下は，対話に入る前の場の構築が非常に重要であるのに，現状では対話の場の構築後のことだけを念頭において，対話を促進するための技法の習得が先行していると指摘し，「対立関係にある者同士を『ステージに乗せる』ための『技法開発』」の緊急性を訴える。

にして応諾を呼びかけるべきであろうか。

① 当事者主導方式

　この点について，レビン小林久子助教授は「調停を希望する当事者が相手側に，調停をしたいという気持ちを伝え，調停者の電話番号を渡し，連絡を頼みます。連絡を受けた調停者は，調停の非公開性，手軽さと迅速さ，協調と信頼，そして調停者の中立などを説明し，調停の良さを分ってもらうように努めます。」とされる。この方式を採るべき理由は，Mediator 自身から相手方に呼びかけを行うと「対立している相手が調停を頼んだというだけで，おもしろくない，調停者は公平ではないと思い込む人が多く，調停者が誠意を持っていくら説明しても，同意の可能性は至って少ないから」ということである。この方式の場合，相手からADR 機関に連絡がなされれば，そのこと自体で相手も「対話」の意思が相当にあることが伺えるという利点があるであろう。もっとも，日本の民間 ADR でもこの方式を試みているものがあると聞いているが，実際，なかなか相手の同意に至るのが難しいという。これは，現に対立している当事者自身が相手方を説得しなければならないという点で，実際上の難しさがあるのであろう。

② 「ラブレター作戦」

　第二東京弁護士会仲裁センターでは，「仲裁人予定者として受任したあと，すぐ相手方に電話して出席してくれるように頼む。これを『ラブレター作戦』と名づけている」とされる。ここで「仲裁」といわれているが，弁護士会仲裁センター

---

(174) 例えば，弁護士会仲裁センターの和解あっせん手続でも，弁護士や他の相談機関がセンターの利用を勧め，また，申立を受けた側が他の相談機関や弁護士に「弁護士会仲裁センターでの話し合いの申し立てを受けたが，どうしたものか」と相談したときに，「弁護士会仲裁センターなら安心だから応じても良いのではないか」というアドバイスを受けるという関係があることが，同センターを支えるといえるであろう。これまでは「弁護士は，ADR をあまり利用しない。わが国の多くの弁護士は，紛争があればまず訴訟，と思考がロック・イン（固定）されていて，ADR の方には目を向けない傾向がある」が，「人々や企業のニーズが ADR の方に向かっていることは明らかであるから，弁護士は ADR の門戸を広げ，その発展とともに生きてゆく方に意識を切り替え」るべきであり，また「その方が紛争解決のキャパシティが全体として拡大し，職域も広がるのではないだろうか。」（廣田尚久『民事調停制度改革論』前掲 76 頁）。弁護士などの専門職にこのような意識の変革が求められる。

(175) レビン小林久子『調停者ハンドブック』前掲 35 頁。
(176) レビン小林久子『調停者ハンドブック』前掲 35-36 頁。

ではほとんどの事件が少なくとも出発点では和解あっせんを中心としていると考えられることから，実際上は Mediation と考えてよいと思われる。ラブレター作戦は Mediator ないし ADR 機関から相手方に呼びかける方式であるが，「ラブレター」というように呼びかけの仕方や内容は相当に相手に気を配ったものになっていると考えられる。実際問題として，前記のように対立関係にある当事者自身から相手方への働きかけには大きな限界があると思われること，中立の第三者としての「対話」の勧めであり，「対話」による解決には大きな価値があることやあくまでも任意のもので同意できなければいつでも話し合いを打ち切ることができることなどを第三者として分りやすく説明することによって，相手の理解を得られることも相当あると考えられることなどから，わたくしとしては民間 ADR 機関からの呼びかけを行う方式でもよいのではないかと考える。ただ，これにはいくつかの工夫も必要であろう。

　まず，当該 ADR 機関の概要や手続のあらましのほか，中立公平で親身になった対応をすることが十分に伝わる説明パンフレットなどを作成しておき，それを送付し，併せて必要に応じて電話などにより担当 Mediator 以外の ADR 職員から口頭説明も行うべきであろう。「ラブレター作戦」ではいきなり電話で説明するとのことであるが，実際にはなかなかむずかしいかもしれない。また，「ラブレター作戦」を補充するものとして，「相手方に安心して出席してもらうための案として，相手方が希望すれば，仲裁手続開始前に仲裁人予定者ではない弁護士

---

(177) 原後山治「仲裁は楽しい──二弁仲裁センターの事例に思う」第二東京弁護士会編『弁護士会仲裁の現状と展望』判例タイムズ社，1997年，74頁。なお，仲裁センターから書面の通知もなされるが，それは「呼出状」ではなく「平易な言葉を使い，『仲裁期日のお知らせ』」という題名になっている（大川宏「仲裁センターと弁護士業務」宮川光治・那須弘平・小山稔・久保利英明編『変革の中の弁護士〔その理念と実践〕上』前掲393頁）。弁護士会仲裁センターの事件における応諾率は50〜80％以上と，かなりの高率になっている（日本弁護士連合会 ADR センター『仲裁統計年報（全国版）平成14年版』，2003年）。

(178) わたくし自身がこれまで携わってきた実務での感覚からすると，一般の事件などで相手方に話し合いを求める手紙を出したり連絡をした場合，そのなかでの言葉や言い方に配慮をすれば，相当の確率で話し合いの場を持てるというのが実感である。一般に一方当事者の依頼を受けた弁護士は党派的なものとイメージされていると思われるが，その場合でもかなり任意での対話の場を設定することができる。まして，対話促進を目的とした第三者である民間 ADR 機関からの呼びかけであれば，相当の反応は得られるのではなかろうか。

が仲裁手続を応諾するかどうかの『相談』に乗ってあげるのがよい」という指摘もある[179]。民間ADRでそのような相談リソース（ただし，弁護士に限らないと考える。）を用意することは，後述の「相談からMediationへの移行」の問題に対応する上でも重要なことであると考える。申立当事者自身から相手に働きかけができる事案であれば，もちろんそのような働きかけを当事者自身から行ってもらうことも有用であり，併用すべきであろう。

(2) 相談からMediationへの移行

弁護士会仲裁センターの運用においては，法律相談から仲裁センターの利用にいたるケースが多いと聞いている。法律相談の担当者が仲裁センターを知っており，それをリファーするようになれば，仲裁センターの活用が進むであろう。第二東京弁護士会仲裁センターでは発足当初，「事前審査」のために相談前置の制度を採用していたが，その後，改め法律相談を経なくても申立を受け付けるようになった[180]。同じ法律相談でも，仲裁センターの利用を認めるか否かを審査するという規制目的で運営されるならば，逆にADRの門戸を狭めることになろう。そうではなく，相談をMediationにつなげ，「対話」の場の構築に結び付けていくインテークの役割を担うものとして位置付けていくべきであろう（前記のように実は裁判所付設の調停も相談サービスを行っているのであり，この点，民間ADRを構想する場合も見習うべきであろう。）。大阪弁護士会は2003年7月，同会の市民法律センターに設営している民事紛争処理センターに弁護士を常駐させ，相談を受けながら申立用紙の書き方のアドバイスなども行うサービスを試行することになった[181]。これは「対話」の場の構築における相談とMediationとの連携を意識的に図る試みであり，同センターの活用を推進する意味でも重要な取り組みになるのではないかと思われる。民間ADRを創設しその積極的な活用を図っていくためには，同様に「相談」（申立書作成の援助なども含む。）の機能を担うシステムが必要であろう。さらに言えば，民間ADRの仕組みそのものが，「申立の受理」から始ま

---

(179) 原後山治「仲裁は楽しい——二弁仲裁センターの事例に思う」第二東京弁護士会編『弁護士会仲裁の現状と展望』前掲74頁。
(180) その間の経緯について，原後山治「仲裁は楽しい——二弁仲裁センターの事例に思う」第二東京弁護士会編『弁護士会仲裁の現状と展望』前掲73頁。
(181) 2003年7月9日，読売新聞夕刊。

るのではなく，まず「相談」という窓を持ち，その窓を通じて Mediation に移行して行く，というのが利用者から見ても自然なのではなかろうか。もっとも Mediation の中立性を確保するためには，相談担当者と Mediator とを別の者にするといった配慮は必要であろう。民間 ADR における相談機能を担うために，すべての ADR へのレファレンスや申立の援助を行う相談専門の民間機関を設けるというのも一案かと思われる。

第3節　弁護士による中立的調整活動による「対話」の可能性

相対交渉や ADR 利用における弁護士の活動形態は，一方当事者の代理人としてのものがほとんどであるが，これまで検討したように，今後は ADR 機関において Mediator として活動する機会も多くなるであろう。このような「代理人」または「Mediator」としての活動を行う場合は，比較的明確な役割を意識することができるといえよう。しかし，このような明確な役割区分ができない中間的な領域での活動が，弁護士にはあると思われる。それが，中立的調整活動である。

1　「中立契約交渉弁護士」と取引締結交渉の「対話」

かつて小島武司教授は，予防法務活性化の方法として，「中立契約交渉弁護士のモデル」を提唱された。すなわち，一般的には弁護士活動は党派的なものと理解されており，契約交渉も（特に複雑・高額な契約などは）党派的交渉により依頼者にもっとも有利な内容を獲得することを目指すことが多いであろうが，そのような活動だけでなく，「契約当事者間に将来の，よりよい関係を育むためには，調和的で公正な契約を成立させるための中立交渉を行うことが適切である場合が

---

(182)　民間 ADR での相談を通じて，相談者が関係当事者を任意に連れてきて，その関係者がその場での話し合いに応じるのであれば，そのまま相談に引き続いて Mediation に移行していくということも考えられる。もっとも，その関係者との利害が対立するようなケースでは，当該 Mediator や民間 ADR の信用を失わないように，中立性の確保には十分留意する必要があるし，利害対立が大きいような場合には，Mediator を新たに交代して Mediation を行うのが筋ではないかと思われる。

(183)　小島武司「リーガル・プロフェッションの21世紀を展望して（上・下）」判タ575号，576号，1986年（同『展望――法学教育と法律家』所収，弘文堂，1993年，120頁以下）。引用は小島武司『展望――法学教育と法律家』による。

少なからず存する」のであり，そのような場合には「一人の中立弁護士が契約当事者間の利害を正確に理解しもっとも妥当と思われる内容の契約を締結できるように中立的見地から調整活動を行う」ことができると考えるべきであり，弁護士に交渉を依頼する場合，党派的交渉か中立的調整かを選択できることが当事者に知らされ，当事者の選択の幅が拡大するようにすべきである。中立的調整モデルにおいては，弁護士は「当事者双方から信頼され高度にプロフェッショナルな活動を行う仲介者ないし調整者の地位」に立ち，その「役割は，当事者双方にとって利益になる公正な契約を起案し勧告すること」であり，「当事者を拘束するような判断を下すものではない」。

そして，このような中立調整活動が適切に行われるための基本的ルールとして，[184]①特別の利害関係の開示などにより，信頼の確保を行うこと，②原則として当事者双方立会い（同席）の下で協議を行うこと，③報酬は原則として二当事者の折半とすべきこと，④契約締結後も一方当事者に疑念を生じるような関係を持たないようにすること，⑤中立調整活動に必要な能力の開発をすること，⑥当事者には弁護士が起案した契約を最終的に締結しない完全な自由が与えられること，が遵守されなくてはならない。

弁護士倫理で利害相反行為は禁止されているが，「利害相反行為も完全開示の上関係者全員の明示の同意を得たならば許されるはずであり」，米国でも「中立の仲裁人ないし調停者として中立的な活動を当事者双方のために行うことを弁護

---

(184) 遠藤直哉「中立型調整弁護士モデルの展望——隣接業種との協働，複数依頼者からの報酬の受領，営業許可制度」宮川光治・那須弘平・小山稔・久保利英明編『変革の中の弁護士［その理念と実践］下』有斐閣，1993年，294頁以下も，弁護士による中立的調整活動を認め，(1)中立調整行為を行う能力を担保するため法曹経験10年以上を要するものとし（その理由は，「中立型調整行為が代理型弁護士業務より経験や能力を要する困難な作業だから」とされる），(2)弁護士が依頼者に対して，事前に次のすべての項目を説明し（＝①代理でなく中立型調整行為であること，②依頼者に自由な決定権があること，③対立等が生じたら調整・調停を行うが，調整役終了後は全ての者の代理をしないこと，④関係・内容について重要な情報を開示すること（依頼者間では秘密保持をしないこと），⑤調整案の法的合理性及び各依頼者の利害得失の内容，⑥報酬の額・支払人），かつ，(3)上記の(2)の項目を各依頼者が同意すること，がルールとして必要であるとする。そして，このルールを充足すれば，弁護士倫理上も合法とされる。弁護士法72条が弁護士が仲裁や和解を扱うことを認めていることも理由とされる。

士の役割として位置づけ」ており，このような中立的調整活動は前記のような基本的ルールのもとで，弁護士倫理上も許されると考えられる。[185]

　複数の当事者間で「対話」を行う際の法的ファシリテーターとして，一人の弁護士に依頼をするということは，そのように望む当事者にとっては大きな便益をもたらすものであり，適正な情報開示，中立性・公正性の保持，全員との誠実な協議，全員の自由な決定の確保などの基本的なルールが遵守され，またこれまで検討してきたような技法をもって対話の促進が行われれば，複数当事者間の関係形成において，弁護士が予防法的観点から「対話」を通じた合意形成を適切に支援することができるであろう。このような中立調整活動は弁護士の新しい職域の開発にも大いに役立つはずである。[186]

　さて，この中立調整活動の問題を「根本的な角度から考えれば，契約当事者はいずれも弁護士にとって依頼者ではないという認識に達する。[187] 中立調整弁護士モ

---

(185) 遠藤直哉「中立型調整弁護士モデルの展望——隣接業種との協働，複数依頼者からの報酬の受領，営業許可制度」宮川光治・那須弘平・小山稔・久保利英明編『変革の中の弁護士[その理念と実践]下』前掲 296 頁は，中立的調整行為の委託を受ける場合，「複数の依頼者のみが存在しその間では相手方は存在しない」こととなるので，弁護士法 25 条 1 号及び 2 号，弁護士倫理 26 条 1 号及び 2 号（双方代理の禁止）の規程の範囲外になるとされる。廣田尚久『紛争解決の最先端』信山社，1999 年，137 頁も「双方代理と双方の間に入って和解・仲裁をすることは違うのであって，要するに双方代理にならないように，双方から和解，仲裁をすることを依頼されればよいことである」とされる。日本弁護士連合会が現在検討している新しい弁護士倫理規程である「弁護士職務基本規程」27 条は，中立的活動がなされることを予定した規程振りになっている。

(186) 遠藤直哉「中立型調整弁護士モデルの展望」宮川光治・那須弘平・小山稔・久保利英明編『変革の中の弁護士[その理念と実践]下』前掲 267 頁以下は，非紛争分野である隣接業務，コンサルティング業務，資産管理業務等，並びに，紛争事案において，弁護士が幅広く中立型調整活動をなしうることとその条件を詳細に基礎付けている。

(187) 調停機関とその利用者との関係がどのようなものであるのかは，一般的に必ずしもはっきりしていない。しかし，従来の党派的弁護を前提とする弁護士＝依頼者関係とは明らかに異なった委託関係であることは明らかであろう。司法制度改革推進本部 ADR 検討会の報告書に対するアメリカ法曹協会（ABA）のパブリックコメント（Comments of the American Bar Association Section of Dispute Resolution to the Report of the Alternative Dispute Resolution (ADR) Study Group of the Judicial System Reform Promotion Headquarters, August 25, 2003）は，「調停人や仲裁人と紛争当事者との間に『依頼』関係は存在しないので，調停及び仲裁のプロセスは『法律事務の取扱い』とみなされるべきではない，と主張している。

デルの中の弁護士と契約当事者との関係は伝統的な意義における弁護士・依頼者関係では捉えきれないものがあり，ここでは，弁護士は調停者としての立場から法的サービスを提供しているのである」とされる。そうだとすれば，中立調整活動は，非紛争事案における取引締結交渉だけではなく，紛争事案で対立する全ての当事者から委託を受けて，中立の立場から紛争解決活動に当たることも許されることになるのではなかろうか。これが，次の問題である。

2 対立する両当事者から依頼を受ける中立的対話促進による紛争解決

　弁護士が紛争事案で対立当事者同士から委託を受けて中立的立場から紛争解決活動に当たることは，考えてみれば，現時点ですでに弁護士会仲裁センターで行われていることである。しかし，「党派的」な「代理」行為を中心に行ってきた弁護士界において，「中立的」な紛争解決行為である「調停」や「仲裁」を行うことは，弁護士の意識において大きな転換を伴うことであった。その意味で，1990年に第二東京弁護士会が仲裁センターを立ち上げ，「中立的サービスの供給」活動を開始したことは，「画期的出来事」[189]であったのである。

① 紛争事案の中立的調停受任

　では，弁護士会仲裁センターではなく，個々の弁護士が対立する両当事者から委託を受けて中立的立場からMediationにあたることはどうであろうか。前記のような適正な中立調整行為を担保するための諸条件を考えると，「一弁護士が弁護士事務所において調停を行うことは……大きな制約が存する」が，「小額事件・近隣紛争・親族事件などの代理サービスが敬遠されがちな案件，非公開の解決が望まれる案件，緊急案件等」などについては，「積極的に弁護士による調停が期待される」[190]とされる。

② アドホック・モデル

　もっとも，平常は党派的代理活動を行っている弁護士が，その事務所において対立両当事者から委託を受けてアドホックに中立的Mediation活動を行うこと

---

(188) 大川宏「仲裁センターと弁護士業務」宮川光治・那須弘平・小山稔・久保利英明編『変革の中の弁護士［その理念と実践］上』前掲401頁以下。
(189) 遠藤直哉「中立型調整弁護士モデルの展望」宮川光治・那須弘平・小山稔・久保利英明編『変革の中の弁護士［その理念と実践］下』前掲299頁。
(190) 遠藤直哉「中立型調整弁護士モデルの展望」宮川光治・那須弘平・小山稔・久保利英明編『変革の中の弁護士［その理念と実践］下』前掲269頁，300頁。

は許されるであろうか。この点については，「その弁護士は，一方当事者の代理人にはならない，常に双方当事者の間に入って和解・仲裁をするということにしなければ，公正を疑われると思う」という見解が示されている。アドホックな中立的調停は，機動的且つ柔軟な対応ができるという利便性があるので，捨てがたいものがあり，可能であれば実践してみたいところであるが，委託をする当事者らに誤解を与えずその真の理解を得て，公正な中立的活動を行うため，各当事者らに十分な情報開示と説明を行い，同意を得るなど前記のような基本ルールの遵守について，一層の留意が必要であろう。

③ 専業・常設の和解仲裁事務所モデル

最近では，弁護士がアドホックにではなく，和解仲裁事務所を設けて永続的に，対立する両当事者から同時に委任を受けて，中立的第三者として解決活動に当たるというモデルが提唱されている。この場合，党派的代理活動は行わないことになる点で，弁護士の収入面でそのような和解仲裁事務所を維持できる財政的基盤をどのように確立するかが課題であろう。この点について，廣田教授は，費用は着手金・報酬の方式で日弁連の基準（2004年4月1日からこの基準はなくなったが）の三分の二とし，それを各当事者折半（すなわち，各人が基準の三分の一宛て）で負担するというシミュレーションを示される。そして，多少時間が掛かるかもしれないが，現実的にやって行けるのではないかという見通しを述べられる。「相手方が，私の調停・仲裁に応じてくれるか」は「信頼性の問題」であり，「私がもっぱら調停・仲裁しかやらないのだということになれば，時間はかかるだろうが，いずれはそれで定着する」はずであり，大切なことは中立性を整え，「あの人は公正，中立であるという信用を獲得すること」であると指摘される。まことにそのとおりであろう。もっとも，現実的に紛争事案が弁護士個人の専業で営む和解仲裁事務所の財政基盤を支えるほどに申し立てられるようになるまでは，時間を要するであろう。従って，その間の維持をどうするかという問題もあろう。

---

(191) 廣田尚久『紛争解決の最先端』信山社，1999年，138頁。
(192) 廣田尚久『紛争解決の最先端』前掲136頁以下。廣田教授は「もし時間的余裕ができれば，看板を『廣田尚久和解・仲裁事務所』にしようかとひそかに考えている」とされる（同書，142頁）。それはさておき，そのような和解仲裁事務所を開くのが「一番望ましいのは，弁護士過疎地域」であろうとされる。そして，退職裁判官や学者から弁護士になる人は，最初からそのような事務所を解決することも一考に値するのではないかとされる。

④ 紛争事案の中立 Mediation と「対話」の場の構築

　紛争事案について弁護士が対立両当事者から委託されて Mediation を行うことができるとして，もう一つ重要な課題がある。それは，どのようにして「対話」の場を構築するかという，新しい民間 ADR におけると同様の現実的な問題である。この点は，専業の和解仲裁事務所を設立し，Mediation と仲裁のみを行うことを標榜し，相談においても，中立的立場からの Mediation のインテークとしてのものであるという条件を明示して応じるような体制を採り，そのような Mediation モデルに対する社会的な認知と公正中立性についての社会的な信頼が高まってくれば，事件の応諾率を上げることが可能になるであろう。もっとも，そのような社会的な認知と信頼を獲得するまでには，ある程度の時間がかかるかもしれない。

　いずれにしても，弁護士が中立的調整活動を種々の形態で提供するということは，紛争をめぐる法システムに有意義な多様性を付加するものとなろう。

3　事実上の「同席対話」による紛争解決と弁護士

　これまでの検討によれば，紛争ケースにおいても弁護士が対立両当事者の委託を受けて中立的立場から調停などの紛争解決の支援を行うことができることが理解できた。しかし，現実問題としてみると，実際に対立両当事者から委託を受けてそのような中立的支援活動を行うことは，なかなか難しいのではなかろうか。わたくし自身が専業・常設の和解仲裁事務所を標榜して活動する自信も持てないし，アドホックなモデルでは，対立両当事者から委託を受けることが現実問題として難しいであろう。つまり，現段階ではまだ，一般の人々の弁護士に対するイメージは，党派的な活動を行うものだ，というものだと思われるが，そうすると，人々が紛争に直面し弁護士に相談するとき，相談者Aはその弁護士Lが自分の利益を擁護してくれる者という理解を前提にし，自分が抱えている秘密を含めて全てを打ち明けて相談することが多いであろう。また，その事案の相手方Bにしても，対立当事者であるAが相談をした弁護士Lから，あるいはA自身から，弁護士Lが実施する中立的 Mediation の提案を受けても，心から納得して応じられるかなかなか難しい面があるのではなかろうか。このような通常の弁護士業務におけるインテークの流れからすると，相談のはじめの段階から「事件の協議を受け，その程度及び方法が信頼関係に基づくとき」（弁護士倫理26条1号）に該当す

る関係に入ってしまうことが多いのではないかと思われるのである。相談から話し合いに移行していく自然の流れに，弁護士が「弁護士として」身を置いていると，中立的な「対話」の場の構築の難しさの問題が，この場面でも横たわっているのである。そのような一方当事者との信頼関係をいったん清算して，なお相手方当事者からも委託を受け，両者からの信頼を得て，中立的立場から Mediation を行えるかどうか。社会の目から客観的にみて「中立・公正」であると見えるかどうか。このような点を考えると，わたくしとしては実際上難しさを感じざるを得ないというのが正直なところである。前記のように，一般の弁護士業務は全て廃業して，和解仲裁事務所を設立し，Mediation と仲裁のみを行うことを標榜し，相談においても，中立的立場からの Mediation のインテークとしてのものであるという条件を明示して応じるような体制を採ることができれば，別であるが，そのような体制を採ることは現状においては一般の弁護士にはなかなか難しいと思われる。

　しかし，紛争の予防や解決活動に従事している中で，中立的な対話促進の重要性を意識するようになると，従来の活動の枠組みのなかで，少しでも中立的な対話促進に近い活動ができないかを模索することになる。[193]わたくしは紛争の解決は，まず双方同席での話し合いで相互に自分の意見を述べ，相手の気持ちを聴いて一緒に考えることにより，図られるべきものであるとの考えから，相談を受ける時点でもそれを踏まえて，次のような態度で相談者に話をすることが多い。すなわちまず，a）紛争は，相談の場で提供する仮定的な法的情報そのものを相手方に押し付けて通用させようと考えるのではなく，相手も現実の世界を生きている生身の人間である以上，直面している問題に正面から向き合って，そこにおける当事者間の関係のもつれを相談者自身で解きほぐさなければ真の解決はできないであり，相談者自身が主体になって話合いをして解決することをまず考えるべきことを助言する。次に，b）相談の場では，相談者だけから聞いた話を前提として（仮定的事実），わたくしが現時点で認識できる法的資料（法令やその解釈，判決例，

---

(193) 廣田尚久『紛争解決の最先端』前掲138頁も，「一方当事者の代理人にしかならないという場合でも，事件を遂行してゆくうちに，その弁護士がだんだん位置を双方の中間に移して，実質的に調停人・仲裁人の役割を果たすことはよくあることである」とされる。また，「相手方に弁護士がついているときには，相手方の弁護士と一緒に調停人・仲裁人の役割を果たすことがある」とされるが，この場合，相手方の弁護士に対話についての理解があることが必要であろう。

学説など）から切り出した一般論（仮定的で可謬性のある法的判断）を提供するものであることを，相談者に理解してもらう。c）その種の事案において解決をめざす場合の手続選択のバラエティ（当事者間の話合い，調停，訴訟など）とその得失を説明する。コスト，期間，労力，精神的負担など，現実的なさまざまな制約条件や限界にも言及する。

　その上で，相談者がわたくしに依頼をしたいという場合には，受任の趣旨として，まずは相手方との話し合いによる解決を試みること，その話し合いには相談者自身も同席して，直接相手方と話し合いをし，わたくしがその場に立ち会って援助を行うこと，その援助は話し合いの交通整理をして，相談者の思いが相手に伝わるように努力することが中心となるが，同時に，相手の話も冷静に聞くということが必要であり，相談者が相手の話を聴けるように交通整理することも含まれること，相手方との話し合いを通じて，相手にも一理あると思われる点については率直に認めてあげることが必要なこと，このような依頼の趣旨でよければ受任するがよく検討してほしいこと，などを説明する。その上で，上記の趣旨をよく理解した上で依頼されるようであれば，受任して，相手方に対して話し合いを求める提案をして接触を始める，というパターンが多い（もっとも例えば以下に紹介する①事件では，はじめの段階では相手方への警告書の発送という伝統的対応を行ったのであり，すべてが上記の相談から受任，相手との接触の流れに沿っているのではない。）。

　わたくしがこれまでの実務の中で，一方当事者Ｐの代理人という立場には立ちながら，Ｐの了解を得て，相手方Ｑに対してＰＱ同席での話し合いによる解決の模索を提案し，相手方Ｑからの応諾も得て，事実上のＰＱ同席での話し合いを行って解決をした事案が多数ある。ここではそのうちのいくつかを紹介する（事案はモディファイしている。）。もっとも，個々の事案での現実の話し合いは，これまで本書で検討してきたような対話促進の理念や技法とは程遠いものであって，わたくし自身，これまでの実践の反省を踏まえつつ，今後のあるべき姿の研究とトレーニングを積んで，よりよいプラクティスを目指したいと考えているものである。

　①　ストーカー事件

　依頼者はＡ女であり，相手方はＢ男で，いずれも中年期にある。Ａ女はＢ男の会社に雇用されていたところ，男女関係になったが，後にＢ男の妻に知れ，Ａ女は退職した。Ｂ男はその後もＡ女の面倒を見るといって１年間月額20万円（合

計240万円）を支出。その後も関係が続くが，不況の影響でB男に金がなくなってきて，A女の子供の貯金を無断でABの遊興やA女の生活のために使った。その後，B男はこの貯金流用額を穴埋めする金額（120万円位）をA女に渡し，穴埋めされた（以上までのB男の支出合計は360万円位）。これと前後してA女は，B男と別れようとして避けるようになった。しかし，B男はA女に付きまとい，A女の通勤途上で待ち伏せし，A女の自宅の窓を割り，A女の自動車を大破させて廃車にするなどの行為をした。A女は警察に相談したが，なかなか動いてくれない（いわゆるストーカー規制法以前の事案であった。）。B男は「A女が別の男性と付き合わないと約束したから金を出したのに，A女は約束を破ってCと付き合っている。従って360万円を返してほしい。」とA女に要求し，ストーキングを行っていた。A女は「月額20万円はもらったものである。子供の貯金を使ったのは，B男が『後で返すからとりあえず子供の金を使ってくれ』と言ったからであり，子供の貯金を使ったのはB男自身の借金である。」と主張する。A女は身の危険を感じるし，金も返したくない，知人を通じてB男と数回交渉したが埒があかない，ということで法的な対応を希望したという事案である。この事案でわたくしは，A女及び知人らを含め，事実経過について事情を聴き，B男に対して内容証明郵便にて，a）360万円を返還するいわれはないこと，b）直ちにストーカー行為を止めるべきこと，c）止まない場合は法的措置をとること，という内容の警告通知を送付した（つまり，この種の案件で一般的と思われるプラクティスによった。）。この通知に対して，B男より上記主張を記した手紙が返信され，その中で「会って話せば分かる」という下りがあった。そこでわたくしは，A女及び知人らを含め，B男の回答内容及び今後の方針について協議を行った。B男がこれまで暴力的であったことから躊躇はあったが，B男自身が「話せば分かる」と言って話し合いを望む姿勢を示していたのを尊重し，B男が「A女の付き合った男」と名指ししたC男（実際は付き合いはない）にも同席してもらい，A女，A女の子供（貯金者），A女の知人も含め，B男と会って話し合うことを最終的な方針とした。そして，B男に連絡を取り，わたくしの事務所にて関係者一同が同席しての話し合いを行った（約1時間）。わたくしは，まず話し合いのルールを説明した上で，まずC男とB男の話し合いをしてもらった。C男はA女と一切付き合いのないことを縷々説明した。B男が納得したので，C男には帰宅してもらった。次いで，A女，B男それぞれの主張を直接，相互に相手方に伝えて合ってもらうようにうながし，

第7章　ADR，中立的調整活動と「対話」　　257

話し合いを始めた。B男はこれまでの思いを吐き出した。A女もB男の主張に反発した。わたくしは，できるだけ同席調停の心得を踏まえた運営を心がけようとしたが，実際には話の流れの中で法的判断を踏まえた意見を述べた場面も相当あった。例えば，B男に対してABの関係は社会的・法的には許されていない関係で，B男がA女に支払った金も返せとは言えない筋合いのものではないか（B男は「それは重々わかっている」と頭を掻いた。），他方，A女が子供の貯金を勝手に使ってしまったのはやはり許されないことで，これをB男の借金だと言うのも虫が良すぎるのではないか（A女は「私が間違っていました」と認めた。），など。このような評価的な説得も交えた話し合いであった。そして最終的には，わたくしから解決案として以下を提示し，AB双方で検討してもらうこととした。

　イ）360万円のうち，240万円はB男からA女に贈与されたものと認める。

　ロ）残120万円はA女からB男に返すべきもの。但し，B男は100万円相当の自動車を廃車にしてしまったから，100万円はその賠償に充てるものとし，残20万円をA女からB男に返還する。

　ハ）B男は今後，一切A女や関係者にストーカー行為を行わない。

　B男は関係者同席での話し合いの場で，上記解決内容について積極的に同意し，A女も同意した。後日，和解契約書に調印し，20万円の授受を行った。以後，ストーカー行為はない。

　②　土地再開発・地権者用代替地事件

　再開発事業者D，地方自治体E市当局，地権者F，の三者が三つ巴になった争いである。わたくしは，依頼者Dから，Fを相手に早急に立ち退き訴訟を提起してほしいと要請された。Dによれば，本件土地は再開発の対象地で，F（老人が世帯主で，家族がいる）は，本件土地を立ち退き，別の土地に引っ越す合意が成立しているのに，一向に立ち退こうとしないという。Fは，自治体E市が不誠実で従前約束してきたこと（移転先の土地の割当）を守らない，経済的にも苦しくなっており移転は出来ない，と頑なにいっている。E市はFを立ち退かせるのは再開発業者Dの責任であり，直ちに訴訟を起こすべきだと主張している。問題の土地は1年後に予定されている自治体のイベント開催地であり，E市も焦っている。しかし，背景事情を聞くと事態は必ずしも単純ではなく，訴訟にしても明け渡しの実現を1年以内にできる見通しは，わたくしとしては持てないし，住民Fら家族の感情的なしこりは大きなものとして残らざるを得ないと思われた。わたくし

は，「訴訟を起こす前に，話し合いでの解決ができないか努力させてもらえないか。裁判に使うお金，つまり弁護士費用などを解決のために使うという考えで対応できないか」とお願いし，Dの了解を得て，前後約10回にわたってDEF同席での話し合いを行った。Fの家，Dの事務所，E市の会議室を使う。一端は不調になりかけたが，Fに最終の意思確認を申し入れ，談判した。結果的に，DからFに移転費用の一部を負担することで和解し，数ヵ月で解決した。

③ 離婚話合い事件

家庭裁判所での離婚調停が不調に終わった後に相談にきた妻Gが依頼者である。別居した夫Hが離婚を希望している。妻Gは子供のことを考えると基本的には離婚したくないが，最終的には離婚自体は仕方ないとも思うこともあり，気持ちは揺れ動いている。子供が小学校または中学校を卒業するまでは離婚を待ってほしいと希望した。離婚条件（金銭面）についても争いがあった。夫Hも甲弁護士に相談しているという。わたくしは甲弁護士と協議し，G・Hの了解を得て，双方弁護士の事務所で事実上の同席話し合いを実施することになった。1年以上にわたり約10回話し合いを実施した。当事者双方とも，同席での話し合いの中で，今まで知り得なかった相手方の気持ちを直接知ることができたという。話し合い中も週1回は，夫Hは子供と会って遊ぶ機会をもっていた。最終的に夫Hから約1000万円の支払をすることとし，養育費は月額10万円，離婚届は子供が小学校を卒業してから，という条件で和解が成立した。

④ 入会権紛争事件[194]

広大な原野の所有者となっているP自治体が依頼者であり，相手方Q住民団はその原野を江戸時代から入会利用している入会集団で，廣田尚久弁護士がその代理人であった。P自治体と入会集団は10年以上にわたって明け渡せ，いや払い下げろ，と争っていた。P側代理人ら，P自治体職員らと廣田弁護士，Q住民らは現地で数次にわたって同席で話し合いを行い，またPQの代理人同士の話し合いも行われた。本件では，Pが明渡しを求めるなら，PからQに然るべき補償金

---

[194] この事案については，大澤恒夫「入会権紛争」小島武司・加藤新太郎編『民事実務読本Ⅳ──和解・法的交渉』東京布井出版，1993年。また，この事案については，入会集団の代理をされた廣田尚久教授によって詳細な紹介がなされている（廣田尚久『紛争解決学（旧版）』信山社，1993年，349頁以下，同『紛争解決学（新版）』信山社，2002年，71頁以下）。この交渉を通じて，わたくしは多くのことを学んだ。

を支払わなくてはならず，逆にPからQに払い下げるなら然るべき払下げ代金をQからPに支払わなくてはならなくなる。金銭の遣り取りを生じさせるこの二案は，相互に矛盾背反するものであった。Pの立場からは立ち退き時の補償金は低くしたい［Qは逆に高くしたい］が，払下げするならその代金額は高額にしたい［Qは逆に低くしたい］，ということになってしまい，デッド・ロックに乗り上げてしまう。そこで，金銭の遣り取りを相互に生じさせない方法を考え，最終的に，原野を二分し（ちょうど大きな道路が真中を走っていた），片方をPの完全所有権としてQ入会集団は明け渡す，もう片方をQ入会集団の所有地とする，お互いにお金のやり取りはしない，という条件で解決したのである。

　以上のような諸事案は，当事者同席で話し合いをするプロセスを重視したこと，訴訟等を行うよりもスピーディで，当事者が納得できる抜本的な解決に至れたと考えられること，依頼者の費用負担は訴訟を行う場合よりも格段に低かったと考えられることが，共通の事柄としていえるものであったと思う。

第4節　仲裁と「対話」による自律的解決

1　「仲裁」と自律的紛争解決

　一般の弁護士にとって，これまで「仲裁」[195]という紛争解決方法は縁遠い存在であった。しかし，1990年3月に第二東京弁護士会仲裁センターが設立されたのを嚆矢として，全国に続々と仲裁センターが設立されて運営が開始され[196]，十数年の歴史を重ねてくる中で，多数の事件が取り扱われるようになってきており[197]，次

---

(195)　「仲裁」は「私設裁判」であり，「①第三者が法的紛争について審理判断するものであること，②当事者が第三者の判断に服する旨を合意していること」（この点で当事者の自律的契機の基礎が与えられる。）がその中核要素である（小島武司『仲裁法』青林書院，2000年，3頁以下）。仲裁は前者の点で法的裁断による裁判と類似し，実務的傾向としても要件事実に沿った主張立証，法に基づく裁断という訴訟類似の側面が色濃く出てくるようになると，「当事者間の対立はいよいよ強まり，当事者の手から紛争処理のコントロールが奪われることになりかねない。仲裁は訴訟に代替すべき紛争処理方法であったのに，その仲裁にさらに代替しうる紛争処理方法が模索されているということは皮肉な状況であるといえよう」とされる（小島・前掲書22頁）。

第に身近な存在になってきている。もっとも，そこでは「仲裁」とはいうものの，実際に「仲裁判断がなされることは稀であり，ほとんどが和解あっせん（mediation for settlement）を本則として取り扱う，柔軟な性格になっている」のである。このことはしかし，「仲裁」を標榜することの価値を減じるものではないと思う。それは後述のように，最近の世界的潮流の中で，Mediation と仲裁を連結させ「仲裁判断をもって最終的な紛争解決を確保するという仲裁の利点を保持しながら，仲裁の難点を補完して，友好的な紛争解決ないし当事者の自律的な紛争解決ができるという調停の利点を生かす」工夫がなされるようになっているのであり，

(196) 2003年3月現在では，二弁，大阪，新潟，東弁，広島，横浜，一弁，埼玉，岡山，名古屋，西三河，岐阜，石見，京都，兵庫県，山梨県，奈良，天神，北九州の17単位会，19センターが存在している（日本弁護士連合会 ADR センター『仲裁統計年報（全国版）平成14年版』，2003年）。

(197) 大川宏「仲裁センターと弁護士業務」宮川光治・那須弘平・小山稔・久保利英明編『変革の中の弁護士［その理念と実践］上』有斐閣，1992年，381頁以下，第二東京弁護士会編『弁護士会仲裁の現状と展望』判例タイムズ社，1997年，同仲裁センター運営委員会『二弁仲裁センター10年のあゆみ』2001年，第二東京弁護士会法律相談センター運営委員会仲裁センター運営部会編『仲裁解決事例集』（第一法規出版），山崎司平「弁護士会の仲裁センターの実践を通して」JCA ジャーナル50巻6号，2003年，2頁以下。また，日本弁護士連合会も2001年9月に「ADR（裁判外紛争処理機関）センター」を立ち上げた。

(198) わたくし自身も最近，数億円規模のビジネス紛争について，第二東京弁護士会仲裁センターに申し立てをし，和解あっせん手続を経て，和解的仲裁判断を受け（後述する調停と仲裁を連結させた工夫の一端である。），解決に至った経験をしているし，他の事案でも同センターの利用を勧めたり，相談を受けた医療過誤事件で同センターを紹介するなどしている。

(199) 第二東京弁護士会仲裁センター運営委員会『二弁仲裁センター10年のあゆみ』前掲10頁。発足当初には，文字通りの「仲裁」を実施するため，仲裁合意を得る前に実体審理に及んではならないという手続規程があり，最初に仲裁合意の説得をしていたが，一般市民の意識やニーズに適合せず，前記の手続規定は削除されて，現在のような運営になっているということである（大川宏「仲裁センターと弁護士業務」宮川光治・那須弘平・小山稔・久保利英明編『変革の中の弁護士［その理念と実践］上』前掲385頁以下）。

(200) もっとも名称として「仲裁」を大写しにすると，仲裁合意のない事案が扱われないかのような印象を与えることもありうるかと思われるので，名称における工夫は必要かとも思われる。わたくし個人的には「紛争解決支援センター」（山崎司平「弁護士会の仲裁センターの実践を通して」JCA ジャーナル50巻6号前掲4頁）というような名称がよいかと思うが，今度は「仲裁」も取り扱うという特色が出にくいということもあろう。難しいところである。

第 7 章　ADR，中立的調整活動と「対話」

まさに弁護士会仲裁センターの手続でも実務のなかから編み出された英知ともいうべき様々な工夫が後述のようになされ，当事者の自律性の発揮をエンパワーしているが，このような工夫は「仲裁」に正面から取り組む中でこそ生まれてくるものだからである。Mediation ないし調停だけを標榜する場合，このような特色を加えることはなかなか難しいであろう。わたくしは，新しい民間 ADR は多様性をもち，さまざまな特色を打ち出すものであるべきであり，わたくし自身はこれまでの ADR の中で必ずしも十分に実現されてこなかった「対話」の促進による自律的解決という特色を打ち出す Mediation を中心として取り組んでゆきたいと考えているものの，仲裁との連携を特色とする ADR が存在し活用されることも人々の選択肢を豊かに広げるものであり，大いに発展してほしいと願うところである。

そこで，弁護士会仲裁センターで運用されている様々な工夫のなかから，当事者間の「対話」を促進し自律的な解決のために行われている主要なものを取り上げて，若干の検討をしたい。そのような工夫の主なものは以下のようなものであろう。なお，このような様々な工夫は，裁判所における調停手続（特に調停に代わる決定，民事調停法 17 条，家事審判法 24 条）や裁判所等が定める和解条項（民訴法

---

(201)　仲裁と調停の連結とその詳細については，小島武司『仲裁法』前掲 20 頁以下，猪股孝史「最近の立法動向にみる仲裁と調停の連係」民事訴訟法雑誌 45 号 235 頁以下，同「仲裁と調停の連係許容性とその限界（一）（二）（三・完）」桐蔭法学 5 巻 2 号 49 頁以下，6 巻 1 号 147 頁以下，6 巻 29 頁以下，小島武司・猪股孝史「仲裁手続と和解・調停」松浦馨・青山善充編『現代仲裁法の論点』有斐閣，1998 年。両者を連係させた具体的手続としては，「①まず調停を行い，不調後に仲裁に移行する，というものを典型としながらも，②調停を行い，不調後はいくつかの争点につき仲裁判断をし，調停に戻る，③仲裁で争点整理のうえ調停を行う，などがあるほか，最近では④調停不調後に各当事者が最終提案をし，いずれかを仲裁人が選択して仲裁判断をする（MEDALOA）が一般的になりつつある」ということであり（小島・前掲書 21 頁），後述のように弁護士会仲裁センターでも同様の工夫がなされている。ただ，このような工夫については，仲裁人と調停人が同一でよいか，調停で取得された情報の秘密性をどのように考えるか，といった課題が指摘されている。

(202)　「各種の ADR には，それぞれ特性があることから，それを明示し，利用者が賢明な選択ができるように配慮することが必要である」（小島武司『仲裁法』前掲 17 頁）。

(203)　本来の仲裁手続をはじめの段階から行うことも勿論あるであろう。そして，その場合にも裁判所におけるよりもより柔軟に「対話」の要素を盛り込んで審理を行うことが可能であろう。

265条）などにおいても，その運用における工夫のあり方として参考になるのではないかと思われる。[204]

① 仲裁合意のないさまざまな事案を広く受け付け，前記のラブレター作戦などにより相手の応諾を求め，まずは和解あっせんの手続で Mediation による解決の可能性を支援する。

② 取引関係のある当事者間の契約書で仲裁合意のあるケースであっても，当事者が Mediation を希望すれば，Mediation を実施する。この例は廣田尚久教授が紹介しておられ，さらに工夫を加えられて「付帯条件つき最終提案調停」を実践しておられる。

③ Mediation を経て両当事者に仲裁への機運が満ち，仲裁合意の締結を得て，仲裁判断を行う（Med-Arb）。その際，当事者の自律性を刺激し納得性を高めるための更なる工夫として，最終提案仲裁があり，廣田教授によって「付帯条件つき最終提案仲裁」の方式が提唱されている。

④ 上記の①と③のバリエーションであるが，事案における多数の問題点のうち，任意の合意で解決できるものは Mediation で解決し，残った問題について仲裁合意の締結を得て，仲裁判断を行う。複雑な事案については，このような運用が実際には多くなるであろう。

④ Mediation で成立した和解について，仲裁判断の衣を着せる（和解的仲裁判断）。これはわたくしも実際に経験している。

⑤ 法律家が仲裁人となり法に基づく仲裁判断をなしうる特色を背景として，事案に関する評価的（裁断説得型）調停を行い，あるいは，中立的評価（neutral evaluation）を提供する。中立的評価とはいえないかもしれないが，弁護士会仲裁センターの運営の中で，事案についてなされた和解勧告の内容が，訴訟手続において尊重され，判決された事案が紹介されている。

上記のうち①はすでに Mediation として検討してきたことであるので，以下では，付帯条件つき最終提案調停，Med-Arb，付帯条件つき最終提案仲裁，和解的仲裁判断，中立的評価の提示について，検討する。

---

(204) 小島武司『仲裁法』前掲 453 頁。
(205) 近藤昌昭・後藤健・内堀宏達・前田洋・片岡智美『仲裁法コンメンタール』商事法務，2003 年。

2 調停とその工夫──「付帯条件つき最終提案調停」

　取引関係のある当事者間の契約書で既に仲裁合意のあるケースであっても，双方の当事者が Mediation を希望すれば，Mediation を実施することができることは当然である。仲裁手続において和解勧試ができることについては，2003年8月に制定された新「仲裁法」(205)（平成15年法律第138号）の38条4項，5項においても明確に規定された（4項「当事者双方の承諾がある場合には，仲裁廷又はその選任した1人若しくは2人以上の仲裁人は，仲裁手続に付された民事上の紛争について，和解を試みることができる。」，5項「前項の承諾又は撤回は，当事者間に別段の合意がない限り，書面でしなければならない。」）。もっとも，同法38条4項で定められた和解勧試は，「仲裁手続に付された」事件についてのものであり，弁護士会仲裁センターに仲裁ではなく，和解あっせんが申し立てられた事件について，同センターにおいて和解あっせんができることは，同法の規定にかかわらない問題である。

　廣田教授は，弁護士会仲裁センターで担当された事件で，契約書に仲裁条項があるにもかかわらず，両当事者が終始，仲裁ではなく調停を行うことを希望した事案を紹介しておられる(206)。しかもその事案は利害の衝突が激しく相当に困難な事案であるにもかかわらず，両当事者とも調停を選択したということは，非常に印象的である。その上，その事案で廣田教授は，後述の「付帯条件つき最終提案仲裁」の考え方を取り入れた「付帯条件つき最終提案調停」の実践をされた。付帯条件つき最終提案調停は，調停人が当事者双方の提出する最終提案のうち一方を選択して調停人の最終調停案とするが，請求者Ｘの請求提案額が被請求者の支払提案額よりも低い場合には，両者の中間値を採用して調停人の最終調停案とする，というものである。仲裁と違って，調停であるため，当事者は調停人の最終調停案を受諾しないで不調にすることができる。その意味では，最終提案が受諾されるためには，両当事者から中立的第三者への信頼は仲裁よりも強いものが要請されるであろう。

　廣田教授が紹介される事案は，事業者間の建築紛争で請負契約と同時に仲裁合意がなされていた。紛争の内容は建築の瑕疵をめぐる非常に熾烈なものであったが，仲裁合意に関わらず，両当事者とも最後まで調停による解決を望んだ。はじ

---

(206) 廣田尚久『紛争解決学（新版）』前掲391頁以下。

めは9000万円以上の開きのあったP社とQ社との争いが，調停を重ねる中で次第に歩み寄ってきた（その間に暫定的に合意できる点は合意して処理を進めてきた）ものの，P社は99万円を主張し，Q社は1000万円を主張して譲らない状態で膠着したところで，当事者代理人より，調停人から調停案を出してほしいと要請され，調停人は種々の点を考慮して最低額と最高額をレンジで示し（約400万円弱から700万円弱），それを「正義の範囲」とし，その正義の範囲で双方当事者から最終提案をするように提案した。調停人は「この最終提案調停は，自分の有利不利，相手の有利不利を徹底的に読まなければ自分の案を選択させることができませんよ。自分の方が絶対に正しいなどと頑張っていたら，相手の方を選択されてしまいますから。」と説示した。その結果，両当事者から出された最終提案では両者の差が40万円弱にまで縮まり，調停人はP社の提案を採用した。しかも，最終提案を採用されなかったY社側が結論に大変満足の旨述べたということである。

　この事案からわたくしたちが学ぶべき点は，非常に多いであろう。

　付帯条件付最終提案調停というスキームそのものの独自性は，目を見張る。後に最終提案仲裁の項でみるように，この方式は事件解決に向けた任意の話し合いが膠着した状態にあっても，両当事者に最終的な誠実な事案の検討の機会を与え，そのような機会は対立した両当事者にあっても一種前向きに協働しあう雰囲気を醸成させ，当事者の自律的解決能力を最大限発揮させるモーメントを当事者に与えるものである。しかも，「調停」の場合はその諾否は当事者の意思に留保されているため，一層高い自律性を発揮しうるのである。

　その他キーポイントになるいくつかの点をみると，①利害衝突が激しく，両当事者の考えが大きくかけ離れた事案であっても，問題点の中で合意できる点は暫定的に合意しながら進めていること，②当事者から中立的第三者に調停案を出してほしいという要請がなさるまでは，中立的第三者から調停案を出していないこと，③99万円と1000万円との見解相違を前にして，「400万円から700万円」という幅を「正義の範囲」として提示していること，などが重要な点ではなかろうか。このケースで99万円と1000万円の開きをそのままにした状態で，両当事者に最終提案をうながせば，両者から大きな開きが残ったままの提案がなされる可能性が高いのではなかろうか。そして，「99万円」と「1000万円」には事案解決の合理性というよりは，それぞれの当事者の意地が含まれているのであろう。そこで，中立的第三者として事案を検討してきた中で正義の幅，許容範囲と思わ

第7章　ADR，中立的調整活動と「対話」

れる金額を率直に示し，その範囲の中で両者が最終提案をなすべきことを中間的に示すということになったのではなかろうか。もしこの中間的な範囲の提示の段階でいずれかの当事者が最終提案を拒絶すれば，その時点で調停は不調ということになろう。逆にみれば，中間的に提示された範囲を拒絶しなければ，その範囲であれば受諾されることが実際上予想されることになろう。しかも「幅」があるため，なお当事者の自主的な意思を反映させる余地が残されており，そのために当事者が「正義の範囲」の幅の中で各自の最終提案の内容を検討する過程で，当事者の自律性は大きく刺激されるのである。このような中間的な範囲の提示は，まことに優れた実務の知恵ということができよう。

この実践で紹介されている中立的第三者のプラクティスには，以上のような独創性に富んだ方式そのもののほかにも，④両当事者も代理人も中立的第三者も，非常に辛抱強く，対話を重ねてきたこと，⑤原則として同席方式により対話を行い，例外的に別席方式を採用したこと，⑥問題点についての対立は非常に激しく，できるだけ評価的な（どちらが良いとか悪いとかを評価するような）evaluative な方法は取らないようにしたが，当事者から求められれば率直な意見開示（求められれば心証開示も）を行ったこと，⑦「内観法」[207]の説明をしたところ当事者も知っていたことなどが描かれている。

最後の「内観法」について付言すると，波多野二三彦弁護士の研究を読んでわたくしなりに理解した範囲で言えば，人は一般に，(a)他人に対してやってあげたことや，(b)他人から被った迷惑のことはよく覚えていて，それについて恩恵を与

---

(207) 内観法については，波多野二三彦『内観法はなぜ効くか——自己洞察の科学（第3版）』信山社，2000年。同書には，刑務所や少年院の篤志面接委員等として内観法に基づく指導をしてこられた波多野弁護士の長年にわたる実践と研究の成果が記されている。内観法は，吉本伊信氏により独自に創始された自己心理療法で，現在では非行少年に対する矯正教育技法として全国の少年院で実施され，登校拒否，心身症，神経症，精神疾患などの治療にも用いられているということである。全国二十数か所ある内観研修所において1クール1週間で行われる「集中内観」では，1日15時間，1メートル四方の屏風の囲い（「内観の座」）の座布団にすわり，自分が自由に選んだ対象群・テーマ（例えば，小学校低学年時代に，母に，i）してもらったこと，ii）して返したこと，iii）迷惑をかけたことの「内観三項目」）について，具体的な記憶を自分自身で想起・調査する。数時間おきに内観面接者が屏風の外にそっと近づき，若干の聴き取りや励ましなどの対話を行う，という（波多野・前掲書52頁以下）。ベテランになれば，自分だけでどこでもいつでも内観ができるとされる（日常内観）。わたくし自身はまだ内観をしたことがないが，一度試みてみたいと考えている。

えた優越感の裏返しとしての屈辱感，互恵を得られない不満，あるいは嫌な思いをしたことへの怒りの気持ちなどを持っている。弁護士として事件を担当していると，依頼者が「あの人にはあれだけ（良いことを）してやったのに，恩を仇で返された。正直者（＝自分のこと）は馬鹿をみる」といって，相手に対する非難や悔しさを繰り返し述べるのを，辛抱強く聞くことが多いであろう。ところが人はこれとは逆に，（A）他人から受けた恩恵のことは忘れがちで，また（B）他人から受けた恩恵に対してどれだけ真の意味でお返しをしたか，素直に自問すれば大いに疑問が沸いてくる。さらに（C）他人に及ぼした迷惑のことも，忘れている。そこで，後者つまり（A）他人から受けた恩恵や，（B）他人に対してして返したこと，及び，（C）他人に及ぼした迷惑を，自分が生まれてから今日に至るまでの具体的な場面を思い出しながら，その「他人」を特定して（例えば父母や兄弟，友人など）できるだけ詳しく具体的に反復繰り返して想い起こすと次第に，自分が他人の恩恵の中で生かされてきたのに真の恩返しは何一つしていないこと，それに引き換え自分が他人に多大の迷惑をかけてきたことに愕然と気付き，自己変容を遂げ，他人を思いやる気持ちを取り戻すことができる。つまり他者の受容ができるようになる。他者を受容するということは，逆説的であるが，他者を受容した上で自分の生を受け留められるということであり，自己受容を回復できることになり，自律性を高めることに通じると考えられるのである。ただ，このような内省を紛争当事者に対して勧めることは，紛争解決プロセスを主宰している中立的第三者としては難しいところである。下手をすると説教になってしまい反発を招く恐れもあるし，内観法は正式に行おうとすれば一定の施設で相当の期間をかけて取り組まなければならず，一般の人々にはなかなかむずかしいという部分もあろう。しかし，紛争に直面している人々が自己変容をとげ自律性を回復するために優れた面を持っていることは確かであるから，状況によっては説明をしてみるのも一案であろう。依頼者に対して弁護士が内観法を勧めることも勿論考えられるが，紛争の渦中にある人に勧めるということには，やはり微妙な問題があると思われる。弁護士自身が自分で内観法を体験し，その体験での自分自身の気付きの紹介という形で話をするのがよいであろう（廣田教授の前記事例での対話はまさにそのようなものであったのではなかろうか。）。

3 Med-Arb と自律的解決

　紛争当事者間で Mediation を進めた結果，両当事者間で一定の範囲内であれば解決の意思があるところまで歩み寄った場合，両当事者がその範囲で中立的第三者の仲裁判断に委ねる（その時点で仲裁合意を行う）ことがある。Mediation を経た上での仲裁（Arbitration）であることから，Med-Arb（ミーダブ）という。このような形で仲裁が利用されることも相当に考えられるであろう。その一定の範囲までは当事者自身が自主的に詰めをしてきたのであるから，当事者の自律性が相当に発揮された成果であるといってよい。その範囲の中でなされる仲裁判断の納得性も高まるであろう。

4 最終提案仲裁とその工夫──「付帯条件つき最終提案仲裁」

　仲裁において当事者の自律性の発揮をうながす方法としてさらに，最終提案仲裁がある。[208] 廣田尚久教授は，この最終提案仲裁にさらにひと工夫を加えて「付帯条件つき最終提案仲裁」[209] を実践しておられる。ある事案において請求をしているXと請求を受けているYがいるとして，XとYが仲裁手続の当事者になっているとする。その場合，最終提案仲裁では請求者Xの最終提案（請求提案額）が被請求者Yの最終提案（支払提案額）を上回ると考えるのが自然かもしれない（請求する側の方が多くを望むと考えるのが自然なようにも思われるためである）。しかし，仲裁手続のプロセスが当事者に感銘を与え，[210] 請求者Xが請求を大幅に減額して提案し，結果的に請求する側（X）が請求を受ける側（Y）よりも低い金額を提案することもありうるかもしれない（請求提案額＜支払提案額）。廣田教授はそのような場合に，「その中間値をもって仲裁判断とするという付帯条件」（〔請求提案額＋支払提案額〕÷2＝仲裁判断額とするという条件）を加えることを予め当事者に伝えて，最終提案仲裁を行うということである。これを「付帯条件つき最終提案仲裁」という。廣田教授は「この新手の付帯条件がついてくると，当事者は思い切った最

---

(208)　最終提案仲裁については，本書第3章4節3(1)で検討した。
(209)　廣田尚久『紛争解決学（新版）』信山社，2002年，381頁以下。
(210)　わたくしが代理人となって第二東京弁護士会仲裁センターに申立を行ったある案件でも，依頼者はその手続で当事者として大切にされたことから（以前，裁判所の調停手続で当事者として蔑ろにされた経験をもっていた），弁護士会仲裁センターの手続に非常に感銘を受けていたことがある。

終提案をすることが可能になる」とされる。これは，次のようなことから，そのようにいえるのだと思う。すなわち，このような付帯条件がない場合には，請求者Xとしては被請求者Yの支払提案額よりも請求提案額が低くなってしまうと，その低い請求提案額が仲裁判断で採用されてしまうと考えるため，どちらかというと高めの請求提案をする方向に突き動かされてしまうが，上記の付帯条件がある場合，低い請求提案額がそのまま採用されることはなく，請求提案額と支払提案額の中間値が仲裁判断額になることが保障される。逆に被請求者Yとしては，このような付帯条件がない場合には，もしYの支払提案額がXの請求提案額を上回った場合に，Yの支払提案額が採用されてしまったら，馬鹿を見ることになると思うために，どちらかというと低めの支払提案をする方向に突き動かされてしまうが，上記の付帯条件がある場合，高い支払提案額がそのまま採用されることはなく，請求提案額と支払提案額の中間値が仲裁判断額になることが保障される。このようにして，XにしてもYにしても，どちらが高額の提案になるかをあまり気にすることなく，「思い切った最終提案」をするモチベーションを得ることができるのである。そして，XもYもどちらが高いか低いかという関心ではなく，どの線が仲裁人が公正と判断する額になるだろうかという関心に中心点を置いて検討をすることができるため，「双方の最終提案が近づく」ことになり，双方の「納得や合意が得やすくなる」のである。[211]

　廣田教授は，一般消費者である施主と建築事業者とが激しく争った紛争について教授自身が仲裁をされた事案で，調停プロセスの中で相当に詰めた話し合いにより接近しつつある両者のほぼ最終段階での意向が出てきたところで，「付帯条件つき最終提案仲裁」を提案して受け容れられ，極めて接近した（差はわずか6万円の）両当事者の最終提案を導き出して解決し，両当事者とも「最後には破顔一笑して喜んでくれた」例を紹介し，以下のように述べられる。当事者は最終提案をするに当たって非常に真剣に検討をすることになるが，「真剣になればなるほど楽しくなる」のであり，それは「それまでに使ったことのない脳を使う経験をする」からであるとし，しかも仲裁人自身も両当事者の「最終提案を見た瞬間に，自分の脳の中身……というか，脳の仕組みが変わってしまうような気持がして，一瞬にして頭が空っぽになってしまった」と懐述される。ここには，紛争解

---

(211) 廣田尚久『紛争解決学（新版）』前掲148頁。

決の在り方について素晴らしく人間的なダイナミズムを感じるとともに，この付帯条件つき最終提案仲裁が，当事者の自律的な紛争解決の力を大いに引き出し発揮させたことが示されている。わたくしもこのような紛争解決の支援の在り方を探求し実践することを通じて，多元の法道の創造に寄与することを目標にしたいと思う。

5 和解的仲裁判断

Mediation で両当事者間に和解が成立した場合，その時点で両当事者が仲裁合意をし，その和解合意を内容とする仲裁判断を受ける方法を「和解的仲裁判断」[212]という。この方式は従来，法律上明文はなかったものの実務上認められてきたものであるが，前記の新「仲裁法」38 条 1 項ないし 3 項で明示的に認められることになった。もっとも，同条では「仲裁廷は，仲裁手続の進行中において，仲裁手続に付された民事上の紛争について当事者間に和解が成立し，かつ，当事者双方の申立があるときは，当該和解における合意を内容とする決定をすることができる」としている（その決定は 39 条により「仲裁判断」と表示されて作成される）。前記のような場合は，厳密にいうと仲裁手続が既になされていて，その進行中に和解がなされるものではないため，38 条の文言そのものとは異なるように思われるが，上記のようなケースについて仲裁判断を認めない理由はないであろう[213]。

---

(212) 小島武司『仲裁法』前掲 275 頁。
(213) 仲裁廷は和解した当事者から仲裁判断の申立がなされても，その申立どおり決定するかどうかの判断は仲裁廷に委ねられるが，それは「合意の内容に仲裁廷が関与しているとは限らないため，……その適法性，公正性等について審査することが必要であるから」（近藤昌昭・後藤健・内堀宏達・前田洋・片岡智美『仲裁法コンメンタール』前掲 209 頁）であって，そうだとするならば中立的第三者が Mediation を行う中で成立した和解合意については，和解的仲裁判断を拒絶する理由はないであろう。
(214) アメリカにおける早期中立評価については，石川明・三上威彦編著『比較裁判外紛争解決制度』前掲 95 頁以下（三木浩一筆）。「早期中立評価の基本的な狙いは，訴訟手続の早い時期に当事者にニュートラルな専門家である中立評価人の事件に対する評価を聞かせ，当事者自らが事件を客観的に見直す機会を与え，あわせて当事者間のコミュニケーションの場を提供し，無駄なトライアルの負担を避けて早期の和解成就を側面から援助することにある」（同書 97 頁）。

6 中立的評価

　アメリカでは ADR の一つとして early neutral evaluation（早期中立的評価）[214]という制度が行われており，日本でも特許法で定められている判定の制度などはこれに類する ADR といえるであろう[215]。このような中立的評価は話し合いによる解決を促進する側面があり，事案や当事者の意向などによっては，活用することが効果的であろう。訴訟における中間判決の制度（民事訴訟法245条），仲裁における中間的判断[216]も，一種の中立的評価を示すものである。

　このような制度的なものではないが，弁護士会仲裁センターの運用の中で，事件に関する中立的な評価を提示して，話し合いによる解決を促進することも考えられ，また実践されている。

　第二東京弁護士会仲裁センターの運用として紹介されているものに，あっせん人が「心証開示のための中間意見書」を作成し提示するという方式がある[217]。「二弁仲裁センターでは，審理が成熟して来たなと思われる時期に，仲裁人の心証を当事者に，極めて詳細に開示する例が極めて多い。……中には民事判決と同等かそれ以上に詳細・緻密なものがたくさんある。」そして，当事者の代理人の弁護士があっせん人の提示した「中間意見書に感動して，依頼者を必死で説得した」ということである。そのような意見を書いた元裁判官は「裁判官としては，とてもそこまで強い意見は出せないと思います」という感想であったということである。ここにおいては事実の認定と法的判断を中心とする審理をしなければ，事件に関する心証を開示することはできないであろうから，評価型調停（evaluative mediation）のプラクティスが前提とされているであろう。そして，実際に同センターで活躍されているあっせん人は極めて優れた法律家であるから，その中間意見書が非常に大きな説得力を有するものであることも，間違いがないことは容易に理解される。そしてもちろん，このような ADR の在り方もあってよいことは

---

(215) 特許法71条により，特許発明の技術的範囲について特許庁の判定を受けることができる。特許法の判定制度については，財団法人知的財産研究所『知的財産分野における裁判外紛争処理のあり方についての調査研究報告書』平成10年度特許庁工業所有権制度問題調査報告書，1998年，170頁以下。
(216) 小島武司『仲裁法』前掲280頁。
(217) 第二東京弁護士会仲裁センター運営委員会『二弁仲裁センター10年のあゆみ』2001年，27頁。

第7章　ADR，中立的調整活動と「対話」

当然である。このような運用は，同センターの手続規程において，当事者の明示の意思に反しない限度での職権調査とあっせん人による裁定案の提示が定められており，この規定に基づくと考えられるが，当事者がそのようなADRの在り方をあらかじめ説明され，納得した上で，その手続を選択するという，当事者の選択上の自律性はなるべく確保されるべきではなかろうか。

同仲裁センターで報告されている具体的な事例として，アメリカで語学研修に参加した女性が宿泊先の大学の寮の二段ベッドから落ちて大怪我をした事案で，女性が語学研修を企画した日本の業者らを相手に損害賠償を求めたものがある。その事案で，あっせん人の補助者がインターネットを使ってアメリカの二段ベッドに関する資料を広範囲に収集し，それを基にしてあっせん人が和解勧告をする意見書を作成し，提示した。しかし，相手方が和解に応じなかったため，女性は提訴し，その訴訟で前記の意見書を証拠として提出し，勝訴判決を得た，というものである。

---

(218)　この運用は，第二東京弁護士会「仲裁及び和解あっせん手続規程」でいえば，①22条1項（あっせん人は，和解あっせんについて必要と認める限度で，当事者を同席させ，公正かつ適当な方法で，和解あっせん期日において当事者その他利害関係人，第三者の意見聴取を行い，又は必要な調査を行うことができる。但し，当事者の明示の意思に反してはならない。）及び②25条1項（あっせん人は，事件の全部又は一部について裁定案……を出すことができる。当事者双方が希望する場合，あっせん人は裁定案を出すよう努めなければならない。）などの規定に基づくものと考えられる。22条は（当事者の明示の意思に反しない限度という制約があるものの）職権調査を定めたものと思われる。このような職権調査は，民事調停規則12条の定める職権調査（同条1項「調停委員会は，職権で，事実の調査及び必要であると認める証拠調をすることができる。」）や仲裁手続について従来は職権探知主義が採用されていると考えられていたこと（松浦馨・青山善充編『現代仲裁法の論点』前掲278頁以下）から，同センターでの和解あっせん手続でも職権調査が許されるという考え方に基づいていたのであろう。しかし，これは自明のことであろうか（小島武司『仲裁法』前掲227頁は，仲裁手続で職権探知主義が採用されている理由は「必ずしも明らかではない」とされる。）。このような点について新しい仲裁法がどのような考え方に立っているのか必ずしも明らかではないが，職権探知主義は採用されなかったという理解が有力なようであり，今後弁護士会仲裁センターの規則や運営も変更になる可能性もあろう。

(219)　第二東京弁護士会仲裁センター運営委員会『二弁仲裁センター10年のあゆみ』前掲28頁。この事案について，東京地判平成12年1月28日判タ1034号160頁は，語学研修を企画した業者らの安全配慮義務違反を認め，25％の過失相殺をして約940万円の賠償責任を認定した。

この事例であっせん人から提示された和解勧告意見は一種の中立的評価という面を有するものと考えられる。当然，評価型調停の方式で審理が行われ，事実の認定と法的判断が示されたものと思われる。この事例では話し合いによる解決に結びつかなかったが，最終的には訴訟での有力な証拠として大きな効果をもったことが報告されている。被害者である女性にとっては，非常に大きな力となったであろうし，心情的には賛成できるものである。ただ，前記のように当事者がどのようなタイプの ADR サービスを受けることになるのかについて事前に説明し，納得した上でそのタイプを選択するということは必要なのではなかろうか。それがこの種の評価型 ADR を含め多様な ADR を実施するうえで，当事者の自律性を保護するために必要なことではないかと思われる。

第8章

訴訟における弁護士業務と「対話」

　当事者が相談や相対交渉，あるいは調停，Mediation を通じて自律的な紛争解決を試みたにもかかわらず，どうしても解決に至らない場合において，最終的な方法としては訴訟がある。訴訟は強制的な裁断プロセスという側面が特徴的であるように見えるが，具体的な手続においては人々の自律性を尊重する「対話」を重視した制度もあるし，「対話」によるプラクティスの実践もなされている。また，「対話」により和解が行われることも多いし，両当事者の申立により裁判所が和解条項を裁定する制度も設けられている。

　そこで本章では，訴訟手続や訴訟上の和解を「対話」の観点から検討することとしたい。

第1節　「対話型審理」と弁護士の活動

　訴訟は，当事者による事実の主張立証と裁判官による法の適用を通じた法的裁断手続を基本的な構造としていると考えられている。そこにおいては，原告・被告と裁判官の三者が寄り合って，法的な議論を通じて，紛争の解決を模索する。訴訟は「民事訴訟法」という法律に基づいたフォーマルな手続であるが，生身の

---

(220)　訴訟における裁判所や当事者のコミュニケーションの在り方を検討する研究は多い。交渉いう観点から和解兼弁論の問題を検討するものとして「交渉と法」研究会編（代表＝新堂幸司・井上正三・小島武司）『裁判内交渉の論理——和解兼弁論を考える』商事法務研究会，1993年。「民事訴訟法学の『手続保障の第三の波』理論が開拓した当事者参加の訴訟哲学が審理の現場にどこまで適合しうるのかを探ろうとした研究」として，仁木恒夫『少額訴訟の対話過程』信山社，2002年。また，訴訟における裁判官の立場からのコミュニケーションの在り方を検討したものとして，加藤新太郎「裁判官の執務におけるコミュニケーション」加藤新太郎編『リーガル・コミュニケーション』弘文堂，2002年，138頁以下。

人間である原・被告，裁判官の三者が具体的な事件を前にして，その運営にどのように関わるかは，その三者の意思とコミュニケーションに委ねられている部分が大きい。[220]

　紛争の解決において当事者相互の自律性を尊重するアプローチを訴訟の場に生かせば，「対話による訴訟」の運営という基本的なスキームを構想することができよう。「対話による訴訟」においては，裁判官は当事者間の「対話」を中立的第三者として支援する一種のFacilitatorとしての役割を想定することができ（ファシリテーターとしての裁判官），弁護士はそのような「対話」を当事者の代理人として支援するものと考えることができる。また，訴訟における種々のフェイズは，当事者が裁判官と「対話」を行う場としても，重要な意義を有することになろう。そのような当事者と当事者，裁判官と当事者という三者間の「対話」を通じて，紛争解決の方向や在り方が模索され，最終的には当該事案において当該当事者間に適用される具体的な法が，判決や和解の形で生成される。そこで行われる「対話」は，裁判外での任意の話し合いによる自律的解決を目指した場面よりも，法的な色彩（正当性の契機）が強くなるであろうが，なお「対話」のプロセスを保障することにより，自律性の契機も確保することを通じて，当事者の納得を基礎付ける自律性と正当性の相交じり合う世界を広げてゆくことが期待される。その場合，弁護士や裁判官は無限のニュアンスを持った社会的事実からごく一部を切り取って，ある一貫した「物語」を構成することになるのであり，法律家は本書総論で検討した「物語」が有する現実の事態への制約機能に注意する必要があるであろう。

---

(221)　対話型審理については，1995年にシンポジウムが行われ，その成果が井上正三・高橋宏志・井上治典『対話型審理――「人間の顔」の見える民事裁判』信山社，1996年にまとめられている。また，大阪地裁における争点整理・集中証拠調べについて，大阪地裁判事6名と大阪弁護士会弁護士9名による「＜座談会＞民事集中審理に付いて」（判タ828号，1994年，6頁以下），大阪地方裁判所民事右陪席判事会・判事補会主催のシンポジウム「争点整理及び集中証拠調べをめぐる諸問題」（判タ848号，1994年，4頁以下）。Nコートについて，西口元・太田朝陽・河野一郎「チームワークによる汎用的訴訟運営を目指して(1)(2)(3)(4)（5・完）」（判タ846号7頁以下，同847号11頁以下，同849号14頁以下，同851号18頁以下，同858号51頁以下，いずれも1994年），西口元「民事訴訟原則の揺らぎと再生――フェアネスと人間性の調和を目指して」井上治典・佐藤彰一共編『現代調停の技法――司法の未来』判例タイムズ社，1999年，258頁以下。

このような観点から訴訟を眺めてみた場合，当事者を主体にした「対話」に焦点を当てて裁判所で実践されている「対話型審理」(221)は，極めて重要なものである。対話型審理は，争点整理や人証調べにおける当事者本人の参加などのプロセスを通じて，当事者の納得や満足度を高めるものであり，「対話」を核とした弁護士業務という観点からも大きな示唆を与えるものである。

1 「Nコート」における「対話型審理」の実践

対話型審理の代表ともいえる「Nコート」(222)は「『裁判のルネサンス（人間性の回復）』の思想に裏打ちされたものである」(223)と評価される(224)。そこで，「Nコート」の

---

(222) 「Nコート」という名称については，「『neutral』（中立）で『natural』（自然）な訴訟運営を目指した」ことから「自然に，その頭文字をとって［大阪地裁］第11部民事部（一係）の訴訟運営を『Nコート』というようになった」とされる（西口元「大阪地裁第11民事部（一係）における民事訴訟運営の改善の試み（『Nコート・スタイル』の訴訟運営）＜その１＞」西口元・太田朝陽・河野一郎「チームワークによる汎用的訴訟運営を目指して(1)」判タ846号前掲15頁注１）。Nコートは，「できるところからやってみようという積極的な姿勢」により，「試行錯誤しながら，より良いリーガル・サービスを常に求めていくという努力の中に，民事裁判の明日がある」という信念で，運営されたものである（西口元「＜基調報告＞民事訴訟の汎用的審理モデルを目指して──大阪地裁における審理充実の試み」井上正三・高橋宏志・井上治典『対話型審理』前掲97頁）。

(223) 黒川昭良「市民から見たNコート」井上正三・高橋宏志・井上治典『対話型審理』前掲33頁。

(224) 同じ対話型審理を実践される小田耕治判事は，「西口さんは，我々は法律家として紛争に関与する資格を認められているのであって，ケースワーカーじゃない。そういう立場から法的に捉えた紛争のイメージを中心にして，要件事実の認定とそれに対する法規範の適用をしてゆくしかないし，それに止まるべきだという見方」であるのに対して，紛争の全体性を重視し，「実在する全体としての紛争そのものを解決する」ことに重点をおき，「法規範」は「紛争解決のための手段」としてある「相対的なもの」であり，「紛争それ自体を全体的に見通して，その紛争の解決のために最も適した手続きがとられるようにする，その際，法的な分析のみに捉われず，当該紛争の持つ様々な切り口を大切にし，多様な解決可能性を臨機応変に生かして行くということこそ，紛争解決にとって重要なことであり，それは，結局は，民事紛争に携わる我々の任務でもある」とされ，「その辺が，西口コートとのニュアンスの差かな」とされる（小田耕治判事・松尾真一書記官に聞く（聞き手　井上治典）井上正三・高橋宏志・井上治典『対話型審理』前掲209頁以下）。

(225) Nコートに関する以下の引用は，西口元「＜基調報告＞民事訴訟の汎用的審理モデルを目指して──大阪地裁における審理充実の試み」前掲80頁以下による。

基本的な考え方を概観すると，以下のとおりである。

従来の訴訟運営では，「訴えを提起した途端に，事件が利用者本人から裁判官と弁護士という専門家の手に渡り，その専門家の間で，『三分間弁論の五月雨審理』という書面中心の極めて技術的な審理が続けられる」のが一般的であった。旧来の民事訴訟の「平均モデルの問題点」をもう少し見てみると，ⅰ）訴訟提起に至るまでの間に生じている当事者間のコミュニケーションギャップを解消する手立てを講じず，当事者が「直接相手方と対面して争点整理に参加する機会」もないし，証拠調べにおいても当事者同士が直接対面することもなく，また和解も交互面接方式で当事者が顔を合わせず，手続き中登場するのは「当事者本人尋問」の場であって，当事者は「単なる証拠調べの対象」として扱われ，「当事者本人は，自ら主体的に紛争を解決したという満足感を持つことができず，刑事事件の被告人になったような錯覚に陥る」といったことになること，ⅱ）準備書面交換中心，五月雨式証拠調べの結果を記載した調書による採証という方式は，民訴法が予定する範囲を超えて書面主義に偏るものであり，「傍聴者のみならず当事者本人も，事件の全体像を理解することができず，『分りにくい』裁判」となっていること，ⅲ）関係者が一堂に会して争点を整理する期間が極めて短く，争点整理が不十分な結果，当事者にとって分りにくい裁判になり，また代理人も争点を的確に把握していないため，「事件に関係すると思われる点を全て尋問せざるを得なくなって，焦点の定まらない『漂流型審理』となる」こと，ⅳ）弁論は1，2ヵ月に1回，証拠調べは2，3ヵ月に1回という五月雨審理が行われ，先に取り調べた人証に矛盾を質す機会がないし，後に取り調べる人証は前の人証の調書を熟読して反対尋問対策等を講じることができ，「人証が汚染されて隔離尋問の原則が空洞化する」うえ，期日間の長い期間のために前に尋問した事項の記憶が薄れ重複した尋問が行われるといった不都合もあること，ⅴ）事務の合理化が不足していること，などの諸点が挙げられる。

そして，そのような問題点を克服するため「Nコートの目指すもの」として，(a)「当事者参加型訴訟とコミュニケーションの確保」及び「事件の個性に応じた柔軟な審理」を通じた「人間の顔の見える裁判」，(b)「『口頭・公開・直接・継続審理』の原理・原則」の実現・復活，(c)「裁判官及び書記官のチームワーク」，(d)「親しみやすい裁判と専門家の協力（素人性と専門性の交錯）」，(e)「実証的な訴訟運営」（「極力データをとり，それを客観的に分析するという実証的手法を採用すること

により，訴訟運営における属人的・主観的要素を極力除いて，汎用的で客観的だと思われる部分」を検討することを通じ，裁判改革を進めようとする姿勢による運営）といった点が挙げられる。このうち，当事者の自律性を尊重する「対話」の観点から主要な点を見てみると，以下のとおりである。

(1) 訴訟への当事者の参加とコミュニケーション

Nコートにおいては，「当事者本人が直接意思疎通できる」ことを目指し，「争点整理では『口頭による当事者参加型争点整理』を行い，和解も『同時面接方式（対席和解）』を採用し，証拠調べも，全ての人証が一堂に顔をそろえる『集中証拠調べ』」を実施する。

西口判事は，これらの運営に関連して，いくつかの極めて意義深い指摘をしておられる。

① 感情的になっている当事者と「線から面へ」の手法

当事者同士の直接の意思疎通を目指す場合，初期の段階で本人同士が感情的に対立して円滑な進行ができないことがあり，そのような場合，イ）まず代理人の同席によるフェイズ（これを「線」とする），次にロ）当事者本人を交互に入れて本人の言い分を聞くフェイズ（「三角形」），そして最終的に「感情がおさまった段階で当事者本人にも同席してもらう」フェイズ（「四角形」）というように，当事者間のコミュニケーションの輪を広げていくようにするということである。これは同席調停の議論でも感情的になっている当事者についての技法として，コーカスないし個別面接を行う場合があるのと対応している。無理はしないが，「対話」実現のプロセスを大切にした取り組みということができよう。

② 当事者の主体性と弁護士の役割

「多くの弁護士は，法律的武装をすることなく裸のまま当事者本人を法廷に出すことに対する一抹の不安を感じる」と思われることから，「弁護士の立場に配慮」して，「弁護士の頭越しに直接当事者本人に事情を聞くこと」は避ける。し

---

(226) 当事者本人が出席するかどうかは，手続の遂行に基本的な違いをもたらさないという見解もある（加藤新太郎編『リーガル・コミュニケーション』前掲206頁（加藤発言））。もっとも加藤判事も「それを目的としてやっているのではないのですが，事案に対する理解が深まった結果，当事者本人に見通しがきちんとできてきてストライクゾーンにはいるような形で，和解的な解決をしてゆこうという気運が生じること」はあるとされ，「それも，懸命な一つの選択ではないか」とされる。

かし,「Nコートの経験では,最初は弁護士の隣に黙って座っていた当事者本人が,次第に前面に出てきて主導権をとることが多い」のであり,「代理人がそのような当事者本人の発言を制止しない限りは,当事者本人の自主的な発言を制限しない」。そこにおいては,当事者は真の主体性が認められるのである。そして,「代理人の性格も,これまでの『先生』から『リーガル・アドバイザー』に変わりつつあるのではないでしょうか」と指摘される。

　対話型審理は,弁護士の役割にも大きな自己変革を迫るものであることが分る。本書でもこれまで検討してきたとおり,対話と法の専門家である弁護士は,自律的な主体である当事者本人を「援助」するものであり,当事者の自律性の回復やその発揮を援助する観点からプラクティスを行うべきである。そのための前提としては,審理の場に必ず当事者本人と一緒に出席することが先ず求められる。当事者の自律性の回復に不安がある場合には,自律性回復の支援のため依頼者との「対話」を積極的に行った上で,審理に臨むようにすべきであろう。いたずらに当事者と裁判所との間に立ちふさがって,関係者間のコミュニケーションを阻害するようなことがあってはならず,弁護士は審理の場で,関係者間の「対話」が実現し円滑に進むように,そして当事者の自律性の発揮が障害なくなされるように見守り,適切な助言を行うといった支援を行うことになろう。

(2)　豊富なメニューと当事者による選択を踏まえた柔軟な審理

　Nコートでは,「『三分弁論の五月雨審理』という画一的な審理」ではなく,「争点整理メニュー」や「証拠調べメニュー」といった豊富なメニューを要して,利用者の選択に供する。また,「争点整理ワークブック」による「協同作業」が行われるが,それはそのような作業を通じて,「裁判官,当事者及び書記官が争点に関する共通認識を持つという,その過程が大切」なのであって,ワークブックの書式が大切なのではない。「無理のない自然な審理方式」を目指すNコートにおいては,当事者の自律性が発揮されるように多様なメニューが用意されて当事者の選択に供され,また便利なワークブックなどの工夫によって関係者が協同して共通認識を形成できるプロセスを大切にするものであり,当事者を主体とした「対話」の実現に大きく寄与するものと考えられる。

(3)　口頭・公開・直接・継続審理の復活とフェアな訴訟運営

第8章　訴訟における弁護士業務と「対話」　　279

　Nコートでは書面交換による五月雨審理といった「法曹実務家が無反省に従来の慣行をそのまま踏襲してきた」方式をやめ、「ペーパーレス主義」、「ラウンド・テーブル方式の争点整理」、「集中証拠調べ」といった審理方式を採用する。また、「予断排除に配慮した『早期第1回期日指定方式』、争点整理における『対席主義』、争点整理期日の『目的の明確化』、和解における『対席和解（同時面接方式）』、人証の汚染に配慮した『集中証拠調べ』」など、「フェア・プレーの精神」に基づく方式を採用している。集中証拠調べにおいては、対質も活用され、直接の口頭による同席でのコミュニケーションにより、人証の汚染を防ぎながらフェアな審理が行われるのである。

(4)　専門性を噛み砕き素人に分りやすい裁判を目指す工夫

　訴訟の中でどうしても専門分野の知識が必要となる事件があるが、そのような場合でもできるだけ分りやすい裁判を目指す工夫として、法律分野以外の専門家の協力を得る運営として、「輔佐人」の制度を活用したり、両当事者の面前で専門家による「説明会」を開催したりするなどの工夫がなされる。

第2節　裁判上の和解と弁護士

　紛争ケースが訴訟に至った場合にも、なお当事者自身による自律的な合意による解決が可能であれば、その試みを行うことには価値があるし、事件によっては和解を目指して提訴をするような場合もあろう。訴訟においては、このような意味においても、常に「対話」の回復に留意をした弁護士業務の在り方が要請される。この側面からは、訴状や準備書面等の書き方の工夫が必要であるし、争点の提示の仕方も対話の回復＝和解を導きやすい多様性を持たせることも考えられる。このような代理人の工夫と対話のFacilitatorとしての裁判官の運営とがうまくシンクロするとき、当事者の自律的解決への動きが大きく加速することもあるであろう。

　同席での和解の在り方や技法そのものについては、前に検討した同席調停と共通しているので、繰り返さない。

　前記のとおり、Nコートにおいては、当事者本人同士のコミュニケーションの回復を目指して、和解も当事者本人同士の対席＝同席で行う方式を採用している。

「交互面接方式の和解は，有利な和解をした当事者には当面の満足を与えるが，当事者に対し，裁判所の訴訟運営に対する不信感を植えつけ，再度民事裁判制度を利用したいという気持ちを失わせている」ともいえ，また「交互面接方式の手続では，裁判官は，同じ説明を両当事者にせざるを得ないから，審理時間は二倍になるし，当事者も，相手方と直接議論をしていないから，争点に付いて共通認識を持つことが困難となる。その結果，争点が明確に定まらないまま長期間審理が漂流する『漂流型審理』になる危険性がある」と指摘される。[227] そして，Nコートでは「対席和解を実施した結果，和解率が減少したこともないし，和解協議の時間は短縮され」，当初難色を示すこともあった弁護士のほとんども次第に「快く対席和解に応じてくれる」ようになったし，「私（＝西口判事）の経験では，当事者本人の方が対席和解を当たり前のものとして歓迎する傾向が強いように思われる」とされる。[228]

わたくしも法律相談などで，一般の人々に現在裁判所の調停や訴訟上の和解で一般的に行われている別席交互方式による協議の在り方を説明すると，相手と直接話ができないのですかといって驚く人も多い。一般の感覚としては話し合いである以上，相手と直接顔を合わせて行うと自然に考えている人が多いのではないかと思う。そのような一般の人にとっては，別席交互方式は，裁判所の密室で行

---

(227) 西口元「民事訴訟原則の揺らぎと再生——フェアネスと人間性の調和を目指して」井上治典・佐藤彰一共編『現代調停の技法』前掲271頁。

(228) 加藤新太郎判事は，「私見によれば，和解手続において個別面接方式と同席方式のいずれを採用するか，……は，当事者の自立性を尊重するという趣旨で，原則として，当事者の希望を聴取して，それに従うことが当事者も納得できる円滑な進行につながる。」とされ，いずれの方式が相当かを議論するのは，「原理的な問題としてはともかく，実践的にはさほど大きな意味はない」とされる（加藤新太郎「裁判官の執務におけるコミュニケーション」加藤新太郎編『リーガル・コミュニケーション』前掲167頁）。当事者の希望を聴取してその意向に従うのは一つの筋に従った対応であるが，あらかじめ当事者に対して別席交互で行うことと同席で行うこととの具体的な違いや利害得失をはっきり説明した上で（自律的決定の前提としての情報提供），よく考えてもらうことが必要であろう。そうでなく，単に「相手の顔を見たくない」などの理由だけで別席にしてほしいという当事者の言葉に安易に乗るだけでは，当事者の真の自律的な決定に基づく対応とはいえないであろう。また，「対話」をめぐるこれまでの検討に照らすと，同席対話は単なる原理的な問題ではなく，真に当事者の相互尊重に立脚した納得の行く解決を目指すうえで，実践的な意味が非常に大きいと考えられる。

われる一種の秘儀のようなイメージを与えるかもしれないが，実際に不満足な経過や結果を経験すると，裁判所の公正さに対する信頼に傷をつけたり，裁判所にいっても仕方がないといった無力感にとらわれる当事者もかなりあるのではないかと思う。弁護士としては，このような点を踏まえ，裁判官に対して，可能な限り同席での「対話」の実施をうながし，当事者に対しても和解での「対話」における自律性の回復とその発揮を支援するように努めるべきであろう。[229]

和解成立プロセスだけでなく，和解が成立した場合，その履行への配慮も弁護士として行わなくてはならない事項の一つである。和解の履行過程で行き違いが生じて紛争が再燃することもありうることであり，そのような履行が適切になされることが重要である。その履行過程に「対話」的に関わり，適切な履行がなされるように配慮することが，弁護士の重要な任務になるのである。

第3節　裁判所の定める和解条項等の制度と弁護士

調停と判決の中間に属する紛争解決のための装置として，調停に代わる決定・審判の制度（民事調停法17条，家事審判法24条），調停委員会が定める調停条項の制度（地代家賃増減調停にかかる調停条項について，民事調停法24条の3），及び，裁判所等が定める和解条項の制度（民訴訟法265条）がある。[230]

これらのうち，調停に代わる決定・審判は裁判所の職権でなされるものであるが，当事者が異議を述べれば効力を失う（裁判を受ける権利の保障）。対話の試みが十分に行われないまま調停に代わる決定が多用されるようなことは，是非とも避けなければならないところであるが，当事者が話し合いの努力を尽くした末の決定であれば，行き詰まった対話を打開する契機になることも考えら，また，当

---

(229) なお，判決の中で判決後の和解を勧める補論を示した例として，東京地判平成12年12月26日判タ1069号286頁があり，その補論が加藤新太郎編『リーガル・コミュニケーション』前掲214頁以下に掲載されている。その補論で諄々と教示されている内容は，極めて興味深いものである。

(230) 民訴法265条において，当事者の共同の申立には裁判所における裁定の対象範囲を限定する意味を含むと解釈すべきかについて検討したものとして，吉田元子『裁判所等による和解条項の裁定』成文堂，2003年。同書は，この制度の正当性を確保するために要求される，裁判を受ける権利の保障に根源を有する要素を考慮すると，共同の申立の形で現れる当事者の合意は，裁判所の裁定の対象範囲を限定した上での委任の合意に過ぎないと解釈すべきである，とされる（同書187頁以下）。

事者の納得性も高いものとなろう。また，調停に代わる決定・審判の運用において，当事者の自律性の発揮をうながすために，前に検討した「付帯条件つき最終提案調停」の方式を採用して，両当事者に最終提案をさせ，そのいずれかの内容を採用した決定をするということも考えられるのではなかろうか。

後の二者は裁判所等が示す和解・調停条件に服することを当事者が合意した場合に，裁判所等（民訴法265条）や調停委員会（民事調停法24条の3）が和解条項・調停条項を裁定し，その裁定内容が確定判決と同一の効力を有することとなるものであり，一種のMed-Arb（Mediationの経過の中で，両当事者が合意して，中立的第三者に一定の事項についての仲裁判断を求める方式）に類似するともいえる方式である。民訴法265条の裁判所等が定める和解条項の制度は，予想を超えて実務上活用されているということであり，この制度が自律性と正当性の交錯する世界を広げる利点が当事者のニーズに開かれていることが伺われる。

この制度が利用される場合は，共同申立に至るまでの間に当事者間で行ってきた「対話」の中で，一定の範囲内での解決の方向が了解されたが，その範囲のいずれのポイントで決着するかが合意できないという場合が多いであろう。この場合も，当事者の自律性を発揮させるために，前に検討した「付帯条件つき最終提案仲裁」の方式を採用することが考えられよう。その方式によれば，当事者が解決内容を単に白紙委任するのではなく，当事者自身が決める内容のうち，正当性の高いものが採用されることになるのであり，自律性と正当性の交錯する世界での解決をめざすことができる。

弁護士は，裁判所等による裁定などの制度があることを踏まえて，できるだけ充実した「対話」の実現に向けた努力をし，その上で機が熟せば，これらの制度や最終提案型の工夫を活用するために，相手方に働きかけ，また裁判所にもこれらの制度による解決について協力を要請することができよう。

---

(231) 韓国では調停が不調に終わっても，裁判所は調停に代わる決定を出すことが多く，しかもその決定に当事者が異議を述べず事実上決着が付くことが多いと聞いている。
(232) 吉田元子『裁判所等による和解条項の裁定』前掲3頁。

第9章

法教育と「対話」

　弁護士は法律実務の実践がメインの職業分野に属するものであることは当然であるが，今後は種々の法教育を通じた社会的な貢献にも積極的に取り組むべきである。法教育は，紛争をめぐる法システムの裾野を支えるものであり，実社会における経験に裏打ちされた息吹を人々の教育に生かしてゆくことは，社会的なニーズとしても一層高まるであろう。そして，その法教育においても「対話」のアプローチが必要であり，教育活動に当たる弁護士は教育を受ける人々とともに「対話」の姿勢をもって臨まなくてはならないと考える。以下では，このような観点から，法教育の在り方について若干の点を取り上げて検討することとする。

第1節　法教育と「対話」のアプローチ

1　究極の予防法務・戦略法務としての法教育

　第5章で検討したように，予防・戦略法務のもっとも根源的な形態は，法教育である。法教育というと基本的な法律知識を一方的に伝授するイメージがある。しかし，その時点における基本的な法的情報の伝授のほかに，法が「対話」を通じて常に更新を続け発展するものであり，法及びその適用というものが画一的・一方的に押し付けられて行くものではなく，具体的な事案において独立した人格を持つ個々人間の「対話」を通じて，相互の自律的な納得に支えられて具体的な法が生成されることが基本であること，したがって法を所与のもとして受け取るのではなく，その正当性を具体的な事実に則して対話的に問う必要があること，また，日々の社会生活も「対話」を通じて個人の自律性の相互尊重をベースとして行うべきことを，理解させる教育が必要である。このような理解が人々の間に

浸透することによって,「対話」を通じた社会的な共生の在り方が一層受け容れられるようになり,紛争の予防や戦略の立案もし易くなると考えられる。法教育は究極の予防法務・戦略法務であるといえよう。

2 「対話」による法教育のいくつかの手法

　弁護士が社会において法教育に携わる場面は第2節で見るように幅広いものがあるが,そこで用いることのできる方法にも様々なものがあろう。
　例えば,以下のようなものである。
　① 講義方式
　日本でもっともポピュラーな方式で,一定の体系だった知識を限られた時間で伝授するには,適した方式であろう。しかし,受講者は一方的に話を聞くだけになり,授業としても平板になりがちである。
　② 設問解答方式を織り交ぜた講義方式
　授業のはじめにいくつかの設問を配布し,10分程度でそれぞれの設問に対する解答とその理由を受講者に考えて記入させ,授業の中で各設問について,受講者を指名して解答と理由を説明させながら,講義を進める方式である。わたくしは,一般市民や企業の担当者などを対象にした法教育では,この方式により講義を行うことが多い。この方式によって,個々の受講者が受身ではなく,ある程度主体的に授業に参加することができよう。
　③ プレゼンテーション方式
　あらかじめ受講者に課題を与えて,プレゼンテーションの準備をさせ（PowerPointなどのプレゼンテーション資料を作成させる）,授業当日,プレゼンテーションをさせて,それをもとにQ＆Aなどをしながら授業を行う。わたくしは企業内弁護士をしていた当時,プレゼンテーションの教育を受けたが,その教育では,プレゼン資料を必要な情報を盛り込みつつ簡潔に作成すること,プレゼンでの言葉はゆっくり且つはっきりと発音すること,聴衆とアイ・コンタクトをしながらその理解の反応を確認しつつプレゼンすること,プレゼン資料の画面の方を見てプレゼンするのではなく,画面の必要箇所を示しつつ常に聴衆の方を向いてプレゼンすること,会場から質問を受ける際には,相手の質問内容を自分のことばで繰り返して確認し,質問者の質問の趣旨をすべての聴衆と共有した上で,自分の考えを述べること,といったことを教えられた。最後の点などは,討論のファシリ

テーション（交通整理）の際にも非常に重要なことであり，「対話」における言い換えにも通じるものであろう。

④　グループワーク・振り返り方式[(233)]

受講者を5～6人のグループに分け，共通の設問についてグループ内で討議をさせ，グループ内での討論では1人がファシリテーターとなり，議論の進行を整

---

(233)　わたくしは，グループワーク・振り返り方式というものを，NPO法人・日本メディエーションセンターでの人材養成プログラムに参加させていただくなかではじめて知った。このような方式は「参加型学習」の一つの形態である。参加型学習については，池住義憲「参加型学習とは何か？──より意味のあるファシリテーターになるために」医学書院・助産雑誌 Vol.58, No.1, 2004年，9頁以下。

(234)　例えば，わたくしが或る人材育成プログラムの際に出題した設問と，これに対するグループワークで提出されたグループの意見は次のようなものであった。

　＜設問＞ADRでは，相談から調停（Mediation）等まで，「対話」が中心となります。では……

　● 人が人と対話をする意味は，どこにあるのでしょうか？　どうして，対話をしなければならないのでしょうか？この問題に関する以下の説明について，みなさんはどのようにお考えになりますか？　「法律で決まっていないことについては，話し合いで決める以外にないから。」　「裁判をするより，話し合いのほうが費用を掛けずに早く解決できるかもしれないから。」　あなたのお考えは？

　● 対話とは，どのようなことなのでしょうか？この問題に関する以下の説明について，みなさんはどのようにお考えになりますか？　「人は話せば分るはずだから，理を説いて分らせるように説得すること。」　「お互いに話を聞いて，お互いの話で良い点・悪い点をはっきりさせ合って，譲歩をし合うこと。」　あなたのお考えは？

　● 対話に関わるわたくしたちの位置付けと役割は，なんでしょうか？この問題に関する以下の説明について，みなさんはどのようにお考えになりますか？　「相談の場合，事実関係を聞いて，当事者が法律的にどういう権利を持っているのか知らせてあげるのが役割。」　「調停の場合，双方の話を聞いて，双方に譲歩すべきところは譲歩するように説得して，和解させるのが役割。」　あなたのお考えは？

　＜グループの意見＞（提出された意見の例）［1班］紛争解決を目的として，こじれてしまった案件について，裁判による解決が最終的だと思われるが，対話はコスト，時間の面からより良い手段だから対話をする。（時間の面が一番かもしれない）．・お互いの言い分を出し合い，求める所を明確にし互いに納得が得られる妥協点を探り合うこと。・新たな第三の解決方法を見出すお手伝いをする役割。［2班］法律がすべてではない。もっとよい解決案・当事者が最後に納得できる解決にたどりつけるために対話が必要。・対話をすることにより相手の考えていることを理解でき，自分の考えも確認した上でまとめられる。・自分の主張をうまく表現できない人をサポートする。・固執していることを解きほぐしていくのに対話が必要。自発的であればある程納得できる。法律で決まっていることがすべてではない。

理し，別の1人が議論の記録係りを務める。各グループごとにその内容をボードに記入させ，代表者に発表させる。その発表内容について，講師が課題との関連性に留意しながら振り返りをし，受講生の議論を噛み合わせ，併せてエンパワーしつつ講義を行う。その中で適宜，受講者からの質問やコメントを求め，更に議論を深めてゆく。この方式では，受講者がグループ内での討論に参加すること，その中の1人が議論のファシリテーターを務めて課題との関連性等に留意しながら討論の交通整理をすること（ファシリテーターには質問やコメントが出た場合，その内容を自分のことばで表現しなおして質問やコメントの趣旨が参加者全員と共有できるように留意すべきことを，あらかじめ説明しておき，また，実際の討論のときも講師が経過を観察して，ファシリテーションが必要なタイミングでファシリテーションをうながす），議論の記録者が記録を取ること，代表者が意見の集約をして発表をすることなどを通じて，様々な能力を訓練しつつ，課題に関する理解も深めることができる。

⑤　ロールプレイ・振り返り方式

相談や調停などの実践的なトレーニングをする場合に有効な方式である。例えば，調停のロールプレイを行う場合，受講者を4人一組に分け，当事者A，当事者B，調停者C，観察者Dとする。当事者A用の事実を記した資料をAに，B用

---

(235)　わたくしはロールプレイというものをレビン小林久子教授の Mediation のトレーニング・セミナーで始めて経験した。パラフレイジングやリフレーミングといった技法を実践することが如何に大変なことかが実感として分った。その後，NPO日本メディエーションセンターでの人材養成プログラムに参加するなかで，多数回にわたってロールプレイを体験してきている。

(236)　わたくしがロールプレイ用に提供している事例として，以下のようなものがある。
＜当事者A用資料＞＝以下の事実のもとでAがBを相手に出資金の返還を求めてMediationを申立。
（Aさん・Bさん共通の事実）AとBは仲の良い幼馴染であったが，3年前から郷里の地方都市で共同でパンの製造販売事業を始めた。Aは以前，東京のパン屋で修行をしていた。Bは以前，中堅スーパーで営業の仕事をしていた。Bは，Aのパン製造の腕を生かし，自分の企画力・営業力で販売をすれば素晴らしいパン屋になれると考えて，Aに提案した。Aもそろそろ独立をしたいと考えていたので，Bの提案に従って郷里に帰ることにした。ABは自己資金300万円ずつ（合計600万円）を出し合って有限会社を設立し，小さいながら工場兼事務所を賃借して事業を始めた。設備などはリースし，ABが保証人になっている。パン屋は軌道に乗り，繁盛してきた。ABの給料は同額としている。しかし，2年経つ頃からAはBに対して不満を持つようになった。

(A＝工場担当の言い分）Bは営業だ営業だと言っては納入先のスーパーや百貨店の人たちとゴルフに行ったり会食したりしている。自分は早朝から夕方までひたすら工場で汗にまみれている。自分は朝4時には工場の仕事を始めているが、Bは8時にならないと来ない。これで同じ給料というのはそもそも不公平だ。経理はBが握っていて、内容を教えてくれない。もっとも、Aは数字に弱くて、帳簿を見せてもらっても良く理解ができない。Bは不況で大変なので人件費削減が必要だといって、Aの給料を1割カットしたが、不況だ不況だと言うだけで、まともに理由を教えてくれない。Bも1割カットと言っていたが、実際はAが帳簿を理解できないことを良いことに、何かうまいことをやっているのではないか。店は繁盛してきたので、儲かっていないはずがない。自分は騙されていた。いや、Bは口がうまいので最初から自分を騙す積もりだったのだ。こんなことなら、Aと一緒に事業をするのはもう嫌になってきた。自分の腕があれば、自分だけでも十分やっていける。それで先月始め、Bに「もう辞めたいから、出資分を返して欲しい」と頼んだら、Bは「冗談じゃない、何言ってるんだ、出ていくなら出ていけ、だが出資金を返すわけには行かない」と怒鳴られた。Aとしては、こうなった以上、もうBとの関係を清算して、一刻も早く出て行きたい。300万円の出資金も返してもらいたい。ただ、Bは非常に弁が立つ人間で、Aが少し何かを言おうとしても関係ないことまで機関銃のようにまくし立てられて、言いたい事が言えなくなってしまう。Mediatorの力を借りて、口達者なBを説得してもらいたい。

＜当事者B用資料＞＝以下の事実のもとでAがBを相手に出資金の返還を求めてMediationを申立。（Aさん・Bさん共通の事実：略）
（B＝営業担当の言い分）Aは工場でパンを作っているだけで良いが、自分は外で売りさばかなくてはならない。営業がいかに大変な仕事かを、Aは全然分かっていない。楽しくもないのに百貨店やスーパーのエライ人たちに付き合ってゴルフをしてオベンチャラも言わなくてはならない。夜は夜で、楽しくもない食事などで接待しなくてはならない。夜遅くても朝は8時から出社しなくてはならない。こんな辛い仕事はない。パンだってBが出したアイディアでAが作っているだけ。Aは気楽で良い。店は確かに繁盛はしてきたが、この大不況でデフレスパイラルになってしまい、ますます薄利多売をしなくてはならない。人件費も切り詰めなくてはならないので、自分も1割カットし、Aにも同じ1割カットをお願いした。賃金カットについても帳簿を見せて理由も説明したのに、ろくに見ないで「自分には良く分からない」とろくに口も聞かないで、怒って出て行ってしまった。その挙句、Aが先月初めに「自分は独立することにしたから、出資した金を返して欲しい」と、いきなり怒鳴って事務室に入って来た。何を考えているのかさっぱり分からない。パン職人は外にも居る。Aが出ていくのは自由だが、出資金を返すわけには行かない。そんな金はないし、先日市役所の無料法律相談で聞いたら、出資を返す法律上の義務はないということだった。設備のリースだって残っている。もうこうなったらAの顔も見たくない。

＜Mediator用資料＞事案の内容＝ABはパンの製造販売の共同事業を始めが、両者間で仲たがいが生じ、AからBに出資金300万円を返還してもらいたいとして、Mediationを申立。

の資料をBに，C用の資料（調停者は事実を全く知らないという前提でロールプレイをする場合と，ある程度の概要を知っているという前提で行う場合とがあり，それぞれの場合で用意する資料が異なる）をCに渡し，ABCが各配役の人間になりきってロールプレイを行う。DはABCのロールプレイを観察し，調停の始まりからプレイの終了に至るまで，プロセスの在り方について記録する。ロールプレイ終了後，全員で各配役が調停のプロセスで感じたことや観察者が感じたことなどを出し合い，振り返りを行う。振り返りにおいては前記の④（グループワーク方式）と同様にファシリテーター役を決めて，そのファシリテーターが討論の交通整理を行うのが望ましい。

⑥　ケース（ソクラテス）方式

ケース・メソッドあるいはソクラテス・メソッドは「対話」による法教育の典型と思われ，法科大学院での教育でも採用されているだろうと思われる。これについては後に第3節で検討する。

⑦　OJT方式

On the Job Training 方式は，仮設事例でのロールプレイではなく，現実に進行しつつある生の事案を見学したり，関与したりすることにより，現実の緊張感の中で学習をする方式である。上記の①ないし⑤の方式などで学習したことを踏まえて，OJTで指導者の監督の下で実際に知識やプラクティスの在り方を試し，それを事後に振り返って，理解を更に深めることができる。法科大学院でのリーガル・クリニックはまさにこのような方式で教育が行われていくものと考えられる。

わたくしは，教育を受ける人々の自律性を支援し法的な情報や考え方について納得した理解を促すためには，教育方法そのものも「対話」のアプローチによるのが最も効果的ではないかと考えている。その意味では，上記①の純粋な講義方式ではなく，②以下の方式で可能な限り受講者との「対話」を行う方式を取り入れて，教育を行うのが良いのではないかと考えている。その中で受講者との「対話」も重要であるが，参加者間での討論を通じた「対話」を進める練習という意味では，受講者の中からファシリテーターを決めて，討論での発言者間の「対話」が噛み合うように交通整理をし，参加者全員が的確に問題の趣旨を共有して，実りの多い討論が実現するように支援する活動を行うことも非常に重要な意義を有

するものと考える。このような試みは今後，社会のあらゆる場面で，人々が「対話」のプロセスを主催して行くことが多くなると考えられるが，それを実現して行く上で，重要な「対話」支援の訓練の機会を提供するものとなろう。

第2節　弁護士と法教育

　これまで実際に行われているいくつかの教育の方式について検討してきたが，本節では弁護士が関与する法教育の主たる場面について検討する。わたくしがこれまで関与してきた法教育を振り返ってみると，以下のようなものが主要なものとしてあった。
　①　顧問先の企業などにおける法教育
　法令遵守プログラム，当該企業の業務に関連した法務問題の教育などがあろう。レベルとしては新入社員や中堅社員，管理職，さらには役員も対象となる研修プログラムも考えられる。弁護士は，このような教育を通じて，企業が法令や企業倫理を遵守すること，企業が不測のリスクを回避すること，企業がよりよい活動のスキームを創造することなどを支援することになり，ひいては適正な企業活動の確保により社会に貢献することにもつながるのである。
　②　地域の経済・社会で一般市民を対象とした啓蒙プログラム
　具体的には消費者，高齢者問題などを中心とした市民向けセミナー，あるいは地域の企業の経営者向けのセミナーなどが考えられよう。このような教育プログラムを企画し遂行することも，弁護士の活動として必要であろう。そのような活動には弁護士会が中心となって行うセミナーやシンポジウムなどのような規模の大きなものもあろうが，より日常生活に密着した小規模な啓蒙プログラムを弁護士有志あるいは個々人で行うことも考えられる。インターネットのホームページを通じて，自分が興味のある分野について，一般社会に向けて分りやすい解説を発信するというようなことも，ここに含ませてもよいかもしれない。

---

(237)　実際は自治体や地域の経済団体，ボランティア団体などの企画するセミナーなどで協力しながら，具体的な企画を練ることも多いであろう。更にまた，弁護士が専門としている法分野等に焦点を当てた，より専門性の高いセミナー等も増えてくるであろう。弁護士がこのような教育プログラムでも社会的な貢献を行うことを日頃から広く理解してもらう必要もあろう。

③　学校における教育

　弁護士が関与して行う中学校・高等学校での教育という観点では，従来，「模擬裁判」が取り上げられることが多かったと思われる。しかし，原告・被告，あるいは検察官・被告人という対立構造のもとで，人証の尋問をし合い，裁判官が裁断を下すという模擬裁判の活動によって，生徒や教員が学び得るものは何であろうか。裁判をめぐるにわか仕込みの知識が，学校内で生徒の問題が生じた際に，「模擬裁判」のように尋問して事実の認定をして責任を問うというような方向に，間違って使われたりはしないであろうか。

　わたくしは，模擬裁判よりも，「対話」の在り方を学習する「模擬対話」あるいは「模擬 Mediation（調停）」のような学習の方が，生徒にとっても教員にとっても，得るものが大きいのではないかと考える。それは，学校という社会における日常的な共生の在り方を理解することにもつながるであろうし，更には学校から家庭という社会に帰ってからの父母兄弟との生活にも生かされ，更には地域社会での生活を送る上でも有意義なものとなろう。

　また，弁護士は大学において法学部の学生に実務的な観点を交えた専門的な教育を行うこと（この場合，模擬裁判は重要な教育プログラムであることは明らかである。）や，法学部以外の学部で一般教養としての法教育を行うこともある。わたくしも，知的財産法の授業をケースメソッドで行ったり，ゼミの指導で種々の法務問題を取り上げて，相当に専門的な観点からディスカッションを行うような教育に関与してきた。

④　法科大学院での実務家教員として，実務と理論の架け橋をおこなう教育
　法科大学院の教育については，次節で検討する。

第3節　法科大学院教育と「対話」

　2004年4月から全国各地で法科大学院における教育が開始された。本書でこれまでの検討を踏まえていえば，個人の自律性の相互尊重をベースとした「対話の専門家」であるヒューマンな法曹を育成するためには，当然，法科大学院にお

---

(238)　大学法学部での教育として行われる模擬裁判は，専門的な法学教育の一環として行われるものであり，それ自体，意味があることは明らかである。

いても「対話の教育」がなされなければならないことになる。「対話の教育」には，「対話」そのものの教育と「対話」による教育の二つが考えられる。法科大学院の教育カリキュラムを見てみると，面接・交渉を中心としたロイヤリングや実際の事案の相談等に指導教員と一緒に取り組むリーガル・クリニックという科目が相当数の法科大学院に採用されているようであり，そのような科目の中で「対話」そのものの教育がなされることが期待される。

また，他の科目の授業についても，多くの法科大学院でソクラテス・メソッド，すなわち「対話」による教育が想定されているようであり，そのような授業方法としての「対話」のなかで，「対話」そのものの教育もなされるという機会が生まれるであろう。

以下では，これらの点について「対話」の観点から，もう少し詳しく検討してみたい。

1　「対話」アプローチによる面接・交渉を中心としたロイヤリング教育

ロイヤリングの授業においては，実務家の活動がすべからく生きた人々との接触から始まるものであり，そのような人々の自律的な生を支援することが実務家の役割であること，問題（紛争であれ取引であれ）を抱えた個々人は固有の長い物語を有しており，そのような個人である当事者を自律的な主体として尊重し，その思いを共感をもって聴き，受け止め，一緒になって問題を考えることがきわめて重要であること，当該問題は具体的な状況の中から生じ，各事案毎の強烈な個性を持っており，その個別性を大事にすべきこと，また，問題解決を必要としている現場では感情と利害が激しく渦を巻いており，法律実務家は冷静・沈着，かつ，優しく・繊細で・包容力のある人間的な力をもっているべきこと，具体的には当事者との相互の信頼関係の樹立をはかり，適切な「対話」による必要な情報の取得，伝達や共有，法的分析やこれに基づく複合的なリスク・各種選択肢などの策定・説明と当事者による理解の促進，対応方針の主体的選択などが，円滑に進められるよう援助すべきこと，などについて理解をえられるようになければならない。また，紛争ケースで迅速で実情に沿った解決を図るためには，紛争の早期の段階で相手方との適切な対話が開始されるべきこと，1対1の紛争案件だけでなく，多数の利害関係人の間での合意形成がテーマとなる案件も多く，そのための多面的な対話の在り方なども，重要な課題となることなどについても，理解

をさせるべきであろう。

　これらを踏まえて，授業では「対話」を核とした法律相談の在り方，問題事案のマネージメントの在り方，相手や関係者との「対話」による交渉の在り方，「対話」の場の交通整理などを中心に，事案へのかかわりの初期段階から，関係人との話し合い，解決の取りまとめ，フォロー・アップの段階まで，ロール・プレイ，模擬プレゼンテーション，振り返り・討論のファシリテーションや具体的事例の検討を通じて，本書でこれまで検討してきたような基本的な「理念」や具体的な「技法」を理解すること，及び，これらを踏まえて学生が自分のことばで「対話」を遂行し紛争をマネージする基礎的な力を付けることなどが，目標となろう。そして，これらを踏まえて，現実の生の事案に取り組む次の機会，すなわちリーガル・クリニックに結びつけて行くのが効果的な「対話」の教育につながるのではないかと考える。

2　「対話」アプローチによる相談の実践を中心としたリーガル・クリニック

　リーガル・クリニックのプログラム[239]においては，教員である実務家の指導・監督の下で，実際に進行しつつある事案への取り組みを通じて，学生が相談や支援の在り方を現場の緊張感を感じつつ学ぶことになる。「生身の依頼者を前にした緊張感ある分析と決断の連続の中で，懸命に考え続けるところに，リーガル・クリニックの独自の働きがある[240]」。現実の深刻な紛争に直面して困惑し，窮迫し，あるいは感情的になったりしている人々との「対話」はどのようなものであろう

---

[239]　米国のロー・スクールにおけるリーガル・クリニックについては，小島武司「ロー・スクールにおける法律扶助」（小島武司『法律扶助・弁護士保険の比較法的研究』中央大学出版部，1977年，187頁以下）。また，法科大学院におけるリーガル・クリニックについては，宮川成雄編著『法科大学院と臨床法学教育』成文堂，2003年。

[240]　小島武司「ロー・スクールと臨床法学教育」Legal Aid Report 21号財団法人法律扶助協会東京都支部，2003年，9頁。

[241]　「法的サービスの質を決するものが何であるかをめぐっては，あまりにも知識や技量を偏重することは疑問であり，意欲や共感といった人間の要素が大きな役割を占める」ものと考えるべきであろう（小島武司「ロー・スクールと臨床法学教育」前掲）。このような問題関心での取り組みであれば，小額あるいは難度の高くない事案でも十分に教育上の効果も期待され，また，依頼者にとっても親身になったサービスの提供を受けることが可能となるであろう。

か。また，人々はどのような「対話」を通じて自律性を回復することができるであろうか。さらに，どのような支援を行うことによってそのような人々が紛争解決への取り組みを自律的に行っていくことが可能になるのであろうか。学生がこのような問題関心のもとで，ロイヤリングのプログラムを通じて学んだ「対話」の理念や技法を現実の事案において適用してみることにより，実践というもの特有の充実感と難しさを学ぶことになろう。「現場に立ってこそ，学生は，事件を一片の法律問題ではなく，生きた人間全体に真剣な関わりをもつという得がたい機会を手にするのである」。これによって学生は，実務家になることについて大きな動機付けを得ると同時に，常にプラクティスを支える理念や技法について内省と刷新を続けるべきことも理解することが期待されるであろう。

3　ソクラテス・メソッドによる授業

法科大学院での教育は，今後の司法の行方や日本の社会の在り方に重要な影響を及ぼす，重要な課題である。そこにおける教育の方法としては，ソクラテスの方法 (the Socratic method) ないしケース・メソッドが注目されている。「学生に考える力，議論する力をつけさせる方法としてケース・メソッドはほとんどベストともいえる方法である」とされながら，これまで日本では「ケース・メソッドは失敗した」と言われている。

法学教育におけるソクラテスの方法は，1870年にハーバード・ロースクールの法科大学長に就任したクリストファー・コロンバス・ラングデル弁護士がロースクールの抜本的な改革の一環として主導した教育方法であるとされる。「ケイス・メソッドは，学生が自ら資料に取り組み，自分でものを考えることを通じて，『法律家らしく考える』能力を身につけることを強調する。教授は，質問を通じて学生の思考の盲点・強弱を明らかにし，さらに深く考えるように仕向けることに力点を置くべきであるとされる。」。

---

(242)　小島武司「ロー・スクールと臨床法学教育」前掲。
(243)　米倉明『民法の教え方——一つのアプローチ』弘文堂，2001年，81頁以下，84頁。
(244)　1970年台におけるハーバード・ロースクールにおける学生生活を活写したものとして，Scott Turow,『ONE L』1977（邦訳，スコット・タロー（山室まりや訳）『ハーヴァード・ロースクール』早川書房，1979年）参照。
(245)　田中英夫『ハーヴァード・ロースクール』日本評論社，1982年，30頁，84頁

では,「法律家らしく考える」というのは, どのようなことであろうか。この点について, ソクラティック・メソッドは「判例の生成・発展の過程に内在する法理論を抽出し, それを将来生起する事象に適用する能力を磨く」ためのものであるというのが一般的な見方のようである。しかし,「多種多様の質問をし, 自らの結論は示さず, その日の授業が終わったときには, 始まったときよりも多くの疑問を学生の心に残すのが, 理想的なケース・メソッドの教師であるといわれた」⁽²⁴⁸⁾とされることからすると, その時点で示されている判例上の法理論の抽出と適用の訓練という側面だけではなく, 判例を素材とした「対話」を通じて物事の多角的な見方や種々の正当化のアプローチを自分で考えることが, 絶え間のない法の刷新・更新の原動力となるという点にも重点が置かれているのではなかろうか。

　日本の法学部で教育を受け, 日本の司法試験に合格して弁護士になったダグラス・K・フリーマン氏がコロンビア・ロースクールのJDコース⁽²⁴⁹⁾に留学したときの体験と考察⁽²⁵⁰⁾は, これからの日本の法科大学院におけるソクラティック・メソッドの在り方を検討する上で, 非常に参考になるように思われる。「日本民法の頭で考えると, 過失がないので被告は責任を負わない」と思うような事案について, それが「公平で正義にかなうと思うか」という質問が教授から学生に真摯に向けられ, その質問への回答には「教授は必ず『理由』も求めてくる」のである。そのようなソクラティック・メソッドの授業で「禅問答のような会話を聞いていた私は, 自分のなかで確固として存在していたはずの『法的感覚』がみるみる崩れ

以下。
(246)　田中英夫『ハーヴァード・ロースクール』前掲92頁。なお, 一クラスの学生の人数は130ないし140人ということであり（1980年前後）, 対話方式を行うには人数が多すぎるようにも思われるが,「教授の中には, 人数が50人以下ぐらいになると, 多様な意見が出てこないことがあって, 却ってケイス・メソッドがやりにくいという人もある」ということであったという（田中英夫『ハーヴァード・ロースクール』前掲86頁）。
(247)　ダグラス・K・フリーマン『リーガル・エリートたちの挑戦——コロンビア・ロースクールに学んで』商事法務, 2003年, 43頁。同書は, ごく最近におけるコロンビア・ロースクールのJDコースの学生生活が生き生きと描いており, 大変興味深い。なお, ペンシルバニア大学ロースクールについて, 野村憲弘『ロースクールって何?』東京布井出版, 2001年。
(248)　田中英夫『ハーヴァード・ロースクール』前掲92頁。
(249)　日本の法科大学院は, LL.M.（外国人向けの法学修士）ではなく, このJ.D. コースに相当するものである。

去っていくのを感じた」という。そして学習が進むにしたがい，「コモンローにおけるルールは，新しい事実状況に複雑に対応しながら発展していく」ことが理解されるようになり，教授も「……『私もわかったような顔をして講義をしているけれど，正直なところ何が確実に法といえるか，さっぱり自信がないわ。コモンローはアートのようなものよ』とこともなげに言ってのけた」というのである。

　日本法はもちろんコモンローではないが，社会の複雑・高度化や法化の進展を背景として，法的な議論も活発となり，裁判所の法的な判断も多様化し，各地の地裁ごとに，あるいは地裁と高裁とで判断が大きく異なったり[251]，最高裁が制定法の文字面の一歩先をゆく大胆な結論を出したりするなどしており[252]，日本の判例もコモンローにおける判例と変わりがない法創造機能を果たしているといっても過言ではないような重要性を有するようになってきている。このような状況からすれば，日本における法学教育においても，現に何が法として通用しているかの知識やその当てはめの練習だけではなく，現時点で法とされている内容が「公平で正義にかなうと思うか」という根源的な投げ掛けと，それに対する応答とのやり取りを通じて，将来の法のあるべき姿について「対話」を行う訓練をすることは，非常に重要なことであろう。

　では，日本で失敗したとされるソクラテスの方法を，これから再度実現してゆくためには，どのようにすべきであろうか。まず，「教師としては手初めに，プラトンのソクラテス対話篇を数篇読んで，ソクラテスが議論をするにさいして，

---

(250)　ダグラス・K・フリーマン『リーガル・エリートたちの挑戦』前掲48頁以下。
(251)　例えば，中古ゲームソフト事件のうち，東京事件につき，東京地判平成11年5月27日判時1679号3頁以下はビデオゲームは映画の著作物ではないとし，その控訴審である東京高判平成13年3月37日判時1747号60頁以下は映画には該当するが，頒布権の対象たる副生物ではないとし，また大阪事件につき，大阪地判平成11年10月7日判時1699号48頁以下は端的に映画の著作物で頒布権の対象になると判断し，その控訴審である大阪高判平成13年3月29日判時1749号3頁以下は同様に頒布権の対象だが，第一譲渡で権利は消尽するとし，そして最高裁判決平成14年4月25日判時1785号3頁以下は映画の著作物性は認めるが，権利は消尽すると判断した。
(252)　例えばキルビー特許事件に関する最判平成12年4月11日判時1710号68頁以下は，「特許の無効審決が確定する以前であっても，特許権侵害訴訟を審理する裁判所は，特許に無効理由が存在することが明らかであるか否かについて判断することができると解すべきであり，審理の結果，当該特許に無効理由が存在することが明らかであるときは，その特許権に基づく差止め，損害賠償等の請求は，特段の事情がない限り，権利の濫用に当たり許されないと解するのが相当である。」と判示した。

異論に出会っても決して激昂したりしないなど，いかに細かい気配りをしていたかを知ることから踏み出すべきであろうか。……議論の仕方を教わるとしたら，ソクラテスから始めるべきであろう」[253]。ソクラテスの方法においては，まず教師自身が本書第1部で検討したような「対話」の在り方を自覚しなくてはならないであろう。そのような自覚を持った取り組みを通じて，学生も「対話」の在り方を学習することができよう。

また具体的な授業に関しては，「授業に入るに先立って，かなり手の込んだ配慮，指導がなされ」，「予習の仕方をかなり具体的に教え，それも学生が挫折しそうになるのを見越した激励のことばまでも含めて，懇切をきわめる必要がある」[254]のである。それに加えて，優れた教材の開発が必須であり，可能であれば授業を行う教師自身が教材を開発するのが望ましいと考えられる。これらの点で，わたくしは，昭和50（1975）年に霜島甲一教授のケース・メソッドによる倒産法の授業（同教授の中央大学への出向授業）を受けたことを思い出す。教材は，霜島教授

---

(253) 米倉明『民法の教え方』前掲79頁。

(254) 米倉明『民法の教え方』前掲77頁。

(255) 新堂幸司・霜島甲一・青山善充『教材倒産法――破産・会社更生を中心として』有斐閣，1972年（増補版，1976年）。同書の「本書を使う方のために――はしがきをかねて」によれば，「いわゆるケース・メソッドとかプロブレム・メソッドによる授業を成功させる第一の条件は，よいケース・ブックの存在である。学生の予習意欲をそそり，教室での議論を多方面にわたって誘発させてくれるような，そういうよい教材がなければ駄目だということである。」。そして，本書の教材としての特色の第1は「予習のよき手引きとなる」ことであり，34の重要な基本資料（「より基本的な問題を扱うものから，より実務的・技術的問題を扱うものまで」が含まれる）を選び，3つの種類の「質問」（Q）をちりばめてある。Qには，①「基本資料を具体的によく理解するためのチェックポイントを示唆する質問」，②「より広い視野の下で総合的に理解できるように，周辺の関連した問題に注意を向けさせる質問」，③「新たな……問題を提起する質問」の三つの種類があるが，どの種類の質問かは明示しておらず，その一つの目的は「学生諸君に，それと気づかないうちに，第3の種類の問題にもアタックさせ，新鮮な頭で自分なりの解決を考案していくことを通じて，法律家としての真の役割がどこにあるかを習得してもらおうと考え，かつ，法律学のきびしさと楽しさの一端を体験してもらいたい，とねがったためでもある」とされる。また，教材としての特色の第2は，「使いものになる知識を整理・習得するためのよき手掛かりになるように，体系所的役割もある程度果たす工夫をしてみた」点にある。「……手続の概要を図示したほか，数多くの図表を挿入」するなどの工夫もしている。これらの点は，法科大学院教育のための教材作りにおいても，参考にされるべきであると考える。

自身も加わって開発された『教材倒産法』であった。同書は破産法だけでなく会社更生法を中心とする再建型倒産手続を含めて，体系的な知識の習得にも配慮された構成になっており，判例や論文，統計資料などに編集者のコメント，考えてくるべき問題（Q）が付けられている。授業に当たっては，全体のスケジュールと各回に読んで考えてくるべき範囲があらかじめ示され，予習の仕方，授業において判決の紹介をする際の方法，ノートに判決をまとめる際の絵の書き方といった点のほか，復習についても，授業ごとに覚えて自分の言葉で説明できるようにすべき事項なども懇切丁寧な指導がなされた。わたくしは，この授業スケジュールにしたがって予習をし，判例メモやQについての自分なりの回答を用意して授業に臨み，授業中は自分の言葉で判例に示された事件の概要，原告・被告の主張と争点，争点に対する裁判所の判断と理由，控訴審，最高裁での判断と理由などを説明し，教授の発する質問にできるだけ答えようと努力した。そして，授業後に振り返りをしながら自分のノートにまとめを行い，復習項目として指示されている事項について，自分の言葉で文章化するということを繰り返した。この授業を受けて，倒産法に大変興味を持てたし（現に弁護士として独立後は，主として再建型倒産処理への関与が自分自身の業務の相当部分を占めるようになった。），体系的な知識の習得だけでなく，問題的思考とそれを基にした「対話」の訓練を受けることができた。司法試験の選択科目では破産法を受験し，この授業とノートだけで合格をした。このように，わたくし自身の経験からすれば，日本においてもソク

---

(256) なお，霜島教授は，「弁護士と依頼者の間の法律相談をめぐる問答を素材とした民法総則・物権編（担保物権を除く）の体系的副教材」を発表され，ソクラテス・メソッドによる授業を実践された（霜島甲一『TLL民法──ソクラテス・メソッドで学ぶ──Think Like a Lawyer』日本評論社，1991年）。その授業は「……法律的なものの考え方と，読む，話す，書く訓練をすることが目的」であり，「授業は，毎回，依頼者と弁護士のあいだの法律相談を素材に進行する」のであり，「参加者は，教材を読み，各講の……法律相談の質問と，用意されている判例の事実関係を，自分のことばで，雑でよいから，いえるように集中して三〇分程度予習しておくこと。授業では，講義で聞いた基礎知識の確認，法律相談の概要，ついで教材中に挿入された質問（Q１，２……）の解答をランダムにあてる（話す）。つぎに関連の判例を簡単に検討する（次回の授業の最初に復習のため，あてる）。最後に宿題に対する法律的に整理した解答を書いて（整理叙述が眼目），次回の授業開始前に提出する。解答の一部のものを読み上げ講評し，そのつぎの宿題提出時に簡単に添削して返却する。」という授業が行われたのである（同書・まえがきiv）。法科大学院での教育についても参考にすべきであろう。

ラテスの方法は，成功を収めていた授業が存在していたのであり，これからの法科大学院での教育においても，教員自身による優れた教材の開発と授業に関する前記のような配慮や工夫をすることにより，ソクラテスの方法は十分に成功しうるものと期待したい。
(258)

(257) わたくし自身，静岡大学人文学部法学科において5年間，知的財産法の授業を担当した際，このようなケース・メソッドによる授業を目指して教材を作成し，学生に予習と授業での発表をさせ，基本的事項から先端的事項までをカバーする試みを行った。教室の最前列に陣取る学生との間ではコミュニケーションが成り立ったように思うが，教室全体との対話はなかなか困難であったことを告白せざるを得ない。しかし，法科大学院では学生のモチベーションも高く，教室の雰囲気も非常に積極的なものになることが予想され，ケース・メソッドによる授業も十分に成り立つのではないかと思われる。

(258) 米国のロー・スクールでは「成績如何により……ロイヤーとしての将来のキャリアにも相当の開きができる」ことから「学生同士の間にも熾烈な競争が繰り広げられ」，「ロースクールでもトップにのしあがらない限りプライドが許さないという不幸な精神構造」もあって「学生にかかるプレッシャーは，ある意味では日本の司法試験以上のもの」となり，「精神科医の世話になる学生も決して珍しくない」といわれる（ダグラス・K・フリーマン『リーガル・エリートたちの挑戦』前掲はじめに1頁）。日本のロー・スクールがこのような状態になることは，避けたいものである。

結　語

　弁護士は，法のシステムの周縁からコアに至るまでの様々なステージで，依頼者や相手方当事者，相手方代理人，さらには調停者，裁判官といった関係者との間で「対話」の場を構築・運営し，当事者を主体とする「対話」を核とした紛争の予防，解決の活動を行うことができる。また，弁護士自身が中立的第三者として，当事者間の「対話」の支援に当たる機会も増えるであろう。
　弁護士はそのような諸活動を行うことにより，「正義の総合システム」の運営者の一員として，紛争解決における正当性の契機である「法」を媒介しつつ（法の専門家），個人の相互的尊重という憲法上の要請を踏まえて，当事者自身を主体とした自律的な「対話」の支援を行うことができ（「対話」の専門家），正当性と自律性の交錯する「納得」の世界を広げることができよう。そのような諸活動における法の媒介は，正当性の押し付けではなく，「対話」のモードによりなされることにより，当事者の自律性を尊重する形でなされるべきである。このようにして弁護士は「法と対話の専門家」として，社会における紛争の予防と解決に貢献することができるものと期待される。

　旧来から弁護士の法律専門家としての側面については広く社会的な認知がなされてきたが，「対話」の理念と技法の習得に努めれば，「対話の専門家」の側面も認知され，実際の場面での活用も広がるであろう。本書はそのような認知と活用に向けた検討の一歩であり，今後，多方面において「対話」の理念や技法についての研究開発が行われること，及び，それらに基づくトレーニングが活発に行われることが期待される。そのためには，そのような研究開発とトレーニングの必要性に対する弁護士自身の認識と行動が，必須の前提となるであろう。新しい民間ADRの創生に向けた動きなどに見られるように，大きな社会的ムーブメントとして，「対話」に対する社会一般の関心の広がりが着実に増しており，弁護士が「法と対話の専門家」として成長する絶好のチャンスが与えられていると思う。

　「対話」を求める社会の場面とニーズは，狭い意味での紛争の予防や解決の分野だけでなく，より広い意味で自律的な社会の構築やその運営のあらゆる分野に

またがって広く大きなものになってきている。そして，法科大学院による法律家養成の制度が軌道に乗れば，弁護士の職域は狭い意味での司法の世界だけでなく，立法や行政，あるいは国際機関，民間企業など諸組織やプロジェクトなどに大きく広がることが期待され，また，弁護士の公共的活動もNPOなど民間の力と連携した幅の広いものになるであろう。そのような広がりのある世界で，「法」の重要性も高まるとともに，「対話」のアプローチもますます必須のものになってくることは間違いない。弁護士が「法と対話の専門家」として，広く自律的な社会の構築と運営において活躍できる時代が目の前に迫ってきている。そのような時代を見据えた法律家養成を行い社会への貢献を果たしていくことがまた，法科大学院の重要な課題となろう。

あとがき

　社会のあらゆる場面で「対話」が重要であることが説かれている。しかし，なぜ「対話」が大切なのか，そもそも「対話」とはどのようなことをいうのか，ということについては，必ずしもはっきりしない。法律実務家が紛争の予防や解決に取り組む場合にも，話し合いが重要であることは漠然とは分かるし，実際，仕事の相当大きな部分を話し合いに費やしていることが多いであろう。しかし，なぜ話し合いをしなくてはならないのか，どのように話し合いをすべきなのか，ということは自明ではない。本書はこのような素朴な疑問を出発点としている。

　別の切り口から見ると，紛争が生じた場合，その解決のために裁判所があるのだから裁判所で法律に従った解決を図ればよいのに，なぜ，裁判ではなく，話し合いで解決しようとするのか，という素朴な疑問も提示されよう。これに対する答えは，最近の「ADR」をめぐる議論にも通じる重要な Implication を有するであろう。それは，「対話」が有する独自の内在的な価値が何かということにかかわる。もともと「ADR」の「A」すなわち Alternative は，「裁判」に対して第二次的な，補完的なものというニュアンスが込められた言葉であるが，裁判外の「対話」による解決は，裁判に従属する二次的で補完的なものであろうか。

　わたくしは，本書での検討を通じて，憲法学や法哲学，法社会学といった法学の諸分野だけでなく，臨床哲学，臨床心理学といった法学以外の諸学問に照らしても，「対話」には裁判にはない独自の内在的な価値があると確信するようになり，「対話」の理念と技法を研究しながらわたくし自身の実務に取り組んでゆきたいと思うようになった。

　「対話」は，個人の相互的尊重という憲法上の要請のもとで行われる相互的な話し合いであり，紛争の予防と解決の場において，自律性と正当性とが交錯する豊かな納得の世界を広げるプロセスである。このような納得の世界を紡ぎ出す「対話」は，人々の自由を支える私的自治の原則を実際の生活世界で現実のものとしてゆく実践である。自律的な生を営む個々人は，紛争に直面した場合も，他者から裁断され命じられるのではなく，当事者間で「対話」を通じて相互に納得の行く解決を自分たちの手で生み出してゆくことができるのである。このような「対話」の独自の内在的価値をもっともよく実現できる解決方式こそ，人々にと

って第一義的な重要性を有すべきものと考えられるのではなかろうか。また，どのような紛争解決方式であれその運営の中に，このような「対話」の内在的価値を生かしてゆく工夫を取り入れてゆくべきである。たとえば裁判に至った場合にも，「対話」の内在的価値は弁論や証拠調べ等の裁判運営の中に生かされてゆくべきであろう。

　わたくしが「対話」について本書のはじめに示したような問題関心を抱き，研究に取り組むようになったのは，小島武司先生のお導きによるものであるが，その直接のきっかけは次のような経緯からであった。本書各論でも触れたが，入会権をめぐる地方自治体と入会集団との長年にわたる争いがあり，わたくしは自治体側の依頼を受け，廣田尚久先生（弁護士，2002年から司法制度改革推進本部ADR検討会委員。現在，法政大学法科大学院教授）が入会集団側の代理人を務めておられた。この事件は関係者が多数にのぼるうえに，「水と油」が争っているような困難なものであったが，最終的に「対話」をつうじて絶妙のアイディアが紡ぎ出され，公正で妥当な解決に至った。わたくしは，この事件における廣田先生との対話をつうじて，地道で辛抱強い話し合いによる問題解決の重要性を教えられた。廣田先生はこの事件の解決が資料的にも価値があるとされ，ご著書『紛争解決学』に紹介された。他方，わたくしもこの事件の経過が法的交渉の観点から非常に印象深いものであったことから，（廣田先生のご著書とは全く無関係に），小島先生のお勧めもいただき，当時編集作業が進められていた小島武司・加藤新太郎編『民事実務読本Ⅳ（和解・法的交渉）』の一章として文章にまとめさせていただいた。奇しくも同じ事件が双方の担当弁護士によって，価値あるものとして紹介されたのである。このようなご縁でわたくしは，当時の「交渉と法研究会」（代表＝新堂幸司先生・故井上正三先生・小島武司先生）で，廣田先生の『紛争解決学』の紹介をさせていただく栄誉を与えられた。これ以来，わたくしは機会あるごとに廣田先生にご指導を頂くようになり，また，同研究会のメンバーであった棚瀬孝雄先生（京都大学大学院教授）や佐藤彰一先生（当時，立教大学教授。現在，法政大学法科大学院教授。弁護士）からも種々の研究会やセミナーのご案内を頂き参加させていただくようになった。

　その後，わたくしは佐藤彰一先生からご案内を頂いた「調停の技」シンポジウム（1997年7月，立教大学）で「同席調停」というものを知り，足元を揺さぶられ

るような衝撃を受けた。わたくしはそれまで調停というものは調停室に申立人側と相手方側とが別々に交互に入って，それぞれ調停委員に訴えかけて交渉を行うプロセス（いわゆる別席交互方式）だとばかり思い込んでいた。しかしそのようなやり方はフェアではなく，当事者を真の意味で主体とし，両当事者同席でのコミュニケーションの実現により，当事者自身が納得のゆく解決をつむぎだす公正で透明な方法があり，それが同席調停というものであることを（恥ずかしい限りであるが，その時はじめて）知ったのである。井垣康弘判事の同席調停や西口元判事の対話型審理によるNコートの実践，またレビン小林久子先生（当時ニューヨーク・ブルックリンMediator。現・九州大学大学院助教授。わたくしどもは親しみを込めて「レビンさん」と呼んでいるので，以下ではレビンさんという。）のMediationを知ったのはこのときである。

それ以来，わたくしは井垣判事を中心とする大阪家事調停改革実務研究会（事務局長，谷英樹弁護士）（現在の名称は「対話促進による紛争解決研究会」）に参加し，関西を中心とした調停委員，カウンセラー，弁護士，大学研究者等の方々と同席調停の研究をさせていただくようになった。初めて参加した同研究会のセミナーでは，レビンさんからはじめてロールプレイによるMediationの指導を受け，対話を促進する中立的第三者としてパラフレイジングやリフレイミングなどの技法を実践することの難しさ教えられた。その研究会でお目にかかった石山勝巳先生（西九州大学教授。もと家庭裁判所調査官）からはご著書『対話による家庭紛争の克服』を頂き，日本で1960年代から「対話」の哲学的研究を踏まえたきわめてチャレンジングな実践が行われていたことを知った（石山先生の合同面接は同席調停の元祖というべきものであり，日本で古くからこのような優れた実践と研究が行われていたことは，もっと知られて然るべきであろう。）。

そしてそのころ，小島武司先生から中央大学大学院での研究のお勧めを頂き，本格的に本書のテーマに取り組むこととなった。わたくしは何か大きな流れの中で勉強をさせてもらっているのを感じた。

1999年11月，レビンさんのご案内で，ニューヨーク（NY）のADRを視察する機会を得た。この旅行で最長老（というとお叱りを頂きそうであるが）の参加者が波多野二三彦先生（弁護士。第二東京弁護士会仲裁センター仲裁人，内観法研究者，NPO法人・日本メディエーションセンター理事）であった。このNY視察旅行については，波多野先生の『リーガルカウンセリング』にも紹介されているが，マンハ

ッタンのレビンさんのご自宅で波多野先生の披露される絶妙の手品に歓声を上げ，また ADR の将来について激論を交わすなど，楽しく充実したひと時を過ごした。波多野先生には，この旅行以来，親しくご指導を頂いている。さてこの旅行での訪問先は，ブルックリン家庭裁判所，リーラ・ラブ教授（カードーゾ大学ロースクール），ブルックリン刑事裁判所紛争回付センター，ブルックリン近隣調停センター，クイーンズ近隣調停センター，私設調停事務所，NY 州統一裁判機構 ADR オフィス，NY 市弁護士協会，米国仲裁協会（American Arbitration Association, "AAA"），であった。この視察でわたくしが興味を持った主要な事項は，以下のとおりであった。

① NY における Mediation は，裁判所付属のもの，慈善団体などが運営する近隣調停センターが行っているもの，私設の事務所が行っているもの，紛争解決会社が行っているもの，AAA が仲裁の前に行っているものが，主要なものである。

② Mediation の理念として，紛争は当事者自身が話し合いによって解決するのが一番であり，紛争当事者間の話合を促進する（Facilitate）のが Mediation の役割であるという考えが強調されている。その考え方の下では基本的に当事者の法的主張の当否を評価したり前提事実の調査は行わず，当事者のニーズを当事者自身に発見させ，またこれらに対応した解決（特に今後の当事者間の関係形成に重点が置かれる）を当事者自身に掴み取らせることが目指されている。これに対して Arbitration（仲裁）は過去の事実を探索し，主張の正否を問題にする Evaluative なものであり，人々は時間・費用・労力のかかる Evaluative な訴訟や仲裁に失望しているということであった。

③ 近隣調停センターを運営する慈善団体は，当事者の対話の促進ともめ事の解決を通じ Community の再建を行うことも考えているという。更に学校や家庭における対話の促進のため出張教育も行っているということである。

④ Mediation による対話を通じて当事者自身が変貌を遂げることを期待する Transformative な Mediation を行っている Mediator もいるが，いまだ少数に留まっているという。

⑤ AAA では同所で取り扱う事件の相当程度は Mediation で解決しているという。ただ，Mediation の理念ないし方法として，前記の Facilitative と Evaluative という区分は余り意識されていないようであり，別席方式も相当に行なわれ

ているということであった。

⑥　NYでは法律家による法律業務（Practice of Law）の独占が認められているが，MediationやArbitrationは法律業務には当たらないという。なぜなら，これらは依頼者から信任を受け法律を適用して依頼者を守る仕事ではなく，中立的な第三者として話し合いや合意を援助する仕事だから，ということであった。従って，NYではMediationやArbitrationを非法律家が行っても問題無いとされ，現に私設のMediation事務所や紛争解決会社が業務を行っている。

わたくしはこのNY視察を通じて，ますます「対話」の問題に興味を深めることができた。アメリカのものが何でもかんでも良いというのは誤りであるが，そこには学ぶべき多くの事柄があるのもまた間違いのない事実であろう。

「対話」をめぐるその後のわたくしの活動をごく主要なものに限って振り返ってみると，2000年2月に棚瀬孝雄先生が開催された研究会に参加させていただいた。この研究会はイギリスのGenn教授を招いて行われ，同国の調停に関する報告とディスカッションが行われた。棚瀬先生からは，そのご著書・論文をつうじて多くのことをお教えいただいているのは勿論のこと，そればかりでなく，お目にかかるたびにあたたかい励ましのお言葉をいただいた。同年5月の民事訴訟法学会では，山田文先生（当時，岡山大学助教授。現在，京都大学大学院助教授）の報告「調停における私的自治の理念と調停者の役割」を拝聴し，多角的でバランスが取れ，なおかつ鋭い切込みをされる議論から沢山のことを学ばせていただいた。その後もいろいろなご講演や研究報告をつうじてお教えをいただいている。同年7月には第二東京弁護士会仲裁センターの夏季合宿に参加させていただき，多数の事例研究を踏まえてヒートディスカッションが行われているのを目の当たりにし，同センターがいかに参加者の熱い思いに支えられているかを知った（その後，ほぼ毎年参加させていただいている。）。この研究会で上原裕之判事に始めてお目にかかり，同判事のADRに対するヒューマニティあふれるお話を伺う機会を得た。同年10月には岡山仲裁センターでシンポジウムが開催され，同席調停と別席交互方式の違いを分かりやすく表現した創作劇に触れて感嘆するとともに，岡山弁護士会を中心とした方々の「対話」に取り組む熱い姿勢に感服した。同じく10月から，財団法人著作権情報センター（CRIC）付属著作権研究所のADR委員会委員として，著作権紛争を中心としたADRの在り方に関する研究に参加させていただき，座長の阿部浩二先生（岡山大学名誉教授）や山田文先生をはじめ

委員の諸先生方に数々のお教えを頂いた。2001年12月には中央大学・日本比較法研究所の共同研究プロジェクト（裁判外紛争解決（ADR）の比較法的研究）である「ADR東京国際ラウンドテーブル」で発表の機会を与えられ，「合意形成と弁護士―交渉・調停・仲裁―日米の状況も織りまぜて」と題した報告をさせていただき，その後も同研究会で韓国や中国の研究者の方々とディスカッションをさせていただいた。2002年11月には財団法人ソフトウェア情報センター（SOFTIC）の第11回国際シンポジウムが知的財産をめぐるADRをテーマとして行われ，わたくしもその実行委員として末席を汚した。中国，韓国，シンガポール，台湾及び米国から実務家や研究者が集い，各国のADRについて多角的な観点から報告がなされ，充実したディスカッションが行われた。2003年2月には，大阪大学で「第1回対話シンポジウム」が開催され，同大学大学院文学研究科を中心とした臨床哲学のアプローチによる「対話」への取り組みに触れることができた。この年の5月に日本法社会学会では，野村美明先生（大阪大学大学院教授）が中心となられた「プロフェッショナルのための交渉技術の普及戦略」に関するシンポジウムが行われ，わたくしは「対話による交渉」というアプローチで報告とディスカッションをさせていただいた。また，同年10月から参加させていただいている「司法制度改革と先端テクノロジィ研究会」では，生身の国民ひとりひとりの自律的な生を支援する，正義へのユビキタスアクセスという基本コンセプトを踏まえ，ITを中心とした様々な先端技術による取り組みについて，研究者，実務家，IT企業担当者，図書館運営者，裁判官，出版関係者などが一堂に会して非常に熱心な研究を行っており，代表の指宿信先生（立命館大学法科大学院教授）や中心メンバーである早野貴文先生（弁護士。元司法制度改革審議会事務局専門調査員）をはじめとした委員各位の高い志にいつも教えられている。なお，西口判事もこの研究会に参加され，わたくしは直接お話を伺える幸運に恵まれた。同年12月には，民間ADRの立ち上げと人材育成を目指すNPO法人・日本メディエーションセンターが田中圭子代表理事を中心として設立され，わたくしもこれに参加させていただいている。民間のパワーと叡智により対話の促進・支援の実践が実現され，またそれを担う人材の育成がなされることを期待している。

　これまでに参加させていただいた研究会やシンポジウムなどはまだまだ沢山あり，とてもここに書き切れない。それと同時に，お教えを頂いた方々も，研究者，調停委員，看護師，社会保険労務士，消費者団体職員，行政書士，裁判官，司法

書士，消費生活アドバイザー，弁護士，カウンセラー，大学（院）生などなど非常に幅広い職域に及び，またその数も数え切れないほどである。

　わたくしは前に述べたように，何か大きな流れの中で，このようにバラエティに富んだ勉強の機会を与えられ，そこでこのように沢山の素晴らしい人々と出会い，これらの人々から沢山の貴重なことを学び，またこれらの沢山の人々から励まされて，この研究を進めることができた。これらの方々との出会いがなければ，わたくしの研究は成り立たなかったと思われる。ここにお名前を挙げることができなかった方々を含め，この場を借りて，これらの皆様に謹んで感謝申し上げたい。

　なお，本書で言及したカウンセリングやケースワークなどについては，臨床心理学の専門家である佐野秀樹教授（東京学芸大学大学院）に大変お世話になった。佐野教授はわたくしの高校時代からの親友であり（剣道部で「同じ釜の飯を食った」仲である），今回の研究について種々教示してくれたばかりか，内外の文献を贈ってくれたり，途中でくじけそうになったわたくしを折に触れてカウンセリングしてくれた。ここに記して感謝申し上げる。

　小島武司先生は，かつてわたくしが司法修習を終了して弁護士登録をし日本IBM法務部に入社した1981年4月に，先生の翻訳により刊行されて間もない，M・カペレッティ＆B・ガース『正義へのアクセス』を下さった。そのとき同書の見開きにわたくしに宛てて「祝新門出—エキセントリックになりうる実力」と書いて下さった。「エキセントリック」というのは，「普通の人と極端に変わっている様子」をあらわす。わたくしはそれから二十数年の馬齢を重ねた。わたくしが「普通の人と極端に変わっている」という境地に近づきつつあることは自他共に認めるところであるが，「実力」が伴っていない。本書で述べた「対話」の理念や技法は「言うは易く，行なうは難し」の典型のような，ずっしりと重い課題である。わたくしを知る人々はきっと，「おまえ，言ってることとやってることが，違うんじゃないの」と言うであろう。わたくし自身，そのことを常に自省しつつ，これからさらに修練を積んで，「実力」をつけてゆきたいと念じている。

2004年8月

大澤恒夫

事項索引

＜英　語＞

ADR　　*205, 209, 232, 240*
agent of reality　　*58, 130, 166*
All or Nothing　　*51*
Alternative　　*240*
BATNA（Best Alternative To a Negotiated Agreement）　　*120*
Collaborative Negotiation　　*119*
early neutral evaluation　　*270*
Evaluative Mediation　　*224, 232*
Facilitative Mediation　　*224*
hired gun　　*37*
I-Message　　*146, 217, 228*
Med-Arb　　*62, 206, 262, 267, 282*
Mediation　　*17, 205, 214, 223*
Nコート　　*17, 140, 275*
OJT　　*147, 288*
Payment-into-court　　*114*
Transformative approach　　*39, 214*
Win-Lose　　*175*
Win-Win　　*44, 175, 182, 224*
You-Message　　*146*

＜あ　行＞

相づち　　*89, 228*
新しい話し合いの出発点　　*230*
アドボカシー　　*13*
アドホック・モデル　　*251*
アメリカ法曹協会（ABA）のパブリックコメント　　*227, 241, 250*
荒れた教室　　*11*
言い換え　　*89, 153, 217, 221, 229*
異　議　　*75*
生きなおし　　*14*
医者にかかる10か条　　*99*
イシュー（issue）　　*230*
依存的な態度　　*219*
一期一会の精神　　*142*
一対一の面接（one-on-one sessions）　　*215*
一般国民参加型テクノロジー・アセスメント　　*77*
偽りの合意　　*40*
イベント・モデル　　*100*
依頼者主権　　*60*
依頼者との対話　　*176*
医療面接　　*12*
インターネット　　*8*
インテーク　　*143, 253*
イントロダクション　　*216, 227*
インフォームド・コンセント　　*12, 83, 94*
後ろ向きのインフォームド・コンセント　　*96*
うなずき　　*89*
裏切り（交渉における）　　*186*
援　助　　*87*
　　――関係　　*91*
　　――者　　*59, 61*
　　――専門職　　*92*
　　――的コミュニケーション　　*87*
エンパワー　　*19, 158, 229, 286*
おうむ返し　　*89*
オープン・エンド・クエスチョン（open-end-question）　　*150, 229*

＜か　行＞

介　護　　*13*
会社更生法199条　　*21*
解消（dissolving）　　*84*
会　話　　*65*
　　――としての正義　　*67, 72*
　　――の作法　　*67*
　　――の主導権　　*122*
　　――の相互性，独立性　　*68, 71*
カウンセリング　　*13, 86*
顔を合わせるコミュニケーション　　*140*
科学主義　　*32*
隠さず相手に接する特別の勇気　　*76*
過去の事実　　*221*
家事審判規則137条の2　　*207*
　　――138条　　*207*

事項索引

――138条の2　207
――5条　243
家事審判法21条　207
――24条　22, 281
――27条　243
学校教育　11
葛藤　229
勝つな，負けるな，ほどほどに　106
家庭　14
家庭裁判所調査官　92
可謬主義　43
可謬性の自覚（認識）　67, 214, 217, 128, 142
環境アセスメント　15
関係志向弁護士役割モデル　60
関係的な主体　38
患者さんが主体となる医療　99
患者の自己決定　12
感情の反射　89
聞いてもらったという満足感　228
企業再建の支援　181
企業の良心　138
聴く　146
基礎的な背景的合意　41
気づき　92, 165
客観的基準　120
共感　87, 89, 143, 147, 165
――的傾聴　234
共生　8, 26, 28, 161
許容的な関係　87
距離感　147
ギルビー特許事件　295
議論　69
金銭での解決　172
近代合理主義　32
近代の知　31
苦情処理　21
クライエント中心療法（client-centered therapy）　60, 86, 120
クライエントのニード，気づき　92
鞍点（saddle-point）　106
繰り返し　148
グループワーク　78, 285
クローズエンド・クエスチョン　150
ケア　19, 84
敬語としての丁寧語　100

継続的なコミュニケーション　101
傾聴の技法　147
契約プロセス　187
ケース・メソッド　288
ケースワーカーの反応　92
ケースワーク　13, 30, 75, 76, 86, 91
――の原則　91
ゲーム理論　105
権威主義の放棄　75
喧嘩　220
原則立脚型交渉　111, 119, 175, 182
憲法13条　25
――31条　29
権利・義務　50
原理整合性　42
合意　40, 177
行為の中の省察（reflection in action）　132
公共的な討議空間の形成　77
後見の配慮　243
交渉　14
――（対話）促進型　209
――権限　187
――促進者としての弁護士　53
――中心型　212
――に必要とされる援助　173
――者の資質　174
――理論　118
公正性　231
構造的思考　121
口頭による当事者参加型争点整理　277
合同面接　76, 92, 209, 210, 218
声を聴く　55
コーカス（caucus）　215, 231
コーチング　13
告知聴聞の機会　29
心　33, 36
個人　25, 32, 138, 165
――としてのありよう（a way of being）　87
――の尊重　9, 24, 31
言葉　82
――の行間　88
――の道具性　83
個の自律性　60
個別面接　220

コミューニケイション　65
コミュニケーション障害　210
コントロール　32

＜さ　行＞

最終提案仲裁（Final-Offer-Arbitration）　113
裁　断　21
裁断・説得型（調停における）　206
裁定案の提示　271
裁判官と当事者との対話　211
裁判所等が定める和解条項の裁定の制度　21, 281
参加型テクノロジーアセスメント　15
支　援　19, 128
自己意識の明確化　158
自己が変容する可能性　43
自己決定　95, 100, 102, 124, 151
　――権　25, 27, 93
自己実現　87
自己洞察　149
自己批判能力　78
自己変容　27, 58, 214
自己物語　84
事実上の「同席対話」　253
自主的紛争解決（Voluntary Dispute Resolution）　178
実践哲学　41
しっぺ返し戦略　109, 175
　――の人　110
私的自治　30, 31, 240
自分の気持ちに気が付く　158
司法制度改革審議会　4, 9, 18, 30
司法制度改革推進本部・顧問会議　4, 9
司法制度改革推進本部ADR検討会　18, 208, 227, 250
司法モデル（調停における）　40, 206
社会構成主義　13, 82
社会の透明化　9
謝罪広告　35
社内弁護士　180
自由な会話　100
重要事実の秘匿　185
出席のうながし　238
主役としての当事者　59

受容（recognition）　89, 214
情報提供　95
職権調査　271
自律型調停　28
自律性　10, 26, 35, 36, 45, 63
　――の回復　138, 161, 165
自律的解決　171
　――制度　240
　――能力　129, 222
自律的生の条件　26
自律的な決定　129
自律的な合意　42
自律的な問題解決能力　34, 61, 89
人格的自律（personal autonomy）　25
心証開示のための中間意見書　270
心証中心型（和解における）　212
心理療法（サイコセラピー）　87
ストーカー事件　255
正　義　22, 68
　――の総合システム　20, 63
　――の範囲　264
　――への普遍的アクセス　21
成熟社会　7, 8
精神療法　13
正当性　10, 45, 63
　――の暫定性　49
セカンド・オピニオン（SO）　94, 102, 130
積極的傾聴（active listening）　88, 128, 165, 229
セラピー　13
ゼロサム・ゲーム　106
先生からリーガル・アドバイザーへ　278
選択権（インフォームド・コンセントにおける）　97
専門家　127
　――と一般市民をつなぐコミュニケーション　77
専門性　84, 95, 155
専門的な知見　130
専門用語　47, 100
戦略法務　160
相互依存関係　105
相互性（reciprocity）　141, 128
相互的尊重　34
相互的な人間成長　87

相談からMediationへの移行　247
相談の導入部　143
争点整理手続　62
双方に共通する価値観（common ground）
　230
ソクラティック・ダイアローグ（SD）　15,77
ソクラテス・メソッド　288,293
ソクラテス的メディエーター　78
組織　25,138,165
訴訟の選択　168

＜た　行＞

第三の波理論　48,273
対席主義　279
対席和解　280
対等な出会い　141
対話型審理　17,273,275
対話精神療法　66
対話促進型の民間ADR　241
対話そのものの教育　291
対話的合理性　40,69
対話における言語以外の要素　66
対話による交渉　123
対話による相談　137
対話の回復　213
対話の姿勢　76
対話の促進につながる法的情報の提供の仕方
　57
対話の態度　78
対話の徳　78
対話の場の構築　193,253
対話のムーブメント　19
対話の呼びかけ　244
対話法的正当化理論　44
対話を求める権利　172
妥協形成型合意　44
他者の異論への応答　44
他者の可視化　38
他者への自由　27
脱暴力　14
多面的成員　8
地域社会　12
チームワーク　180
中間判決　270
中古ゲームソフト事件　295

仲裁　205,259
　——における中間的判断　270
　——判断　62
　——法38条1項, 2項　22
　——法38条4項, 5項　263
中性的で一般的な言葉　230
中立契約交渉弁護士　248
中立性　228,231
中立的損害評価パネル　115
中立的第三者　205
中立的対話促進による紛争解決　251
中立的調整活動　205,248
中立的調停受任　251
中立的評価　262,270
チュービンゲン流の交渉概念　121
長所を読み取る努力　142
調停　206
　——委員の意見　217
　——合意説　207
　——裁判説　207
　——者の後見的役割　217
　——者の積極的中立性　217
　——の選択　167
　——申立書の書き方　235
長方形のテーブル　219
沈黙　88,154
徒然草　106
ディアローグ（問答）　75
帝国主義的リーガリズム　53
ディベート　11,73,75
適正手続き（Due Process of Law）　29
手続じたいによる正当化　48
手続充足　43
手続の選択　167
洞察　143
当事者主導方式　245
当事者の自尊心　229
同時面接方式（対席和解）　277
同席調停　17,92,209,215
　——を前提とした離婚調停の申立書のシュミレーション　237
党派的交渉　249
党派的弁護　37
当面の問題への転換　222
独立性　128

土地再開発・地権者用代替地事件　257
ドメスティック・バイオレンス（DV）　14
友だち言葉　100
取引締結交渉　16, 22, 178, 248
　——の失敗事例　184
トレーニング　90, 227, 240, 286

<な　行>

内観法　265
内在的な説得力　43
内心の自由　34
内省的実践家（reflective practitioner）　90, 131
内属性の倫理　39
内的照合枠　88
内発的普遍主義　44
内容的正当性　43
納　得　10, 42, 45, 62, 78, 98, 158, 165
ナラティブ・アプローチ　13, 82
ニーズ　230
入会権紛争事件　258
入　札　117
人間の顔の見える裁判　276
忍耐と理解　78
能動感　158

<は　行>

パーソン・センタード・アプローチ（person-centered approach：PCA）　88
波及と汲上げ　22
励まし（empowerment）　214
パターナリズム　95, 100
話し合いの方向付け　229
パブリック・コメント　19
パラフレイジング（paraphrasing）　153, 229
反省的均衡状態　43
反トラスト法訴訟事件の和解　178
反復の囚人のジレンマ　109
被害者・加害者調停（Victims / Offenders Mediation, VOM）　18
非言語的な技法　147
ビジネス・マター　183
ビジネス交渉　177
人と直接会って，話をすること　140
批判的寛容　78
批判的自己修正　22
ヒューマンな法曹　4
評価型調停（evaluative mediation）　270
評　判　111
ファシリテーション　148
ファシリテーター　15, 78, 152, 286
　——としての裁判官　274
フェア・プレーの精神　279
フォーカシング　89
不確実性への対処　50, 131
不気味な他者　142
復元力　222
福祉権ワーカー（welfare rights workers）　13
不在の他者　144
不十分または不正確な情報提供　191
付帯条件つき最終提案仲裁　114, 262, 267
付帯条件つき最終提案調停　262
不調時対策案　119
不動産売買交渉　186
普遍化可能性　42
ブラックボックス　47
プラットホーム　47, 56
振り返り　285, 286
ブレーン・ストーミング　230
プレゼンテーション　284
プロセス・モデル（インフォームド・コンセントにおける）　98
プロ野球選手の契約更新交渉　182
雰囲気　66
紛争解決交渉　16, 177, 192
紛争ケースでの相談　166
平衡感覚　222
ペーパーレス主義　279
別席交互方式　206, 234
ヘルピング　13
弁護士会仲裁センター　16, 242, 259
弁護士の倫理　37
弁護士法25条1号及び2号　250
　——72条　227, 241, 249
弁護士倫理26条1号及び2号　250
変　容　38, 39, 87, 143, 213
法科大学院教育　290
法教育　283
法の議論　49, 50
法的裁断・裁定　62

法的情報　56,146,217,242
法的な資料　47
法と対話の専門家　125
法内在的価値　60
法の運用者としての弁護士　60
法の持続的刷新　23
法の支配　22,30,93
法の自立性　60
法の生成・刷新　46
法の正当性　30,39,57
法の豊饒化　51
法務部　138
法律相談の目的　138
暴力（調停における）　220
暴力性（コミューニケイションの）　67
ポジション　230
ポストノーティス命令　35

＜ま　行＞

まあまあ調停　206
丸テーブル　219,226
自らを問い直す覚悟　75
ミニ・マックス戦略　106
民間 Mediation　240
民事再生法174条　21
民事訴訟法245条　270
　──265条　21,281,282
　──267条　207
民事調停規則8条　243
　──12条　207
民事調停法13条　207
　──14条　22,207
　──16条　207
　──17条　22,281
　──24条の3　22,281
　──34条　243
無権限者　190
無条件の積極的関心　88
無知の姿勢　84,128
メディエーター　15
面接の技法　139
模擬 Mediation（調停）　290
モデレーター　78
物語（Narrative）　26,33,38,52,82,127,146
モノローグ（独白）　75

問題解決アプローチ（a problemsolving approach）
　213,214

＜や　行＞

野球仲裁　113
友　好　78
ユビキタスな正義へのアクセス　141
要求（position）　230
幼児語　100
幼稚園事故　195
要　約　89,152,217,221,229
予防法務　22,160,248
　──・戦略法務　283
寄り添う　38,61

＜ら　行＞

ライセンス契約における Audit 費用の負担条項
　115
来談時不安　143
ライツトーク（rights talk）　2
ラブレター作戦　245
ラポール　144
リアリティ・チェック　231
リーガル・カウンセリング　16,137
リーガル・クリニック　292
利害相反行為　249
離婚話合い事件　258
リスク・コミュニケーション　14
リスク・コミュニケーター　15
理念としての対話の価値　3
リフレイミング（reframing）　153,229
リベラリズム　27,67
理由づけ型合意　44
臨床コミュニケーション　76
臨床哲学　73
隣人訴訟事件　36,168
レバレッジド・リース契約　162,183
ロイヤリング教育　291
ロールプレイ　147,286

＜わ　行＞

和解あっせん（mediation for settlement）
　260
和解技術　212
和解決裂　107

和解仲裁事務所モデル　　240, 252
和解的仲裁判断　　262, 269
わからなさ　　55
ワキガ事件　　194
話題の転換　　221

〈著者紹介〉

大澤恒夫（おおさわ　つねお）

1954年，静岡県清水市（現・静岡市）生れ。
中央大学法学部卒。弁護士，法学博士（中央大学）。
大阪大学大学院客員教授，桐蔭横浜大学非常勤講師。
桐蔭横浜大学法科大学院教授（2005年就任予定）。

1981年，弁護士登録。日本IBM法務部勤務を経て，日本TANDEM社外監査役等のほかIT，光技術など技術系企業の予防・戦略法務等に関与する傍ら，造船，大規模小売，リゾートホテル等における会社更生等を通じた企業の再建に携わる。

日本民事訴訟法学会，日本法社会学会，日本仲裁人協会，法とコンピュータ学会など会員。

㈶ソフトウェア情報センター研究委員，「司法制度改革と先端テクノロジィ研究会」委員，NPO法人・日本メディエーションセンター理事など。

主要著書
『IT事業と競争法』（日本評論社，2001年）
『ADRの実際と理論Ⅰ』（小島武司編，中央大学出版部，2003年，共著）など

法的対話論――「法と対話の専門家」をめざして――
2004年9月24日　初版第1刷発行

著者　大　澤　恒　夫
発行者　今　井　　　貴
　　　　渡　辺　左　近
発行所　信山社出版株式会社
　　　　〒113-0033　東京都文京区本郷6-2-9-102
　　　　電話　03-3818-1019
　　　　FAX　03-3818-0344
印刷・製本／亜細亜印刷・大三製本

Ⓒ大澤恒夫，2004．Printed in Japan
ISBN 4-7972-2288-3　C3332